商務印書館（上海）有限公司 出品
The Commercial Press (Shanghai) Co. Ltd.

复旦哲学·中国哲学丛书

阳明学与中国现代性问题

陈立胜 著

创于1897
商务印书馆
The Commercial Press

图书在版编目（CIP）数据

阳明学与中国现代性问题 / 陈立胜著. —北京：
商务印书馆, 2024（2025.10重印）
（复旦哲学·中国哲学丛书）
ISBN 978 - 7 - 100 - 23901 - 1

Ⅰ.①阳… Ⅱ.①陈… Ⅲ.①王守仁（1472—1528）—哲学思想—研究 ②现代化建设—研究—中国 Ⅳ.
①B248.25 ②D61

中国国家版本馆CIP数据核字（2024）第085437号

阳明学与中国现代性问题
陈立胜 著

商 务 印 书 馆 出 版
（北京王府井大街36号 邮政编码 100710）
商 务 印 书 馆 发 行
北京盛通印刷股份有限公司印刷
ISBN 978 - 7 - 100 - 23901 - 1

2024年9月第1版 开本 670×970 1/16
2025年10月第2次印刷 印张 24
定价：120.00元

陈立胜，山东莱阳人，哲学博士。中山大学哲学系教授，现任澳门大学哲学与宗教学系特聘教授。曾任广州中山大学哲学系教授。主要研究领域为儒家哲学、宋明理学与宗教现象学。著有《自我与世界：以问题为中心的现象学运动研究》（广州：1999年；北京：2017年）、《王阳明万物一体论：从"身-体"的立场看》（台北：2005年；上海：2008年；北京：2018年）、《宋明儒学中的"身体"与"诠释"之维》（台北：2011年，2022年；北京：2019年）、《入圣之机：王阳明致良知工夫论研究》（北京：2019年）、《从"修身"到"工夫"：儒家"内圣学"的开显与转折》（台北：2021年）、《从宗教现象学到儒学的宗教性》（北京：2024年，即出）等。

目 录

导论

一 何谓阳明学与中国现代性问题？

顾名思义，“中国现代性问题”即是指中国走向“现代性”过程中所遭遇到的问题。它涉及以下几个议题：第一，中国由传统社会走向现代社会的动力机制是什么？它是由西方力量强力冲击下所做出的一种纯粹被动的“反应”？抑或存在着某些“内生性”的精神资源制约乃至诱导着“现代性”开展的方向与进程？与此问题相关，第二，中国思想中哪些传统因素是“前现代性”的，因而阻碍了过去一百年来的中国现代性之开展？又有哪些因素具有一定的现代性精神或者易于与现代性文化接榫，因而为中国现代性之开展提供了某种“精神动力机制”与“秩序想象”？第三，现代性是一“双刃剑”，作为一种黑格尔所称的“主体性自由文化”现象，一方面它弘扬了个体的自由、尊严、权利与平等，但另一方面也带来了一系列“隐忧”乃至“顽疾”，中国传统思想有无“超现代性”的智慧为克服此类现代性隐忧问题提出一套解决思路？

由此问题意识看“阳明学与中国现代性问题”，问题论域无非由以下几个议题构成：第一，阳明学在传统中国向近现代中国过渡的过程之中究竟展现出何种新的形态、扮演何种角色、起到何种作用？第二，阳明学自身具有何种现代性（或“准现代性”）气质？它又在哪些方面为近现代中国现代性之开展提供了某种“精神动力机制”与“秩序想象”？第三，阳明学为克服“现代性的隐忧”能够提出何种思路？

二 术语界定

（一）**“阳明学”**。“阳明学”一词最早见于王阳明的朋友汪俊（字抑之，号石潭，尊崇朱子学），《明儒学案》卷四十八载汪俊语曰：“阳明学不从穷事物之理，守吾此心，未有能中于理者，无乃自背其说乎？”此处阳明学显然是指阳明本人的学问，此后，陈建《学蔀通辨》有“阳明学专说‘悟’”一语。李万实于其《崇质堂》（卷二十）亦指出“阳明学工夫全在‘致’字”。可见中晚明学者已有人用“阳明学”一词专指王阳明本人的思想。《明史·王守仁传》称王阳明“为教专以致良知为主”，“学者翕然从之，世遂有‘阳明学’云”。显然此处“阳明学”一词已经拥有了阳明学派的意思。在本书中，“阳明学”与“王学”混同使用，均指王阳明所开创之学及其追随者所承继、张扬与发展之学。[①]

（二）**“现代性”与“现代精神”**。古典的社会学家对现代性的本质或根本因素往往采取一种化约主义方式加以描述，通常的做法是从纷繁复杂的现代性现象中提出某种根本性的“驾驭社会巨变的动力”，并将整个现代性的特征归结于这一动力的不同表现。如马克思认定“资本主义”是现代性的根源，现代性所呈现的社会结构与社会秩序具有“投资—利润—再投资”这一资本主义特征。涂尔干（Émile Durkheim，1858—1917）则坚持“工业主义”才是现代性的本质，他认定现代社会产生于复杂的劳动分工，这种工业生产的内在要求造就了一种工业秩序。韦伯（Max Weber，1864—1920）则将现代性理解为“理性化”，**现代化**意味着人类社会生活、经济生活与政治生活的全盘理性化。

长期关注现代性现象的当代社会学家吉登斯尝试统摄马克思、涂尔

---

① “阳明学”一词之由来，见吴震：《朱子学与阳明学》，北京大学出版社，2022年，第45—46页。

干与韦伯的看法，将“现代性”确立为一种“四维一体”的结构：（1）一种社会生活或组织模式，即“工业化的世界”，它最早出现在后封建的欧洲，后来在世界范围内产生广泛的影响。工业主义的含义不只是大机器生产，更包括各种日新月异的现代科技，以及相应的社会组织与日常生活。（2）一种竞争性的产品市场和劳动力的商品化过程之中的生产体系，它以对资本的私人占有和无产者的雇佣劳动之间的关系为中心构成了阶级体系的主轴线，即资本主义模式。（3）与现代社会生活相配套的组织化权力及其监控制度，这集中体现于近现代民族国家高度集中化的行政管理、监督与控制体系。（4）在领土明确的范围内对暴力手段实施有效控制与垄断。[①]这四个维度的彼此关联和相互作用构成了所谓的“现代性”现象。

吉登斯在描述了现代性四维一体的结构后，更进一步提出一套“现代性的动力机制”用来解释现代社会生活的“独特动力品质”：第一，“**时空分离**”（separation of time and space）。在前现代社会中，时间与空间是通过空间的定位即具体的场所而连接在一起，而且通常是不精确的与模糊的，而近代机械计时工具的发明与扩散，对于“时间”从“空间”中抽离出来具有决定性意义。机械时钟体现了一种虚泛化时间（empty time）的统一尺度，最终日历在全球范围内得到标准化，每个人都遵循着同一计时体系。虚泛化时间在很大程度上又造就了虚泛化空间，前现代的社会生活的空间维度基本上都是受具体“场所”支配，即受地域性活动支配，而在现代社会中由于交通与通讯革命性突破，社会活动的空间维度早已打破了固定场所的限制，全球地图将世界拉进一个平面上，它在空间上也虚泛化为与钟表一样的抽象符号。要之，“世界时间”与“世界地图”的形成既成就了“时间”与“空间”的分离，也同时成就了两者的“虚泛化”。“时空分离”是现代性极端动力机制中最为关键的一环，它是脱域

---

① 吉登斯著，田禾译：《现代性的后果》，译林出版社，2000年，第49—56页；吉登斯著，赵旭东、方文译：《现代性与自我认同》，生活·读书·新知三联书店，1998年，第16—17页。

（disembedding）过程的“初始条件”，为现代社会生活及其理性化组织提供了“运行的机制”。第二，**脱域机制**（disembedding mechanism）。社会关系从传统的彼此互动的具身性、场所性、地域性关联中抽离出来，代之而来的是一种由象征标志（symbolic tokens）与专家系统（expert systems）所构成的“抽象系统”（abstract systems）。“象征标志”是指相互交流、交换的媒介，借着它人们就完全可以从传统的具体交换的场景中抽离出来而完成各种交易活动，如现代货币已经独立于它所代表的商品，如同存储在计算机中的数据一样，以纯信息的形式得以流通，数字货币更是如此。“专家系统”则是由技术成就与专业队伍构成的系统，这个系统独立于利用它们的具体当事人，它在现代社会生活中无孔不入，食品、药物、住房、交通、投资、医疗乃至家庭生活、孩子教育等等人类生活的每个领域都由相应的专家系统通过一种“脱域”的方式提供预期的“保障”。第三，**制度的反思性**（“现代性的内在反思性”）。它指的是社会活动依据新的知识信息做出调整的敏感性，换言之社会实践总是不断地受到这些实践本身的新认识的检验与改造，从而在结构上不断改变着自己的特征。要之，“时空分离”提供了准确区分“时间—空间”区域的手段，“脱域机制”使社会活动得以从地域化情境中抽离出来，并跨越广阔的时间—空间距离重组社会关系，知识的反思性运用让社会生活的知识生产本身成为社会系统再生产的内在组成部分，从而使社会生活从传统的恒定性束缚中游离出来。[①]

与社会学家从生产方式、生活方式、社会组织模式、民族国家的建构、国家动员力等方面刻画**现代性**不同，哲学家则重在从价值观念的转变、哲学系统的重构来刻画“**现代精神**”的内涵。现代工业生产以及与之相伴的现代市场经济带来了空前的经济繁荣，但其实质必落实在个体的

---

① 吉登斯著，田禾译：《现代性的后果》，第15—48页；吉登斯著，赵旭东、方文译：《现代性与自我认同》，第18—23页。

自由与平等自主权的伸张上面。至于选举与代议制以及三权分立的现代民主宪政制度，也同样体现了如何最大限度地保障个人权利、个人自由这一制度安排的良苦用心。从霍布斯、洛克、卢梭直到罗尔斯，政治哲学的架构与预设虽各自不同，但对契约与个体理性的承诺则又是最基本的共识。当今自由主义与社群主义的争论的焦点在于"正义"和"完善"的优先性，而并不在究竟是个体本位抑或是社群本位，"不能为了共同的福祉而牺牲个人的权利"这一自由主义的主张也同样为社群主义所接受。[①] 马克思也坚持"每个人的自由发展是一切人的自由发展的条件"，人类社会的发展的最终目标也不外乎"自由人联合体"。要之，个体自由是现代性哲学的第一义！黑格尔就斩钉截铁地说："现代世界的原则就是主体性的自由。"哈贝马斯曾将黑格尔的这一原则归纳为以下四种内涵：

> (a)个人(个体)主义：在现代世界中，所有独特不群的个体都自命不凡；
>
> (b)批判的权利：现代世界的原则要求，每个人都应认可的东西，应表明它自身是合理的；
>
> (c)行为的自由：在现代，我们才愿意对自己的所作所为负责；
>
> (d)最后是唯心主义哲学自身：哲学把握自我意识的理念乃是现代的事业。[②]

无疑，由(a)可引申出个体的尊严、个体的独立、个体间的平等；由(b)可引申出个体理性的自主性，即任何宗教与世俗的权威都不再具有天然的合理性，惟有"理性"才是合法性的源头；由(c)可引申出个体自由与个体责任是一体两面之事；而(d)则将整个现代哲学的精神概之以对

---

① 黄勇：《全球化时代的政治》，台大出版中心，2011年，第146—147页。
② 哈贝马斯著，曹卫东译：《现代性的哲学话语》，译林出版社，2004年，第20页。

“自我意识”的把握。依此主体性原则反思欧洲近代的历史与哲学，宗教改革、启蒙运动与法国大革命都不过是此主体性原则展开的不同环节而已，而在哲学中则表现为笛卡尔“我思故我在”和康德哲学中“绝对的自我意识”等等一系列哲学命题与哲学观念。要之，**个体、自由、平等、理性这些观念是现代性的核心观念，此亦即是“现代精神”的基本内涵**。

“现代性”所展现的个体、自由、平等、理性的观念极大张扬了人的主体性。“人要把发展自身欲望的勇气归还于人”，人是“运用自己做实验的伟大的实验者”，人是“一种尚未定型的动物”，尼采这类亢奋的哲学格言最能体现现代主体性哲学所散发的自信、自主、自立、自我伸张的精神。甚至神学家们也在吟诵起人类“成熟”的赞歌，朋霍费尔（Dietrich Bonhoeffer，1906—1945）在20世纪40年代提出“世界已经成龄”的观点，他认定宗教时代已经过去：人类已学会了对付所有重要的问题而不求助于作为一个起作用的假设的上帝。……事情正在变得很明显，每样东西没有“上帝”也行，而且同以前一样好。同在科学领域一样，在一般的人类事务当中，我们称为“上帝”的东西正越来越被挤出生活，越来越失去地盘。我们应该坦率地承认，世界和人类已经成年，我们不应贬损人的世俗性。世界正走向一个“完全没有宗教的时代”。[①]

“创造你自己”成了现代性主体凯旋进行曲的主旋律。在“前现代”，“创造性”属于超越者（“上帝”）的范畴，人在上帝所创造的“存在的秩序”“伟大存在的链条”[②]发现自己的位置，这一“存在的链条”有着神圣的起源，具有超越的意义，是人冥思、敬畏与容身的“目的论结构”。而上帝从经济、社会与自然的隐退（韦伯所谓的“世界脱魅化”）最终让人成

① 朋霍费尔著，高师宁译：《狱中书简》，四川人民出版社，1992年，第153、170页。

② “存在之链”系指整个世界是一完整而连续的整体，并呈现出由无生命向植物、动物过渡的阶梯性。该观念出自亚里士多德，并延续于传统西方哲学史中。见 Arthur O. Lovejoy, *The Great Chain of Being: A Study of the History of An Idea*, Cambridge: Harvard University Press, 1964。

为“创造的主体”，人承继了上帝的角色，成了意义与秩序的源头。人成了“筹划”自身与世界意义的主体，成了存在者的“尺度”“中心”与“基础”。一言以蔽之，在现代性的进程中，人必然成为上帝，这是人的命运，神学家麦奎利（Macquarrie，1929—2007）如是说。①

（三）**现代性的隐忧**。在传统社会中，个人从一出生其命运流程基本上就已经设定好了，其所从属的性别、家族、社会阶层与时代背景就决定了人生的历程。现代社会中的“个体”不再严格受到其出生环境的限制，他／她可以自由地选择学校、职业、居住地、信仰，甚至在某些国家亦可以自由地选择自己的性别，要之，“没有任何事物应该归诸‘命运’的范围，连性别也不应该，所有事物应该自行决定”②。经过现代性的洗礼，人原则上能够从家庭、族群、宗教、语言、文化、国家乃至性别等等特定的“处境”与隶属的群体中“脱身”而出，而成为“自我决断”“自作主张”的主体。

“成为你自己”“实现你自己”“创造你自己”一类现代性标语塑造了现代人精神生活的“个性景观”，“社会性的终结”几乎让每个人都成为“孤独的个性建设者”，其个性确证成为一项孤独的无尽无止的追求过程。③于是在“自我创造”的欢乐颂演奏的同时，“自我迷失”的命运交响曲也拉开了序幕。人从未像今天一样真切地感受到“被抛于世”的命运——这是海德格尔《存在与时间》着力刻画的“此在”的“生存结构”。传统超越的维度（“上帝”“天道”）的地平线已从这个被抛的世界中“退隐”或被“抹去”，孤零零的个体或者藏身于“常人”的套子中“随波逐浪”而丧失自我，或者“截断众流”向着“本真的存在”筹划其自身。然而何谓本真

---

① 麦奎利著，何光沪译：《基督教神学原理》，汉语基督教文化研究所，1998 年，第 648 页。

② 莫尔特曼著，曾念粤译：《俗世中的上帝》，中国人民大学出版社，2003 年，第 88 页。

③ 齐格蒙特・鲍曼著，范祥涛译：《个体化社会》，上海三联书店，2002 年，第 182—185 页。

的存在？自由选择的存在就是本真的存在？存在主义哲学家萨特说：是的，人是被判定为自由的，人的存在就是选择本身，躺平或放弃选择也是自我选择的结果。然而，一旦失去了世代传递下来的超越坐标系（“意义地图”），面对庞大的、陌生的外部世界（萨特称之为“自在存在”）无所依傍的自由主体不免产生眩晕感、异化感、疏离感、孤独感与无力感，这一类生存体验一度是存在主义哲学家津津乐道的“基本情绪”（“畏”“荒诞”“恶心”“焦虑”）。存在主义作家加缪甚至认为哲学只有一个真正的问题，那就是“自杀”，在无意义的“荒诞感”面前，人为何还要继续存在而不是自杀，成了萦绕在现代主体性心扉中的“迷思”。汉斯·约纳斯在《灵知主义、存在主义、虚无主义》一文中指出：人与整个宇宙的断裂乃是“虚无主义之根本”，“人与自然（*physis*）的二元论乃是虚无主义处境的形而上学背景”，而“从未有任何一种哲学要比存在主义更不关心自然了，在它那里没有给自然留下任何尊严”。[①]存在主义固然高扬人作为“一根会思想的芦苇”的“尊严”与“高贵”，然而这种人的尊严与高贵身份的获得却让人同时体验到“变化无常，无聊，不安”，人被抛到无边无际的广袤的空间之中，在这浩瀚无际的死寂空间中，“我们整个的基础破裂了，大地裂为深渊”，“这些无限空间的永恒沉默使我恐惧”。[②]

哲学家所描述的“异化的人”（马克思）、“末人”（尼采）、“怨恨的人”（舍勒）、“逃避自由的人”（弗洛姆）、“单向度的人”（马尔库塞）等等都从不同角度触及到现代性的“另一面”对人之本质的扭曲。查尔斯·泰勒则进一步提出“**现代性的三个隐忧**”说：第一个隐忧即是个人主义的泛滥。个体从他人、社群、自然宇宙的“伟大存在之链”中“脱嵌”而成为独立自主的个体，用马克思的一段名言说，“资产阶级撕下了罩在家庭

① Hans Jonas, *The Phenomenon of Life: Toward a Philosophical Biology*, Chicago: The University of Chicago Press, 1982, p. 232. 中译文收入刘小枫选编，张新樟等译：《灵知主义与现代性》，华东师范大学出版社，2005 年，第 35—58 页。

② 帕斯卡尔著，何兆武译：《思想录》，商务印书馆，1997 年，第 33、62、93、101 页。

关系上的温情脉脉的面纱，……一切固定的僵化的关系以及与之相适应的素被尊崇的观念和见解都被消除了，……一切等级的和固定的东西都烟消云散了，一切神圣的东西都被亵渎了”，但随之而来的是“生命英雄维度”的失落、强有力的目的感与相应的生命的激情的丧失以及生活的平庸与狭隘化，进而陷入“变态的和可悲的自我专注”中，陷入自恋文化中而不能自拔。除了“可怜而又可鄙的舒适”，生活再未留下任何值得渴望的东西。第二个隐忧是工具主义理性的主导性。当人与其周遭世界丧失了存有链条中的地位与意义，存有领域遂成为“工具理性”驰骋的“原材料”与“资源库”，“世界不再是温暖的、有机的‘家园’，而是变成了计算和工作进取的冰冷对象，不再是爱和冥思的对象，而是计算和加工的对象”。[①] 支出与收益比率的最大化是工具主义理性成功的度量尺度，当这一尺度成为人们生活中的惟一标准后，随之而来的是政治领域用金钱估算人命，医学领域技术方法取代人情味的护理，生活领域快捷、廉价、可替换的商品取代可靠、耐久与有品位的器皿。第三个隐忧是无人情味的政治控制机制，让人们丧失了对政治生活以及外部事物的兴趣。个体没有理由相信社会能改变自己的困境，对公共领域越来越丧失信心，而公共领域越是不合时宜，越是让个体更加疏远公共领域。这种日趋加重的“公共无能感”[②]造就了托克维尔所谓的“温和的专制主义”的“恶性循环”。要之，现代性隐忧的根子在于个体远离了历史、自然的要求、同伴的需求、社群的归属、公民职责、上帝的召唤等等这些“不可逃避的重要性视野”（inescapable horizons of significance），这是自我存在的“本真性源头”（the source of authenticity），与这个源头隔离，就只能陷入“意义的丧失”，在生活的碎片化的泥沼中挣扎。[③]

---

① 舍勒：《死与永生》，刘小枫选编：《舍勒选集》（下），上海三联书店，1999年，第988页。

② 鲍曼著，郇建立译：《被包围的社会》，江苏人民出版社，2006年。

③ 查尔斯·泰勒著，韩震等译：《自我的根源：现代认同的形成》，译林出版社，2001年，第780—818页。查尔斯·泰勒著，程炼译：《现代性之隐忧》，中央编译出版社，（转下页）

三 研究状况

在中国由“传统”向“现代”转变这一“三千年来未有之大变局”中，“阳明学”(“王学”)在不同节点上呈现出多元样态，发挥了不同作用。

早在1945年，贺麟就注意到近代中国阳明学复兴与这一变局的内在关联性。他指出中国正处在一个“社会、政治、文化、思想、信仰均起了空前变化”的“崭新的过渡时代”，惟有能够成为“应付并调整个人以及民族生活上、文化上、精神上的危机和矛盾的利器”的哲学才能成为时代的哲学。实际上，这一观察不仅对于中国有效，放在历史哲学的视野看也概莫能外。沃格林(Eric Voegelin，1901—1985)在西方历史演进过程中观察到一种政治现象：“心理学的出现是政治社会中反复发生的现象，它标志着传统的行为准则和标准丧失了权威，人的行为失去了方向。”[①]显然清末民初的心学与唯识学的骤然复兴也属于这种现象。“革命的世纪”一方面需要“心理革命”以酝酿革命的激情与精神动力，另一方面也需要“心理建设”解决革命所造成的心灵震荡与失序问题。贺麟称陆王心学的“盛大发扬”是值得大书特书的现象。他又指出陆王心学一系在近代中国的复兴并不是偶然的，这与心学自身的独特性质紧密绾结在一起：陆王心学注重自我意识，故跟个人自觉、民族自觉、反抗权威、解除束缚的新时代精神较为契合，而处于一个青黄不接的过渡时代，旧传统已经丧失

(接上页)2001年，第1—14页。《现代性之隐忧》一书原系在加拿大出版(1991年)，翌年于美国出版时则易名为《本真性的伦理》(*The Ethics of Authenticity*, Cambridge: Harvard University Press, 1992)，新书名更能反映泰勒的用心，即现代性所展示的“本真性”伦理精神固然值得肯定，但这一本真性的伦理因为走向“自我实现的个体主义”(the individualism of self-fulfillment)而导致自我放纵、自我迷恋等诸多“隐忧”，只有接通“本真性”的源头，走向自我超越的社群主义(communitarianism of self-transcendence)才能真正实现本真性的伦理诉求。

① 沃格林著，段保良译:《政治观念史稿·卷一》，华东师范大学出版社，2019年，第99页。

了原有的指引方向的功能，一时又无外来标准可资模仿。只有凡事自问良知，求内心之所安，提挈自己的精神，以应付瞬息万变的环境。[①]贺麟还对康有为、梁启超、章太炎、欧阳竟无、熊十力与梁漱溟思想中的阳明学加以勾勒，并认为这是过去五十年“中国哲学界”如何由粗疏狂诞的陆王之学进而为精密系统的陆王之学之大致情形。而能本陆王之学“发为伟大事功者”，则以孙中山等为“伟大代表”。

上个世纪80年代起，朱维铮、杨国荣、陈铁健、黄道炫等从思想史、哲学史不同角度对康有为、谭嗣同、梁启超、章太炎、梁漱溟、马良、蒋介石思想世界中的阳明学因素进行较为深入的辨析与阐述。陈铁健与黄道炫指出现代中国思想对阳明学的吸收与弘扬大致分为三种类型：一为“吸收王学自由活泼的精神、坚韧不拔的意志磨炼及躬行践履的力行态度”，二为“把王学推崇为革命维新思想”，三为将王学视作“返本开新的锁钥”，坚信经过革新的儒学传统可以帮助完成中国文化现代化的任务，而王学作为儒学传统中最具革新潜力的部分，足堪承担此一重任。“王学是中国社会面临巨大转折前夕出现的一线思想曙光，它简易直截但内涵丰富，急欲超出传统却往往囿于传统之中，思想充满内在矛盾冲突但又表现出相当的开放性。王学的这些特色，使它在近、现代遭遇到独特的命运。”[②]其后，吴雁南出版了《心学与中国社会》《阳明学与近世中国》两书，两书既阐述了阳明学具有的现代精神气质，又以个案研究的形式考察了阳明学对魏源、王韬、左宗棠、康有为、梁启超、宋教仁、陈天华、刘师培、章太炎、汪精卫等人的影响。[③]吴雁南还指出，从王阳明“人的发

① 贺麟：《五十年来的中国哲学》，商务印书馆，2002年，第18页。

② 陈铁健、黄道炫：《王学及其现代命运》，《历史研究》1994年第4期，第81—92页。

③ 吴雁南主编：《心学与中国社会》，中央民族大学出版社，1994年。吴雁南：《阳明学与近世中国》，贵州教育出版社，1996年。吴雁南将阳明学的特点归纳为：第一，称颂人的伟大与尊严，这大大推动了人们的思想解放，推动了人们对人道的追寻。第二，亟欲冲破传统。阳明称良知宇宙万物的本原与主宰，世间所有的思想都应受到良知的审视，这种以个人为中心的“超人”观与其“满街圣人”“人人心中都有圣人”联结在一起，这种理论逻辑最（转下页）

现”和晚明清初社会新思潮的一波三折，到清末民主主义思潮风起云涌，变革、改造中国的运动确乎是一个草蛇灰线、有迹可循的历史过程。他断定，从中国本身的发展规律看，没有西方的影响，中国的资本主义也可以得到发展，中国的民族主义思想同改造中国的运动仍然会兴起并走向高潮。陈铁健、黄道炫与吴雁南均指出阳明学思想具有“**两重性**”，其最显著的特征即是“亟欲突破传统而又囿于传统”，此一看法具有重要的理论意义。这一观点也早见于沟口雄三的相关论著中，沟口雄三在评价阳明学时曾指出，阳明思想虽然承继了朱子的天理思想，但其“内在构造”却又呈现为既定理论中的“异己力量”，在客观上，阳明对旧的意识形态的重建就变成了非体制性或反体制性的重建，所以最终成为一种“变革的主体性思想”。[①] 如所周知，学界长期流行中国传统社会一直是一“静态的农业社会”观，梁漱溟甚至说“假使西方文明不同我们接触，中国是完全闭关与外间不通风的；就是再走三百年，五百年，一千年，亦断不会有这些轮船、火车、飞行艇、科学方法和德谟克拉西产生出来”[②]。梁漱溟认为这不是因为中国文明比西方文明走得慢，而是因为两种文明根本就不是一条路上的，中国从一开始就走了一条跟西方不同的路，所以说“中国不是尚未进于科学，而是已不能进于科学；中国不是尚未进于资本主义，而是已不能进于资本主义；中国不是尚未进于德谟克拉西，而是已不能进于德谟克拉西”。这一看法可谓发汉学家“冲击—回应模式”之先声。王阳明思想“**两重性**”说则提示我们中国现代性的动力亦有其内在

(接上页)终导向个性解放运动。第三，阐发平等与民主思想。第四，强烈的使命感与责任感。第五，颇具开放性与适应性。第六，王阳明的思想主张和阳明学充满矛盾，呈现出突出的两重性。正是这些阳明学的特色使得阳明学对近世中国产生了重大影响。详见吴雁南：《阳明学与近世中国》，第3—15页。

① 沟口雄三著，陈耀文译：《中国前近代思想之曲折与展开》，上海人民出版社，1997年，第30—31页。

② 梁漱溟：《东西文化及其哲学》，商务印书馆，2018年，第72页。

精神资源。[1]

杨国荣《王学通论》一书（初版于1990年）设专章讨论阳明学与近代中国哲学的关系。他指出近代中国启蒙思想家如魏源、康有为、谭嗣同、梁启超、章太炎、梁漱溟、熊十力、贺麟等在论证其独立自强的政治方案或构造思辨体系时，一方面不断将目光指向西方，另一方面又频频注目于王阳明思想。阳明学中良知概念本身包含着个体性（吾心）与普遍性（理）双重品格，它不同于程朱理学的地方就在于承认了“个体性原则”，这一原则在客观上可以引申出对专制主义的否定，而这正与近代中国个性解放的时代要求合拍，所以近代启蒙思想家在引入主张个性自由的近代西方启蒙思想的同时，也从王阳明的个体性原则那里找到了本土的精神资源。王阳明对个体性原则的确认也必然意味着对主体意志的肯定，而中国近代哲学与古代哲学一个重要区别是意志主义的盛行，自龚自珍到谭嗣同、梁启超、章太炎、梁漱溟，其思想倾向均表现出强烈的意志主义色彩。意志主义的盛行固然有其深刻的社会历史根源，又有西方近代意志主义哲学刺激，而阳明学则因其突出意志的作用而对强化心力、意欲的近代哲学家产生了显著影响。要之，王阳明思想自身具有明显的**二重性**：“作为传统理学，它多少包含与近代启蒙思潮相对的一面；但它对个体意愿的注重，对道德行为中自主性原则的确认，对个体在判断是非善恶中的能动作用的肯定，又在某种程度上为近代启蒙思想家提供了可资利用与改造的思想资料。”阳明学与中国近代哲学的关系亦呈现出“**二重性**”：“一方面，它对产生或接受某些近代的观念、思想，客观上具有一定的引发或触媒作用，而它所包含的若干积极因素，也在这一过程中逐渐融合于其间；另一方面，王阳明的心学偏向又作为沉重的历史负担而

① 高瑞泉在其新著《动力与秩序：中国哲学的现代追寻与转向（1895—1995）》（广西师范大学出版社，2019年）系统描述了现代中国哲学历程中“动力”与“秩序”中中西文化精神相互碰撞与纠缠之复杂关系。

对中国近代哲学的演进产生了毋庸讳言的消极影响。”[①]

另外，高瑞泉在《中国现代精神传统——中国的现代性观念谱系》（东方出版中心，1999 年）一书将 19 世纪 60 年代起始的中国现代化进程中所发育出的一组现代性观念（进步、竞争、创造、平等、民主、科学、大同社会理想、平民人格）称为“现代精神传统”，并指出这个现代精神传统是“古代传统、西方思想与现代人的创造之间的辩证运动的结果”。高瑞泉对“现代精神传统”中的“古代传统”向度的揭示虽未对阳明学给予足够的重视，但他强调中国现代性观念纵然相当部分源自西方意识的移植，中国悠久的文明史一定会对任何外来的观念进行“某种改写”，因而让“原本是来自西方的观念带上了中国的色彩和特点”。[②] 而在《平等观念史论略》一书中，高瑞泉进一步指出中国现代哲学中所说的“传统的创造性转换”早已体现在近代中国哲学的论述中，它可以还原为“异端翻为正统”“边缘进入中心”“新知附益旧学”三种形态或三个渠道。[③] 这里的“正统”“中心”“新知”都是现代性的论说，而“异端”“边缘”“旧学”则是传统思想的不同形态或因素，质言之，现代性的“精神”（spirit）是装在“旧瓶”中的。这种对中国现代性观念研究中“本土性”向度的自觉意识无疑具有重要的方法论意义。

值得注意的是，在流行的“中国式近代”的三种视角（资本主义—鸦片战争的视角、基于西方文明优越性的文明观的视角、腐朽王朝自我灭亡的视角）之外，沟口雄三提出了第四种视角即“内发变动型视角”，并认定中国式近代实则是一“内发性近代”：中国近代的进程应该从 16 世纪末与 17 世纪初地方分权自治一类的“礼教”活动开始，阳明学深入民

---

① 杨国荣：《王学通论：从王阳明到熊十力》，华东师范大学出版社，2018 年，第 264、290 页。

② 高瑞泉：《中国现代精神传统——中国的现代性观念谱系》（增补本），上海古籍出版社，2005 年，第 8—9 页。

③ 高瑞泉：《平等观念史论略》，上海人民出版社，2018 年，第 2 页。

间所展开的民间秩序的革新运动则是其滥觞。[1]

进入21世纪后，阳明学成为当代中国哲学界的“显学”。对近代阳明学的研究成果日趋增多。张崑将将近代中国阳明学分为三大类型：“作为维新或革命形象的阳明学”（康有为、谭嗣同、梁启超、蔡锷、蒋介石、孙中山）、“作为保存国粹的阳明学”（孙锵、钱穆）、“作为哲学深化的阳明学”（熊十力、梁漱溟、张君劢、贺麟），并对各个类型学关心的问题与基本精神进行了简明扼要的勾勒。[2]近十年来，近代阳明学的个案研究（“康有为与阳明学”“梁启超与阳明学”“章太炎与阳明学”“孙中山与阳明学”“梁漱溟与阳明学”“严复与阳明学”）层出不穷，俨然成为阳明学研究中的一大显学。

综上所述，学术界对近代阳明学的研究已取得了丰硕的成果。阳明学精神所含的主体性因素与近现代中国的变革之间的内在关联得到了系统的呈现。但仍有一些问题有待深化与推进，如（1）阳明学所含的主体性向度在中晚明阳明学内部究竟是如何展开的，它与近现代阳明学展开的主体性向度异同何在？（2）近现代中国思想开展的“动力”当然远非汉学家所谓“冲击—回应”模式所可涵盖，以往明清之际资本主义萌芽说、明清之际启蒙说都试图寻找近现代中国思想开展的“内生性”精神资源，阳明学作为“内生性”资源究竟在近现代中国“回应”近代西方文明的“冲击”中产生何种具体作用？（3）“现代性”有其“两面性”，一方面推崇个体的自由、独立、平等，故极大张扬了个体尊严性与自主性，但另一方面由于传统超越向度的丧失以及现代工业生产、市场经济所特有的组织形式而带来“意义的失落”与人的“异化”（“单向度的人”“怨恨的人”“逃避自由的人”“末人”）则是现代性的“隐忧”乃至“顽疾”，以往对

---

① 沟口雄三著，王瑞根译：《中国的冲击》，生活·读书·新知三联书店，2011年，第89—102页。台湾大学资深教授黄俊杰先生在信中向笔者指出，讨论阳明学与中国现代性议题，不应忽视沟口雄三的“内发性近代”看法。

② 张崑将：《阳明学在东亚：诠释、交流与行动》，台大出版中心，2011年，第215—272页。

阳明学与现代性关系的阐述多集中于前一面向，阳明学对于克服现代性的隐忧之意义这一面向尚有待系统的阐发与深入的论述。(4)倘若我们从世界精神哲学发展的格局看，西方现代性中的主体性原则是由笛卡尔(1596—1650)开出的，他诞生于王阳明(1472—1529)去世后的第六十七年，笛卡尔所奠定的主体性原则与王阳明的主体性原则在强调自主、自立、自信一面表现出高度的相似性，但笛卡尔的主体在本质上是一"心灵的主体性"，是心物二元对立所彰显的主体性，这个心灵的主体必须通过脑室中的松果腺(pineal gland)方能与机器一样的身体发生联系。而王阳明思想中的主体性则是一种"具身的主体性"，是扎根于"天—地—人—己"存有连续体中的主体性，是根于父母、连着兄弟、带着妻子，并进而"联属"国家天下，"统会"上下古今的"世代生成的主体性"。与笛卡尔主体性所创造的世界相对照，这一主体性所开显的世界在身心关系、人己关系、人物关系乃至人天关系等诸向度自会有不同的表现。史怀哲(Albert Schweitzer)认为笛卡尔"我思故我在"将怀疑一切的认知性的"我思"作为理论建构的出发点，这种理性主义的"抽象性"性格，使欧洲思想与真实的生命产生了隔阂，从而丧失了思想的"基本性"。所谓思想的"基本性"就是保持我们个己生命与整个生命世界的深层的联系，这种深层联系不是笛卡尔式的我思所建构的，而是人类最内在、最本原的体验证成的。笛卡尔式的运思立场"似乎不是活在世界中，不是在世界中体验人生，而是活在世界之外，从世界之外来观察这个世界"[①]。另外王阳明的主体性原则与实践性原则是密不可分的，而笛卡尔的主体性的挺立则开启了所谓的"笛卡尔时刻"，从此"真理"与"自我技术"发生了断裂，主体无须实践(修身)而只凭借认识就可以掌握真理。[②]王阳明的主体性原则在中国现代性语境中具有何种哲学意义，在现代新儒家"儒家

① 史怀哲著，梁祥美译：《史怀哲自传：我的生活和思想》，台北志文出版社，2004年再版，第253—254页。个别字眼依C.T. Campion之英译本而稍加改动。

② 福柯著，佘碧平译：《主体解释学》，上海人民出版社，2010年，第15页。

式人文主义”的重建中，王阳明的主体性原则又发挥何种作用？此一问题仍值得深究。

实际上学术界沿袭已久的阳明思想的“**两重性**”（囿于传统而又突破传统）提法仍然是在“传统—现代”二元对置（duality）中运思而提出的一个“观念”。“传统”一词在西方文化中源于拉丁语（tradere），其意思不外将某物传给某人以便得到保存、托管，它与财产的继承权分不开。今天意义上的“传统”这个观念本身就是“现代性”塑造的。质言之，在传统社会中并不存在什么“传统”的观念，因为社会运作与人们的生活方式都浸润在传统之中。只有在一个变化加速的现时代中，在生产方式与社会结构变动不居的时代中，“传统”这个词才被“发明”出来：在城市建设中哪些古老的建筑物应该作为“文化遗产”得到保留而不被拆除？在生活习俗中，哪些礼仪与信念应该得到延续而不是作为“迷信”被破除？在生产技术方面，哪些工艺、技艺需要作为“工匠精神”继续得到传承而不是弃之如敝屣？在哲学思想等观念领域，哪些思想需要得到继承而不是被扫入历史的垃圾堆？“传统”意识与“现代”建构在根本上是共谋而成的。即便作为被“保留”、被“继承”的“传统”在实际上也与其原初的样态发生了本质的变化，无论是文化遗产抑或是传统工艺及其产品都不过是点缀在现代建筑、现代工业流水线中的一个另类空间、另类技术及其产品，一个供现代人观赏、浏览、把玩与怀旧的另类的对象而已。其所扎根的生活世界早已荡然无存了。真正“活着”的传统必须体现于当下生活方式与人生设计中，它不是某种封闭于某个特定的时空中的遗迹与工艺，而是当下生活世界中的人们自我理解、自我认同的一个不可或缺的向度。质言之，这种意义上的“传统”或是一直自然而然延续至今的“当下”，或是通过一种“重建”的方式重新与当下发生血脉联系。显然这种既是“传统”又是“现代”的活生生的生活观念实际上是超越传统与现代的，其自身必具有某种永恒性。儒家传统一个重要面向是礼仪，而就礼而论，“以时为大”一直是儒家保守、更新传统的基本原则。“殷因于夏礼，所损益可知也；周因于殷礼，所损益可知也。”(《论语·为政》)所“损”所“益”皆以“时”为大，所损者必是不合时宜者，所益者必是符合时代精神者。在损益更替的传统之“传递”过程中，有无一永恒普遍的基本原则引导乃至主宰其间？朱子答曰：“所因之礼，是天做底，万世不可易；所损益之礼，是人做底，故随时更变。”[①] 显然这个“天做底礼”即是“天理”，此即意味着在“过时”的传统与“合时”的传统(实则即是“现在”)之间，尚有一个“超时间”(“非时间”)的向度。近人梁启超于其《新民说》中指出，“德”并非一成而不变，变者只是“德之条理”，但“德之本原”却亘万古而无变。实际上，德之条理、具体的道德法则、社会习俗均会随着时代的变化而变化，也会因地域不同而表现出差异性，要之有古今中西之异同。然而今人见孺子入井而起“怵惕恻隐之心”，撒玛利亚人见到被强盗打伤的犹太人而动了“慈悲的心”，这道德的本心却不能说有古今中西之异同。阳明学作为在中晚明产生的一个思想流派，无疑会打上深刻的时代色彩，这个“时代”离我们的时代已经有六个世纪的时间间距，其“前现代”的某些思想因子确实早已与我们这个时代“格格不入”，而其注重自信、自主、自立、自得、自明、自知、自诚的“自”向度，张扬“依自不依他”的精神固然容易打开通向“主体性自由”这一现代性的哲学原则之大门，但王阳明始终坚持其所发现的“良知”乃是“乾坤万有基”，是“亘万古，塞宇宙，而无不同”的道德本心、天地之心。真正的真理与价值就其“发生”而论，最初总是由某个具体民族中的某个具体的人在某个具体的时代中发现的，但作为真理与价值的意义却不能“化约”(reduced)至这个具体时代、具体民族中的具体人之心理状态上面，此种历史主义的、心理主义的化约主义究其实是犯下了典型的“发生论谬误”(genetic fallacy)。质言之，阳明学的真正精神具有永恒性、普遍性一面，

---

① 《朱子语类》卷二十四，《朱子全书》(第14册)，上海古籍出版社、安徽教育出版社，2002年，第865页。

在此意义上，它既是超越传统又是超越现代的生命智慧。深度揭示阳明学中的这种“超现代”精神，为克服“现代性的隐忧”提供一条王阳明之路，毫无疑问应是当今阳明学研究的一个重要历史使命。

有鉴于此，我们不妨提出阳明思想的**“三重性”**范畴：阳明思想（1）既具有“囿于”传统的“前现代”之一面，（2）亦具有突破传统向现代迈进的“现代”之一面，（3）同时也具有超越传统与现代而表现出永恒性与普遍性的一面。

四 研究思路

基于以上的考量，本书以“阳明学与中国现代性问题”为题，集中讨论阳明学内部现代性精神的展开脉络，描述阳明学在“精神动力”与“秩序想象”向度究竟为中国近现代“现代化”进程中提供了哪些资源，并阐发阳明学于克服现代性隐忧所具有的启示意义。整个研究由四部分构成：

第一部分 整体的历史刻画与全盘的理论反思。对阳明学在中国历史中登场的“节点”加以整体描述，在此基础上，重点反思阳明学在中国近代重新登场的“视界”转换（由“天下”向“世界”的转换）所带来的一系列新面貌、新问题。阳明学在中晚明与近现代中国“登场”发生在四个“历史时刻”，依次是“明清之际”“清末民初”“共和国前后”与“中国梦时刻”。在这四个不同的历史时期，阳明学展示出不同的形态与特征。近现代阳明学与传统阳明学本质之差别在于“视界转换”，即由传统的“天下”视界转换为“世界”视界。传统阳明学的视界乃是由一“至大无外”的“大道”意识造就的。大道意识、为己之学与天下一家，构成了传统阳明学的基本精神气质。近代中国阳明学的兴起则与民族国家的建构、“国性”与“民德”的重新塑造联系在一起，带有强烈的国家主义、民族主义价值取向与强烈的“隔”的色彩。让由于近代视界的转换而造成的儒家知识“**地方化**”“**国族化**”“**时代化**”重新“**普遍化**”“**世界化**”“**现时化**”，让阳明学的“**大道意识**”再次成为我们眺望未来的地平线，是当今中国哲学研究的重要使命。

第二部分　阳明学与近现代中国转换的“内源性”的精神动力与秩序想象。从阳明学精神气质、阳明学的基本命题的深度刻画入手，揭示阳明学在近现代中国“三千年未有之大变局”中所扮演的角色，呈现出中国近现代思想演进的“内生性”精神资源与“动力机制”。阳明学“家”思想与近现代“家庭革命”思潮、阳明学亲民思想的“泛亲化”论述与近现代中国社会秩序的重构、阳明学“四民异业而同道”说与近现代中国“士”地位的变迁表面看来有着“剪不断理还乱”的复杂关系，但潜入观念史的内在脉络，探赜索隐，钩深致远，亦不难发现其中的草蛇灰线。具体而言，**第一**，阳明学“身家之私”“身家之累”“心安是家”“友道第一”“孔孟在家出家”这一系列“家”观念的提出，均是由其“一体不容已”之仁学终极情怀而来。“一体不容已”宛若基督宗教之圣灵而成为绾结心学讲学活动所构成的性命共同体的纽带。被此“圣灵”所感动之先知先觉者“自不容已”地要突破“身家之私”“身家之累”的限囿，并与“同志”（即被同一圣灵所感动者）结为一“会”、一“孔氏家”、一“道”“学”“政”三位一体的共同体。这一系列“家”观念不仅为近现代中国“去家”“毁家”“破家”的“革”家之“命”的革命意识形态提供了“材料”“凭借”，而且在某种意义上也为后者做足了“主题”上的铺垫工作，而“西方的冲击”则让两者之间的连续性呈现出“断裂性”。**第二**，阳明学“明德亲民之学”强烈的“泛亲化”论述让“亲”拥有了建构普遍的社会秩序、宇宙秩序的意义，并与“天下一家”“中国一人”论述一起成为近现代中国社会秩序重构的一个重要的精神动力，而如何在天—地—人“伟大的存在链条”中落实“亲”字，重新体认与恢复现代人与此“重要的视野”“本真性的源头”（查尔斯·泰勒）的内在联系，是克服“现代性隐忧”的关键所在，故阳明学的“泛亲化”思想仍具有深刻的现实意义。**第三**，王阳明“四民异业而同道”论被视为“新儒家社会思想史上一篇划时代的文献”，一方面他以儒学宗师身份对商人社会价值给予了明确肯定，故对明清之际的商业文化产生了重要影响，另一方面他对纵欲逐利与攀比嫉妒现象的批判未尝不是对“工商精神气质”（所谓“资本主义人之心性”）蔓延化现象的不满，他的“造士精神”与其一直张扬的万物一体、天下一家的“王道”理想构成了近现代中国知识分子改造社会的精神动力与秩序想象的一个重要源头。

第三部分　全球化时代下阳明学之意义阐发。立足于全球化时代下中华民族伟大复兴这一时代要求，就克服“现代性的隐忧”这一议题，充分吸纳阳明学智慧，尝试给出一系列解决思路。全球化时代下，“现代性的隐忧”现象日趋严峻，全球化资本的流通导致的不平等现象、民族主义风起云涌带来的仇外与敌对现象、加速时代所带来的全球性风险现象、现代性“大脱嵌”机制与全球化流动所造成的自我认同的危机以及宗教原教旨主义盛行所带来的文明的冲突等等，此类问题均可视为“现代性”问题。如何汲取阳明学智慧回应此类现代性问题，是激活阳明学精神密码的关钥所在。本书提出“以全球良知的流通主宰资本的流动”“以‘一体之仁’克服民族国家的‘敌我’意识”“以良知之为‘变易之道’与‘万物皆备于我’的责任感应对全球化的风险”“以‘大人意识’建构全球化时代下的自我认同”“以‘大道意识’克服宗教之间的冲突”五大命题，给出解决现代性隐忧的具体思路。针对当今宗教学通行的四种宗教对话模式（“置换模式”“成全模式”“互益模式”“接受模式”）说，立足于王阳明对待佛教与道教的态度，本书则尝试提出一种“王阳明模式”，在这种中国式的宗教对话模式中，它既承认每一种文明都有其本己的宗教，同时又汲取了“置换模式”下对本己宗教的强烈认同与归属感，而相较于“成全模式”与“互益模式”，“王阳明模式”更注重自我的开放性与自我的成全，而不是以本己宗教去“成全”异己宗教。“王阳明模式”的重点在于向宗教的“他者”保持开放性，而其始终如一的“人道”取向可以把宗教向度贞定在人性的肯定与实现这一面向，避免宗教信仰走向迷狂、偏执与蒙昧主义。

第四部分　阳明学与现象学的会通、阳明学与现代新儒家“主体性原则”的建构。对上个世纪开始的阳明学与现象学的会通现象进行反思，揭示现代新儒家人文主义论说中“主体性原理”话语中的阳明学因子。自上个世纪60年代西方学者就开始尝试阳明学与现象学的比较与会通工作，郑和烈（Jung Hwa Yol）特别提到王阳明“回到良知”的原则类似现象学“回到实事本身”的原则。本世纪瑞士现象学家耿宁（Iso Kern）提出阳明学三个良知概念，并指出阳明学中良知之“自知”现象与现象学的“自身意识”（“内意识”）具有高度的相似性。良知是否是一种自身意识以及是何种意义上的自身意识？以牟宗三为代表现代新儒家基于心学一系工夫论所提出的“逆觉体证”“反身软圆的自知”与现象学“自身意识”有何异同？中国心学一系工夫论中的“实事”与现象学意义上的“实事”是不是同一“实事”？这一系列问题均牵涉到如何立足于中西哲学的对话，重新刻画阳明学良知之实事。另外自上个世纪50年代开始，牟宗三、唐君毅、徐复观三位现代新儒家就开启了“儒家式人文主义”论域，杜维明承接此议题进一步提出“精神人文主义”主张。在精神人文主义主体性存有论中，阳明学因素起到何种作用？杜维明对启蒙心态反思所展示的“现代性”与“超现代”的辩证智慧对于我们认识阳明学思想的“三重性”有何启发意义，则是最后一章讨论的主题。

五　研究方法

就研究方法而论，“阳明学与中国现代性问题”课题围绕揭示阳明学的“三重性”这一基本问题意识，刻画阳明学如何由“传统”向“现代”突破的内在理路，阐述阳明学为克服现代性隐忧所能提供的思想愿景。具体而言：

（1）在揭示阳明学与中国现代性问题的关系时，均立足于阳明学的原始文本，对王阳明的亲民说、“四民异业而同道”论、“天下一家”论等等富有现代意义的思想之来龙去脉进行细致而深入的思想史考订与考察，在此基础上深度阐释阳明学义理内部的“现代性”与“超现代性”思想因子，避免“架空立论”。

（2）鉴于学界对近代重要历史人物（如康有为、梁启超、章太炎、梁漱溟等等）与阳明学关系之个案研究已经取得了丰硕成果，略人所详，详人所略，是学术研究的共法，故本研究不再采取以人物为中心的个案研究法，而是基于阳明学的内在义理演变过程中所开显的观念、思想，厘清其脉络，揭示其历史效应，进而展现它与中国现代性问题的多重关联性。

（3）现代性现象犹如“两面剑”，既有张扬人之自由、解放之一面，亦有其“隐忧”与“顽疾”，以往的研究多聚焦于前者，对阳明学克服现代性隐忧的启发意义则有待进一步深入探讨，本课题自觉着力于后一面向的研究。

第一章　从“天下”到“世界”：阳明学视界的近代转换及其反思

【**本章摘要**】传统阳明学的视界乃是由一“至大无外”的“大道”意识造就的。大道意识、为己之学与天下一家，构成了传统阳明学的基本精神气质。近代中国阳明学的兴起或与民族国家的建构、“国性”与“民德”的重新塑造联系在一起，带有强烈的国家主义、民族主义价值取向与强烈的“界限”色彩，或与西方乌托邦主义、大同理想、无政府主义缩结在一起，带有“同质化的一通到底”的浪漫主义色彩。让由于近代视界的转换而造成的儒家知识“**国族化**”“**时代化**”“**抽象普遍化**”重新“**世界化**”“**现时化**”“**具体普遍化**”，让阳明的“**大道意识**”再次成为我们眺望未来的地平线，是当今中国哲学研究的重要使命。

1894年8月1日，中日双方正式宣战，甲午战争全面爆发。翌年4月17日李鸿章代表清政府在日本马关签订丧权辱国的《马关条约》。割让台湾与辽东、赔款白银二亿两的消息传到了北京，正在京城应试的举子们群情激愤，在康有为与梁启超集结下联名上书，是为近代史上著名的“公车上书”事件。同年10月，孙中山领导的兴中会在广州发动了第一次反清武装起义。严复《论世变之亟》《原强》《辟韩》《救亡决论》四篇鸿文也发表在这一年，此时，《天演论》移译也已经完成了初稿。风云际会，要变“天”了：万物并育而不相害的“天道”要被物竞天择、适者生存的“新天道”所取代，一元复始、万象更新循环往复的宇宙观要开始让位于进步主义的世界观。“20世纪中国发生的所有巨大变革都可以在这一脉络中寻找到其思想的因缘”，“**革命的世纪**”的帷幕自此徐徐拉开了。[①]的确，革命世纪最初的那代知识人的“意识构造”中，“几乎都可以蒸馏出甲午战争后遗症的历史效应”[②]。1898年张之洞于《劝学篇》提出国家公派留学生的建议，并指出游学之国“西洋不如东洋”的主张。实际上，从晚清到民初，日本俨然成为“所有中国革命者和现代主义者朝圣的麦加”[③]。早在1896年3月，清政府就已首次派遣学生十三人东渡扶桑学习。1906年振聩书社出版了警世小说《伤心人语》，内中《东京支那学生之现象记》收有《王阳明生于日本之笑谈》一文：

> 日本维新诸豪，如吉田松阴、西乡隆盛、木户孝允等，无不得力于王阳明之学。近世日俄战争对马海岛一役，东乡平八郎以相等之军舰力，四十余时间，歼俄舰全军，使之只轮不返。观其料敌之精密，执事之静逸，从容布置，不为物动，故能奏此**黄白相战之第一功**。然闻其语人，谓平生得力在阳明知行合一之旨，是以处危难而不惊。自此，日人之视阳明愈益加重。故近日彼中人士，每与吾国人言则必谈及王阳明之学。有某省师范生，平日于阳明尚未寓目，即阳明出处亦觉茫然不解，某日与日人谈，**日人谓阳明先生之学吾国人皆以此为宗，支那学生更宜研究等语。某师范生用笔谈答曰：“贵国能生一个阳明，所以能打破俄国。若敝国也能生一个阳明先生，那就好了。”**

---

① 高瑞泉：《动力与秩序：中国哲学的现代追寻与转向（1895—1995）》，第112—113页。

② 杨儒宾：《章太炎眼中的台湾人》，收入《多少蓬莱旧事》，联经出版公司，2022年，第38页。

③ 鲍吾刚著，严蓓雯等译：《中国人的幸福观》，江苏人民出版社，2004年，第346页。

这段话颇能折射出阳明学于近代中国复兴的“出口转内销”时代场景：日本明治维新的思想导师群无不得力于王阳明之学；让当时黄种人扬眉吐气的日俄战争（据称是黄种人在与白种人交战之中首次取胜的战争）中的“军神”东乡平八郎自谓其平生得力在王阳明知行合一之旨；来自王阳明故国的中国留学生竟然不知王阳明之出处，乃至羡慕日本“能生一个阳明”！“**若敝国也能生一个阳明先生，那就好了**”的感慨，一方面说明王阳明从中国人的文化视野中淡出由来已久，另一方面更是说明“国家”与“民族”的“刚需”（“打破俄国”）才是阳明学在清末民初枯木逢春、重新登场的机缘所在。

显然新时代登场的阳明学携带着新的信息，表现出新的精神气质，究其原因，最根本的不同在于“视界”的转换，即从传统的“为己之学”与“天下同风”的“天下视界”转向民族振兴之学与“万国竞争”的“世界视界”。

一 “为己之学”与“天下同风”：传统阳明学本身的视界

“视界”（horizon）顾名思义即是视力所及之范围，这个范围是由一个“视角”“立场”“观点”所敞开的。一方面我们的经验与认知总是存在着一个“边界”，另一方面，这个边界又是移动的，只要我们移动，新的边界就像地平线一样又会出现在我们视力的尽头。“山高月远觉月小，便道此山大于月。若人有眼大如天，还见山高月更阔。”王阳明这首童年诗歌很能表现“视角”“立场”“观点”的转换如何决定了“视界”的性质。郭熙《林泉高致·山水训》谓山形“步步移”“面面看”，一山而兼数十百山之形状，又谓“四时”“朝暮”“阴晴”景不同，一山而兼数十百山之意态。观山者时、空视角的转换带来山之形状与意态的变化。观者所处视界的时空性质造就了相应的“景观”。就“视界”自身的构成而言，它实际上是一幅“意义”地图，每一个所见的事物都被分门别类地定位于相应的位置上，而这幅意义地图自身又“先行”引导着观者之观察的兴趣、角度与范围。

“同一材料”（同一所见对象）被置于不同的视界（意义地图）中自然会呈现出不同的意义。

传统阳明学的视界乃是由一“至大无外”的“大道”意识造就的：

> 道一而已，仁者见之谓之仁，知者见之谓之知。释氏之所以为释，老氏之所以为老，百姓日用而不知，皆是道也，宁有二乎？……世之儒者，各就其一偏之见，而又饰之以比拟仿像之功，文之以章句假借之训，其为习熟既足以自信，而条目又足以自安，此其所以诳己诳人，终身没溺而不悟焉耳！①
>
> 神无方而道无体，仁者见之谓之仁，知者见之谓之知。是有方体者也，见之而未尽者也。②

“道”成了“超越”文字乃至文化的“终极实在”。在大道面前，每一种“教”都是来自特定立场下的“所见”，而有所“见”则有所“不见”。这不仅是指具体的某种“见”是有范围的，“所见”之外皆为“不见”，更是指任何一种“见”自身作为“视角”“观点”“立场”就有其限度。望远镜可让人“见”到离我们遥远的星体，但却不能让我们“见”到离我们至近的细菌。因为任何“见”都受限于“见者”所站立的“位置”“立场”，“才有所见，便有所偏”，“所偏”即“偏于”自己的“立场”，自以为是而不知“换位”思考，此正是庄子所讥讽的“束于教”的“一曲之士”之心态。惟有对“所见”之“所”有所自觉，方会避免陷入“自以为是”与“排他主义”的“一偏之见”。故王阳明称“文王望道未之见”方是真见道之表现。③

---

① 《寄邹谦之四》，王守仁撰，吴光等编校：《王阳明全集》卷六，上海古籍出版社，1992年，第205—206页。

② 《见斋说》，王守仁撰，吴光等编校：《王阳明全集》卷七，第262页。

③ “颜子‘虽欲从之，末由也已’。即文王望道未之见意。望道未见，乃是真见。”《传习录上》，王守仁撰，吴光等编校：《王阳明全集》卷一，第24页。

谛观王阳明论三教的文字，王阳明往往将排斥佛教、道教的儒者称为“世儒”。为了与此封闭心态的“世儒”有所区别，王阳明称儒学为“圣学”。圣学所传乃“大中至正之道”，此大道成己成物，“彻上彻下，只是一贯”，而无有所谓“上一截”“下一截”之区别；圣学乃是大全之学（“圣人之全”），只要能够成全人性（“成圣”）的智慧均应涵括包容而无计其出处。超越教派门户，向不同“文化的他者”敞开、学习进而成全自我，成了阳明对待佛道二教的基本态度。《论语》首篇开宗明义就说：“学而时习之，不亦说乎？有朋自远方来，不亦乐乎？人不知而不愠，不亦君子乎？”这三句话浓缩着儒家“学”的精义。“学而时习之”，学习的内容不外是学礼、学诗、学文、学《易》、学道，有历史文化传承的意思；“有朋自远方来”是“共学”，是在人文共同体中学习，共同弘扬“斯文”；“人不知而不愠”，学习的本质是“为己之学”（用老子的话说，“**修之于身，其德乃真**”），是学君子之道，是成就君子人格，它不求为人知，因为有天知，故孔子说：“不怨天，不尤人，下学而上达。知我者其天乎？”“上达”而“知天”，这有超越性的意思。**“学”与“问”都意味着一个开放与倾听的心态。**孔子作为“天纵之圣”，其好学、好问的品性确实具有重要的文明象征意义。基督教的文明、伊斯兰教的文明，他们的圣人都得到神的启示，是先知，耶稣基督作为“神之子”其自身即是“道路、真理、生命”。[①] 确实从比较文明的视野看，孔子几乎就是惟一一位学而不厌的“学者”、一位名副其实的“学者”：“见贤思齐，见不贤内自省焉”，几乎每个人都可以成为他的老师。《战国策·秦策五》甚至“记载”孔子向年仅七岁的项橐拜师一事。“孔子的学习可以在一切地方一切时候进行。学就是朝向世界、朝向历史、朝向人群，更深切微妙地打开人的心灵，在学习中感受到人生与世界的结构和真理。”[②] 实际上儒家所理解的自我本身就是一“对话的自

① “我就是道路、真理、生命。若不藉着我，没有人能到父那里去。”（《约翰福音》14:6）

② 张祥龙：《中西印哲学导论》，北京大学出版社，2022 年，第 56 页。

我”、一“开放的结构”，即“永远要对其异质的东西保持亲和感。这一亲和感是永远不能被人现阶段的发展所包容，所以，永远向外通透，永远有外在的资源要进来”[①]。有门人请教阳明儒教与佛教区别何在，阳明答曰：“子无求其异同于儒、释，求其是者而学焉可矣。”[②]道是天下公共之道，心是天下普遍之心。“学习”是自信而不自大、自尊而不自傲、自主而不自固的表现。可以说，“自我成全”“吾之用”这一“为己之学”之第一义使得阳明心学一系对异质的东西保持着高度的亲和感与开放性。

而在政治关怀上，天下一家、万物一体始终是阳明的终极理论视界。王阳明思想中“心学纯明之时”这一观念最能体现其道德理想主义情怀。阳明曾精心描绘出以下两幅“心学纯明之时”的“天下”画面：

> 或问三教同异。阳明老师曰：道大无外。若曰各道其道，是小其道矣。**心学纯明之时，天下同风，各求自尽。**就如此厅事，元是统成一间。其后子孙分居，便有中有旁。又传渐设藩篱，犹能往来相助。再久来渐有相较相争，甚而至于相敌。其初只是一家，去其藩篱，仍旧是一家。三教之分，亦只似此。其初各以资质相近处，学成片段。再传至四五，则失其本之同。而从之者亦各以资质之近者而往，是以遂不相通。名利所在，至于相争相敌，亦其势然也。故曰：仁者见之谓之仁，知者见之谓之知。才有所见，便有所偏。[③]
>
> 夫圣人之心，以天地万物为一体，其视天下之人，无外内远近：凡有血气，皆其昆弟赤子之亲，莫不欲安全而教养之，以遂其万物一体之念。天下之人心，其始亦非有异于圣人也，特其间于有我之

---

① 郭齐勇、郑文龙编：《杜维明文集》（第四卷），武汉出版社，2002年，第539页。

② 《赠郑德夫归省序》，王守仁撰，吴光等编校：《王阳明全集》卷七，第254页。在王阳明看来，三教不过是为了尽吾心、安吾命，学三教者，亦不过是要学尽心、学安命而已。就此而言，三教异同的确不是学者应当关心的“焦点”。

③ 朱得之编：《稽山承语》，王守仁撰，吴光等编校：《王阳明全集》（新编本）卷四十，浙江古籍出版社，2010年，第1611页。

> 私，隔于物欲之蔽，大者以小，通者以塞，人各有心，至有视其父、子、兄、弟如仇雠者。圣人有忧之，是以推其天地万物一体之仁以教天下，使之皆有以克其私，去其蔽，以复其心体之同然。……下至闾井、田野、农、工、商、贾之贱，莫不皆有是学，而惟以成其德行为务。……当是之时，天下之人熙熙皞皞，皆相视如一家之亲。其才质之下者，则安其农、工、商、贾之分，各勤其业，以相生相养，而无有乎希高慕外之心。其才能之异，若皋、夔、稷、契者，则出而各效其能。若一家之务，或营其衣食，或通其有无，或备其器用，集谋并力，以求遂其仰事俯育之愿，惟恐当其事者之或怠而重己之累也。故稷勤其稼，而不耻其不知教，视契之善教，即己之善教也；夔司其乐，而不耻于不明礼，视夷之通礼，即己之通礼也。盖其**心学纯明**，而有以全其万物一体之仁，故其精神流贯，志气通达，而无有乎人己之分，物我之间：譬之一人之身，目视，耳听，手持，足行，以济一身之用，目不耻其无聪，而耳之所涉，目必营焉，足不耻其无执，而手之所探，足必前焉：盖其元气充周，血脉条畅，是以痒疴呼吸，感触神应，有不言而喻之妙。①

"画面一" 论述三教之间原无界限，心学纯明时代（实则是王阳明心目中理想的社会状态）中，"天下同风，各求自尽"，即是说，每个人均以自我成全为目的，"教" 不过是每个人 "自尽""自我成全" 的途径，故并不存在 "教" 之间的藩篱意识。"画面二""描述" 的是 "心学纯明" 之时，人类共同体亲如一家之状态：无内外远近，人人皆一体相关，志气通达；士农工商，异业同道，各效其能，各勤其业；"人之有技，若己有之"（语出《尚书·秦誓》），而无人己之分，物我之间。要之，人之资质、才能、兴趣各有不同，然各自以成其德行为目标，"教" 之间、"职业" 之间、人与人之

① 《传习录中》，王守仁撰，吴光等编校：《王阳明全集》卷二，第 54 页。

间无“相较相争”，亦无“希高慕外”，惟有一体相亲，协同合作，而各自实现其人生理想（“遂其仰事俯育之愿”）。一体之仁的“元气”周流贯通，让世间人物彻底突破了世俗的人己之“分”、物我之“间”的“界限”，而成为“志气通达”“感触神应”的人己、物我之生命共同体。需要指出的是，“画面二”在描述人类共同体分工合作时使用了“身体”的隐喻，以身体头（心）、目、耳、手、足诸器官共济为“一身”之“用”来说明社会有机体成员之间的“有机联系”是理解“共同体”常见的隐喻。不过在阳明此处的身体隐喻中，并未见到“头”（心）这一器官，此即意味着社会有机体之分工合作并不是一宰制性的结构，更不是如同蜂蚁社会惟“首领”（蜂王、蚁后）是瞻的分工合作系统，而是基于每个独立人格（“自尊”）之间互以对方为重（“尊人”）共生、共成的人格共同体。唐君毅在讨论分工合作有机体概念时，曾指出有两种类型的共同体：一是由于互相监督、互相裁制而各作其工的社会，这种共同体纵能发展到最理想的境地，“亦不过化整个社会如一大身体之有机体。其中之一切器官、组织、细胞之配合，均处处适于此大身体之存在之目的而已。这是**社会之生物学的理想**，不是人文社会之理想”。另一种则是每个人各自发展出其道德的天性，“以仁者之心互相涵盖，互相同情，互相了解，以各自完成扩大其人格”，而成就一“心与心交光互映之社会”。[①] 显然“画面二”与唐君毅所说的“心与心交光互映之社会”所描绘的是同一风光。

要之，王阳明的“致良知”教其目标即是要达到此“心学纯明”之终

① 唐君毅：《人文精神之重建》，《唐君毅全集》（卷五），台湾学生书局，1988年，第62—63页。唐君毅对以“身体”隐喻颇为警醒，此隐喻中君主恒以“头脑”自居，不同阶层则注定为手臂、为爪牙、为皮肤毛发。身体固然有助于说明社会与国家各阶层、各部门之相互依赖与相互合作关系，但此只是一“方便说”，且不可执以为真，这不仅是因为“个人为一绝对之单位，有不可让渡之天赋权利”，每一个人“有其唯一无二之个性”，“其内在的意志与外在之力量可加以干涉”等等，更重要的理由是，“**个人在国家中，即各对其自身为一目的**”，而非手段，此与有机体之各部分之“互为手段而不能各为一目的者绝对不同”。见唐君毅：《中国人文精神之发展》，《唐君毅全集》（卷六），第181页。

极境地。大道意识、为己之学与天下一家，构成了传统阳明学的基本精神气质。

二　走向“世界”：近代阳明学“视界”的转换

汉籍早有“世间”“人间”而本无“世界”概念。“世界”概念源自佛典汉译，其语义在佛教文献之中亦有所变化[①]，逮及唐代所译《楞严经》，“世界”概念有了更明确的界定：“何名为众生世界？世为迁流，界为方位。汝今当知，东、西、南、北、东南、西南、东北、西北、上、下为界，过去、未来、现在为世。位方有十，流数有三。”此种“世界”观在儒家之中并无实质的影响，象山云：“四方上下曰宇，往古来今曰宙。宇宙便是吾心，吾心即是宇宙。千万世之前，有圣人出焉，同此心同此理也。千万世之后，有圣人出焉，同此心同此理也。东南西北海有圣人出焉，同此心同此理也。”[②]显然儒家的“宇宙”乃是一真实、有常的存有，而有别于佛教“假有性空”的“世界”。无论如何，佛教以及后来的景教、伊斯兰教、天主教的传入虽然带来了一些“西方世界”知识（包括“世界”这个概念），却都没有在根本上改变传统士大夫的“天下”视界与“大道”意识。确实，没有一个“对等的他者”作为“镜子”，也就很难获得清醒的自我认识。只有“中国”在确立了“世界”“亚洲”乃至“日本”等“他者”之时，现代意义上的“中国”才开始认清自己。[③]

梁启超曾把这个开始认清自己的中国近代称作“过渡时代”。[④]用列

---

① 对“世界”概念的考察参钟书林：《“世界”语义的生成、演变与佛、道文化以及中、印、西文化的互动：兼论“宇宙”、“世界”语义的异同》，李建中、高文强主编：《文化关键词研究》第1辑，武汉大学出版社，2014年，第282—310页。

② 陆九渊：《陆象山全集》卷二十二，中国书店，1992年，第173页。

③ 葛兆光：《中国思想史》（第二卷），复旦大学出版社，2001年，第458页。

④ 梁启超：《过渡时代论》，《梁启超全集》（第二册），北京出版社，1999年，第464—466页。

文森的话概括，这个过渡时代就是一个使“天下”成为“国家”的过程。[①]“天下”视界的改变与“大道”意识的丧失有着密切的关系。王国维《论政学书稿》（1924年）敏锐地指出：“自三代至于近世，**道出于一**而已。泰西通商以后，西学西政之书输入中国，于是修身齐家治国平天下之**道乃出于二**。”[②]罗志田基于对近代思想史的考察得出如下结论：“道出于二”至少还是各存其“道”，虽已退让而尚有所守，还是一种相对理想的状态；清末朝野的实际作为，有意无意间已开启了一种另类的（alternative）“道出于一”，即“道出于西”。[③]与西方遭遇后的“新世界”不再是我们先民的“旧天地”。“西”不仅具有异域的空间性，更富有未来的时间性。西方“世界”成为“放之四海而皆准”的真理发源地，向西方学习的过程便成了走向“世界”的过程。这一说法无疑意味着，中国还不是“世界”的一部分。在此“世界”实则指“西方世界”（the west world），“中国”是在“世界”之外的（the rest world）。实际上今天中国中学与大学的“世界历史”仍然不包括中国在内，而原来儒家所设想的“天下”不过是“中国”。更为要命的是，中国这个“国”在历史与现实之中并不真是一个“国”。[④]中国“无国”说曾流行一时，梁漱溟说中国无国家意识，无阶级意识，无种族意识，“中国人心目中所有者，近则身家，远则天下”。“中国之缺乏阶级不象国家，是其负面；而伦理本位职业分途，即以社会为国家，二者浑融莫分，则为其正面。”[⑤]而早在梁启超那里，中国无国名一事就成为其

---

① 列文森著，郑大华译：《儒教及其现代命运》，中国社会科学出版社，2000年，第87页。

② 《王国维全集》（第十四卷），浙江教育出版社，2009年，第212页。

③ 罗志田：《道出于二：过渡时代的新旧之争》，北京师范大学出版社，2014年。

④ 晚清“无国说”实有两种形态，一是本文所述以西方民族国家作为标杆而对传统中国是否具备“国家”特征的一种否定性主张，一是以国粹派为代表的否定“大清国”是汉人“祖国”，将满清“朝廷”与“国”区隔，“拒绝体制内变革”的主张。后一“无国说”见王汎森：《中国近代思想与学术的系谱》，河北教育出版社，2001年，第85—86页。其实，两种“无国说”之“无”的对象虽有不同，但却都具有相同的民族主义情怀。

⑤ 梁漱溟：《中国文化要义》，《梁漱溟全集》（第三卷），山东人民出版社，2005年，第163、189页。

心头“最惭愧者”:“今世各国所以得称为国家者,举其特征以求诸我,其可见者,殆什无二三”,“以严格的国家学衡之,虽谓**我国自始未成国焉可耳**”。[①]杨度进一步引申说:“中国数千年历史上,无国际之名词。而中国之人民,亦惟有世界观念,而无国家观念。此无他,以为中国以外,无所谓世界;中国以外,亦无所谓国家。”故近代西潮冲击以前,可说“中国即世界,世界即中国”。[②]在这些说法的背后,显然“天下”“世界”“国家”的语义都发生了重要的转变:**“世界”取代了“天下”,“天下”变成了“中国”,“中国”成为“万国”之中的“一国”,但却又不是一个“完全国家”**。[③]西方世界中的近代“民族国家”(nation-state)一如巴黎的“标准米”成为“国”之为“国”的标杆。“立于世界民族之林”或者说使中国成为“世界的中国”便成了中国近代思想的一个重要主题。《新民说》明确提出:“凡一国能立于世界,必有其国民独具之特质。”[④]建设何种国家(“国性”)、培育何种“国民”(“民德”)的问题意识均是在新的“世界”视界下形成的。

由“天下”向“世界”的转换、由传统“天下”视界下的“中国”向现代“世界”视界下的“民族国家”的中国之转换、由“道出于一”向“道出于二”再向另类的“道出于一”(实则“道出于西”——先是“欧美之西”,继而是“苏俄之西”)的转换,牵涉到“三千年未有之大变局”,其中充满着满汉、古今、中西、新旧之纠结与紧张。这个大变局涉及政治制度、经济与社会生活、文化理念与价值观念各个方面的转变,这是一次全盘的结构性转变。这个空前未有的转变反映在思想层面,便是各种一揽子解决方案的提出、各种“主义话语”的竞相登场。这一变局在本质上可概之为“中国现代性问题”。

---

① 梁启超:《中国立国大方针》,《梁启超全集》(第四册),第2488页。

② 杨度:《金铁主义说》(1907年),刘晴波主编:《杨度集》,湖南人民出版社,1986年,第214页。

③ 罗志田:《走向世界的近代中国》,《文化纵横》2010年第3期。

④ 梁启超:《新民说》,《梁启超全集》(第三册),第657页。

这是近代阳明学复兴的大背景，而明治维新—甲午海战—日俄战争—留日学潮这一系列与东瀛崛起绾结在一起的“事件串”则成就了阳明学在中国近代出场的“大事因缘”。说白了，近代中国阳明学的兴起是“出口转内销”的一个结果。这跟中国近代佛学尤其是唯识宗的复兴倒有几分相似之处：中国知识人看到日本近代佛教立场的调整、佛教与科学哲学的融通，便误认为这是日本近代化的精神动力，于是，佛教复兴被视为中国变革的一个重要精神更生的途径。[①] 实际上佛教护国论与阳明救国论两波思潮多有交叠，即已说明问题。梁启超早已指出，晚清公羊学与佛学同声相应。近代具有心学思想底色的维新派、革命家如康有为、谭嗣同、章太炎等都同时又具有佛教情怀。[②] 毋庸置疑，这个经过“出口返销”的阳明学实际上已经是“东瀛”再加工过的阳明学。

如所周知，在 19 世纪与 20 世纪之交，高濑武次郎就提出“两种阳明学”的说法：大凡阳明学含有二元素，一曰事业性的，一曰苦禅性的。得苦禅之元素者可以亡国，得事业之元素者可以兴国，中日两国各得其一。这一说法影响很大，将明代灭亡与明治维新的成功归结为阳明学的不同影响之结果，显然无限夸大了思想的作用。当今中日学界已明确指出将阳明学与明治维新关联在一起的说法纯是一种“近代民族主义者”制造出来的命题，是一种“幕末阳明学＝明治维新的原动力的假象”。[③] 将阳明学与明治维新的原动力画等号这一“假象”被当初留日中国知识分子当作历史事实而深受鼓舞，至今在坊间仍广为流传。朱谦之与张君劢这些学问大家都受其影响。张君劢的感慨最具代表性：“呜呼！阳明学之在

① 葛兆光：《中国思想史》（第二卷），第 524 页。

② 蒋海怒：《晚清政治与佛学》，上海古籍出版社，2012 年。

③ Ogyu Shigehiro（荻生茂博），The Construction of “Modern Yōmeigaku” in Meiji Japan and its Impact in China, *East Asian History* 20 (2000), pp.83–120. 张崑将：《德川日本“忠”“孝”概念的形成与发展：以兵学与阳明学为中心》，台大出版中心，2004 年，第 311 页。另参邓红：《日本的阳明学与中国研究》，广西师范大学出版社，2018 年；吴震：《东亚儒学问题新探》附录二《关于“东亚阳明学”的若干思考》，北京大学出版社，2018 年。

吾国，人目之为招致亡国之祸，而在日本则杀身成仁之志行，建国济民之经纶，无不直接间接受王学之赐。语曰：'种瓜得瓜，种豆得豆'，瓜豆之种同，而所获之果大异。在吾国则为性心空谭，在日本则实现近代国家建设之大业。"[①]牟宗三一度也受张君劢的影响，称王学虽也有"活泼泼地与事业元素"，但此事业性表现在泰州派一形态，不得积极之善果，只流为气机鼓荡之狂禅，究其由，乃大都缺乏日本阳明学所具备的"超越之精神""积极身殉之精神"与"客观理想"，"是故欲振兴王学"，则须"借鉴日本，恢复其活泼泼地与事业之精神"。[②]

那么，所谓的日本阳明学究竟是何种面目？

井上哲次郎对明治时期的"阳明学"之精神做了如下的概括："通过学习阳明学而具有素养的人有这样的风尚，即必欲付诸行动，必努力在社会上作一番事业，因此往往要么被杀害要么就杀害别人……首先，大盐平八郎谋反，西乡隆盛也谋反……否则往往就为人所杀，佐久间象山、桥本左内等大抵都遭砍头……大抵以阳明学为基础要做一番事业时，或杀身成仁或必付诸实践，阳明学者都死得不寻常。"[③]这种雷厉风行、虽千万人吾往矣的行动主义者拥有共同的心态，即为了某种"绝对价值"而敢于冲破世间伦常而献出自身生命。这里所谓的"绝对价值"应该是指日本阳明学特有的"神道合一"、以国家精神为本的价值取向，此是阳明学日本化最为显著的特征。[④]三岛由纪夫在其《作为革命哲学的阳明

---

① 张君劢：《比较中日阳明学》，中央文物公论社，1955年，第3页。

② 牟宗三：《〈比较中日阳明学〉校后记》，《牟宗三先生全集》（第27册），联经出版公司，2003年，第104—105页。牟先生在晚年（1989年）虽斥王学亡国说为道听途说、人云亦云"不可信"之"流言、浮言、滥言"，但仍说日本"接受王学的那些人如佐藤、大盐、吉田、西乡等，都能有事功的表现，帮助了明治维新。可见王学的影响并不一定都是负面的。为什么王学在中国被指为狂禅误国，而在日本开花结果呢？这是一个值得探讨的问题"。见《"阳明学学术研讨会"引言》，《牟宗三先生全集》（第27册），第408页。

③ 井上哲次郎：《阳明学》20号，明治四十三年，转引自沟口雄三著，孙军悦、李晓东译：《李卓吾·两种阳明学》，生活·读书·新知三联书店，2014年，第256页。

④ 井上哲次郎著，付慧琴、贾思京译：《日本阳明学派之哲学》，中国社会科学出版社，2021年，第424页。

学》一文中甚至称这种阳明学的精神气质“作为潜流”，“构成了日本人行动方式的精神基础”。沟口雄三将此种日本阳明学刻画为以下六个基本面向：（1）将阳明学看作是在精神上自立、不为外界的权威所羁的进取思想。（2）将阳明学作为变革的思想。（3）将阳明学作为对心的锻炼、超脱生死的思想。（4）将良知比拟作神、佛。（5）将阳明学看作是具日本性的思想。（6）将阳明学看作宇宙哲学。在做出如此概括后，沟口雄三评判说：“原本在中国阳明学中发挥人的道德本性（良知、心之本体）这一命题是以孝悌慈为内容的；而在日本阳明学中，孝悌慈这一内容已被剔除。……也就是说，在前述的中国阳明学中，我们可以看到，朱子劝谕到太祖六谕，再到阳明乡约这样一个一脉相承的‘儒教道德的大众化’的潮流；而与此不同，日本阳明学中则有着关于‘心的无限活用’的解释的一脉。因此，在日本，阳明学作为每一个人的超俗的决心、精神的觉醒，以及宇宙大的自我的确立等个人精神世界的自我完结的思想，仅零星地存在于知识界中，看不到像中国阳明学那样在民间进行宣传活动、具有作为学派的影响力。”沟口雄三将日本近代阳明学与传统中国的阳明学做了如此区隔之后，接着就说：“不过，回顾明治期的明治维新，把幕末志士的变革和将生死置之度外的精神与阳明学联系起来的解释，还对清末的中国革命家产生了影响。……就这样，在中国，由于知行合一即革命实践的方向，以及将心、心力的谱系与革命精神相联系的解释，使得阳明学也因此得到了重新评价，可以说，**这实际上是对日本阳明学观点的再引进。**”①

沟口雄三的结论当然还值得斟酌，如一个丧失了人伦教化的向度、缺乏“孝弟慈”道德内涵（“良知”）的阳明学还是不是阳明学？又如，“锻炼心术，脱离生死”、自主、自立是否只是日本近代阳明学特有的内

① 沟口雄三著，孙军悦、李晓东译：《李卓吾・两种阳明学》，第261—262、262—263页。

容？确实在日本，武士道的终极意义即是“常不忘死之事”，“武士所学无他法，唯不惧死是天机”。“日本人没有什么特别的生命哲学，却有死亡哲学。”[①] 但破“生死一念”本是《王阳明年谱》所记龙场悟道的“初心”，而生死一念成为理学修身的一项重要议题也与禅宗的深刻影响分不开。王文辕在阳明受命剿匪启程之前即断定“阳明此行，必立事功”，人问所以，答曰：“吾触之不动矣。”[②] 显然，锻炼心术、脱离生死、成功立业等等所谓日本阳明学面貌未尝不可在传统中国阳明学之中找到雏形。[③]

撇开这些技术枝节不论，沟口雄三揭示的中日近代阳明学先后“联动”的现象确实值得深思。无论近代中国抑或日本阳明学的复兴或兴起都与民族国家的建构、“国性”与“民德”的重新塑造联系在一起，都反映了传统儒学资源在东亚文化圈融入“现代世界体系”过程之中被“激活”、被腾挪转化的情形。

早在上个世纪 40 年代，贺麟就指出近代陆王心学的复兴有两大原因：第一，陆王注重自我意识，于个人自觉、民族自觉的新时代较为契合；第二，处于青黄不接的过渡时代，无旧传统可以遵循，无外来标准可资模拟，只有凡事自问良知，求内心之所安，提挈自己的精神，以应付瞬息万变之环境。[④] 其实，近代中国从新技术到新法、“新心”的追求历程，由“鼓民力”到“开民智”“新民德”的层层递进，最终都深入到“心”的

---

① 铃木大拙著，陶刚译：《禅与日本文化》，生活 · 读书 · 新知三联书店，1989 年，第 49、62 页。

② 《年谱一》，王守仁撰，吴光等编校：《王阳明全集》卷三十三，第 1238 页。

③ 匿名审稿人指出：“当代的王学研究有两种王学之说，此说有日本学界的脉络，也有中国学界的脉络。中国学界的两种王学之说可远推至明清，在近代学界的脉络除了张君劢、牟宗三等人有此意之外，嵇文甫的‘左派王学’等书其实也表达了类似的意识构造，嵇文甫的说法事实上又反过来影响了岛田虔次、沟口雄三。民国阳明学的兴起明显地受到日本的影响，但民国学术史也有本土的脉络，中日的近代阳明学研究也相互影响。”吴震教授告诉笔者，岛田虔次早在上个世纪 40 年代就读过嵇文甫《左派王学》，见岛田虔次逝世后出版的《中国の传统思想》（みすず书房，2001 年）末附小野和子所撰《解说》。

④ 贺麟：《当代中国哲学》，胜利出版公司，1947 年，第 19 页。

觉悟这一环节。实际上唐才常对此已有精准预判：“中国之创新政求新法也，费五十年之时日，掷万亿兆之金钱，购恒河沙数之枪械，然而北胁于俄，南挫于法，东困于日者，何也？新其政不新其民，新其法不新其学也。**欲新民必新学，欲新学必新心。**”[①] 刘师培于其《中国民约精义》“王阳明”条目结尾也大声疾呼：“今欲振中国之学风，其惟发明‘良知’之说乎！”[②] 笔者曾将近代阳明学复兴的背景与走势做了以下的归结：危机四伏、外患内患交替不已的近代中国，如何由传统的帝制向现代民族国家、政党政治转变，如何保证国家政策与党的政策之贯彻至底层，如何动员全民力量形成统一的国家意志、民族意志，如何从帝国的“臣民”转化为“军国民”“国民”“公民”，如何将滕尼斯（Ferdinand Tönnies）所谓的“共同体”（在中国实则是宗法社会）中的“成员”转化为现代民族国家与政党中的“一分子”，如何从古典的天人合一、存有连续体之“自我”转化为现代主体主义的个体……这一系列的古今中西交织而成的中国现代性“转变”问题，阳明学的某些气质显然能从不同的向度为之提供精神上的支持：（1）在保国、保教、保种与革命的救亡运动之中，阳明学之中的自主、自立及其“一体不容已”的使命感、救世情怀能够被塑造为一种**维新与革命的哲学**；（2）在抵御外族入侵之际，阳明学之中的知行合一、不畏死、冷静与坚强的意志主义能够成为武装军队的“军魂”并被塑造为一种**战士哲学**；（3）在政党政治之中，阳明学之中的“觉悟”与即知即行的行动力、执行力能够被塑造为统一全党认识、贯彻党的方针政策的**政党哲学**；（4）而在与近现代西方哲学的对接之中，在现代学科建制下的哲学活动之中，在个体的启蒙与觉醒之中，阳明学之中的自信、自主、自我立法显然更容易被塑造为一种**主体性哲学**。[③] 这种阳明学在20世纪所获得的

① 《唐才常集》，中华书局，1980年，第32页。

② 刘师培：《仪征刘申叔遗书》，广陵书社，2014年，第1724页。

③ 陈立胜：《阳明学登场的几个历史时刻——当“王阳明”遭遇“现代性”》，《社会科学战线》2018年第7期。

新面貌在根本上是由于视界的转换，即由传统的“为己之学”与“天下同风”视界向现代的“世界”视界的转换塑造的。

在这个视界转换的过程中，成全自我的“为己之学”被代之以“成全国家”。“为中华之崛起而读书”取代了为“成圣”而读书，“国家”成为最大的思考单位。梁启超《新民说》对此有精辟的阐述：“国也者，私爱之本位，而博爱之极点，不及焉者野蛮也，过焉者亦野蛮也。”“不及焉者野蛮”，甚好理解，“过焉者野蛮”则如何讲？梁启超解释说，世界主义、博爱主义、大同主义此类事情“或待至万数千年后”犹不敢知，而竞争为文明之母，国家则是竞争的最大单位（“最高潮”），国家之界限被突破，则竞争消泯，“竞争绝”，“毋乃文明亦与之绝乎！”文明绝，则重陷入“部民”之竞争，“率天下之人复归于野蛮”。传统的“独善其身”被视为“私德”，而以此自足放弃对国家之责任则“无论其私德上为善人为恶人，而皆为群与国之蟊贼”，“实与不孝同种”，“谓其对于本群而犯大逆不道之罪，亦不为过”。[①] 张灏指出：梁启超对王阳明道德学说的兴趣并不是以道德为人生目标，支配传统修身理论的儒家的“仁”和“内圣外王”的思想内容在梁启超的《新民说》中都被暗中削弱了。[②] 实际上这不只是观点“削弱”的问题，更是一整个理论“视界”转换的问题，用梁启超本人的术语说这是“道德革命”的问题。现代新儒家领军人物熊十力在其《乾坤衍》论公德私德时明确以新旧社会、新旧道德判二者之异同：

> 旧社会时代之个人，各各陷于孤立状态，其时群体尚未形成。以德言，只以独善为德；以慧言，只以自明为慧。至于天下一家之新社会时代，由各独立体结合为群体。改各各私营制度，创建共同生活制度。各独立体皆为组成群体之一分子，分子健全，群体方能健

① 梁启超：《新民说》，《梁启超全集》（第三册），第664页。

② 张灏著，崔志海、葛夫平译：《梁启超与中国思想的过渡（1890—1907）》，江苏人民出版社，1995年，第165页。

全。……每一分子之进德，约有两原则：**第一原则，每一分子皆不可独善，必须注重组成之众多分子共进于善，庶几促进群体臻于至善。**……复次，旧言德者，有私德、公德之分，此种分别，在新社会中不可废。是故应有第二原则。以私德言，旧社会所崇尚之私德，若在今后新社会行之，往往是失德之尤。尤者，言其失德之甚也。以公德言，旧社会所敬服之公德，亦多是不德。如古之所谓仁人义士当国家危亡之际，洁身远遁，不仕于侵略者之廷，保存民族气节。世人莫不承认其为抗敌之公德而相率敬慕之。然抗敌之道，要在领导群众革命，事如不济以身殉之，亦所不惜。今乃消极抵抗，实为全身避害之计。此其影响所及，将使族类习为伪善、萎靡，终当卑屈而作顺民。**其失德最甚，何可许以公德乎。**……**今应说第二原则。凡公德必在为群体**为，读卫。**扶持公道，克治困难时，及图谋公共之快乐与利益诸事业时，均能发起积极行动，是为公德之原则。**[1]

熊十力这里的说法显然是继承梁启超的观点而来，在新社会、新道德的视野下，“独善其身”变成了“失德最尤”“失德最甚”，起孟夫子于地下，会首肯否？

与此相关，传统儒学“为己”视界中的“己”在存在论上被改造为“国民之一分子”“人道之一阿屯”。“家”逐渐被视为“罪恶的渊薮”[2]，传统的“身家”成了现代“国家”的累赘，套用章太炎的术语说，从家族伦常之中挣脱出来成为“大独”，才能成就国家这个“大群”，所谓“小群，大群之贼也；大独，大群之母也”。[3]传统的“身—家—国—天下”的存在链

① 熊十力：《乾坤衍》，《熊十力全集》（第七卷），湖北教育出版社，2001年，第455—456页。

② 诚如张灏所指出的，家庭伦理在梁启超那里尚未成为国民发展的障碍，这可能与他受到日本忠孝一体的观念影响不无关系。张灏著，崔志海、葛夫平译：《梁启超与中国思想的过渡（1890—1907）》，第91页。

③ 章太炎：《独居记》，《章太炎全集》（十），上海人民出版社，2014年，第2页。

条断裂为“个体”(“身”“大独”)与“国家”(“大群”)两截。[①]作为“身家”存在的人之观念甚至也遭受到第一代新儒家的怀疑，称“家庭为万恶之源，衰微之本”的熊十力自不必说[②]，连最为保守的马一浮也感慨说，儒家即便程朱诸公亦未尝不婚，儒者自大贤以下鲜不为室家所累。[③]“离家出走”方能真正成为无牵无挂、放开手脚做大事的“个体”。现代性中的个体其本质就是“出离自身”的，即是“无家可归”的。于是原来旨在觉悟成圣的“身”被塑造为一种具有冲破罗网、敢于行动的革命觉悟的主体，原来的“为己之学”变成了带有革命气质的主体性哲学。传统扎根于人伦共同体之中的“修身”变成了政党信仰共同体之中的“修养”与超越人伦的“革命觉悟”。

而与“为己之学”一同被转换的是“天下同风”的视界。宋明理学“民胞物与”“万物一体之仁”之精神旨趣在于突破人己、物我界限(“无有乎人己之分，物我之间”)，在梁启超看来此天下同风的意识造成中国人“知有天下而不知有国家”，进而“视国家为渺小之一物，而不屑厝意”。更为重要的是，国家作为“大群”其成立“必以对待”，即“群”之为“群”必有一“界限”意识：对外竞争，故须善认“群外之公敌”；对内团结，故必不认“群内之私敌”。这种民族国家建构之中分清敌友的意识后来则成为中国革命的“首要问题”——只是在后者那里，敌友的划分是依照阶级而不再依照国族，或者说阶级敌人已经被放逐于“群”之外，不属于革命“群众”的队伍。而根据现代某些政治哲学家的看法，划分道德

---

① 王汎森指出，晚清知识分子认定中国积弱不振的关键原因在于，由于家族宗法势力、森严的等级区分、三纲五常的束缚、政府与民意的隔阂，使得直的意志无法贯彻，横的联系也无从展开。打破以上种种“分别相”，释放被各种藩篱所限制、所隔阂的社会力量，一言以蔽之，打破旧世界、冲决旧网络，才能成就一个新世界、一个新国家。王汎森：《中国近代思想与学术的系谱》，第108—116页。

② 熊十力：《与梁漱溟》，《熊十力全集》(第八卷)，第651页。

③ 马镜泉等点校：《马一浮集》(第三册)，浙江古籍出版社、浙江教育出版社，1996年，第1053页。

领域的标准是善与恶，审美领域是美与丑，经济领域是利与害，政治领域则是敌与友，把敌人明晰无误地确定为敌人是政治诞生的时刻：“所有政治活动和政治动机所能归结成的具体政治性划分便是朋友与敌人。”[①]显然，“天下之人，无外内远近，凡有血气，皆其昆弟赤子之亲”，阳明学的这种“天下”视界在根本上是一种消解现代政治的意识。在饥鹰饿虎、万国竞争的丛林时代，在“国与教与种将偕亡”的时代[②]，民族国家体系的世界视界取代这种天下一家、天下同风的视界自是“大势”所趋、在所难免。与此相关，物竞天择、适者生存的新天道在“气势”与“声势”上逐渐掩盖了传统天地位、万物育的生生之道。实际上严复在翻译《进化论与伦理学》（*Evolution and Ethics*）一书中为了让物竞天择的新天道更加醒目，不惜改变原文，加进原文并没有的“强者后绝，弱者先亡”等文字，并在案语中一再驳斥赫胥黎书中的“伦理学”一边，用斯宾塞的“力”的原则与民族优劣论的社会进化论来顶替。对于这部当时中国读书人的“枕边书”，张祥龙先生说道：“《天演论》是中国近代乃至现代史最成功也是最致命的一部书，从此，弱肉强食化的‘物竞天择’说、‘适者（宜者）生存’说就风行天下，成为知识分子主流的共识，令他们甚至在两次世界大战的力量化危机面前也没有醒觉，直到今天，它的影响还在深层发挥作用。”[③]

人伦教化（“孝弟慈”）与为己之学，这些传统阳明学情怀被搁置，惟其知行合一的行动哲学、致良知之工夫论因具有一种“**动的精神**”[④]而从

① 施密特著，沈雁冰译：《政治的概念》，上海人民出版社，2015 年，第 30 页。

② 谭嗣同《仁学》：“外患深矣，海军熸矣，要害扼矣，堂奥入矣，利权夺矣，财源竭矣，民倒悬矣，国与教与种将偕亡矣！”《谭嗣同全集》（下册），中华书局，1981 年，第 343 页。

③ 张祥龙：《21 世纪的儒学》，《杭州师范大学学报》2011 年第 1 期，第 53 页。

④ 19 世纪末与 20 世纪初，中国学人喜用“动静”二字分判中西文化精神之异同。梁启超著有《说动》一文，李大钊更是明确提出，东西文明的根本不同之点在于：东洋文明主“静”，西洋文明主“动”。而主静的文明已处于“屈败之势”。见李大钊：《东西文明根本之异点》，高瑞泉编选：《向着新的理想社会——李大钊文选》，上海远东出版社，1995 年，第 150—163 页。

其原有的视界之中"脱嵌"，并被"嵌入"现代民族国家与政党政治的视界之中。这体现在"个人意识"与"团体意识"两个方面。第一，就个体的心性世界的锤炼而论，它成为政治领袖、时代的先知先觉者自我规训、自我挺立、自我决断的精神指引，贺麟一度称蒋介石为"王学之发为事功的伟大代表"，其责己之严、治事之勤、革命之精诚、事业之伟大，皆由于精诚致良知之学问得来。[①]梁漱溟在读到《德育鉴》后，深信救国救世、建立功业、做大事之人"必须有人格修养才行"[②]。在有志之士中，用阳明心学乃至宋明理学锤炼自己的人格、培养自己的革命意志已蔚然成风。第二，就培育团体意识而论，它成为现代政党政治统一认识，提升党的政策一竿子插到底的贯彻力、执行力的重要思想资源，成为"实行革命主义最重要的心法"。"全民总动员的国家"与政党政治最终必须诉诸全民性的意志、觉悟与行动力，用孙中山的话说，"革命必先革心"：改造国家在根本上要从"人民的心理"改造起，全国人民的人心都归化为本党，那才方可称"革命大告成功"，"……革命尚未成功，因为我党尚欠缺力量之故。所欠缺者是何种力量？就是**人民的心力**。……革命行动，缺乏人民心力，无异于无源之水，无根之木。……所以吾党想立于不败之地，今后奋斗的途径，必要先得民心，要国内人民与吾党**同一个志愿**，要使国内人民皆与吾党合作，同为革命而奋斗"。[③]从梁启超、孙中山到毛泽东这些现代政治风云人物纷纷关注知行问题，不亦宜乎！不用说，"全民"之民已经抖落干净传统的"身家"关系。它不再是多元的、具有不同身份的"复合群体"，而是清一色的、拥有统一意志的"单纯的同质性"的

① 在上个世纪80年代重新修订的新版中，毛泽东取代了蒋介石，知行合一的思想谱系亦由原来的"朱熹—王阳明—王船山—孙中山—**蒋介石**"变成了"朱熹—王阳明—王船山—孙中山—**毛泽东**"。毛泽东而不是蒋介石成了中国哲学知行关系论的最高峰。蒋介石与阳明学之关系见黄克武：《蒋介石与阳明学：以清末调适传统为背景之分析》，黄自进主编：《蒋中正与近代中日关系》，台北稻香出版社，2006年，第1—26页。

② 梁漱溟：《我的自学小史》，《梁漱溟全集》（第二卷），第683页。

③ 《孙中山选集》（下卷），人民出版社，1956年，第466、475页。

整体。[①]塑造这种具有统一意志的“群体”便成了中国现代性“教化”的最重要任务，“改造社会”（“社会改造”）与“改造自我”（“自我改造”）乃车之两轮、鸟之两翼，从梁启超的新民说到刘少奇的共产党员修养论，这是一个一以贯之的主题。作为单刀直入、直指人心的阳明心法自然在这场持续百年的近现代中国的“国性”“党性”，乃至“人性”营造与改造运动之中发挥着重要作用。

正是在这个视界转换的过程之中，本已是不绝于缕的阳明学却如枯木逢春，重获生机。然而这是与原有的母体、土壤脱嵌而被移植于新的境域之中所获得的“生机”，其生机处又是其“危机”处。早在1905年，梁启超在《德育鉴》中就将“致良知”与“爱国”画等号，反复强调阳明的爱父母、妻子的良知就是“爱国之良知”，在爱国成为“吾辈今日之最急者”的时代，人人须以阳明刻刻不欺良知的心法来检查、省察自己的“爱国心”之诚伪。[②]而在1932年，蒋介石在其《自述研究革命哲学经过的阶段》一文中直接呼吁：“爱国家，为国家牺牲，就是个人良心上认为应该做的事情，这就是良知”，否则“只顾逞意志，争权利，就是在强敌压境的时候，还要破坏统一，破坏团结，并且借这个机会来反对党，推倒政府，这就是不能致良知”。[③]由于“国家”与“主义”成了终极视界，而对“国家”与“主义”的理解呈现出党派性与阶级性的根本性差异，在传统阳明学那里本是“一个”的良知遂变成了复数。于是，“良知”这个原本最可靠、最自明的观念变成了最可疑的符号。借用当代伦理学家的话说：许多以**“我的良心是我的向导”为根据的行为的所谓正确性，不过是将不道德行为合理化而已**。例如，政治刺客和恐怖主义者一般都以良心来证明

① 张灏：《五四与中共革命：中国现代思想史上的激化》，《“中央研究院”近代史研究所集刊》2012年第77期，第8页。

② 王汎森指出，这种将良知与爱国联系在一起的思想是阳明以来所不曾强调的。见王汎森：《中国近代思想与学术的系谱》，第137—138页。

③ 刘健清编：《中国法西斯主义资料选编》（一），中国人民大学中共党史系，1985年，第109—110、117页。

自己的行为是正确的。所以，良心的可靠性不是自我有效的，事实上，它需要一个外在的确证根据。[①]在“革命”话语中，“既是刽子手又是牧师”的王阳明，其“良知”不过是反动统治阶级的声音而已：“王阳明的全部哲学，都服务于一个目的：‘破心中贼’，而‘破心中贼’最后又是为了所谓‘破山中贼’！”[②]实际上早在“排满”与“民族主义”高涨的晚清，章太炎就对“途说之士羡王守仁”现象表示不解，王阳明学问“至浅薄”“无足羡”，而且还犯有双重的政治立场错误：“抑守仁所师者，陆子静也。子静翦爪善射，欲一当女真，与之搏。今守仁所与搏者，何人也？……以武宗之童昏无艺，宸濠比之，为有长民之德。晋文而在，必不辅武宗蹶宸濠明矣。”[③]王阳明所搏击的对象不是北方的“异族”，故民族大义上是非不明，更为重要的是，他站在无德可言的明武宗立场而不是追随“有长民之德”的朱宸濠，故革命是非不清。“双重是非”不明，起王阳明于地下，会有何辩解？“无端礼乐纷纷议，谁与晴天扫旧尘？”这种对王阳明“无端”批评的背后折射出的是另一套“是非”标准，在弱肉强食的新战国时代，在

---

① 彼彻姆著，雷克勤等译：《哲学的伦理学》，中国社会科学出版社，1990年，第395页。

② 杨天石：《王阳明》，中华书局，1972年，第24页。值得注意的是，蒋介石30年代在江西围剿红军时期，就亲自编订了《王阳明平赣录》一书，期望对“今共匪蟠扰之地”（“昔阳明平贼之地”）所开展的清剿前途有所补益（见蒋介石编：《王阳明平赣录》，青年与战争社，1933年，“序言”，第4页）。王任叔以“剡川野客”为笔名于1941年《大陆》第1卷第6期发表《王阳明论》一文，径斥王阳明“把‘**国家至上**’‘**民族至上**’统统归纳到皇帝老子底‘心术至上’里面去”，并明确指出，王阳明治理南赣汀漳所推行的十家牌法，在“剿匪时代”，武汉南昌一带也着实奉行过。无疑，王任叔在这里深刻揭示了现代政治之中“国家”“民族”与“心术”捆绑在一起的情形。杨天石也指出：“王阳明的主观唯心主义先验论哲学没有能挽救明王朝的灭亡，但是，在中国现代史上，却为一切反人民、反革命的反动派所倾心，不断有人捡拾王阳明的余唾，用以反对中国人民在中国共产党领导下所进行的轰轰烈烈的革命斗争。独夫、民贼蒋介石自称王阳明的《传习录》是他‘最喜欢读的书之一’，说这本书‘阐明致良知的道理’，‘奠定了’他‘求学作事的根本’。他一方面效法王阳明刽子手的一面，不断对革命人民发动反革命的军事围剿，妄图将革命烈火扑灭在中国人民的血泊中；另一方面则效法王阳明牧师的一手，大肆鼓吹所谓‘力行哲学’，要人民‘死心塌地，任何牺牲，任何痛苦，任何危险都不顾’地为帝国主义、封建主义、官僚资本主义卖命效劳。”见杨天石：《王阳明》，第99页。

③ 章太炎著，徐复点校：《太炎文录初编》，上海人民出版社，2014年，第116页。

保种、保祖、保教、保国的危机氛围之中，国势强弱、民族存亡成了最高的价值判准，“富强”成为第一价值，王道让位于霸道，“天伦”“人伦”之“理”让位于“内竞”与“外竞”之进化论“公例”。可谓此亦一是非，彼亦一是非！

三　“大道意识”的再觉醒：超越“天下”与“世界”

在传统的阳明学的天下同风与为己之学的取向的视界中，其基调是“通”，人天、身心、人我、人物之间声气相通，感通无碍。自我的安顿、人际的和谐、天人的沟通、天地万物的共鸣，这是身—家—国—天下一气流通的存有论的必然要求。

近代阳明学的“世界”视界所塑造出的国家主义、民族主义价值取向，却带有强烈的“界限”的色彩。“界限”有“界限”的意义，它成就了“分际”意识、“权界”意识，乃至现代意义上的“自由”空间。在弱肉强食的“国与国竞之世”，“国家”成为存在的基本单位（“今世界以国家为本位”），也因而成了基本的思考单位。中国人如不能使中国“进为世界的国家”则即是劣种，而优种殄灭劣种乃“世界之大势”，中国人种之优劣取决于能否建设“一完全之国家”。被开除“球籍”的民族生存焦虑折磨了国人百年之久。从传统的“天下”视界之中“隔”出一个卓然立于世界民族之林的国家与民族的“大群”，可谓是一百多年来几代有志之士萦绕于怀的“中国梦”之所在。

然而“界限”如完全丧失了“大道”意识，便会带来前所未有的“隔阂”。放眼当今全球化时代，“时空的压缩”让不同文明、不同种族、不同信仰的人汇聚到了同一个世界（“地球村”）之中。“全球意识”“世界公民意识”理应成为全球化的“共识”与“时代精神”。实际上，即便是在晚清“盛世危机”时代，阳明学“天下一家”“万物一体”的观念也一直没有退出国族建构者的“世界”视界，康有为的“大同”论、谭嗣同的“有天下而无国”的“地球之治”论以及第一次世界大战后梁启超的“世界主义的国家”与“尽性主义”论，这种种“反现代性的现代性理论”（“反西化的西方主义”）一直绵延不绝。[①] 康有为充分意识到民族国家世界体系的问题：“人人自私其国而攻夺人之国，不至尽夺于人之国而不止也。或以大国吞小，或以强国削弱，或连诸大国而已，……其战争之祸以毒生民者，合大地数千年计之，遂不可数，不可议”，惟有消除国家这一形态（“去国”），才能在根本上让人类进入“太平世”。[②] 孙中山虽然一方面抱怨传统中国之所以“不国”就是因为传统的世界主义（实则是“天下主义”）抑制了“民族主义”，故当今中国应该大力提倡民族主义，不过他话锋一转，中国的民族主义包含着真正的世界主义精神，因为欧洲的世界主义是有强权无公理的世界主义，中国的世界主义是天下为公、大同之治的和平主义。[③] 与马克思主义一同传入中国的无政府主义更是将“大同”世界完全想象为“语言同，文字同，风俗同，教养同，凡可同者无不同”的世界，在这个世界中隔阂与限界均被取消：“社会主义者，无自私自利，专凭公道真理，以图社会之进化。无国界，无种界，无人我界，以冀大同；无贫富，无尊卑，无贵贱，以冀平等；无政府，无法律，无纲常，以冀自由。其求幸

---

① 唐君毅指出：“中国文化，实早超越过生物的种族观念、对待的民族观念、西方近代的狭隘的国家观念。春秋战国时期的思想，即是‘天下为一家，中国为一人’之儒家思想，兼爱异国之墨家思想，‘天地与我并生，万物与我为一’之道家思想。以后又传来以大慈大悲为教之佛家思想。……中国文化精神，不主在人间造成壁垒，乃早超过了种族、民族与狭隘的国家观念。所以在满清之末，尽管大家均觉要发愤图强，但最初康梁之变法，并不要打倒满清。后来辛亥革命，立刻五族共和。扬州屠城十日记，并未使汉人对满人有丝毫报复。中国清末之受外来的经济政治力量之压迫与侵略，理应产生国家主义之思想，如德国十八九世纪之产生菲希特、黑格尔、李斯特、俾斯麦之思想，日本明治维新时之产生日本军国主义之思想。然而清末倡维新或革命之思想家，无论康有为、梁启超、孙中山、章太炎诸先生之思想，均是从世界着眼。康有为保皇而念念不忘大同，梁启超较重国家，孙中山先生重民族，皆无自己之国家民族至上之思想。而太炎先生讲种族，却又倡无部落、无国家之《五无论》。”见唐君毅：《人文精神之重建》，《唐君毅全集》（卷五），第264—265页。

② 康有为：《大同书》，《康有为全集》（第7集），中国人民大学出版社，2007年，第118页。

③ 梁治平：《“天下”的观念，从古代到现代》，《清华法学》2016年第5期，第31页。

福也，全世界人类之幸福，而非限于一国一种族也。"[1] 即便是后来的马克思主义者的社会主义、国际主义论述中，"天下一家"的雪泥鸿爪仍然依稀可辨。郭沫若在20年代称王阳明学说与"近世欧西社会主义"有"一致点"，并说他自己既"肯定王阳明"，同时"更是信仰社会主义"，因为"马克思与列宁的人格之高洁不输于孔子与王阳明，俄罗斯革命后的施政是孔子所谓的'王道'"。[2] 而第一代中国马克思主义者李大钊在《新纪元》一文中更是点出俄国革命所彰显的天道不再是物竞天择的丛林之道：

> 看呵，从前讲天演进化的，都说是优胜劣败，弱肉强食，你们应该牺牲弱者的生存幸福，造成你们优胜的地位，你们应该当强者去食人，不要当弱者，当人家的肉。从今以后都晓得这话大错，知道生物的进化，不是靠着竞争，乃是靠着互助。人类若是想求生存，想享幸福，应该互相友爱，不该仗着强力互相残杀。从前研究解决人口问题的，都是说马尔查士说过，人口的增加是几何的，食物的增加是算术的，人口的增加没有限制，地球的面积只有这一定的大小，若不能自节生殖，不是酿成疾疫，就是惹起战争。这也是无可如何的事情。所以强大的国家都要靠着兵力，扩张领土；自尊的民族，也多执着人种的偏见，限制异种的工人入境。种种不公平背人道的事情，都起于这个学说。从今以后，大家都晓得生产制度如能改良，国家界线如能打破，人类都得一个机会同去作工，那些种种的悲情、穷困、疾疫、争夺，自然都可以消灭。人类的衣食，没有少数强盗的侵

---

① 褚民谊：《伸论民族、民权、社会三主义之异同再答来书论〈新世纪〉发刊之趣意》，葛懋春等编：《无政府主义思想资料选》（上），北京大学出版社，1984年，第176页。实际上，毛泽东青年时代一度也受无政府主义的影响，提出民众的联合的理念应"联合地球做一国，联合人类做一家"。见毛泽东：《民众的大联合（一）》，中共中央文献研究室、中共湖南省委《毛泽东早期文稿》编辑组编：《毛泽东早期文稿 1912·6—1920·11》，湖南人民出版社，1990年，第341页。

② 《郭沫若全集·历史编》（第3卷），人民出版社，1984年，第299页。

> 夺暴掠，自然也可以足用了。……从今以后，因为现代的战争要靠着工业知识，所以那些皇家贵族等等，一旦争斗起来，非仰赖劳工阶级不可。从前欺凌他们侮辱他们，现在都来谄媚他们，夺去他们的工具，把武器授与他们。他们有了武器在手，就要掉过头来，拥护劳工的权利，攻击他们的公敌。劳工阶级有了自卫的方法，那些少数掠夺劳工剩余的强盗，都该匿迹销声了。从前在资本主义的生产制度之下，一国若想扩充他那一国中资本阶级的势力，都仗着战争把国界打破，合全世界作一个经济组织，拿他一国的资本家的政府去支配全世界。从今以后，生产制度起一种绝大的变动，劳工阶级要联合他们全世界的同胞，作一个合理的生产者的结合，去打破国界，打倒全世界资本的阶级。总同盟罢工，就是他们的武器。……这个新纪元是世界革命的新纪元，是人类觉醒的新纪元。[①]

早在严复翻译《天演论》时就指出“乌托邦”为古今世界所未有，如后世果能实现，也不是自然演化的结果，而是人自觉努力造就的。康有为于其《大同书》中更是斥物竞天择的世界（“天演者”）是“无知之物”的世界，人道的世界（“人义者”）是仁爱的世界。不过这些说法都还停留在“梦想”状态，而俄国革命的成功让物竞天择的丛林之道失效，大同梦、乌托邦梦自此在中国激进知识分子的眼中不再只是一种遥遥无期的计划、设计，而是一种已经在“落地化”“现实化”的社会工程。革命的旗帜高高飘扬，新纪元的号角已经吹响！革命的弥赛亚运动在密锣紧鼓的呐喊声中正式拉开了大幕。提出中国“内发性近代”，并以“内发性变动”揭示中国现代性演进的内发性脉络而扬名学界的沟口雄三指出：从清末自由和平就被视为天理（严复、康有为），三民主义被视为公理（孙中山），革命的趋势被视为理的力量（李大钊），这种种变化表明“理”并非

① 李大钊：《新纪元》，《李大钊全集》（第三卷），河北教育出版社，1999 年，128—129 页。

只是残存于故纸堆中，而是伴随着主导那个时代的社会实体而存续下来，从而具有现实的影响力量。[①] 这个“理”显然可归结为“一体之仁理”，它作为一种终极的视界，是近现代中国知识分子向西方文明、西方现代性文化眺望的地平线。

一方面是“物竞天择”新天道视界所引发的“强国梦”，另一方面则是万物一体之仁、天地位万物育“旧天道”所诱发的“大同梦”，两“梦”之间的紧张关系实可见于同一人之不同思想阶段或同一思想阶段之不同面向。诚如唐君毅指出的，“中国在感受外来之压迫时，一方觉要建立富强的国家，而同时又不能真悬自己国家之富强为最高之理想，而常存世界主义超富强主义之理想。这才是中国之建国问题之最深刻的内在矛盾”[②]。近代的世界主义论述究竟在多大程度是由传统天下的观念生发出来的，而不是由“另类的西方世界”观（一种扎根于基督宗教的乌托邦主义终末论的世界观）投射给传统而制造出来的，甚或是某种出于对“西方”爱恨交织的“两难心理”激发出来的，仍还是值得深究的问题。[③]

更值得注意的是，自康有为以降世界主义或多或少都带有“同质化”的“一通到底”的革命浪漫主义的底色，破除“家界”“国界”成就一“无界”的“大同世界”成了政治的最高境界，家庭与伦理因其天然的“异质性”“具体性”“脉络性”而成了“被革命”的领域。从康有为的《大同书》破除九界（国界、级界、种界、形界、家界、产界、乱界、类界、苦界）、章太炎的《五无论》（《章太炎全集·太炎文录初编》）五无（无政府、无聚落、无人类、无众生、无世界）到后来的“世纪革命新纪元”的愿景，人越

---

① 沟口雄三著，陈耀文译：《中国前近代思想之曲折与展开》，第21—22页。

② 唐君毅：《人文精神之重建》，《唐君毅全集》（卷五），第265页。

③ 周伟驰《太平天国与启示录》（中国社会科学出版社，2013年）以强有力的证据说明太平天国意识形态跟千禧年主义和末世论尤其是启示录神学有着千丝万缕的关系。而康有为的《大同书》、梁启超的《新中国未来记》也明显受到李提摩太（Timothy Richard）翻译的毕拉宓（Edward Bellamy）乌托邦小说《回头看记略》（《百年一觉》[*Looking Backward, 2000–1887*, Boston: Ticknor and Company, 1888]）的影响。见路宽：《清末空想主义小说的思想意蕴与历史影响》，《福建论坛》2021年第3期，第128—141页。

来越“抽象化”，越来越“齐一化”，越来越趋于一“天使的存在”，因而无不具备强烈的“灵知主义”（Gnosticism）色彩。

“界”与“通”实是一体之“两极”，无“通”之“界”，“界”即成为“界隔”，由此而造成个体与个体之间、个体与群体之间、群体与群体之间的“冷漠”甚或“冲突”；无“界”之“通”，“通”即成为一纯粹量化的一致与千篇一律，由此而造成个体的泯灭与多数者的暴政。王阳明天下一家、万物一体的理念始终强调仁爱是在身己—家—国—天下存有脉络中得到落实的，其所论重点自是突破人己、物我界限（“无有乎人己之分，物我之间”），然此突破“界限”意识绝不意味着要彻底抹杀乃至颠覆人己、物我以及家国等等作为存有单位的“差别”（“分际”“界”）与“秩序”（“伦常”），而是说人之良知本体（一体之仁）不应停留在现实的存有单位与秩序的某个“环节”，不应被“界”所限，而应不断得到推致以落实于存有的连续体中。将“己”与“家”“国”“社会”完全脱离而掷入一无差别的同质化的“世界”中，“己”或成为无根的浮萍而漂泊不定，或成为乌托邦工程中的一个螺丝钉而无法自拔，要之，最终必陷入虚无主义的泥沼中。

反观阳明学复兴百年史，其命运确实脱离不了现代国家的建构。阳明学的大道意识与为己之学的思想品性固然可以在现代“个体”与现代“世界”中得到转化与安顿，但到底阳明学与“国家”的建构是什么关系？阳明学为现代民族国家建构除了提供了“革命的心法”之外，能否为“非主体运作”的制度建设提供支持以及提供何种支持，诚是值得进一步追问的问题。[①]

---

① 匿名审稿人指出：“王学如果在当代还起作用的话，在个体与天下之间的中介环节概念‘国家’即不能不处理，到底王学与‘国家’的建构是什么关系？中国的现代化转型的焦点可以说即是如何建世界格局意义下的‘国家’概念，五四新文化运动的核心民主与科学可视为现代意义下的国家的实质内涵。国家依宪法的具体主张而建构，科学依认知心—物理的格式而呈现，民主与科学两概念都预设了非主体运作的客观性原则而成立，宪法、物理都不是良知概念的分析命题，王学的成立恰好是对程朱‘格物穷理’说的否定。王学的‘大道’有强烈的情感内涵，以及感通的天下内涵，但就是不太处理‘对己意识’的‘物’或‘法’的问题。”

现代新儒家在发挥阳明学的现代意义上均注重儒家“仁学”所内含的“通”与“界”的辩证义。徐复观在《中国人性论史 · 先秦篇》中，辟专节讨论王阳明将朱子《大学章句》中的“新民”重新改回“亲民”的政治意义，称王阳明之所以再三反复于《大学》上的“亲”字与“新”字的一字之争，“这是他隐而不敢发的政治思想之所寄。他看到越是坏的专制政治，越常以与自己行为相反的道德滥调，作为榨压人民生命财产的盾牌；所以他借此加以喝破。他的话，尤其对现代富有伟大的启示性；因为现代的极权政治，一定打着‘新民’这类的招牌，作自己残暴统治的工具。只有以养民为内容的亲民，才是统治者对人民的真正试金石，而无法行其伪……所以王阳明的反对改亲民为新民，乃有其伟大的政治意义”[①]。当代新儒家对“新民”警惕的背后，无疑折射出他们的强烈的“道德”与“政治”分际意识、群己权界意识。[②] 牟宗三从上个世纪 50 年代的新外王三书（《道德理想主义》《历史哲学》《政道与治道》）到晚年的各种演讲，都一再强调儒家的万物一体与大同观念是“质的社会主义”而非“量的社会主义”。唐君毅也强调儒家理想社会不是“混然齐一的大同世界”——倘如此，则只是一“蜂子蚂蚁”的“天国生活”，故不应名之为“一大同的世界”而应名之为“一太和的世界”。“一种绝无人我之分别、无家庭之分别、无国家之分别之浑然一体之世界”，纵然能够实现，这个“美丽的新世界”最终只会导致人文世界之死亡：

> 其中一切人，均只有一个思想、一个意志、一个情感，过着同一文化生活，再无一切之差别；则人之思想之交流莫有了，情意之互相关切莫有了，文化活动之互相观摩、欣赏，互相砥砺、批评，与互相影响、充实，互相提携引导之事，都莫有了。这将只是**人文世界**

① 徐复观：《中国人性论史 · 先秦篇》，上海三联书店，2001 年，第 258—259 页。

② 相关讨论见陈立胜：《“亲民”抑或“新民”：从传统到现代》，《宋明儒学中的“身体”与“诠释”之维》，商务印书馆，2019 年，第 283—314 页。

> **之死亡**，而不见有人文世界之存在生长。所以我们理想的世界，不是无异之人与人同之世界，而是有异而兼容、相感、相通，以见至一之世界。异而相感相通之谓和。所以我们不名我们之理想世界为大同之世界，而名之为太和之世界。和与同之不同，是我们所最须认识的。[①]

"天下""世界""环球"这些出自不同时代、不同地域的概念最终交织在一起，构成了我们今天研究王阳明哲学思想的"视界"。

研究王阳明，首先要理解王阳明。而理解王阳明就要求我们"悬搁"我们的"视界"而进入王阳明的"视界"之中，在王阳明的"生活世界"之中理解他。只有沉潜于王阳明的精神世界之中，掘地及泉，疏通并接上中华文明的慧命脉络，阳明学的意义才能在我们这个"世界"之中重新被激活，被承继，被发扬。阳明学固有的"天下"与"为己"视界与"大道意识"使得其"致良知"话语本身即具有开放性、普遍性与生存性特征。实际上，整个理学体系之中"理"与"心"皆是普遍性的范畴，理学之知识体系自其始就既不以"地方性"知识、"时代性"知识自限自画。用《中庸》的话说："君子之道，本诸身，征诸庶民。考诸三王而不缪，建诸天地而不悖，质诸鬼神而无疑，百世以俟圣人而不惑。"王阳明每每强调良知之在人心，"无间于圣愚，天下古今之所同也"，"亘万古，塞宇宙，而无不同"。这种儒家知识普遍性的信念，这种王阳明所称的道大无外，圣学之全，无所不具之精神，决定了在今天讲王阳明哲学乃至儒家哲学必须要具备一真正的"世界"视界。让由于近代"视界的转换"而造成的儒家知识"**国族化**""**时代化**""**抽象普遍化**"重新"**世界化**""**现时化**""**具体普遍化**"，让王阳明的"**大道意识**"再次成为我们眺望未来的地平线，是当今中国哲学研究的重要使命。

---

① 唐君毅：《人文精神之重建》，《唐君毅全集》（卷五），第71—72页。

第一，阳明学乃至“中国心学”之“心”乃“天地之心”之发窍“最精处”。“心”乃天道、地道、人道交感共鸣的“神经枢纽”，“天”之高、“地”之深、人之尊严、万物之生机均在此处得以呈现。心学研究必面向此心之高大、广远、深厚、恢宏之“实事”本身，而不应将“心”窄化、矮化、固化为国族心、地方心、时代心。

第二，阳明学“天下同风”之中的“通”义，内在地含有“通中外”“通古今”“通天地”“通人我”的精神力量。这种万物一体“通”的精神当然不只是阳明学或儒家独有的精神，实际上每个伟大的文明都有这种普世性的关怀。只有这种“通”的精神才能化解民族、国家乃至宗教所造成的人为的、过度化的“隔”。另一方面，这个“通”并不是同质化的一通到底的“抽象之通”，而是在具体的存有脉络中因循着存有的不同性质而表现出的“具体之通”。要之，全球化时代下民族国家之间的和平共处与相互合作，人与天地万物之间的共生、共成，离不开对这种“具体之通”精神的重新解释。

第三，这个“大道意识”是基于对圣学之全无所不具的自信，故能够超越狭隘的“教”之固化与封闭的立场、超越“教”之异同意识，而向所有能够“丰富”与“成全”人性的精神资源敞开。立足于圣学“大中至正之道”，超越三教的界限，“求其是者而学焉”，遂成就了宋明理学尤其是阳明学的博大精深的智慧，并一度成为东亚儒家文化圈共享的思想资源。于今全球化之世界，吸纳、转化异质的、多元的思想资源是儒学重新世界化、普遍化、现时化的重要途径。

阳明学义理之当代开展必须具备“大道意识”。具体而言：

第一，阳明学之中的“为己之学”含有丰厚的“心性”“精神”资源，这些思想只有通过与包括印度在内的西方心灵哲学、精神哲学、意识哲学对话才能更清楚地得到自我理解，进而超越异同而丰富其自身。阳明学所呈现的心性结构究竟与印度文明、两希文明中所呈现的心性结构有何异同，如何在哲学上描述这一心性结构，是当今阳明学研究题中应有之义。

第二，阳明学之中的“天下一家、万物一体”的情怀涉及世间秩序、万物秩序的安顿问题，这些思想同样也只有通过与各大文明之中的政治哲学、社会哲学、生态哲学充分对话，才能得到创造性的转化。

第三，阳明学之中的工夫论作为儒家修身传统的重要部分，是中国哲学思想的一大特色，但“工夫”这个词在西方语言中或找不到准确的对应者，但作为修行的实践智慧绝不是“只此一家别无分店”。大凡各个伟大的宗教都有其各自的自我转化（人格转变、重生、再生）路径，故都有其各自的“工夫”。撇开印度宗教不论，基督宗教源远流长的灵修传统其丰富多彩的“自我技术”实不遑多让儒家的工夫。[①] 职是之故，阳明学的工夫论乃至儒家的修身学只有通过与古希腊罗马精神修炼传统、基督宗教的灵修学传统、印度宗教的身心修炼传统的对话，才能在人类文明的“自我转化”（self-transformation）之道中获得更清晰的自身定位。

第四，阳明学富有“唯变所适”的时宜性、主动性与创造性[②]，这种精神本身要求我们要超越古今中西种种现成视野之限制，立足于良知这个“大规矩”，直面当今人类生存所面临根本性的生存困境，给出有效的解决思路。

---

① 欧迈安（Jordan Aumann）著，宋兰友译：《天主教灵修学史》，香港公教真理学会，1991 年。麦格夫（Alister E.McGrath）著，赵崇明译：《基督教灵修学》，香港基道出版社，2004 年。约翰・克利马科斯（John Climacus）著，许列民译：《神圣攀登的天梯》，香港道风书社，2012 年。依纳爵（Saint Ignatius）著，刚斯（Ganss）注释，郑兆沅译：《神操新译本》，台北光启文化事业，2011 年。米歇尔・普契卡（Michaela Puzicha）著，杜海龙译：《本笃会规评注》，上海三联书店，2015 年。对本笃会的修炼工夫的现代意义的阐释参索罗金（Sergei P. Sorokin）著，陈雪飞译：《爱之道与爱之力：道德转变的类型、因素与技术》之第 20 章《修士的技术体系》与第 21 章《修道院的“心理分析”、咨询和治疗》，上海三联书店，2011 年，第 419—494 页。

② 阳明屡屡称良知是大规矩，良知之于节目时变，犹规矩尺度之于方圆长短，“良知即是易，其为道也屡迁，变动不居，周流六虚，上下无常，刚柔相易。不可为典要，唯变所适”。《传习录下》，王守仁撰，吴光等编校：《王阳明全集》卷三，第 125 页。

要之，隔离乃至排斥“世界”视界，儒家哲学的重建将变成一种单向度的“特殊性”论述，其自我更新的精神资源势必日趋枯槁与萎缩，其最终的结果只能让儒家哲学远离世界哲学舞台，轻则陷入自说自话的“自恋式”的迷醉之中，重则为民粹主义、狭隘的民族主义绑架而陷儒家哲学于不义。

第二章 “大抵心安即是家”：阳明学“家”哲学及其现代影响

【本章摘要】阳明学“身家之私”“身家之累”“心安是家”“友道第一”“孔孟在家出家” 这一系列“家”观念的提出，均是由其“一体不容已”之仁学终极情怀而来。“一体不容已”宛若基督宗教之圣灵而成为绾结心学讲学活动所构成的性命共同体的纽带。被此“圣灵”所感动之先知先觉者“自不容已”地要突破“身家之私”“身家之累”的限囿，并与“同志”（即被同一圣灵所感动者）结为一“会”、一“孔氏家”、一“道”“学”“政”三位一体的共同体。这一系列“家”观念不仅为近现代中国“去家”“毁家”“破家”的“革”家之“命”的革命意识形态提供了“材料”“凭借”，而且在某种意义上也为后者做足了“主题”上的铺垫工作，而“西方的冲击”则让两者之间的连续性呈现出“断裂性”。回溯这段历史，不只是为了认清阳明学“家”哲学的现代效应，亦不只是为了厘清近现代“毁家”“去家”“破家”思潮的内源性因素，更是为了进一步反思在现代性中究竟如何安顿儒学的“家”情怀。

一 问题的提出：近现代“家庭革命”思潮多重因缘中的内生性资源

“众鸟欣有托，吾亦爱吾庐。”儒家传统素以重视家庭而闻名。《周易・序卦》："有夫妇然后有父子，有父子然后有君臣，有君臣然后有上下，有上下然后礼义有所措。"夫妇一伦，"人之始也"，乾坤法象（"乾坤父母"，"天地一夫妇也"），万化之宗，为五伦之根基。[①]家庭是传统人伦关系、社会关系与生产关系的基本单位。《礼记・礼运》人义有十（"父慈、子孝、兄良、弟弟、夫义、妇听、长惠、幼顺、君仁、臣忠"），家庭之伦占其八。严格说来，在传统五伦中，夫妇、父子、兄弟均属于家庭一伦，其余二伦亦是由家庭一伦类推而得，故有拟君为父、拟朋友为兄弟的说法。[②]家园情怀、叶落归根意识是中国人永恒的乡愁。不惟如此，"天下一家""万物一体"更是宋明儒者萦绕于怀的政治理念，而"齐家"则是传统儒者由修身走向治国、平天下的修身功夫历程中不可或缺的一环。《周易・家人・彖传》曰："男女正，天地之大义也。家人有严君焉，父母之谓也。父父，子子，兄兄，弟弟，夫夫，妇妇，而家道正，**正家而天下定矣**。"孟子曰："人有恒言皆曰'天下国家'。天下之本在国，国之本在家，家之本在身。"（《孟子・离娄上》）

然而，在近代国家主义与世界主义浪潮强力冲击下，"家"（"家人"）与"国"（"国民"）、"家"（家人）与"世界"（"世界民""天民"）成为二元对峙的范畴：有"家"则无"国"，有"家国"则无"世界"。无论是同一的国家意志的凝聚抑或是无远弗届的世界主义情怀的培育，"家"都成为"绊脚石"乃至"万恶之原"。国家主义与世界主义虽针锋相对，目标迥异，但在"毁家""破家""去家"上却也不谋而合。从维新、革命到五四新

① 一般而论，五伦中君臣、父子、夫妇三伦最重，《荀子・礼论》礼有三本（"生之本""类之本""治之本"）即是例证。而于以上三伦中，夫妇一伦则为最。孔子说："天地不合，万物不生；大昏，万世之嗣也。"（《礼记・哀公问》）《礼记・郊特牲》云："天地合而后万物兴焉。夫昏礼，万世之始也。"《白虎通・嫁娶》云："男女之交，人伦之始，莫若夫妇。"

② 梁漱溟：《乡村建设理论》，《梁漱溟全集》（第五卷），第88—89页。另参冯友兰：《新事论・说家国》，《三松堂全集》（第4卷），河南人民出版社，2000年，第231页。需要指出的是，拟君为父，并不是说君与父同位。父子之亲自然要重于君臣之义，君臣以人合，不合则去；父子以天合，无相离之法。故有"为父绝君，不为君绝父"之说法（《郭店竹简・六德》）。

文化运动，不同时期演绎着不同的时代精神，但对“家”“家庭”“家族”的批判却是一脉相承，乃至愈演愈烈。[①]到了30年代，国民政府立法院院长胡汉民抛出了“三问”[②]，“三问”可谓“毁家”“破家”“去家”思潮的最强音，将近现代“家庭革命”这一激进主义的时代精神推上了顶峰。[③]

“家庭革命”实则是要革“家”的命。“革命家”之所以要革“家”之命，从革命理想上说是要建立一无家之国、一无家之社会、一无家之世界，用青年傅斯年的话说，“四海无家，六亲不认”[④]。而之所以要不认亲、不认家，则无非是因为“亲”“家”成了“自私”“奴性”“依附”“束缚”“罪恶”等等“旧道德”之代名词，而有悖于爱国、爱人类、独立、自由的“新道德”。富有革命气质的现代新儒家熊十力就对梁漱溟《中国文化要义》将传统中国社会称为“互以对方为重的伦理社会”说大为不悦：伦理与社会本是两个不同向度的存在，伦理是人所遵从的教条、德目，家庭组织则

---

① 赵妍杰：《为国破家：近代中国家庭革命反思》，《近代史研究》2018年第3期；《去国去家：家庭在重构社会伦理中的地位》，《清华大学学报》2020年第2期。

② “要不要姓”“要不要结婚”“要不要家庭”三问：1930年4月18日，国民政府进行民法修订工作，其中一项议程就是制定亲属法，立法院院长胡汉民邀请全国教育会议会员（蔡元培、李石曾、蒋梦麟、吴稚晖）餐叙。席间胡汉民抛出了著名的“三问”：一问姓的问题。要姓？不要姓？如果要姓，应保父姓抑应从母姓？二问婚姻问题。要结婚？不要结婚？如要结婚，早婚或迟婚有无限制？三问家庭问题。要家庭？不要家庭？如果要家庭，是大家庭好，还是小家庭好？而答案竟不约而同。蔡元培这位帝制时代的进士不仅主张取消婚姻，更是主张“用别称符号”代替“姓”。胡汉民：《民法上姓、婚姻、家庭三问题之讨论》，见中国国民党中央委员会党史委员会编：《胡汉民先生文集》（第4册），中国国民党中央党史委员会，1978年，第870—871页。转引自赵妍杰：《去国去家：家庭在重构社会伦理中的地位》，《清华大学学报》2020年第2期，第15页。

③ 康有为《大同书》“去家界为天民”为此激进的家庭革命奠定了基调，青年毛泽东在《健学会之成立与进行》（《湘江评论》1919年7月21日）一文中描述当时思想界动态：“近数来年，中国的大势斗转。蔡元培，江亢虎，吴敬恒，刘师复，陈独秀等，首倡革新。革新之说，不止一端。自思想，文学，以至政治，宗教，艺术，皆有一改旧观之概。甚至国家要不要，家庭要不要，婚姻要不要，财产应私有应公有，都成了亟待研究的问题。”见中共中央文献研究室、中共湖南省委《毛泽东早期文稿》编辑组编：《毛泽东早期文稿1912·6—1920·11》，第364页。

④ 王汎森著，王晓冰译：《傅斯年：中国近代历史与政治中的个体生命》，生活·读书·新知三联书店，2012年，第44页。

是社会制度与结构，故以伦理本位言社会是讳言家庭之弊，是"巧避家庭本位之丑"。"其实家庭为万恶之源，衰微之本"，国人"无国家观念，无民族观念，无公共观念，皆由此。甚至无一切学术思想，亦由此。一个人生下来，父母兄弟姐妹族戚，大家紧相缠缚。能力弱者，悉责望其中之稍有能力者。或能力较大者，必以众口累之，其人遂以身殉家庭而无可解脱。说甚思想、说甚学问？有私而无公，见近而不知远，一切恶德说不尽"。"中国家庭确是国家民族衰败危亡之原"，"拿伦理本位来粉饰太过。实则帝制之久，封建思想之长不拔，与学术、政治、社会之敝，皆由家庭之毒太深。千言万语说不了"。[①]被认定为"醇儒"的马一浮也一度感慨说，儒家即便程朱诸公亦未尝不婚，儒者自大贤以下鲜不为家室所累。[②]

在一个如此重视家庭的儒家文明中，这套激进的革"家"之命的意识形态究竟是如何形成的？一般而言，宗教信仰会因其超越世俗界的需要而与家庭一伦发生冲突，耶稣基督就对其门徒说过："弟兄要把弟兄，父亲要把儿子，送到死地。儿女要与父母为敌，害死他们。……你们不要想我来，是叫地上太平。我来并不是叫地上太平，乃是叫地上动刀兵。因为我来，是叫人与父亲生疏，女儿与母亲生疏，媳妇与婆婆生疏。人的仇敌，就是自己的家里的人。爱父母过于爱我的，不配作我的门徒；爱儿女过于爱我的，不配作我的门徒。"（《马太福音》10:21，10:34—37）耶稣本人就遭其家人误解，他们曾认为他"癫狂了"（《马可福音》3:21），连他的弟兄也"不信他"（《约翰福音》7:5）。[③]《佛说四十二

① 见熊十力《与梁漱溟》《致叶石荪》两书，《熊十力全集》（第八卷），第651—652、646—647页。

② 马镜泉等点校：《马一浮集》（第3册），第1053页。

③ 牟宗三指出这些话语听起来似乎"骇人听闻"，但是却有很深的含义："即是教人战胜一切拖带，不要顾虑自己的家庭和亲友，而要洁净纯粹，让自己的心灵单和上帝交往。……其故便是由于他们很难放弃尘世间的种种拖带与顾虑。耶教教人放弃一切具体生活中具体分际，父母兄弟国家都不在眼下，教人全心皈依到上帝处……"见牟宗三：《中国哲学的特质》，《牟宗三先生全集》（第28册），第49—50页。

章经》“佛言人系于妻子宝宅之患，甚于牢狱桎梏锒铛。牢狱有原赦，妻子情欲虽有虎口之祸，己犹甘心投焉，其罪无赦”。佛教又将“亲里觉”列为“八恶觉”之一（《大乘义章卷五》），称之为“细垢”“细罪”“愚痴相”（《杂阿含经卷第四十七》《大智度论卷三十九》《成实论卷十四·恶觉品第一百八十二》）。[①] 实际上，要构建一个超大规模的、同质化的“想象共同体”——这个共同体无论是普世的教会抑或是民族国家以及人间乌托邦，如何突破家庭一伦的限囿是不得不处理的难题。就此而言，在由“宗法社会”向“现代社会”的“过渡时代”中，传统的家庭几乎成为一种“现代性的原罪”，成为源自于西方的各种现代“主义”（国家主义、世界主义、无政府主义等等）穷追猛打的对象，也就不足为奇了。换言之，“毁家”“破家”“去家”思潮与现代西方文明强行叩关是分不开的。王汎森在讨论近代爱国救国与反传统的关系时指出：很多知识分子认定中国近世社会的病源在于“未能急速凝聚全国的每一寸力量来应付空前的危局，而力量之所以无法动员，实因各种藩篱与隔阂太多，使得纵的意志无法贯彻，横的联系也不可能，以至于全国的力量像碎粉般，无法被磁铁尽可能吸附上来。这些藩篱与隔阂，包含星罗棋布于全国的家族宗法势力、森严的阶级区分、三纲五常的束缚、政府与民意的严重隔阂等等，因此打破上述种种‘分别’相，使这个国家的所有基本分子相‘通’，是这个时代许多知识分子共同的要求”[②]。而所谓的“藩篱与隔阂”其实质即是家、家族制度。1907年，《天义报》上刊文《毁家论》，正式提出“盖家也者，为万恶之首”的口号，社会革命的大幕以毁家、破家、去家徐徐拉开。爱国、救国的动机与激烈的破坏传统伦常确实有着内在的联系。[③]

近代中西文明的撞击集中体现于近代民族国家与传统宗法社会的冲突，然而所谓中西之分的背后大多亦有“古今之异”的因素。西方近代

---

① 感谢陈剑虹博士向我提供上述佛教材料。

② 王汎森：《中国近代思想与学术的系谱》（增订版），上海三联书店，2018年，第146页。

③ 王汎森：《中国近代思想与学术的系谱》（增订版），第148—151页。

文化乃是由近代产业革命塑造的，这个革命的实质即是舍弃以家为本位的生产方式（“人工生产”），而代之以社会为本位的生产方式（“机器生产”）。生存方式的变革必然导致生活方式与价值观念的变革。在生产家庭化的传统中国，“一个人的家是一个人的一切，因为他有了家他才有一切”，故一切道德，“皆以家为出发点”；而在生产社会化的现代社会中，人之生老病死都发生在社会中，“人虽无家，亦可生存”，“‘六亲不认，四海为家’。他亦可很快乐地过了他的一生”。[①]就此而论，“毁家”“破家”“去家”的思潮亦是中国由以家庭为单位的传统生产方式向近现代产业革命过渡所掀起的思想浪花。

需要补充的是，近代“家庭革命”（“毁家”“破家”“去家”）思潮就其实际影响来说是有限度的，提倡者如谭嗣同、吴虞、傅斯年、顾颉刚等等多亲自经历过“纲伦之厄”，故其立论亦有个人生存实感的升华的因素。[②]

无论是中西政治与社会制度之碰撞抑或是古今人工生产与机器生产之更替，都与“西方”的“冲击”分不开。[③]但是中国近代思想绝不简单只是对“西方的冲击”的一种被动“回应”[④]，西方冲击的概念有可能忽视

---

① 冯友兰：《新事论·说家国》，《三松堂全集》（第4卷），第235页。

② 余英时：《现代儒学的回顾与展望》，生活·读书·新知三联书店，2004年，第96、119页。罗志田：《重访家庭革命：流通中的虚构与破坏中的建设》，《社会科学战线》2010年第1期，第79—84页。

③ 张灏著，崔志海、葛夫平译：《梁启超与中国思想的过渡（1890—1907）》前言，第1—2页。

④ 柯文在《在中国发现历史》一书中将汉学界中国近代史观中的西方中心论模式归纳为以下三种类型：（1）“冲击—回应”模式（impact-response model）：此模式认为在19世纪中国历史发展中起主导作用的因素或主要线索是西方入侵，解释这段历史可采用“西方冲击—中国回应”这一公式。（2）“传统—近代”模式（tradition-modernity model）：此模式认定中国历史在西方入侵前是停滞不前、沉睡不醒的，只能在“传统”模式中循环往复，惟有等待充满活力、生气勃勃的西方文化注入异质性的新因子，才能沿着西方已走过的道路向西方式的“近代”社会前进；（3）帝国主义模式（imperialism model）：此模式认为帝国主义是中国近代史各种变化的主要动因，是中国百年来社会崩解、民族灾难与无法发展前进的祸根。要之，控制中国近代发展、变化的主要力量乃是来自中国传统之外的西方及近代工业革命的西方。详见柯文著，林同奇译：《在中国发现历史》（增订版），中华书局，2005年，第1—3章。（转下页）

中国传统文化内含的弹性、张力乃至发展动力，后者才是中国知识分子"回应"西方的"背景能力"（a set of background capacities）。"没人会否认随着关于民族主义、政治参与、科学、技术和经济发展等西方观念的涌入，中国在很大程度上摆脱了过去。但我们必须追问，导致上述转变的冲动，在何种程度上自相矛盾地依赖于固有的思想渊源？其间又有何种文化模式一直未遭破坏而得以存续下来？"[①] 张灏、王汎森等学者对传统思想在近代中国自我人格与心态塑造过程中扮演的角色已有深入阐述。理学中变化气质的工夫论与心学中的主体性之张扬为转型时期的新人格的锻造、革命行动的决心与勇气之培养提供了丰富的精神资源。本文认为，**阳明学"身家之私""身家之累""心安是家""友道第一""孔孟在家出家"**这一系列"家"观念的提出，均是由其"一体不容已"之仁学终极情怀而来。此"一体不容已"宛若基督宗教之圣灵成为绾结心学讲学活动所构成的性命共同体的纽带。被此"圣灵"所感动之先知先觉者"自不容已"地要突破"身家之私""身家之累"的限囿，并与"同志"（即被同一圣灵所感动者）结为一"会"、一"孔氏家"、一"道""学""政"三位一体的共同体。这一系列"家"观念不仅为近现代中国"毁家""破家""去家"的"革"家之"命"的革命意识形态提供了"材料""凭借"，而且在某种意义上也为后者做出了"主题"上的铺垫工作，而"西方的冲击"则让两者之间的连续性呈现出"断裂性"。回溯这段历史，不只是为了认清阳明心学一系"家"哲学的现代效应，亦不只是为了厘清近现代"毁家""破家""去家"思潮的内源性因素，更是为了进一步反思在现代性中究竟如何安顿儒学的"家"情怀。

（接上页）沟口雄三提出中国"内发性近代"，以"内发性变动"来揭示中国现代性演进的内发性脉络，可称为"在中国发现近代"。见沟口雄三著，王瑞根译：《中国的冲击》，第89—102页。

① 墨子刻著，颜世安等译：《摆脱困境：新儒学与中国政治文化的演进》，江苏人民出版社，1995年，第17页。

二 从“身家之累”到“孔子在家出家”：阳明学“家”思想的另一面向

“天下一家，万物一体”一直是阳明学的政治理念。

“天下一家”的观念形成于战国时期。在秦汉时期“天下一家”的观念基本上限于天子一统天下这一政治意义。秦始皇完成统一六国大业之后而有《峄山刻石文》：“乃今皇帝，壹家天下，兵不复起。”《汉书·高帝纪下》十一年二月诏书云：“今吾以天之灵，贤士大夫，定有天下以为一家，欲其长久世世奉宗庙亡绝也。”天下一家的观念不过是说天下被合并为一家，即君主之一家。日人尾形勇将天下一家的意思归结为以下三点：第一，四海虽广，君义与王法皆通达无阻；第二，天下统一为“一家”；第三，“普天之下，莫非王土”。[①] 除此之外，尾形勇还指出，天下一家尚有“命运共同体”的意思，《潜夫论·浮侈篇》说：“王者以四海为家，兆人为子。一夫不耕，天下受其饥；一妇不织，天下受其寒。”显然这种仁爱共同体的天下一家义可追溯至《尚书·洪范》“天子作民父母”的观念。实际上《论语·颜渊第十二》子夏“四海之内皆兄弟”的说法也蕴含着四海犹如一家之亲的意思。孟子“老吾老以及人之老，幼吾幼以及人之幼”这一“及人”逻辑必得出天下一家之结论。《荀子·王制》“四海之内若一家”、《礼记·礼运》“以天下为一家，中国为一人”均体现了作为命运共同体的天下一家的观念。

宋儒力倡民胞物与、万物一体的仁爱精神，陆象山有“宇宙无际，天地开辟，本只一家”之说。而在张载“乾父坤母”的宇宙大家庭中，人人皆“天地之子”，君主只是作为“宗子”（“元子”）统领众兄弟一起打理大

---

① 尾形勇著，张鹤泉译：《中国古代的“家”与国家》，中华书局，2010年，第178—187页。

家庭之家务。[①]

阳明心学一系“天下一家”的观念与“万物一体”联系在一起，二者共同构成心学一系“王道”观之核心命题。

> 明明德者，立其天地万物一体之体也。亲民者，达其天地万物一体之用也。故明明德必在于亲民，而亲民乃所以明其明德也。是故亲吾之父，以及人之父，以及天下人之父，而后吾之仁实与吾之父、人之父与天下人之父而为一体矣；实与之为一体，而后孝之明德始明矣！亲吾之兄，以及人之兄，以及天下人之兄，而后吾之仁实与吾之兄、人之兄与天下人之兄而为一体矣；实与之为一体，而后弟之明德始明矣！君臣也，夫妇也，朋友也，以至于山川鬼神鸟兽草木也，**莫不实有以亲之**，以达吾一体之仁，然后吾之明德始无不明，而真能以天地万物为一体矣。夫是之谓明明德于天下，是之谓家齐国治而天下平，是之谓尽性。[②]

> 圣人之心，以天地万物为一体，其视天下之人，无内外远近。凡有血气，皆其昆弟、赤子之亲，莫不欲安全而教养之，以遂其万物一体之念。……当是之时（“唐虞三代之世”——引者），天下之人熙熙皞皞，**皆相视如一家之亲**。……盖其心学纯明，而有以全其万物一体之仁，故其精神流贯，志气通达，而无有乎人己之分，物我之间。[③]

> 夫人者，天地之心。天地万物，本吾一体者也，生民之困苦荼毒，孰非疾痛之切于吾身乎？……世之君子惟务致其良知，则自能公是非，同好恶，视人犹己，视国犹家，而以天地万物为一体，求天

---

① 林栗就一度斥《西铭》此论为“易位乱伦，名教之大贼也”，详见朱子《记林黄中辨易西铭》一文，《晦庵先生朱文公文集》卷七十一，《朱子全书》（第24册），第3409页。

② 《大学问》，王守仁撰，吴光等编校：《王阳明全集》卷二十六，第968—969页。

③ 《传习录中·答顾东桥书》，王守仁撰，吴光等编校：《王阳明全集》卷二，第54—55页。

> 下无治，不可得矣。……尧、舜、三王之圣，言而民莫不信者，致其良知而言之也；行而民莫不说者，致其良知而行之也。是以其民熙熙皞皞，杀之不怨，利之不庸，施之蛮貊，而凡有血气者**莫不尊亲**，为其良知之同也。[①]
>
> 人者，天地之心；民者，对己之称也；……是故亲吾之父以及人之父，而天下之父子莫不亲矣；亲吾之兄以及人之兄，而天下之兄弟莫不亲矣。君臣也，夫妇也，朋友也，推而至于禽兽草木也，**而皆有以亲之**，无非求尽吾心焉以自明其明德也。是之谓明明德于天下，是之谓家齐国治而天下平。[②]

以上四段文字均为王阳明晚年居越期间所作，可谓其晚年定论。[③]亲民被上升到“天地之心”的高度，拥有形上学的终极理据。在先秦儒学中，亲亲、仁民、爱物这一仁爱的自然次第由“亲”“仁”“爱”标出（此处“仁爱”之“仁”是广义上的仁，“仁民”之“仁”是狭义上的仁），但在阳明的上述文字中，由于强调“一体之仁”的“一体”与“无间”，“亲”字被不加区别地用于所有仁爱的对象：亲亲、亲人之亲、亲禽兽草木，天地万物均成为“一家之亲”的范畴（“莫不实有以亲之”“皆相视如一家之亲”“皆有以亲之”），这无疑充分体现了心学一系天下一家、万物一体的精神旨趣。后世“良知之学”不明，天下之人用其“私智”行其“私欲”，遂致天下无序、民人陷溺、万物失所。王阳明提出“致良知”无非是要起到“拔本塞源”的效果，使人克其“有我之私”、去其“物欲之蔽”，以复其“心体之同然”。

对治私欲是理学工夫论的一大论域，举凡膨胀无节的生理欲望以及

---

① 《传习录中 · 答聂文蔚》，王守仁撰，吴光等编校：《王阳明全集》卷二，第 79—80 页。

② 《亲民堂记》，王守仁撰，吴光等编校：《王阳明全集》卷七，第 251 页。

③ 薛侃说：“‘明明德’工夫只在‘亲民’上。**阳明先生晚年发得如此亲切，初年犹未说到此。**”见薛侃：《云门录》，陈椰编校：《薛侃集》，上海古籍出版社，2014 年，第 4 页。

由此衍生的名利心乃至生死一念都会被视为私欲的范畴。种种私欲于人心有所牵引而成为“天理”“良知”之蔽锢、遮障、牵累。故须存天理、灭人欲。“尽夫天理之极，而无一毫人欲之私”，这是阳明与朱子对“止于至善”的共同理解。程朱理学通常会将人欲追溯到“身”这一环节：“大抵人有身，便有自私之理，宜其与道难一。”[①] 这跟老子“吾有大患，为吾有身”理路是一致的，阳明心学一系亦沿袭此思路将私欲归结为“躯壳”起念。

不过除此之外，阳明学还常将“家”视为私欲的一个源头，提出“**身家之私**”的说法。王畿《怀玉书院会语》云：“**人心有私欲，只因有身有家**。人无常活之身，身享有限之用，何苦妄认虚名、浪生幻念？一乡之善士以一乡为家，一国之善士以一国为家，天下之善士以天下为家，其心愈公，则其善愈大。其所为善，乃心与人同，视之如一体，是所谓公也。”[②] 身家之私（“有身有家”）与为乡、为国、为天下之心形成对峙之局，因有身有家，故心灵生活受到“限制”。惟有打破身家之私，心灵才能“常活”而“无限”。而在乡—国—天下的关怀序列中，“家”的外延愈“大”，心就愈“公”，最后以天下为一家，方可称万物一体，大公无私。刘宗周在释《论语·八佾第三》“君使臣以礼，臣事君以忠”一章时指出：“君臣之分，等之天地。天地以泰交成化，君臣之道亦然。故君道以下济为光，臣道以上行为顺。使臣以礼，方能锄骄贵之色而下交其臣；事君以忠，方能破身家之私而上交于君，此地天交泰之象也。”[③] “破身家之私”是形成君臣相交形上学内涵（“天地交泰之象”）的先决条件。

与“**身家之私**”的观念联系在一起，“**身家之累**”的观念也开始见于

---

① 《二程遗书》卷三，程颢、程颐著，王孝鱼点校：《二程集》，中华书局，2004年第2版，第66页。

② 吴震编校整理：《王畿集》卷二，凤凰出版社，2007年，第40页。

③ 《论语学案》，吴光主编：《刘宗周全集》（第1册），浙江古籍出版社，2007年，第299页。

阳明学的文献中。阳明与黄绾、湛若水结为盟友，但离多聚少，阳明每每引以为憾，并将原因归为“**家累**所牵”。[①] 在《寄诸弟》信中，他告诫诸弟说：“人方少时，精神意气既足鼓舞，而**身家之累**尚未切心，故用力颇易。迨其渐长，世累日深，而精神意气亦日渐以减，然能汲汲奋志于学，则犹可有为。至于四十五十，即如下山之日，渐以微灭，不复可挽矣。”[②] 在王门“二溪”中，“身家之累”更是师徒经常讨论的一个话头。

王畿晚年仍栖栖遑遑，辙环天下，流连于讲学之所而欲罢不能。《天柱山房会语》记载弟子辈（裘子充、周继实）跪劝其在家安享晚年，勿再往来交际（“静养寡出、息缘省事，以待四方之来学”）。天柱山讲会发生在万历二年（1574 年），是年王畿已 76 岁高龄。王畿答曰：“二子爱我可谓至矣！不肖亦岂不自爱？但其中亦自有不得已之情。若仅仅专以行教为事，又成辜负矣。时常处家与亲朋相燕昵，与妻奴佃仆相比狎，以习心对习事，因循隐约，固有密制其命而不自觉者。才离家出游，精神意思便觉不同。与士夫交承，非此学不究；与朋侪酬答，非此学不谈。晨夕聚处，专干办此一事，非惟闲思妄念无从而生，虽世情俗态亦无从而入，精神自然专一，意思自然冲和。教学相长，欲究极自己性命，不得不与同志相切劘、相观法。同志中因此有所兴起，欲与共了性命，则是众中自能取益，非吾有法可以授之也。男子以天地四方为志，非堆堆在家可了此生。‘吾非斯人之徒而谁与’，原是孔门家法。吾人不论出处潜见，取友求益，原是己分内事。若夫人之信否，与此学之明与不明，则存乎所遇，非

① 《与黄宗贤四》，王守仁撰，吴光等编校：《王阳明全集》卷四，第 151 页。谛观黄绾与阳明、湛若水书信往来，除阳明抱怨家累之外，黄绾、湛若水特别指出“居乡不易”，“乡族难处”，“乡土士风之薄，难以久居”。见《寄阳明先生书》《寄甘泉书》，黄绾撰，张宏敏编校：《黄绾集》卷十八，上海古籍出版社，2014 年，第 338—339、341 页。程朱理学中，已有人以应举求仕为“为亲”而与“为己之学”对峙，以为“家贫亲老，应举求仕，不免有得失之累”。此一观点受到程朱本人的严厉批评，见《近思录》卷七第 34—35 条，朱熹、吕祖谦纂，张京华辑校：《近思录集释》（下），岳麓书社，2010 年，第 632—635 页。

② 王守仁撰，吴光等编校：《王阳明全集》卷四，第 172 页。

人所能强也。至于闭关独善，养成神龙虚誉，与世界若不相干涉，似非同善之初心。予非不能，盖不忍也。”[①] 王畿明确将“家”领域与“友”领域区隔开来：在“家”领域中，与亲朋、妻奴相处，是“习心对习事”的世俗领域，用佛教的术语说是“烦恼因缘”；离家出游，与士夫、朋侪交接，精神专一，意思冲和，这才是究极“自己性命”的神圣领域。只有在后者之中才能隔断“世情俗态”。更为重要的是，离家出游并不只是为了传道而已（“仅仅专以行教为事”），而是“成己”“成人”所必需者：性命之学惟有“共了”，即只有在一个“性命共同体”中才能成全，如“闭关独善”，则只能成就一“虚誉”，与真实世界不相干涉。“男子以天地四方为志，非堆堆在家可了此生”，王畿说这本是“孔门家法”。有弟子问：“吾人处世，未免**身家之累**，思前虑后，有许多未了勾当，未免累心，奈何？”王畿称此问题是“切问”[②]，由此可见，“身家之累”实是心学一系追求为己之学、了自家性命之学过程中时常遭遇到的生存问题。

江右王门大家刘元卿在讨论“达性”与“闻性”之别时指出，达性在于“达于家邦”，惟有“离妻子，捐亲戚，杖剑慨然，以万里为志，不少回头”，方可达性，“若身居**俗境**，且与乡人较才度智，争得竞失，而徒以能信京华之衢之为康庄也，遂自以为达，吾恐其终不达也”。[③] 这里将居家处乡称为“俗境”跟王畿称出家为“习心对习事”是完全一致的。成就性命之学就必须“离妻子，捐亲戚”，亦与王畿以天地四方为志论述若合符节。

推崇讲会的东林学派领袖顾宪成指出讲会有“九益”，其第四益曰：“家庭之间，妻子之与狎，童仆之与偕，煦煦耳；亲朋知故之往来，溷溷耳，此盖**最易堕落处**也。当会之时，非仁义不谈，非礼法不动，瞻听之

---

① 吴震编校整理：《王畿集》卷五，第120—121页。

② 王畿：《白云山房答问纪略》，吴震编校整理：《王畿集》卷七，第170页。

③ 《答尹甥一绅》，刘元卿撰，彭树欣编校：《刘元卿集》卷二，上海古籍出版社，2014年，第48—49页。

久，渐磨之熟，气体为移，肺肝为易，**一切凡情俗态**，不觉荡然而尽矣。”①家庭竟然成了最容易出问题的地方（“最易堕落处”），惟在讲学所形成的“性命共同体”中，方能脱胎换骨，超越世俗而优入圣域。这一看法与王畿如出一辙。要之，“家政”领域成为“俗境”而与追求“圣境”的性命学构成了二元对峙的状态。

罗汝芳弟子也跟乃师抱怨说：“问学为圣贤极是好事，然极是难事，况一切**身家之累**，又其所不能免者，如何遂得耶？”“吾人在世，不免**身家为累**，所以难于为学。”②

这种身家之累的观念也早见于陈献章的书信中，陈献章一生都在出处中彷徨不定，乃至有“不必于隐，亦不必于不隐”之感慨，最终“安心”于在家养母。③但在信中陈献章倾诉衷肠说：“……贱疾幸少脱体，但寻常家中亦被聒噪，情绪无欢。大抵吾人所学，正欲事事点检。今处一家之中，尊卑老少咸在，才点检着便有不由己者，抑之以义则咈和好之情。于此处之，必欲事理至当而又无所忤逆，亦甚难矣。”④追求自得之学、为己之学的陈献章乃至有出家的冲动：“某别后况味如昨，但年来益为虚名所苦，应接既多，殊妨行乐耳。平生只有四百三十二峰念念欲往，亦且不果。男女一大俗缘，何日可尽？虽云道无疑滞，其如野性难拗，寻欲振奋一出，又未能也。”⑤

突破“身家之私”与“身家之累”不仅为“成己”（“内圣”）所必需，

---

① 《东林会约》，顾宪成撰，王学伟编校：《顾宪成全集》卷二十五，上海古籍出版社，2022 年，第 390 页。

② 重视“孝弟慈”的罗汝芳当然不会认可门人的说法，他回答说：“此言却倒说了。不知吾人在世，只因以学为难，所以累于身家尔。”方祖猷等编校整理：《罗汝芳集》，凤凰出版社，2007 年，第 186 页。

③ 朱鸿林：《陈白沙的出处经验与道德思考》，《中国近世儒学实质的思辨与习学》，北京大学出版社，2005 年，第 185—219 页。

④ 《与李德孚二》，陈献章撰，黎业明编校：《陈献章全集》卷二，上海古籍出版社，2019 年，第 328 页。

⑤ 《与陈德雍》，陈献章撰，黎业明编校：《陈献章全集》卷二，第 327 页。

亦必表现于"成物"("外王")之过程中。"孔子之道，其难在以天下为家而不有其家，以群贤为命而不以田宅为命。故能为出类拔萃之人，为首出庶物之人，为鲁国之儒一人，天下之儒一人，万世之儒一人也。""圣人之志，常常不违此仁，盖自终食之间起，以至终日终年，而直至七十终身，其心心念念，以天下为一家而不计自己之家；以中国为一身，而不计自己之身。"[①] 圣人以天下为一家、以中国为一身，正是其超越一家、一身之私的表现。

心学一系惟道是求、惟心是求的精神旨趣不免产生"身家之私"与"身家之累"之感，究其实，则其终极关怀者方是"家"，此"心"安处方是心学之家。心安是家的观念本出自有浓厚佛教信念的白居易[②]，长期游学在外的阳明弟子中也出现了类似的观念。正德十五年八月王阳明与四方学子于赣州通天岩讲论良知，与会者包括邹守益、陈九川、黄直、顾应祥、万潮、蔡世新等阳明知名弟子。邹守益撰《东岩题刻》记叙此讲学盛会：众弟子"陶然自适，**不知天地之大，而岩谷之非家也**，凡浃旬而归"。王阳明本人也留有《忘归岩题壁》诗，诗首句即曰："青山随地佳，**岂必故园好**。"[③] 两年前（正德十三年）王阳明回军龙南小憩于玉石岩双洞题诗曰："阳明山人旧有居，此地阳明景不如。**但在乾坤皆逆旅，曾留信宿即吾庐**。"[④] 嘉靖五年，阳明弟子董沄自海宁渡江至绍兴与阳明一同过除夕夜："人过中年，四方之志益倦。客途岁暮，恋恋儿女室家，将舍所事走千里而归矣。道人今年已七十，终岁往来湖山之间，去住萧然，**曾不知有其家室**。其子谷又贤而孝，谓道人老矣，出辄长跪请留。道人笑曰：'尔之爱我也以姑息。吾方友天下之善士，以与古之贤圣

① 方祖猷等编校整理：《罗汝芳集》，第 83、148 页。

② 此主题在白居易诗歌中反复出现，如"我生本无乡，心安是归处"（《初出城留别》），"身心安处为吾土，岂限长安与洛阳"（《白吾土》），"心泰身宁是归处，故乡可独在长安"（《重题》），"无论海角与天涯，大抵心安即是家"（《种桃杏》）。

③ 束景南：《阳明大传："心"的救赎之路》，复旦大学出版社，2020 年，第 1051 页。

④ 王守仁撰，吴光等编校：《王阳明全集》卷二十，第 751 页。

者游，正情养性，固无入而不自得。**天地且逆旅，奚必一亩之宫而后为吾舍耶？**’”[①]《列子 · 仲尼第四》有“处吾之家，如逆旅之舍”的说法，这一说法在传统儒家中是不可理喻的，二程子就将“溺于佛”之“学者”拟为“舍于逆旅者”：“夫托乎逆旅者，盖不得家居之要尔。未有人既安于家，而又乐舍于逆旅者也。”然而旨在“正情养性”的董沄将“天地”视为“逆旅”，遑论一亩之宫的家舍。重视孝道的董沄公子董谷长跪劝留，董沄竟无动于衷（“曾不知有其家室”）。董沄在阳明家守岁尚有诗作留念，诗云：“南渡江来乐有余，广堂守岁即**吾庐**。二三千个同门聚，六十九年今夜除。……**到处是家安便□**，□心即圣拟还初。”[②]诗歌在表达心安是家的观念同时，还透露出两三千位阳明弟子同在阳明家附近守岁这一盛况。实际上，王阳明本人次董沄《丙戌除夕》韵而撰《守岁诗》，诗曰：“多情风雪属三余，**满目湖山是旧庐**。况有故人千里至，不知今夜一年除。天心终古原无改，岁事明朝又一初。白首如君真洒脱，**耻随儿子恋分裾**。”[③]观王艮诗歌中有《次先师阳明先生除夕韵》一首，当亦作于此除夕同门团聚之夜，诗曰：“此道虽贫乐有余，还知**天地以吾庐**。东西南北随吾往，春夏秋冬任彼除。浑沌一元无内外，大明万世有终初。云行雨施风雷动，辟阖乾坤振此居。”[④]《明儒王东厓先生遗集》卷二亦有《次董萝石翁余字韵》，诗云：“唤醒从前春梦余，回头便识**自家庐**。”[⑤]可见跟阳明一起守岁的弟子辈中除了董沄，尚有王艮、王襞父子。“满目湖山是旧庐”“天地以吾庐”“回头便识自家庐”与董沄“广堂守岁即**吾庐**”一起合

---

① 王阳明：《守岁诗序》，钱明编校整理：《徐爱　钱德洪　董沄集》，凤凰出版社，2007年，第278—279页。

② 董沄：《丙戌除夕》，钱明编校整理：《徐爱　钱德洪　董沄集》，第352页。诗歌结尾两句字迹漫漶，工于古体诗的广东社科院孙海燕副研究员告诉我，两句原文可能是“到处是家安便**止**，**此**心即圣拟还初”。

③ 束景南：《阳明佚文辑考编年》，上海古籍出版社，2012年，第821页。

④ 王艮撰，陈祝生等校点：《王心斋全集》，江苏教育出版社，2001年，第58页。

⑤ 王艮撰，陈祝生等校点：《王心斋全集》，第246页。

奏出“到处是家”的主题！

长年远游求学、求道，势必会给正常的家庭生活带来严重的影响，亦会造成“家庭”与性命共同体、同志结社之间的紧张。“持家”乃至“齐家”的重任往往落入“在家”的太太身上，与西哲苏格拉底遭际不同，每个成功的理学家背后都有一位任劳任怨的好太太。当然《周易·家人·彖传》早给好太太制定了意识形态的“标准”：“女正位乎内，男正位乎外。男女正，天地之大义也。”太太在家理家政，先生在外忙事业，在儒家传统中也是天经地义的事。以王畿为例，观其婉约哀伤的《亡室纯懿张氏安人哀辞》长文即知，王畿之所以能常年在外讲学，与其妻的大力支持分不开：举凡一家之治生，家务纠纷之调停，乃至王畿接宗传代、身体安养、居家修持均赖其贤妻倾力相助。王畿有“使安人不为女子，可以与于儒者心性之学，不然亦为敦行君子，无疑也”之感叹。[①] 而江右王学的重镇罗洪先在其妻曾氏临终之际，尚跟王畿一道在楚山习静，及其返乡，其妻子已过世一旬。罗洪先在《奠亡室曾孺人》一文中坦承自己与妻子结婚三十五年，在一起生活的日子不过数年。罗洪先致仕以后十五年间，常年外出聚友讲学，曾氏却始终任劳任怨，勤瘁淡泊。[②] 另外“父母在，不远游”，在心学一系中，远游的弟子也往往需要得到父母的支持。阳明弟子黄梦星从潮州到绍兴求学于阳明，居数月而告归省其父，然后又复来绍兴，如是者屡屡。黄梦星身体孱弱，阳明劝阻说：“生既闻吾说，可以**家居养亲**而从事矣。奚必往来跋涉若是乎？”黄梦星遂告诉阳明，其父督促他向阳明学道，自己在家逗留旬日，其父即促之启行，并称倘其子“一闻夫子之道焉，吾虽啜粥饮水，死填沟壑，无不足也矣”[③]。王时槐的弟子周宇和“不远百里裹粮而来赴，无问寒暑，至则必数月而后返。其为学能屏外纷，栖静室，内省而密探，一切尘情俗态，脱然不以干其衷也”。

① 吴震编校整理：《王畿集》卷二十，第 647—651 页。

② 徐儒宗编校整理：《罗洪先集》卷二十四，凤凰出版社，2007 年，第 950 页。

③ 《书黄梦星卷》，王守仁撰，吴光等编校：《王阳明全集》卷八，第 283 页。

王时槐问曰：“何独无家累相关涉乎？”周宇和曰：“是赖吾母之深慈，躬综家政而令辅也殚志专业，以奉先生之教。辅也乃遵慈命不敢违也。”[①] 龙履祥从师阳明的例子最为曲折，阳明督军虔南，日与士人论学。龙履祥将往，其父不准，并怒骂道：“是皆饰虚名诳人者”。履祥遂废食偃卧不起，乃至涕泣请求不辍。最后其父只好被迫同意。履祥游阳明门下数月，脱胎换骨，面貌一新，从原来桀骜不驯的性格变得“驯驯如处子”，其父大为震撼，并在履祥引见下亦拜阳明为师。[②] 为求道而导致父子关系的紧张最后以父子成为求道的“同学”而告终。

心学中人克服“身家之私”，化解“身家之累”，以其心安处为家，皆源自其日趋高涨的交友、结社以求道之需要。周汝登自称：“余一生全得友乐，全得友力，……**宁可终岁不问田园，而必欲当时相聚书舍；宁可半载不近房室，而不可一日不见友朋**。”[③] 儒家一直重视友道，“不可一日不求友”是心学性命共同体的共同主张。重视自立、自主、自觉、自悟的心学却又同时重视友道与讲会，这确实是一耐人寻味之现象。[④] 罗汝芳甚至说：“无一时离朋友，亦无一刻废讲论。”查铎称：“念庵云：‘父母生我身，朋友成我仁。此身如不仁，形神皆非真。’……苟为性命之心诚切，则于朋友真如鱼之于水，一刻亦不可离。”[⑤] 即便以标榜主静、收摄保聚工夫而闻名的罗洪先亦称：“旬日不见友人，则皇皇不自宁。”[⑥]

---

① 王时槐：《庆节寿周母欧阳孺人七袠序》，《友庆堂存稿》卷三，钱明、程海霞编校：《王时槐集》，上海古籍出版社，2015 年，第 79 页。

② 罗洪先：《明故直隶滁州判官北山龙翁墓志铭》，徐儒宗编校整理：《罗洪先集》卷二十一，第 862 页。

③ 《题友人书札》，《周海门先生文录》卷四，《四库全书存目丛书·集部一六五》，齐鲁书社，1997 年，第 212—213 页。

④ 陈立胜：《如何守护良知——陆王心学工夫中“自力”与“他力”辩证》，《哲学研究》2017 年第 10 期。

⑤ 《查先生阐道集》卷四，《四库未收书辑刊·七辑·十六册》，北京出版社，2000 年，第 475 页。

⑥ 《答王龙溪庚戌》，徐儒宗编校整理：《罗洪先集》卷六，第 211 页。

在阳明学中将友道提到至高无上地位者首推何心隐。其“平生精力自少壮以及老死，自家居以至四方，无一日不在讲学，无一事不在讲学。自讲学而外，举凡世之所谓身家儿女、一切世情俗态，曾无纤毫微眇足以罣先生之口而入先生之心”[①]。李贽称其“直与一世贤圣共生于天地之间”[②]。何心隐《论友》一文是心学友道论的巅峰之作：“天地交曰泰，交尽于友也。友秉交也，道而学尽于友之交也。昆弟非不交也，交而比也，未可以拟天地之交也，能不骄而泰乎？夫妇也，父子也，君臣也，非不交也，或交而匹，或交而昵，或交而陵、而援。八口之天地也，百姓之天地也，非不交也，小乎其交者也，能不骄而泰乎？”就天地之交而论，五伦中只有朋友一伦乃能体现“天地之交”的真精神，夫妇、父子、君臣都有异化的可能性，陷入“匹”“昵”“陵”“援”的偏颇之中。在《与艾冷溪书》中，何心隐又提出“达道终属于朋友”的观点：“达道始属于君臣，以其上也；终属于朋友，以其下也。下交于上，而父子、昆弟、夫妇之道，自统于上下而达之矣。夫父子、昆弟、夫妇固天下之达道也，而难统乎天下，惟君臣而后可以聚天下之豪杰，以仁出政，仁自覆天下矣。天下非统于君臣而何？故唐虞以道统统于尧舜。惟友朋可以聚天下之英才，以仁设教，而天下自归仁矣，天下非统于友朋而何？……且君臣之道，不有友朋设教于下不明，友朋之道不有君臣出政于上，不行。行以行道于当时，明以明道于万世，非表里而何？”[③]就“达道”而论，只有君臣与朋友两伦才具有统摄天下的意义，君臣是政治权力所系之一伦，是“行道”（行仁政）于天下的权力保障；朋友是设教传道之一伦，是“明道”的共同体。前者之职责在于“行道”，后者之职责在于“明道”。而行道只有一时之效，明道则有万世之功。实际上，何心隐在其家乡推行一种“会”，兼“明道”与

① 程学博：《祭文》，容肇祖整理：《何心隐集》附录，中华书局，1960 年，第 136 页。

② 李贽：《何心隐论》，《焚书》卷三，张建业主编：《李贽文集》（第一卷），社会科学文献出版社，2000 年，第 82 页。

③ 容肇祖整理：《何心隐集》卷三，第 66 页。

“行道”于一体，他提出“群”（“会”众的团结）与“均”（“会”众之间财富的均平）作为“会”的原则来统摄天下，确实具有某种“社会乌托邦”色彩[①]，对已有的家庭组织而言也具有某种破坏性。隆庆壬申（1572年），程学博挈何心隐拜访耿定向、耿定理兄弟，耿定理即当面质疑何心隐说：“子**毁家**忘躯，意欲如何？”何心隐答曰：“姚江始阐良知，知眼开矣，未有身也；泰州阐立本旨，知尊身矣，而未有家也。兹欲聚友，以成**孔氏家**。”[②]由开发良知，到尊身，再到聚友成孔氏家，在何心隐看来其所悉心经营之“会”乃是承王阳明良知学与王艮尊身学精神而再进一境。

中晚明高举友伦者当然不限于何心隐一人，吕坤、陈继儒、顾大韶、陶望龄有“四伦少朋友不得”“四伦非朋友不能弥缝”“朋友者五伦之纲”“世间惟道德朋友是真，余悉假伪”之论[③]，其中东林学派顾大韶甚至提出朋友一伦大于父子一伦的主张：“曰：‘吾今而后知父子之大也。’曰：‘又有大焉者，子知之乎？’‘敢问其大。’曰：‘朋友。夫父子以身属者也，朋友以心属者也。人之身或殇或夭，上寿百年而死矣，既死矣，乌在其为父子哉？若夫心，则亘千古而不死者也。故以君臣为首者，名教也，为善无近名，则不仕无义可也；以父子为首者，人情也，大上忘情，则析骨还父，析肉还母可也；以朋友为首者，真心也，至于心则无复之矣。**故朋友者，五伦之纲也。**以尧遇舜，则君臣而朋友矣；以文王遇周公，则父子而朋友矣；以文王遇后妃，则夫妇而朋友矣；以武王遇周公，则兄弟而朋友

---

① 侯外庐等主编：《宋明理学史》（下），人民出版社，1997年，第454—458页。对何心隐友道思想之分析见 G. Dimberg, *The Sage and Society: The Life and Thought of Ho Hsin-Yin*, Honolulu: University Press of Hawaii, 1974；容肇祖：《何心隐及其思想》，《容肇祖集》，齐鲁书社，1989年；陈来：《何心隐的社会活动与思想特质》，《文史》2012年第3辑；王淑琴：《何心隐友朋思想论析》，《管子学刊》2016年第4期；赵金刚：《何心隐“友伦”诠释的哲学维度及其现代意义》，《哲学动态》2022年第4期。

② 耿定向：《里中三异传》，《耿天台先生文集》卷十六，《四库全书存目丛书·集部一三一》，第404页。

③ 吕妙芬：《阳明学士人社群：历史、思想与实践》，北京师范大学出版社，2017年，第254—255页。

矣。……我所谓朋友，谓其超五伦者也，谓其成五伦者也，非谓其间五伦者也。’”[①]朋友一伦以心属、以心交，因而既超越了肉身与时间，又能协调、成全其余四伦。东林学派首领顾宪成所撰《丽泽衍》曰：“自古未有关门闭户、独自做成的圣贤，自古圣贤未有离群绝类、孤立无与的学问。”朋友一伦不仅相互帮扶成就学问，共跻圣域，更能统摄、贯通君臣、父子、夫妇、兄弟四伦。“事变之来，千头万绪，尽有上不可言于君亲，中不可言于兄弟，下不可言于妻子，而独可从容拟议于朋友者。人情之蔽，千态万状，尽有上之君亲莫能谕，中之兄弟莫能谕，下之妻子莫能谕，而独朋友能因机转移者，论至于此，然后知非朋友无以成其君臣、父子、夫妇、兄弟，非讲习亦无以成其朋友也。非徒然也，君臣之相与也，以敬胜，父子、夫妇、兄弟之相与也，以爱胜。胜则偏，偏则弊，亦必以朋友之道为之调燮乎其间，乃克有济。”[②]显然在顾宪成看来四伦皆有“偏弊”，惟朋友可以协调其间而克服种种偏弊，并最终成就四伦自身。

值得注意的是，此时欧洲文化的友道论亦已传入中国。万历二十三年（1595年）利玛窦受邀编译欧洲友论，遂有《交友论》一书刊行。此书广为流行，在众多教士著述中，为教外人所翻刻者以此书称最。利玛窦自称：“这本《交友论》为我与为欧洲人争了不少光彩，比我所做的其它事件都要大，……许多人非常喜欢这本书。”而高一志、卫匡国亦皆撰文致意朋友一伦，后者在其《逑友篇》序言中宣称“夫五伦之四皆本乎天，独朋友则本乎人”。[③]显然传教士也有意彰显友伦与其他四伦的本质区别，而与友道高涨的中晚明士人形成声气相通之势。[④]陈继儒在读到利

---

① 顾大韶：《炳烛斋稿·放言二》，《四库禁毁书丛刊·集部》（第104册），北京出版社，1997年，第530—531页。

② 《东林商语》上，顾宪成撰，王学伟编校：《顾宪成全集》卷二十一，第280—281页。

③ 李奭学、林熙强主编：《晚明天主教翻译文学笺注》（卷一），“中央研究院”中国文哲研究所，2014年，第5—6页。

④ 柯毅霖（Gianni Criveller）指出，若用一个词来说明利玛窦、艾儒略及其他耶稣会士通向中国的方法，那么这个词非“友道”莫属。利玛窦《交友论》一书实则是利玛窦（转下页）

玛窦《交友论》后曾撰《友论小叙》一文，文中称：“伸者为神，屈者为鬼。君臣、父子、夫妇、兄弟者，庄事者也。人之精神，屈于君臣、父子、夫妇、兄弟，而伸于朋友，如春行花内，风雷行元气内，四伦非朋友不能弥缝，……**人则朋友其最耦**也。”①

而在民间文化中甚至早已出现了为交友结义而“破家”的观念。《新编全相说唱足本花关索出身传》(成化七年永顺堂刻本)记载刘备、关羽、张飞三人结义为兄弟，刘备道：“我独自一身，你二人有老小挂心，恐有回心。”关公道：“我坏了老小，共哥哥同去。”张飞道：“你怎下得手，杀自家老小？哥哥杀了我家老小，我杀了哥哥底老小。”刘备道：“也说得是。”于是关、张二人各奔对方家中，关羽杀了张飞全家，张飞杀死了关家大小十八口，最终不忍心才带走了已经长大成人的关羽长子关平，放走了身怀六甲的关羽妻子胡金定，后来胡金定生下了小英雄关索。这种毁灭人伦成就友道、**毁家结社**的观念在儒家传统中是非常罕见的，由此也可看出中晚明友道高涨的新形势。②

实际上，以友道调整、涵化家庭一伦的思想在阳明亲炙弟子辈中即已流行。薛侃说：“朋友在五伦，如五行之土，金、木、水、火非土不生；

(接上页)计划的一个宣言：不是通过暴力而是通过友谊之门进入中国，这本书也确实让利玛窦打开了中国这扇大门。柯毅霖著，王志成等译：《晚明基督论》，四川人民出版社，1999年，第78页。利玛窦在拜访李贽时，曾当面赠送《交友论》，李贽看后非常欣赏，并命人誊录若干份，寄给他在湖广的弟子。李贽本人尚撰有《李生十交文》，自称“举一世之人，毋有如余之广交者矣”。见《焚书》卷三，张建业主编：《李贽文集》(第一卷)，第120页。

① 李奭学、林熙强主编：《晚明天主教翻译文学笺注》(卷一)，第53页。实际上耶稣会士不仅以友道接引儒学，更将基督宗教的博爱译为“仁爱”，而将儒学差等之爱的仁爱称为“情爱”。如李九功《慎思录》：“天教爱人，分为三等：一曰私爱，一曰情爱，一曰仁爱。……惟仁爱，则心胸广大，所谓视天下为一家，中国犹一人。此乃圣贤之爱，万代所瞻仰者。”此仁爱观念亦与阳明学天下一家的观念相呼应。

② 周绍明(Joseph P. McDemott)指出，泰州学派乃至东林学者均有将友伦置于家庭之上的主张。他又强调这一主张流行于中国长江下游地区，作为经济与文化的中心区域，这个区域不同于亲缘、宗教与政治社群主导的地区。见周绍明：《晚明的友谊与朋友》(Friendship and its Friends in the Late Ming)，收入“中央研究院”近代史研究所编：《近世家族与政治比较历史论文集》(第1册)，“中央研究院”近代史研究所，1992年，第67—96页。

君臣、父子、长幼、夫妇之伦，非朋友不尽。是何等重！今人容易称为朋友，看得朋友轻了，如何谓之大伦？”[①]王畿亦以志于圣道的理想同志关系涵化家庭关系：“古人谓父子兄弟不责善，以责善归之朋友者，为不同志者言也。若文王之于周公，明道之于伊川，即父子兄弟为师友，家庭唯诺，尤一毫躲闪不得，此志苟同，千百年之远，尚得相应；志苟不同，尧舜之于朱均，亦徒然耳。”吕妙芬引申说，王畿“不但一改孟子之言，以为父子兄弟间仍应相互责善，他自己与儿子王英吉也在天心精舍中立盟为同志师友”。王艮的长子王衣亦以师事父，据传王衣《大学》“物有本末”的独到理解竟启发了乃父的“格物之学”。[②]“换言之，道德上的成就被推举为至高，而与成就德性深切相关的同志关系被认为应该涵摄家庭中的血缘关系和政治上的臣属关系，成为最崇高也最基本的人际关系。这在概念上相当接近某种因着共同宗教信仰所开创出崭新的，同时也是隐含着一种比血缘更紧密、更崇高、连属更广阔的人际关系，只是明代讲学的同志仍主要是在士大夫圈内活动，同志关系并不涵括其他的社会阶层与妇女。”[③]如上所引，王畿一度感慨其妻子如为男子完全“可以与于儒者心性之学”，而在清初杨甲仁（约 1639—1718）处，则完全突破了性别、主仆的界限，一以师友之道涵化家庭一伦：他一方面提出五伦双方“互师”的主张，另一方面又强调“朋友之交贯于四伦之中”（君臣而朋友、父子而朋友、夫妇而朋友、昆弟而朋友）。他称“女人皆可任道”“道不分男女”，并称其侧室周氏（号悟性）为“哲徒”，而周氏则称其夫婿为“师”，夫妻二人俨然证道之学侣。周氏本人不仅有理学家一样的悟道体验，更在日常生活中屡逞机锋。[④]

---

① 薛侃：《云门录》，陈椰编校：《薛侃集》，第 10 页。

② 吴震：《泰州学派研究》，中国人民大学出版社，2009 年，第 104—105 页。

③ 吕妙芬：《阳明学士人社群：历史、思想与实践》，第 253 页。

④ 如，一日杨甲仁写字，风吹字纸，甲仁说不干风事，是自己没压好，但周氏闻后即曰：“心一莽荡，就是风。”杨甲仁之生平、其与侧室及家仆论学之场景见吕妙芬：《女子与小人可谈道：杨甲仁性命之学的日用场景》，《新史学》2010 年第 2 期，第 61—105 页。

何心隐还将官场视为“樊笼”：“若在樊笼恋恋，纵以展高才，不过一效忠立功耿介之官而已。于大道何补？”惟有跳出樊笼，“直须出身以主大道，如孔孟复生于世，则大道有正宗，善人有归宿，身虽不与朝政，自无有不正矣”。显然在何心隐看来“大道”之行在现有的政治网络中是无法展开的，惟有通过一种特殊的社会组织（“讲会”）方能落实。实际上，阳明本人也一度称仕途为“烂泥坑”，对佛教徒能摆脱世俗牵滞表现出羡慕之情[①]，并曾设想择一地与志同道合的一起践行其心中之大道：“先师存日，尝与吾辈约住一乡，内外立师，居则同修，出则同事，一则共精此学，一则共明一体之义于一方。”[②]阳明对曾子反对同门“以所事夫子”事有子颇感遗憾：“孔子殁，门人以有若似夫子，请以所事夫子事之。曾子虽不可，某窃有取于其事。未论有若之德何如，**但事有宗盟，则朋友得以相聚相磨，而当年同志之风不息，庶乎学有日新之几，亦无各是其是之弊。**”[③]显然在阳明看来，当时曾子如能认可同门的做法，则儒家会形成自己的“磐石”（有若极有可能成为基督宗教的圣彼得一样的人物），有固定的盟会（“宗盟”），形成一个修行共同体（孔教会），慕道友（朋友）于其中可以相聚相磨，过上团契生活。阳明这里已经产生了朦胧的**“团契”意识**、

---

① 《与黄宗贤七》，王守仁撰，吴光等编校：《王阳明全集》卷四，第153页。

② 薛侃：《与刘晴川》，陈椰编校：《薛侃集》，第302页。

③ 朱得之编：《稽山承语》，王守仁撰，吴光等编校：《王阳明全集》（新编本）卷四十，第1615页。南中王门杨豫孙在其《西堂日记》中对孔子去世后孔门立宗失败事件写道：“古之学者必有宗，学无宗则无以一道德。孔子既没，此时当立宗。子夏、子游、子张欲事有若，正此意也。时年长莫如子贡，学醇莫如曾子，然子贡又独居三年，曾子年最少，惟有若年亚子贡，而学亦大醇，故门人多宗焉。使曾子稍能推之，则宗立矣。七十子之徒，朝夕相依，各陈孔子之业，则微言岂易绝哉！惟失此举，其后子夏居魏，子张居陈，子贡居齐，漫无统一，阙里散后，诸贤再无丽泽之资。”（见《明儒学案》卷二十七，《黄宗羲全集》第七册，浙江古籍出版社，1992年，第723页）孟化鲤在《读〈参元三语〉臆言》一文中指出：“凡事必有宗盟，事乃有济。且如会日，众所推逊者未至，则此日友朋只成聚讼，便无整肃雅饬意。此近翁（朱得之，号近斋——引者）所以有取于门人事有若之事也。”可见阳明“宗盟”意识在北方王门中也有流行。见《孟云浦先生集》卷七，穆孔晖等撰，邹建锋等编校：《北方王门集》，上海古籍出版社，2017年，第516页。

“教会”意识。何心隐的“会”(“孔氏家”),可以说在某种程度上实现了薛侃所描述的王阳明这一夙愿。

友道的高涨,最终在阳明学中酝酿出为“出家”辩护的声音。泰州学派传人邓豁渠(1498—1569)长期云游四方,父亲去世,女儿已过适婚期[①],广西全州的友人强迫他还乡。豁渠遂扔下一句掷地有声的豪言:“舜生于诸冯……卒于鸣条,……**大丈夫担当性命,在三界外作活计,宇宙亦转舍耳。又有何乡之可居,而必欲归之也?**”[②]这种为了“求道”、为了自家性命而离家云游,将传统的家庭义务、传统的礼仪完全抛诸脑后,在当时固属于“异类”,但“担当性命”与家庭伦理的紧张于此已显豁无遗。东林党人高攀龙在《祭归季思》一文中讲述他与吴志远、归子慕的友谊:三人“无叶俗之才,亦无用俗之福,柔身弱骨,惟是泉石间合有斯人。……三人者相过从,味世俗所不味,骎骎乎乐也。然余有婚嫁累,子往有举业累,兄有病累,私相期,以三人者一旦脱去所苦表里。萧萧得数十年枕琴卧书、餐山茹水,死不可恨”[③]。李贽(1527—1602)亦曾称孔子“视富贵如浮云,唯与三千七十游行四方,西至晋,南走楚,日夜皇皇以求出世知己,是虽**名为在家,实终身出家者**矣。故余谓释迦佛辞家出家者也,**孔夫子在家出家者也**,非诞也”[④]。孔子是“在家出家者”,这一说法也见于罗汝芳高足、官至北京吏部右侍郎的杨起元(1547—1599):“人之性,在家固非减,出家亦非增也。然而贪着之累,非见性不脱;见性之

---

① 耿定向《里中三异传》记曰:“其家故去邑城三里而近居,尝寓一萧寺中,时来往邑城,就大洲问学道。经家门,过不入。儿女子或见,邀之,牵裾呱呱啼,勿顾也。时父年七十余在堂,室有女逾笄未嫁,又有祖丧未举,皆不顾。”后邓豁渠北游卫辉,遇到赵大洲,大洲割田租百石促其返乡,此时渠之父亲去世,“宗人寻以外艰归”,但邓豁渠将田租券还给大洲,坚持不返乡守丧,而“复游齐鲁间”。邓豁渠生平见岛田虔次著,邓红译:《中国思想史研究》第二部《异人邓豁渠传》,上海古籍出版社,2009年,第150—162页。

② 邓豁渠著,邓红校注:《南询录校注》,武汉理工大学出版社,2008年,第40页。

③ 《高子遗书》卷十一下,无锡东林书院藏版,第23—25页。

④ 李贽:《书黄安二上人手册》,《焚书》卷三,张建业主编:《李贽文集》(第一卷),第122页。

地，非出家不诣。吾中国之圣人，虽无出家之名，而有出家之实。尧舜之有天下也，其心不与焉，传授之际，不私其子。**孔孟终身席不暇煖。则其名在家，其实出家也。**岂若后世贪恋情爱，缠绵不解，而藉口于伦理者哉！”[①] 杨起元称中国圣人无出家之名有出家之实，接着就说有天下之尧舜“传授之际，不私其子”，这一说法似暗藏玄机，“出家”还有走出“家天下”的这一面向。而在家非减、出家非增的“性”究竟还是不是儒家的“伦理之性”，不免启人窦疑。无论如何，“孔子在家出家论”倘放在程朱理学一系，一定是悖逆不道之言。二程辟佛一个重要原因就是其出家制：“佛逃父出家，便绝人伦，只为自家独处于山林，人乡里岂容有此物？”“释氏有出家出世之说，家本不可出，却为他不父其父，不母其母，自逃去固可也。至于世，则怎生出得？既道出世，除是不戴皇天，不履后土始得。然又却渴饮而饥食，戴天而履地。”[②]

阳明学这种“孔子在家出家论”与中晚明的三教合一思潮不无关系，更折射出中晚明商业文化崛起的时代背景。早在宋初，晁迥（948—1031）就有何者是身、何处是家的哲学疑问：“人皆以实时称我者为己身，梦中亦然。一生之中，其梦无数，定以何者为我身？是以古人有作《普示道俗用心偈》云：‘莫认纷纷境，唯观了了心。知身不是我，烦恼更何侵！’又以实时所居之宇为己家，或士或庶，改卜经营不定，果以何处所居之宇为己家？又以先世相承生育之地为己乡，亦有迁移隔绝，别成故里者，果以何处之地为己乡？复有舟居之民，舟中生子，其子但以舟为家，舟之往来不停，亦有改造易换其舟者，此舟中所生之子，果以何舟为家？何处为乡耶？故白乐天有自诲之词云：‘无妄喜，无浪忧，此中是汝家，此中是汝乡，汝何舍此而去自取其遑遑？’又有诗云：‘我生本无乡，心安是归处。’

① 杨起元撰，谢群洋点校：《证学编》卷四，上海古籍出版社，2016 年，第 211 页。

② 《河南程氏遗书》卷十五、卷十八，程颢、程颐著，王孝鱼点校：《二程集》，第 149、195 页。

白公大达。”[①]晁迥对“家”认同的疑问颇有点类似于西方哲学中的特修斯之船(The Ship of Theseus)悖论,只是前者处理的是“家”认同,后者的主题是自我认同。作为居所之“家”的不断变换反映出唐宋变革这一时代变迁所造成的身份认同问题。中晚明白银经济兴起,交通网络日益改进,社会流动性日趋加速,科举考试所塑造的“远游求学”“远游求道”的群体不断壮大,都会导致个人认同由地缘、血缘转向更加抽象、更加普遍的“道缘”。[②]一度漂泊无定的阳明本人亦生“尽日岩头坐落花,不知何处是吾家”之感慨。[③]不过,中晚明“靡然成风”的讲学活动,因“共了性命”需要而建构的性命共同体,以及由此而透出的“成己”“成人”“成物”淑世使命感的空前高涨,才是“孔子在家出家论”出现的内在原因。以天地四方为志、求友四方的理念让阳明学人产生了东南西北俱吾乡之感。如所周知,《礼记·檀弓》记载孔子以“东南西北人”自居,游学于阳明与湛若水门下的蒋信发挥说,孔子足迹遍天下,不论贤与不贤皆师之,故学为孔子就必须远走高飞,跟孔子一样做“东南西北人”。[④]泰州学派的王艮、罗汝芳都曾以“东南西北人”自居。

阳明学结社所形成的性命共同体的确具有某种宗教圣灵团契的色彩。众所周知,基督教会被称为“基督的身体”(《哥林多前书》12:27;《以弗所书》1:23;《歌罗西书》1:18),而基督则是这身体的“头”,在基

---

① 晁迥:《法藏碎金录》卷十,《景印文渊阁四库全书》(第1052册),台湾商务印书馆,1986年,第600页。

② 何炳棣指出,明代职业流动最终导致了大量的身份流动,至晚明家庭著籍制度已经被逐渐废弃了。见氏著:《明清社会史论》,中华书局,2019年,第89页。

③ 《岩头闲坐漫成》,王守仁撰,吴光等编校:《王阳明全集》卷二十,第774页。龚鹏程指出中晚明文人出现了“**远游意识**”逆转“**乡土安居的传统**”现象,他对晚明小品游记、居人的神游卧游均有精彩分析。见氏著:《游的精神文化史论》,河北教育出版社,2001年,第238—270页。龚鹏程的考察侧重中晚明的文人出游,理学家的出游与游记现象之探讨见蔡淑闵:《圣学的追寻与传播:阳明学派游学活动研究》,《中国学术思想研究辑刊·八编·第十八册》,台北花木兰出版社,2010年。

④ 蒋信:《别少林章子序》,《蒋道林先生文萃》卷三,《四库全书存目丛书·集部九六》,第263页。

督中“我们不拘是犹太人、是希利尼人、是为奴的、是自主的，都从一位圣灵受洗，成了一个身体”（《哥林多前书》12:13；《加拉太书》3:28）。良知即是人人本具的“圣灵”，万物一体即是通过“一体不容已”之情而证成的“大身子”。质言之，**“身家之私”“身家之累”“心安是家”“友道第一”“孔孟在家出家”**这一系列“家”观念，均是由“一体不容已”之仁学情怀而来。**“一体不容已”宛若基督宗教之圣灵而成为贯通、绾结心学讲学活动所构成的性命共同体的纽带。被此“圣灵”所感动、所激发之先知先觉者“自不容已”地要突破“身家之私”“身家之累”的限囿，并与“同志”（即被同一圣灵所感动、所激发者）结社为一“会”、一“孔氏家”，这是“道”“学”“政”三位一体的共同体。只有在此“会”、此“孔氏家”中才有如鱼得水般的“心安”之感，才能彻底满足其“成己”“成物”之“成就”感与使命感。**韦伯在讨论儒教与清教的异同时指出，儒教统治下的中国从未出现与“世界”的紧张关系，“因为没有任何一种伦理，能够像激进的现世乐观主义的儒教体系那样，坚定不移地彻底消除现世同个人超现世的规定之间悲观的紧张关系”[①]。这一看法受到了墨子刻的强烈质疑。墨子刻指出以韦伯为代表的西方论述中国宗教的著作通常只注重鬼、神、祖先崇拜一类的信仰现象，而忽略了儒家经典中许多表达宗教情感的地方，尤其忽略了儒家修行生活中的“内在精神生活”，而这种内在生活具有强烈的宗教意义。[②] 确实心学结社所建构的性命共同体拥有（1）共同的救世使命感，（2）共同的圣经，（3）圣传认信系统（“道统”），（4）精神领袖，（5）统一的组织（“讲会”），（6）活动场所（“书院”），并举办（7）定期化、仪式化的讲会活动。“这些阳明学者的生命是在一群同样对儒家圣学具有宗教般热忱的朋友中寻找认同。虽然无论从观念或行动上，他们都无法像学佛者一样舍离这个世界，从家庭中出走，但是他们的确渴

① 韦伯著，王荣芬译：《儒教与道教》，商务印书馆，1995年，第287—288页。

② 墨子刻著，颜世安等译：《摆脱困境：新儒学与中国政治文化的演进》，第192—193页。

望暂时抛开世间杂念和家庭的牵累，在一群纯男性的、志同道合的朋友中追求他们认为最纯粹高超的精神境界。”①

那么，这一系列的阳明学“家”观念与“过渡时代”中的“毁家”“破家”“去家”思潮有何关联？它在“数千年未有之大变局”中究竟会扮演何种角色？

三 继承与断裂：近现代“家庭革命”思潮与阳明学“家”思想的纠缠

王汎森先生在《中国近代思想中的传统因素》一文中指出，“宋明理学的道德修养资源在近代思想与行动中所造成的影响是纷纭多样的”，一些观念从其原有的有机母体中抽离而出，成为“散开的分子”（“材料”），并在新的母体（“理念”“主义”）中重组，这样“理学的诸多成分，被以化合作用般的方式重新组织到一个新的结构中，……宋明理学本身原来的一套伦理观及价值观已经不再居核心地位，它的各个分子被收摄到一个个与理学无关的最终的目标上去。这个目标可以是革命，可以是打倒传统，可以是救国，甚至可以是反理学”。② 王汎森先生特别提到理学思维的三个要素（“自然人性论”“自我转化”“心的强调”）对新文化运动前后的道德思想之转变，近代仁人志士的人格塑造，革命与解放运动中的“心

① 吕妙芬：《阳明学士人社群：历史、思想与实践》，第 236 页。又参彭国翔：《王畿的良知信仰论》，《中国哲学史》2002 年第 3 期。

② 王汎森：《中国近代思想与学术的系谱》（增订版），第 152—153 页。金观涛、刘青峰也指出，要建立全民总动员的现代国家，传统“以家族为组织中心、以士大夫精英主义为基本特征的儒学，无论进行强化事功的变迁，还是实现现代转化，均不可能做到这一点”，出路只有一个，即打破传统宗法社会盘根错节的地方关系，将重重编码的“身份人”解放出来，成为“个体人”“独立人”，进而成为悉心听命于国家、政党的“一分子”，这是近现代国家意识形态的总体要求。而“只要将强化事功的道德哲学结构从儒家伦理中分离出来”，并与“大同乌托邦及革命烈士精神等逆反价值相结合”，形成冲决网罗的勇气与追求人人平等的理想。见金观涛、刘青峰：《中国现代思想的起源：超稳定结构与中国政治文化的演变》（第一卷），法律出版社，2011 年，第 214 页。

的神化”“人的神化”都起到了某种“凭借”作用。的确，心学一系救世的使命感，知行合一果敢的行动力，破生死一念的“不怕死”精神，在塑造领袖人格、凝聚全民的意志中，在建构民族国家与大同世界的运动中都起到了不可或缺的作用。[①]

那么，阳明学的“家”观念与近现代“毁家”“破家”“去家”思潮究竟有何关联？前者不仅成为后者的“材料”与“凭借”，而且后者于前者而言更具有某种主题上的递进性与思维模式上的对应性。

第一，主题上的递进性系指近现代的“毁家”“破家”“去家”思想是接续“万物一体”“天下一家”的心学精神而演进的一个“结果”。如上所述，心学一系的一体之仁思想重在强调“一体”与“无间”，乃至“亲”字被不加区别地用于所有仁爱的对象，天地万物均成为“一家之亲”的范畴。阳明虽偶因弟子的质问而指出一体之仁与墨子兼爱之不同(《传习录》第93条)，但当罗汝芳将“孝”与“仁”阐发为“一团生意”，“满腔皆恻隐，遇物遇人，决肯方便慈惠，周恤博济”，而遭到门人“如此，却恐流于兼爱”之质疑时，罗汝芳就直接反驳说：“君之所恐，却不会流矣。但或心尚残忍，无爱可流焉耳。”[②] 心学一系这种“亲密无间”的一体之仁的观念已彰

---

① 高瑞泉指出谭嗣同仁学与心力的一个重要思想资源即是阳明心学。见氏著：《动力与秩序：中国哲学的现代追寻与转向(1895—1995)》，第102页。岛田虔次更是指出，阳明学万物一体之仁和良知结合，形成一种新的“人的形象”，以王艮为代表的阳明学表现出游侠与任侠的特征，阳明学对讲学的热衷等等都深刻影响了谭嗣同的思想。见岛田虔次著，邓红译：《中国思想史研究》，第34—43页。

② 方祖猷等编校整理：《罗汝芳集》，第15页。毋庸置疑，心学乃至宋明理学“仁者以万物为一体”的理念极容易与墨子的兼爱混同，而有悖于传统情有亲疏、爱有差等的理念。阳明的心学盟友黄绾曾在晚年对此有深刻的反思：“今之君子，每言‘仁者以天地万物为一体’，以为大人之学如此。而究其说，则以吾之父子，及人之父子，及天下人之父子为一体；吾之兄弟，及人之兄弟，及天下人之兄弟为一体；吾之夫妇，及人之夫妇，及天下人之夫妇为一体；吾之朋友，及人之朋友，及天下人之朋友为一体；乃至以山川、鬼神、草木、瓦石皆为一体，皆同其爱，皆同其亲，以为一体之仁如此。审如此，则圣人之所谓‘亲亲而仁民，仁民而爱物，情有亲疏，爱有差等’者，皆非也。实不知其说已堕于墨氏之兼爱，流于空虚，荡无涯涘。”黄绾撰，张宏敏编校：《黄绾集》，第657页。

显出仁之无所不“通”性，邹守益、罗汝芳、耿定向、方学渐均提出“**通天下为一身**”的说法。[①] 这种“通天下为一身”在近代新仁学论述中直接被引申为仁之为仁的“第一义”。谭嗣同论仁，始终围绕“通天地万物人我为一身”而展开，由通一己之身而“通于”一家，由一家而通于乡里，由一乡一县通于一国，进而通于全球，“通者如电线四达，无远弗届，异域如一身也”[②]。而对墨子兼爱淆乱亲疏之传统批评，谭嗣同反驳说，就体魄而言乃有亲疏之别，且是“妄生分别”，“不生不灭之以太，通天地万物人我为一身，复何亲疏之有？”[③] 康有为《大同书》同样称吾人之身通天、通地、通人，“如电之行于气而无不通”，而种种人道之苦则皆源自“界隔”（国界、级界、种界、形界、家界、业界、乱界、类界、苦界）不通。就“家界”而言，“有家之害大碍于太平”，其害计有十四种之多，其中一半因“各私其家”所致。欲太平大同则必“去家而为天民”。其《春秋董氏学》更将“仁爱”划分上中下三大级：“孔子之道，最重仁。人者，仁也。然则天下何者为大仁？何者为小仁？鸟兽、昆虫无不爱，上上也；凡吾同类，大小、远近若一，上中也；爱及四夷，上下也。爱诸夏，中上也；爱其国，中中也；爱其乡，中下也。爱旁侧，下上也；爱独身，下中也；爱身之一体，下下也。”[④] 梁启超也反复说孔教是“兼善主义”，而非“独善主义”：“然则言博爱者，杀其一身之私以爱一家可也。杀其一家之私以爱一乡族可也。杀其一身、一家、一乡族之私以爱一国可也。国也者，私爱之本位，而博爱之极点。”[⑤]

---

① “通天下为一身”的说法可以溯至王阳明《书赵孟立卷》：“惟夫明其明德以亲民也，故能以一身为天下；亲民以明其明德也，故能以天下为一身。**夫以天下为一身也，则八荒四表，皆吾支体**，而况一郡之治，心腹之间乎？”王守仁撰，吴光等编校：《王阳明全集》卷二十八，第1024—1025页。

② 《谭嗣同全集》，生活·读书·新知三联书店，1954年，第11页。

③ 《谭嗣同全集》，第28页。

④ 《康有为全集》（第2集），上海古籍出版社，1999年，第832页。萧公权著，汪荣祖译：《近代中国与新世界：康有为变法与大同思想研究》，江苏人民出版社，2007年，第48—50页。

⑤ 梁启超：《新民说》，商务印书馆，2016年，第57页。

深受谭嗣同影响的杨昌济在其《达化斋日记》(1898年前后)写道:“夫仁者以天地万物为一体,非独一时之天地万物也,千载以上之天地万物,吾有情焉;千载以下之天地万物,吾有情焉。……盖盈天地一气也,通古今一气也。气出于吾之口而入人之鼻,离古人之身而成我之身,诚一气也,焉有不相感动者乎?……吾观世之君子,有杀身亡家而不悔者矣,彼非不欲生,实不忍以一身一家而害天下后世也。家有大难,死一男而生一家,孝子所愿也。天下万世有大难,死一男一家而生天下万世,仁人所愿也。夫人谁不爱其生,然而甘心死者何也?不忍不死也。毒蛇螫手,壮士断腕,非不爱腕,非去腕不足以全一身也。**彼仁人者,以天下万世为身,而以一身一家为腕,惟其爱天下万世之诚也,是以不敢爱其身家。身虽死,天下万世固生,仁人之心安矣。**成仁而死,则身死而心生;害仁而生,则身生而心死。哀莫大于心死,而身死次之。人之心非他,即天地之心也,非徒以私利其身而已。彼仁人者,以心为天地之主宰,而身为心之庐舍,则其以一身为腕固宜。夫仁人之甘死以成仁,庸众之所以不喻也,非达性道之源者,曷足以语于斯!”[①]

以上种种突破“家界”而“成仁”之论述,其基调都是强调突破身家之私,强调仁爱之无所不通性,这皆可视为阳明学天下一家、万物一体、家国天下情怀的演进。现代新儒家唐君毅亦坦承中国共产主义革命“组织之严密、政治策略,与军事战术之运用,仍依一段共同的精神”,这段共同的精神乃源自于“中国人之世界主义天下一家之精神”以及“中国人固有之超阶级之精神”。由此精神接引(“潜驱暗率”),左倾青年“便自然免不了视俄国为天堂,马列主义为圣经”。[②]只不过,与阳明学“以天下为一家而不计自己之家”“以天下为家而不有其家”的论调相比,近代新

① 王兴国编校:《杨昌济集》,民主与建设出版社,2016年,第351—352页。毛泽东在其《讲堂录》中对杨昌济此说有节录,见中共中央文献研究室、中共湖南省委《毛泽东早期文稿》编辑组编:《毛泽东早期文稿1912·6—1920·11》,第590页。

② 唐君毅:《人文精神之重建》,《唐君毅全集》(卷五),第275页。

仁学论述更加强调为了成全“大家”而不惜“杀身亡家”这一面向。这一点梁启超早已点出。他在论乃师康有为大同说时指出：其“**最要关键，在毁灭家族**。有为谓佛法出家，求脱苦也，不如使其无家可出；谓私有财产为争乱之源，无家族则谁复乐有私产？若夫国家，则又随家族而消灭者也”[①]。而在为谭嗣同《仁学》所作序言中，梁启超又指出：新仁学“以求仁为宗旨，以大同为条理，以救中国为下手，以**杀身破家**为究竟”。

第二，阳明学万物一体、天下一家的情怀乃基于深刻的一体不容已生命体验，这种体验往往在悟道现象中充分展示出来。其中最有代表性的就是王艮的托天之梦：梦中天坠压身，万众呼号求救，王艮奋臂托天而起，又顺手将日月星辰整布如故，醒后则顿感心体洞彻，万物一体。[②]王艮此“梦”跟一般理学家的“梦”有别，理学家的“梦”往往与修身工夫联系在一起[③]，这个带有浓厚宗教色彩的梦境一方面体现出心学一系“万物一体、天下一家”的成己、成人不二这一体用一如的思维方式：自我拯救（天坠压身）与拯救世界（万人奔号求救）、“明明德”与“亲民”是一体不可分的；另一方面这个“梦”跟洪秀全的“丁酉异梦”具有一定的相似性[④]，二者均显示出二人拯救天下的行动在根本上是整顿乾坤的事件，只是洪秀全之梦多了一层“斩妖留正，作主救人”的神启色彩。[⑤]这一成己、成人不二的思维模式也同样见于清末民初新仁学论述中。依《我史》所

---

① 梁启超：《清代学术概论》，上海古籍出版社，2005 年，第 68 页。

② 实际上阳明诗歌中亦有类似“补天”豪情，其《游落星寺》诗云：“女娲炼石补天漏，璇玑昼夜无停走。自从堕却玉衡星，至今七政迷前后。混一昼夜徒揣摩，敬授人时亦何有？玉衡堕却此湖中，**眼前谁是补天手**？”王守仁撰，吴光等编校：《王阳明全集》卷二十，第 777 页。

③ 详见陈立胜：《从“修身”到“工夫”：儒家“内圣学”的开显与转折》第六章《“梦”如何成为工夫修炼的场域》，台湾大学人文社会高等研究院东亚儒学研究中心，2021 年，第 179—202 页。

④ 洪秀全“丁酉异梦”见《太平天国印书》，江苏人民出版社，1979 年，第 36—43、107、137 页。

⑤ 对洪秀全“丁酉之梦”的分析见周伟驰：《太平天国与启示录》（修订版），中国社会科学出版社，2016 年，第 123—184 页。褚潇白：《关于“丁酉异梦”的互文性考辨》，《学术月刊》2019 年第 7 期。

记，康有为的大同追求其精神动力也是源自其“忽见天地万物皆成一体，大放光明”的悟道体验。谭嗣同在阐述其“天下一家，中国一人之大慈悲”情怀时指出：“人外无己，己外无人。度人即是度己，度己即是度人。譬诸一身，先度头乎？先度手乎？头亦身之头，手亦身之手。度即并度，无所先后也。”[①] 而他在论述仁之四通义（“上下通”“中外通”“男女内外通”“人我通”）时，最终诉诸的是其静中自观的生命体验：“吾每于静中自观，见脑气之动，其色纯白，其光灿烂，其微如丝，其体纡曲纡绕。”[②]除了将“心气”换成了“脑气”之外，这一光色体验与阳明心学一系的万物一体的体验并无异同。梁启超则说：“若大圣大贤，把天下国家看成他的乳儿，把一切人类看成他的恋人，其痛痒一体之不能自已，又何足怪？”[③] 青年毛泽东称“**我之界当扩而充之，是故宇宙一大我也**”[④]，又说道：“若以慈悲为心，则此小人者，吾同胞也，吾宇宙之一体也。吾等独去，则彼将益即于沉沦，自宜为一援手，开其智而蓄其德，与之共跻圣域。彼时天下皆为圣贤，而无凡愚，**尽可毁一切世法，呼太和之气而吸清海之波**。”[⑤] 其《致黎锦熙信》称国家天下大计必有“本源”，而“所谓本源者，倡学而已矣。……天下亦大矣，……欲动天下者，当动天下之心，而不徒在显见之迹。动其心者，当具有大本大源。……夫本源者，宇宙之真理。天下之生民，各为宇宙之一体，即宇宙之真理，各具于人人之心中，虽有偏全之不同，而总有几分之存在。今吾以大本大源为号召，天下之心其有不动者乎？天下之心皆动，天下之事有不能为者乎？……只将全幅工夫，向大

---

① 《谭嗣同全集》，第 89 页。

② 《谭嗣同全集》，第 81 页。

③ 梁启超：《王阳明知行合一之教》，《梁启超论儒家哲学》，商务印书馆，2012 年，第 237 页。

④ 中共中央文献研究室、中共湖南省委《毛泽东早期文稿》编辑组编：《毛泽东早期文稿 1912・6—1920・11》，第 589 页。

⑤ 青年毛泽东“内圣外王”的思维模式见何显明、雍涛：《毛泽东哲学与中国文化精神》，广西人民出版社，1993 年，第 211—226 页。

本大源处探讨”[1]。这种要让“天下之心皆动”的豪情洋溢着高度自信的救世使命感。阳明《睡起偶成》诗云：“四十余年睡梦中，而今醒眼始朦胧。不知日已过亭午，起向高楼撞晓钟。起向高楼撞晓钟，尚多昏睡正懵懵。纵令日暮醒犹得，不信人间耳尽聋。”[2]岛田虔次曾指出，阳明学中“一体不容已”的救世情怀已经不是“万物静观皆自得”之春风和气了，而是带有朱子所憎恶的“张皇迫切”的色彩。阳明这种传道使命的自信感、紧迫感与狂者胸次，与四百年后的谭嗣同“厄运就要到了！”的呐喊很相似，这是一种“深刻的危机意识”、一种“迫切的心情”、一种“动的倾向”。[3]

近现代“毁家”“破家”“去家”精神虽与阳明学“家”思想具有某种主题上的递进性与思维模式上的对应性，但“对应”只是一思维模式上的对应，而其“递进”则实越出了原来的“观念间架”而呈现出“裂变”与“断裂”之势态，这主要表现以下四个方面。

第一，阳明学虽有“一体无间”的观念，但“一体”从未脱落身—家—国—天下这一存有脉络，而“身”在本质上是扎根于“大地”（乡土共同体）之中的有根系之身、一“**根着父母，连着兄弟，而带着妻子**”之身，这是儒家仁爱的母体，由此母体沿着“纵向的时间轴”与“横向的空间轴”无限延伸，而成就一“**贯古今、联遐迩**”的天地之大身子：“**联属中国为一身，统会万古为一息**”，“**联天下国家以为一身，联千年万载以为一息**”，“**万物皆为吾体，万年皆为吾脉**”。[4]“联属”突显现时的族群、社群之团结，“统会”强调历时的世代更替之一脉相承。天地生生之机即展现于此身的“根、连、带、联、统”之中。康有为、谭嗣同等所倡导的新

---

① 中共中央文献研究室、中共湖南省委《毛泽东早期文稿》编辑组编：《毛泽东早期文稿 1912 · 6—1920 · 11》，第 85—87 页。

② 王守仁撰，吴光等编校：《王阳明全集》卷二十，第 780 页。

③ 岛田虔次：《王阳明与王龙溪——主观唯心论的高潮》，《日本学者论中国哲学史》，骆驼出版社，1987 年，第 392—394 页。岛田虔次著，邓红译：《中国思想史研究》，第 23—52 页。

④ 详见陈立胜：《罗近溪“身不自身”观》，《宋明儒学中的“身体”与“诠释”之维》，第 69—73 页。

仁学在“通”之义上继承了传统心学一体无间、感通无碍的精神，两者也均要“通天下为一身”的境界，但传统仁学之“通”是有根之“通”，即在人伦共同体中，联属父母、兄弟、妻子，统会古人与后人，让天地生生不息的“仁意”“生机”自不容已地旁联纵贯于天下与万世之中，而新仁学之“通”则是一“横通”，且是一“**无差别的横通**”，即打破“中外”“男女”“上下”“人我”之彻底平等之“通”。牟宗三曾反复指出近代中国流行的大同理想都是把家庭与国家否定了的大同，如吴稚晖是无政府主义，章太炎则根据佛教讲大同，认家庭、国家都是“和合假”，这是虚无主义，而康有为认定家庭与国家是争乱之源，故必须拆散家国、拆除天伦与人伦，这是无差别的“量的精神”起来否定“质的世界”。[①] 中国近现代革命意识形态普遍具有这样一种否定、铲除一切差别的“量的精神”，这种精神有其吸引人之处，因为它涵摄着狂风骤雨般的浪漫情怀与冲破一切的解放旨趣，让人安于一种“纯量的普遍性”。牟宗三着意强调大同绝对不应是无差别的同一，大同实则是“大通”，是异质间的相通：“异质地实现大同”即是在人伦日用、历史文化、民族国家中实现大同，毁弃人伦与历史文化，强迫追求“同质的大同”，实则不是“大同”，而是“大私”。“世界大同必须透过‘国家的与文化的’一大界限，而后始能为异中之同，异质的大通，而不是同质的大私。”[②] 而在牟宗三看来，父子、兄弟、夫妇作

---

① 牟宗三：《人文讲习录》，《牟宗三先生全集》（第28册），第75页。

② 牟宗三：《道德理想主义》，《牟宗三先生全集》（第9册），第60、73页。另参《牟宗三先生晚期文集》，《牟宗三先生全集》（第27册），第458页。最为系统批评见《历史必然中的未来》一文（原载《明天》第1期，1949年12月20日），该文指出康有为的“大同”思想有三大“恶的影响”：一、他否定了家庭国家的存在，家庭国家成了罪恶的源泉。二、他完全以“外的观点”“量的观点”看待人，只看重人在物质方面的平等享受，而于人的个性尊严、人格尊严、人伦以及人之知情意精神生活均被抹杀。三、这个浪漫怪诞思想开启了五四运动以来打倒一切属于建设性的东西、正面的东西。如是，一个进步的人必须是冲破一切藩篱的冲动的人，一个未来理想社会必须是无家庭、无国家的纯量享受的大同社会。其后，章太炎与吴稚晖一直到五四运动都在这一“浪漫的理想”与“浪漫的行动”脉络中表达与实现所谓的“启蒙”“开放”“解放”的情怀。见牟宗三：《道德理想主义》，《牟宗三先生全集》（第9册），第344—347页。

为天伦，是依据“天理之仁”而来，故有其“超越的证明”(transcendental justification)，家庭是骨肉之亲之结合，借之实现仁理，是仁之“情的表现”；国家则是家庭以外的实际生活之结合，亦借之实现仁理，是仁之“义的表现”。因而家、国都有其超越的根据，不是“和合假”，否定家、国生活的天理性，通过破家、破国而实现大同，则人实成为孤零零的个体，一个大机器中的小零件，一个渺小的“螺丝钉”，所谓的大同最终必是“物化、堕落、荒芜、痴呆的大同”。①

第二，尽管阳明学注重友道，且有以友道涵化、调摄其他四伦的思想，但“友道”在根本上是乃“成全”而不是“取代”其他四伦。而在谭嗣同的新友道论述中，朋友一伦由涵化、调摄其他人伦之“首伦”递进为社会组织的惟一之伦，传统儒家的人伦社会一举被同质化的、清一色的、纯洁的友道共同体取代。依谭嗣同之看法，传统人伦中，惟有朋友一伦“于人生最无弊而有益”，体现出“平等”“自由”“节宣惟意”三大特点，兄弟一伦于朋友之道“差近”，夫妇、父子、君臣三伦“皆为三纲所蒙蔽，如地狱矣”。友伦无弊的观念显然与阳明心学一系友道论一脉相承。更为重要的是谭嗣同还进一步指出，孔子与耶稣之学均有赖于组织“学会”、有赖于“联大群”，“合数千万人以为朋友”。而孔与耶为推行其学，乃至“背其井里，捐弃其君臣、父子、夫妇、兄弟之伦”，此亦可谓“孔子在家出家”说之再版。另外谭嗣同还指出：“在孔教，臣哉，邻哉，与国人交，君臣朋友也；不独父其父，不独子其子，父子朋友也；夫妇者，嗣为兄弟，可合可离，故孔氏不讳出妻，夫妇朋友也；至兄弟之为友，于更无论矣。其在耶教明标其旨曰视敌如友，故民主者，天国之义也，君臣朋友也；父子异宫异财，父子朋友也；夫妇择偶判妻皆由两情相愿，而成婚于教堂，夫妇朋友也；至于兄弟更无论矣。”② 此与心学一系以友伦涵养其他四伦

① 牟宗三：《道德理想主义》，《牟宗三先生全集》(第9册)，第79—87页。
② 《谭嗣同全集》，第67—68页。

亦有相似处。其“四伦之圭臬，四伦咸以朋友之道贯之”与心学一系“朋友者五伦之纲”“四伦非朋友不尽”的说法也是遥相呼应的。惟阳明心学一系从未有因高举朋友一伦而废弃其余四伦之设想，而谭嗣同则明确断定“夫惟朋友之伦独尊，然后彼四伦不废自废，亦惟明四伦之当废，然后朋友之权力始大”[①]。更值得注意的是，谭嗣同之所以独尊友伦，其学理视野是出自其新天道：“上观天文，下察地理，远观诸物，近取之身，**能自主者兴，不能者败。公理昭然，罔不率此。**伦有五，而全具自主之权者一，夫安得不矜重之乎！……夫朋友，岂真贵于余四伦而已，将为四伦之圭臬，而四伦咸以朋友之道贯之，是四伦可废也。此非谰言也。”[②]五伦中只有朋友一伦“不失自主之权”，自主之权本是一国家主权、政治自决的观念[③]，今被转换成一种修身要求，与此相关，传统儒家的“天地位、万物育”的“天道”亦被“能自主者兴，不能者败”这一物竞天择的“新天道”取代。

第三，虽然阳明学跟程朱理学一样将“天理之公”与“人欲之私”对峙，在王畿“其心愈公，则其善愈大”的论述中，亦可见到团体、国家、天下被赋予公义价值上不断递进的优越性色彩，但此处“公”“私”论述在

① 《谭嗣同全集》，第 68 页。

② 《谭嗣同全集》，第 66—67 页。

③ “自主之权”是晚清学人翻译西方权利（rights）或自由（liberty）所用术语，该词最初由传教士引入中国，开始之时指涉国家主权的意味较浓，但逐渐地康有为等人开始用来讨论与西方相关的一些环绕着个体与群己权界的概念。见黄克武：《近代中国的思潮与人物》（修订版），九州出版社，2016 年，第 20—23 页。张灏进一步指出，中国现代知识分子所热衷追求的“自由”观念与西方自由观念颇有区别。后者之着重点在于保障人权，使人免受政府或其他外界不合法的干预与侵害，前者则常常受道德与集体意识有意无意的影响，而时有激进主义的倾向。人们谈论个人参政的自由，而参政的意义又通常被认为可以增加个人对群体的向心力，促进国家与社会的凝聚力，此即意味着在个人自由观念里面常常隐藏一些国家主义与集体主义的倾向。不仅如此，当人们谈论个人自由、个人解放，又特别强调个人精神自由的说法，把个人自由、人格自主、自觉、自尊、自立、自治等观念混为一谈。见张灏：《五四与中共革命：中国现代思想史上的激化》，《“中央研究院”近代史研究所集刊》2012 年第 77 期，第 8—9 页。

本质上有别于近代"公""私"话语。"父慈子孝、君仁臣忠"是"公共底道理","……自天地以先，羲、皇以降，都即是这一个道理，亘古今未尝有异"。[①] 质言之，夫妇、父子这样的根本性人伦，尽管属于今人所谓"私"的范畴，但却也是"公"。[②] 在阳明心学中，身家之私只是妨碍求道、求性命之学的一种障碍，但性命之学在本质上是在日用伦常之中落实，故不会逸出"爱亲敬长"这一伦常价值。

心学士人虽然以天下为己任，其一体不容已之情在身—家—国—天下这个连续体展现时却又是极富弹性的。王阳明平定宸濠之乱后遭到谗议，曾一度谓门人曰："此时若有一孔可以窃父而逃，吾亦终身长往而不悔矣。"[③] 此即意味着"独善其身"也是士人的一项选择，而"家"一直是可进可退的栖身之所。这充分说明，在传统的身家之私与天下之公的论述中，公私是极富伸缩性的一对范畴[④]，"公"与"私"的分际并无断裂为两橛，"公"领域是"私"领域的扩大与延伸，且"一直以亲亲之恩来涵容、滋润僵硬的政治或法律秩序，使之成为有生机的生命"[⑤]。孟子一直以亲亲敬长论仁义，《孟子·离娄上》曰："仁之实，事亲是也。义之实，从兄是也。"其著名的"桃应之问"更是显明圣人绝对不会"以公义废私恩"（当然也不会"以私恩害公义"）。而在现代革命意识形态的公私论述中，"大公无私"成为一种基调，"一家之私"与"大群之公义"完全是一零和关

---

① 《朱子语类》卷十三，《朱子全书》（第 14 册），第 397 页。

② 陈弱水：《中国历史上"公"的观念及其现代变形》，《公共意识与中国文化》，新星出版社，2006 年，第 85 页。

③ 《年谱二》，王守仁撰，吴光等编校：《王阳明全集》卷三十四，第 1270 页。

④ 费孝通称儒家的道德范围不同于耶稣、墨翟"一放不能收"，它根据需要"能放能收、能伸能缩"。见费孝通：《乡土中国》，上海人民出版社，2006 年，第 24 页。

⑤ 黄俊杰：《东亚近世儒者对"公""私"领域分际的思考》，黄俊杰、江宜桦编：《公私领域新探：东亚与西方观点之比较》，台大出版中心，2005 年，第 125 页。另参陈弱水：《中国历史上"公"的观念及其现代变形》，《公共意识与中国文化》，第 69—117 页。陈乔见：《公私辨：历史衍化与现代诠释》，生活·读书·新知三联书店，2013 年，第 247—309 页。

系。在世界主义眼中，家与国都是私；在国家主义眼中，家与族都是私。[①]梁启超断然否定了“独善”之可能性：“不孝此私德上第一大义，尽人能知者也。群之于人也，国家之于国民也，其恩与父母同，盖无群无国则吾性命财产无所托，智慧能力无所附，而此身将不可以一日立于天地，故报群报国之义务，有血气者所同具也。苟放弃此责任者，无论其私德上为善人、为恶人，而皆为群与国之蠹贼。……**明乎此义，则凡独善其身以自足者，实与不孝同科。**”“耗矣哀哉！吾中国人之无国家思想也，其下焉者惟一身一家之荣瘁是问，其上焉者则高谈哲理以乖实用也。……**夫独善之与私恶其所以自立者虽不同，要其足以召国家之衰亡，一也。**”[②]传统儒家独善其身、守道不回的隐退之路被截断，人于其家中自足存在的合理性被连根拔起。[③]与此相关，传统“修齐治平”中的“齐家”一节也变得多余了。

第四，谭嗣同新仁学已经明确指出一旦“仁”之“通”得到落实，“千里万里，一家一人。视其家，逆旅也；视其人，同胞也。父无所用其慈，子无所用其孝，兄弟忘其友恭，夫妇忘其倡随”，家人与国人、天下人皆得“一视同仁”，“齐家”遂失去了正当性与必要性。谭嗣同完全否定了《大学》“家齐而后国治，国治而后天下平”的次第，“齐家”只是“封建世

① “人人皆知有己，不知有天下。君私其府，官私其爵，农私其畴，工私其业，商私其价，**身私其利，家私其肥，宗私其族，族私其姓，**乡私其土，党私其里，师私其教，士私其学，以故**为民四万万，则为国亦四万万，夫是之谓无国。**”梁启超：《说群序》，《梁启超全集》（第一册），第93页。

② 阳明心学中惟王艮对“独善其身”说持保留态度。1538年御史陈让作歌赞美王艮，称其“海滨有高儒，人品伊傅匹”，王艮笑而不受：“伊、傅之事我不能，伊、傅之学我不由。”因为“伊、傅得君，可谓奇遇。如其不遇，终身独善而已。孔子则不然也”。此即是说大丈夫无论穷、达，始终应以天下为己任，出必为“帝者师”，处则必为“万世师”。

③ 钱穆在讨论中国“社会”之性质时指出，中国“社会”具有“和通性”与“安定性”，不与“个人”“政治”“宗教想象中之‘天堂’”“历史社会”“天地自然界”诸存在环节相对立。它以家、国、天下三者为其“进退伸缩之范畴”：“有了家，则个人有了归属，有了安顿。如果一旦社会崩溃，个人仍可退回家庭有其寄托。”钱穆：《从中国社会看中国文化》，《中国学术思想史论丛》（十），《钱宾四先生全集》（第23卷），联经出版公司，1998年，第99页。

之言”:“封建世,君臣上下,一以宗法统之。天下大宗也,诸侯、卿大夫皆世及,复各为其宗。民受田于其上,而其上之制禄,亦以农夫所入为差。……宗法行,而天下如一家,故必先齐其家,然后能治国平天下。自秦以来,封建久湮,宗法荡尽,国与家渺不相涉。**家虽至齐,而国仍不治;家虽不齐,而国未尝不可治**;而国之不治,则反能牵制其家使不得齐。于是言治国者,转欲先平天下;言齐家者,亦必先治国矣。”[①] 后来青年傅斯年则进一步将“修身”与“齐家”的对立起来:“《大学》上说‘修身然后齐家’。在古时宗法社会,或者这样。若到现在,修身的人,必不能齐家。齐家的人,必不能修身。修身必要‘率性’,齐家必要‘枉己’,两件是根本不相容的。”最后傅斯年奉劝“没有掉在网里的人”:“独身主义是最高尚、最自由的生活,是最大事业的根本。”[②] 如此,传统修身学中重要环节“齐家”于其上下一节“修身”“治国”皆被视为“无涉”,甚至被视为“不相容”。周汝登云:“舍了家庭,更无所谓学者。”[③] 今所谓仁学、修身学均将“家庭”一节截去,这在传统阳明心学是绝对不可设想的。

四 “动力”与“秩序”:阳明学与现代性中的“革命神话”

当代学者在解释五四一代知识分子接受马克思主义的心路历程时通常会点出现代史上的两个著名事件:一是巴黎和会对日本的偏袒与对中国合理要求的拒绝,使得中国舆情与民心对西方标榜的文明与民主大失所望。作为被陈独秀称为“民主主义与军国主义”的战争、“公理与强权”的战争中“胜利”一方,满心期待和会能废除一切强加于中国身上的不平等条约,并着手建设“充满正义的新世界”,但到头来却发现这不过是一场帝国主义重新划分殖民地范围的分赃大会。这不仅直接导致了五四运

① 《谭嗣同全集》,第 85 页。
② 孟真:《万恶之原(一)》,《新潮》1919 年第一卷第一号,第 127 页。
③ 《周海门先生文录》卷二,《四库全书存目丛书·集部一六五》,第 170 页。

动的爆发，更让原来视联合国胜利为“公理的胜利”的中国知识分子对英美资本主义的乐观看法“迅速褪色”。一是十月革命的成功，以及苏维埃新政权自主废除帝俄时代强加给中国的不平等条约。这让陈独秀等一代知识分子感到“一个行使正义的美丽的新世界正在诞生”。[①] 另外，马克思历史哲学称社会主义、共产主义才是历史发展的目的，这也让众多的中国知识分子看到了弯道超车超越英美资本主义的“捷径”与希望。社会主义与帝国主义之争才是真正的“公理与强权之争”，参加这一世界规模的公理与强权之争的惟一有效的办法，就是在中国组建共产党，开展革命运动，并争取社会主义的胜利，从而在根本上解决中国的各种社会问题。[②]

的确，俄国革命充分激活了一代知识分子的“乌托邦想象”。以李大钊为例，他最早撰文《法俄革命之比较观》（1918 年）对比法国与俄国革命之异同，认定前者是爱国的精神，后者是爱人的精神；前者是国家主义，后者是世界主义；前者是战争的泉源，后者是和平的曙光。俄国革命的胜利是“公理的胜利”，是“自由的胜利”“民主主义的胜利”“社会主义的胜利”，是“二十世纪世界人类人人共同觉悟新精神的胜利”，是“世界的新潮流”。在《新纪元》一文中，他更是明确指出世界正进入“新纪元”：1914 年以来世界大战的血、1917 年俄国革命的血与 1918 年德奥革命的血，好比一场诺阿（今译为诺亚——引者）以后最大的洪水，洗来洗去，洗出一个新纪元。这是一个“新生活、新文明、新世界”的纪元，在这个新纪元的曙光中，“多少个性的屈枉、人生的悲惨、人类的罪恶，都可望象春冰遇着烈日一般，消灭渐净。多少历史上遗留的偶像，如那皇帝、军阀、贵族、资本主义、军国主义，也都象枯叶经了秋风一样，飞落在地”，因而这个新纪元也是“世界革命的新纪元”，是“人类觉醒的新纪

① 张灏：《五四与中共革命：中国现代思想史上的激化》，《“中央研究院”近代史研究所集刊》2012 年第 77 期，第 5—6 页。佐藤慎一著，刘岳兵译：《近代中国的知识分子与文明》，江苏人民出版社，2006 年，第 131—132 页。

② 佐藤慎一著，刘岳兵译：《近代中国的知识分子与文明》，第 133 页。

元”。[①]“革命世纪”的精神动力与秩序想象乍看起来完全是由俄国革命刺激的一种“反应”，但对儒家“天下一家、万物一体”的“大同理想”的隐秘渴望与对“物竞天择、弱肉强食”的丛林法则的不满，这一正一负的“前理解状态”让陈独秀、李大钊们将俄国革命与“未来之梦”“黄金世界”联系在一起变得顺理成章。

当代著名社会学家伯格（Peter L. Berger，1929—2017）指出现代性的神话学（mythology of modernity）中的“发展”是一个“宗教性范畴”，发展不仅仅是经济、政治与社会领域理性行动的目标，归根结底也是救赎希望与期望的焦点。它包含着两个著名的神话，一是“增长的神话”，其原型是企业家与工程师；一是“革命的神话”，其原型是武装的先知。在“增长的神话”中，“进步”是一个穿针引线的概念（a clue concept）：人世间是前进的、向上的，未来是可期的。与进步概念相联系的是技术官僚的控制与生产力的观念，人类对自然与社会的控制能力与日俱增，经济增长承载着救赎的希望，现代科技则为人类新世界的实现提供了有力的“硬件”支持。增长的神话无疑出自西方文明的弥赛亚传统，实际上它是圣经终末论的一个世俗化。“现代性意味着人类控制世界与自身，原先被认定为命运的东西现在变成了选择的舞台。人类的问题在原则上可以转化为技术问题，如果解决某一问题的技术尚未出现，终有一天这些技术会被发明出来。世界越来越成为可造的世界（makable）。这种世界观在本质上是一工程师的世界。”而在“革命的神话”中，它与增长神话一样分享着西方文化中的犹太-基督传统之根，包含着进步、技术官僚控制与生产力一类观念，但是“革命的神话”还包含着现代性产生的“不满”，包含着“反现代性的冲动”，这些冲动也具有神话的性质。对现代性的不满根植于工业主义与资本主义带来的人类生活的变化，即安全感的丧失、孤独感与无意义感和无家可归感。革命的神话最终会激发起人们寻找一

① 李大钊：《新纪元》，《李大钊全集》（第三卷），第128—130页。

种“新的在家感”的渴望，这一渴望中的内在神话动机就是对一种救赎共同体（a redemptive community）的向往，在这个新共同体中每个个体与他人都再一次获得了在家感。马克思主义既是一种“革命的神话”，但同时又与别的神话形态如现代性、进步、技术控制、增长紧密联系在一起，它将“增长的神话”与“革命的神话”熔为一炉。“科学社会主义”中的“社会主义”许诺了拯救的希望与四海皆兄弟的愿景，“科学”则保证革命的神话所许诺的一切都是可以按部就班得到落实的。最终每个人都会享有进步的果实却又避免进步所带来的异化。[①]这种将“革命的神话”与“增长的神话”加以“综合”的马克思主义对于第三世界的诉求最具有吸引力。阳明学由万物一体、天下一家所激发的“一体不容已”之情宛若基督宗教之圣灵而成为贯通、缩结心学讲学活动所构成的性命共同体的纽带，这一性命共同体确实具有伯格描述的“革命的神话”中的“救赎共同体”的某些精神气质。这也不难理解郭沫若在《马克思进文庙》中会将共产主义与“王道”直接画等号，在《王阳明礼赞》中称马克思与列宁的人格高洁不输于孔子与王阳明，俄国革命后的施政就是“王道”。[②]唐君毅亦曾指出：“中国数千年，为儒道二家之天下一家、万物一体之思想所支配，儒家之让国与道家之让天下之精神之潜在人心，遂使中国数十年来成一**没遮拦**的国家。”中国最终走向苏俄道路的“最深潜”的理由，即在于此。[③]

五 结论：如何在现代性中安顿儒之“家”

近代喧嚣一时的“毁家”“破家”“去家”思潮反映了由宗法社会（滕尼

---

① Peter L. Berger, *Pyramids of Sacrifice: Political Ethics and Social Change*, New York: Anchor Books, 1976, pp.17–27.

② 郭沫若：《郭沫若佚文集》（上），四川大学出版社，1988 年，第 152—153 页；《郭沫若全集・历史编》（第 3 卷），第 299 页。

③ 唐君毅：《人文精神之重建》，《唐君毅全集》（卷五），第 266 页。另参同书第 129—132 页。

斯所谓的“共同体”）向现代社会过渡所遭遇的困境。金耀基在《个人与社会——儒家伦理范典的特性及其在现代社会中的问题》一文中称儒家尝试超越以杨朱为代表的个人主义与以墨子为代表的集体主义而走“第三条路”，即“修齐治平”之路。这是调和、结合个人与社会的关系以建立人间秩序的一个“文化设计”（cultural project），只是这个设计出现了两种充满矛盾的倾向：在“家之内”个人是“去自我中心化”的，个人成为一种依存者；在“家之外”个人成了狭隘的个人主义者，完全不具有公共意识。问题的症结在于“家”：“在儒家的‘文化设计’中，‘家’本来只是由己到国再到天下一条路上的一站，但这一站特别大，特别重要，儒家的心计几乎都放在家上”，“以致‘家之内’出现了个人淹没于家的群体中之集体主义倾向性；‘家之外’则出现了有个人而无他人的利己主义的倾向性”。于是救亡图强者将对“家”的忠诚转为对“国家”的忠诚，而走向集体主义、国家主义之路；个人启蒙者则将家视为羁绊个性的枷锁而走向个人主义、自由主义之路。“救亡”与“启蒙”的双重奏却有共同的基调即批判中国传统的“家”。①

经过百年的整体结构的腾挪转身，扎根于传统盘根错节的“血缘共同体”中的个人已经抖落一空身上的“身家”土层，从宗法网络中“脱嵌”而出，并被“再嵌入”现代社会中而成为一个自由流动的“分子”。的确，人在原则上有能力摆脱对宗教、种族、民族、国家的依附而成为“天民”即拥有自由与尊严的独立自主的个体。然而不可否认的是，传统的依附网络尽管对个体自主有抑制乃至束缚的一面，但也为个体提供了保护、依托与行为指引，故使人有“在家”的感觉，而现代个体作为“无负担的自我”（the unencumbered self），即是“出离自身”的，在本质上即是“无家可归”的，“这种不具有任何必然的社会内容和必然的社会身份的、民主化了的自我，可以是任何东西，可以扮演任何角色、采纳任何观

① 金耀基：《金耀基自选集》，上海教育出版社，2002 年，第 162—168 页。

点，因为它本身什么也不是，什么目的也没有”[①]。他虽然享受到了无限选择的可能性，但却也因此背负了因失去“参照系”而不知所措的焦虑，自由反而成为个体不能承受之重，于是而有弗洛姆（E. Fromm）所谓的“逃避自由”的冲动；同时又因市场主义、消费主义、物质主义的盛行而丧失了自制力，看似自主的主体实已沦为马尔库塞（H. Marcuse）所谓的“单向度的人”而不自知。社会生活的孤立化、原子化所造成的“孤独的人群”（lonely crowd），现代社会组织的官僚化、形式化，人际关系的物化、去个人化所造成的“铁牢笼”（iron cage），个体与经济及政治的疏远所造成的“异化”（alienation），个体丧失了与他者可靠联系所造成的“失序”（anomie）等等一系列所谓“现代性的隐忧”现象[②]，成了现代个体挥之不去的“梦魇”。生活世界变成了“计算”“工作进取”与“加工”的“冰冷对象”，而不再是“温暖的、有机的家园”与“爱和冥思的对象”。[③]这一现象的本质征候可用“无家可归”表示。[④]

早在1949年，牟宗三在《理想主义的实践之函义》一文中指出儒家的传统精神是“尽伦尽性践仁”，儒家的万物一体之仁是从家庭社会的日常生活起以至治国平天下，层层扩大，层层客观化，而非“一气流走，泛滥无归”，此种在人间伦理中落实“绝对实在”（“仁”）的形态即是“盈的圆教”，而与强调世俗与天国对立的“离教”（基督教）不同。“盈的圆教”下的道德实践是“综合的、构造的实践”，即在“历史文化所贯串的各民族国家中，异质地实现大同（大同即是大通，异中之同）”，而不是“毁弃他人的历史文化民族国家而强迫着求同质的大同”，后者严格意义上不是“大同”，而是“大私”、一个“清一色的，不容有异己的大私”。故真正的大同理想必须透过家庭、国家与文化的一大界限，而后始能为“异质的

① 麦金太尔著，宋继杰译：《追寻美德》，译林出版社，2011年第2版，第40页。
② 什托姆普卡著，程胜利译：《信任：一种社会理论》，中华书局，2005年，第8—9页。
③ 舍勒：《爱与永生》，刘小枫选编：《舍勒选集》，上海三联书店，1999年，第988页。
④ Peter L. Berger, *Pyramids of Sacrifice: Political Ethics and Social Changes*, p.23.

大通”，而不是“同质的大私”。否则以为家庭、国家阶段为过去状态，必破家界、国界而成大同，则人被完全社会化，都成了“孤零零的个体”“私的个体”，但是“这个私的个体注定要套在一个系统内，它必然需要一个普遍性的东西来安顿它，它需要装备，需要文饰，需要一个东西来润泽它”，然而近现代革命激进、激化让“足以安顿它、装备文饰它、润泽它的普遍性的东西或超越的东西都已剥掉”，这个孤零零的个体必“顿感惶惑，茫然无所措手足”。要之，“家庭是人伦人道的起点，因而也就是表现道德理性最具体而亲切之处”，这个起点是断不能否定的。[①] 实际上，新儒家中对家庭负面现象深恶痛绝的熊十力一生推崇“无种界”“无国界”的人人自由平等的“群龙无首”的“大同之世”，并称种界、国界最终源自于家庭观念，但在铲除家庭与私有制上，熊十力又谨慎地说：“此恐未易行，而亦不必然也。”原因不外乎，人类的道德观念最初是亲子之爱中生根、发芽的。废除家庭与私有制，公育的婴儿与公养的老人均体验不到“亲子之爱”，人情只会日益浇薄，故儒家之言道德必由亲亲始，此为“根本大义”，“不容变革者也”。家庭既不可废，则极小限度的私有制亦应并存，况且人类若无丝毫的私有观念，则亦“不易竞奋于事业”。[②]

一方是有“依附”而无“独立”的归属感、亲切感，此是私人领域，是修身齐家的范围；一方是“无负担”而无归属的自由感、独立感，此是公共领域，是治国平天下的范围。两者之间形成了“一道难以跨越的鸿沟”，“如果不能在‘家’与‘公共领域’之间关系这个关键部位有所突破，中国文化传统的‘修齐治平’也就再难在现代社会立足”。[③] 牟宗三更是一针见血指出：脱离伦理纲常以及一切社会轨道，一般人就只剩下“一赤裸裸之个人中心之奔驰的生命”，而无家庭、无国家之“大同”则成为“一死的、游荡的、虚无的普遍性”并最终导向极权而抹杀个性。要之，“无

① 牟宗三：《道德理想主义》，《牟宗三先生全集》（第 9 册），第 51—88 页。

② 熊十力：《读经示要》，上海古籍出版社，2019 年，第 54—56 页。

③ 孙向晨：《论家：个体与亲亲》，华东师范大学出版社，2019 年，第 308—309 页。

真正的个体性，亦无真正的普遍性。……贯通普遍性与个体性，实为解开时代之死结之不二途径”[①]。实际上，如何建设一个“好的社会”，既让人之个体自由与尊严得到保障的同时，又让人有“在家”的温暖感、亲切感与归属感是当今中西文明面临的共同问题。[②]儒家的道德理性体现在“尽伦尽性践仁”的过程中，其起点是家庭，家庭是道德理性在“情之亲”中的表现，但尚未进入“义之分位”中，家庭之外必有一“实在的独立组织体”（“国家政治的组织”），此即“客观精神”，即道德理性的客观表现，此一“义之分位”的“客观精神”是由家庭过渡到天下（大同）的“重要而不可少的通路”，但人类的道德实践亦不能只停于客观精神，而需“越过”道德理性之“情的表现”与“义的表现”两层最终融于“天下”，扩至天地万物。“它是使吾人的价值生活出乎家庭骨肉以外而扩大至天下的一个媒介。没有这个媒介，天下是一个荒芜的观念，完全是无生活意义的，而家庭亦必枯槁困顿萎靡以死”，“若谓否定人性人道，仁之情的表现（家庭），义的表现（国家），而可以讲大同，那大同必是物化、堕落、荒芜、痴呆的大同”。[③]金耀基曾指出今天中国文化面对的挑战就是要真正打通儒家文化设计的“第三条路”，而要打通此路则必须承认现代性中的个人生活世界已经从熟人社会（面对面的社群）进入到陌生人社会，因此必须把个人从“家”成员身份扩展为社会公民身份。在这个扩展身份的过程中，“一方面从传统的家的集体中找回孔孟儒学所强调的个体的尊严与独立性，一方面把传统家的亲和的人际间纽带扩大到社会中的陌生人上去”[④]。金先生的洞见恰恰也是杜维明先生一直设想的“儒家社会”的道路，即在“信赖社群”中达成个人的“自我实现”之路。“人的尊严、自由和独立，

---

① 牟宗三：《人文讲习录》，《牟宗三先生全集》（第28册），第155页。

② 罗伯特·贝拉即指出个体的尊严与自主要得到真正的保证，就必须实现一种新的社会聚合。见贝拉等著，翟宏彪等译：《心灵的习性：美国人生活中的个人主义和公共责任》，生活·读书·新知三联书店，1991年，第433页。

③ 牟宗三：《道德理想主义》，《牟宗三先生全集》（第9册），第82、87页。

④ 金耀基：《金耀基自选集》，第170页。

在所有现代社会中都受到高度珍视。如果在一个儒家社会，既以它所信奉的‘为己之学’的价值观和不断‘自我实现’的道德律令为基础，又能形成基于自由和权利的观念并发展保障公民隐私的法制，那么，这种社会会视个人为一切关系之中心而非孤立个体的信念，将会有助于建立稳定的民主。”[①]杜先生还指出，传统中国社会中，作为人际关系原初联系的典范的家庭必须经过“创造的转化”，才可能成为“现代价值的助缘”，否则，“还有异化为扼杀个性的外在机制的危险”。[②]

因此最为关键的一步仍然是“齐家”这一环节。必须恢复被“毁家”“破家”“去家”思潮所否定的“齐家”一节的正当性与必要性，激活“齐家”一节在传统向现代转化过程中应有的作用。在某种意义上，这是向阳明心学一系“天下一家、万物一体”观念的一种“回归”，即在身—家—国—天下这一存有脉络中重建一种既能安顿个体自尊与自由又能保障人际和谐的社会秩序。毫无疑问，这不是一种简单的回归，而是螺旋式的上升与进步。

激活新世纪的齐家意识，需要一番系统而深入的理论阐释工夫。概言之这取决于：第一，重新联通“家”（私域）与“社会”（公域）之间的良性互动的关联性。第二，重新阐述“家”存在向度的深刻精神内涵。笔者《在“现代性”中如何安顿儒“家”》一文将集中讨论这两个议题，此处不赘。

---

① 郭齐勇、郑文龙编：《杜维明文集》（第五卷），第492页。

② 杜维明：《现代精神与儒家传统》，郭齐勇、郑文龙编：《杜维明文集》（第二卷），第373页。

第三章　如何与天地万物成“一家之亲”：王阳明亲民说的历史效应

【本章摘要】王阳明的“明德亲民之学”是阳明学义理系统的核心组成部分。其说可划分为早、晚期两个不同的阶段。惟从“明明德工夫论”与“王道观”双重视野出发方能理解其精义与特色所在。其强烈的“泛亲化”的亲民论述让“亲”拥有了建构普遍的社会秩序、宇宙秩序的意义，并与“天下一家”“中国一人”论述一起成为近现代中国社会秩序重构的一个重要的精神动力，因而具有广泛的思想史效应与深刻的现实意义。

一　亲民说的双重视野

今人提起王阳明哲学思想，通常可能概之以“致良知”“知行合一”“心即理”“万物一体”一类命题。观阳明后学为阳明文集、文录所撰序说、序跋一类文字，标举其义理大端似亦不例外。惟黄绾反复强调“亲民”思想是王阳明的核心思想：

> 守仁之学，其要有三：其一曰“**致良知**”，实本诸先圣先贤之言也……。其二曰“**亲民**”，亦本诸先圣先贤之言也。《大学》旧本曰“在亲民”，《尧典》曰“克明峻德，以亲九族。平章百姓，协和万邦，

> 黎民于变时雍”，孟轲曰“君子亲亲而仁民，仁民而爱物”。此守仁所据以复“亲民”之旧而非近日“新民”之讹也。夫天地立君，圣王为治，皆因人情之欲生，因致其亲爱以聚之，故为田里宅居以为之养焉、礼乐刑政以为之治焉，尽至诚之道以顺其欲生之心耳！此所谓**王道**也。舍此而云治则伯功之术，而非王政之醇也。其三曰“**知行合一**”，亦本诸先圣先贤之言也……[①]
>
> 惟我先生，负绝人之识，挺豪杰之资，哀斯道之溺，忧斯道之疵。**指良知，以阐人心之要；揭亲民，以启大道之方。笃躬允蹈，信知行之合一；**人十己千，并诚明而两至。续往圣不传之宗，救末代已迷之失。
>
> 道丧既久，圣远言微，千载有作，聿开其迷，**指良知为下手之方，即亲民为用力之地，合知行为进德之实。**夫学非良知，则所学皆俗学，而圣学由不明。道非亲民，则所道皆霸功，而**王道**为之晦。知行不合，则所知皆虚妄，而实德无自进。[②]

依照黄绾的表述，阳明的“亲民”思想与“致良知”“知行合一”一起构成阳明思想三要素。而亲民思想又系儒家“王道”观之所在，故必须从儒家“王道”观着眼方能得阳明亲民思想之精义。

阳明另一亲炙弟子薛侃则称：“‘明明德’工夫只在‘亲民’上。**阳明先生晚年发得如此亲切，初年犹未说到此。**”[③]如所周知，在阳明致良知工夫论话语中，“明明德”即是致良知的另一种表达方式。《传习录》上卷首条即是“亲民”与“新民”之辨，第89条与90条更是直接论述亲民与明明德之关系。薛侃是今本《传习录》上卷搜集、整理、刊刻者，他自然知

① 《明是非定赏罚疏》，黄绾撰，张宏敏编校：《黄绾集》卷三十二，第626页。

② 《祭阳明先生文》《祭阳明先生墓文》，黄绾撰，张宏敏编校：《黄绾集》卷二十九，第563、564页。

③ 薛侃：《云门录》，陈椰编校：《薛侃集》，第4页。

道“明明德工夫只在亲民上”是乃师早期即有的观点，但其“晚年发得如此亲切，初年犹未说到此”这一说法明确表示，阳明晚年对于“明明德”与“亲民”的论述是有所发展与推进的。我们不免要问：阳明晚年亲民思想相较于其早期思想究竟有何异同？

黄绾与薛侃属于阳明的核心弟子圈，熟稔乃师思想精髓与发展理路。遗憾的是，二人对阳明亲民思想的上述看法并未得到当今学界足够的重视。要之，阳明亲民思想是王阳明思想重要组成部分，这一思想在阳明那里有一个发展、成熟的过程，惟从儒家的**王道观**与**明明德工夫论**双重视野出发方能理解其精义与特色所在。为此，本章首先考察阳明明德亲民之学的变化过程（第二、三节），揭示其精神实质（第四节），在此基础上考察其历史影响（第五节），并阐述它在当今时代所展示的多重意义（第六节）。

二　亲民说的提出

王阳明何时正式提出“亲民”二字？

阳明 37 岁龙场悟道时，已怀疑朱子《大学章句》非“圣门本旨”，并手录古本，伏读精思，涵泳其义。而所谓古本无非就是《礼记》原书中“无分经传”的《大学》篇，古本《大学》三纲之第二纲为“在亲民”而非朱子《大学章句》的“在新民”。此即意味着早在龙场悟道时期，阳明对《大学》亲民思想已有所思。然依照目前所见各种阳明龙场悟道文献，阳明龙场悟道所得在于悟朱子“向外格物”之非与“知先行后说”之不谛，而并无涉及朱子《大学章句》以“新民”易“亲民”之不妥。正德十一年（1516 年）陆澄致书阳明请问《大学注》与《中庸注》，阳明答曰：“向尝略具草稿，自以所养未纯，未免务外欲速之病，寻已焚毁。近虽觉稍进，意亦未敢便以为至，姑俟异日山中与诸贤商量共成之，故皆未有书。”[①]束景

① 《与陆原静》，王守仁撰，吴光等编校：《王阳明全集》卷四，第 166 页。

南据此推测阳明之作《大学注》《中庸注》当在谪居龙场驿时，与其作《五经臆说》同时。[①] 如此推测成立，阳明原作《大学注》很可能即已包含着对“亲民”一条的注解。

阳明自龙场驿赦归，一路讲学不辍。但观其所讲内容，多是围绕如“静坐”一类“悟入之功”而未见“亲民”论述。正德五年（1510 年）三月阳明到任庐陵知县，先后颁发《告谕庐陵父老子弟书》（计十一通），事涉农耕生产、医疗卫生、银两蠲免、抗旱防火、纲纪整肃、民风变化、社会治安等各个方面。要之，不外安民室家、保民产业（此为“亲民”）与讲信修睦、务为善良（此为“新民”）两端。这一从政历程为其阐述亲民思想提供了鲜活的生活经验。

今本《传习录》上卷前十四条为徐爱所记，钱德洪《阳明先生年谱》认为徐爱所记《传习录》乃是在与阳明同舟归越之时所编订，束景南由阳明《又上海日翁大人札》认定徐爱编订《传习录》时间当为正德七年（1512 年）十一月。如束景南判断无误的话，阳明至迟在正德七年就开始明确讨论“亲民”思想。正德十年（1515 年），湛若水丁内艰，扶柩过南京，阳明逆吊于龙江，于舟次进呈《大学旧本》及格物诸说，两人辩论而未有共识。[②]而依《传习录》下卷记载，阳明与湛若水除了辩论格物说外，还就“亲”民与“新”民二字有过论辩。[③] 正德十三年（1518 年），薛侃刊刻《传习录》三卷（即今《传习录》上卷）于虔。

阳明早期的亲民思想集中反映在《传习录》上卷中的以下三条语录：

①爱问：“‘在亲民’，朱子谓当作‘新民’，后章‘作新民’之文似

---

① 束景南：《王阳明年谱长编》，上海古籍出版社，2017 年，第 893 页。

② “向在龙江舟次，亦尝进其《大学》旧本及格物诸说，兄时未以为然，而仆亦遂置不复强聒者，知兄之不久自当释然于此也。”《答甘泉》，王守仁撰，吴光等编校：《王阳明全集》卷四，第 174 页。

③ “甘泉用功，所以转得来。当时与他说亲民字不须改，他亦不信。”《传习录下》，王守仁撰，吴光等编校：《王阳明全集》卷三，第 91 页。

亦有据；先生以为宜从旧本作‘亲民’，亦有所据否？”先生曰：“‘作新民’之‘新’是自新之民，与‘在新民’之‘新’不同，此岂足为据？‘作’字却与‘亲’字相对，然非‘亲’字义。下面‘治国平天下’处，皆于‘新’字无发明，如云‘君子贤其贤而亲其亲，小人乐其乐而利其利，如保赤子；民之所好好之，民之所恶恶之，此之谓民之父母’之类，皆是‘亲’字意。‘亲民’犹孟子‘亲亲仁民’之谓，亲之即仁之也。百姓不亲，舜使契为司徒，敬敷五教，所以亲之也。《尧典》‘克明峻德’便是‘明明德’；以‘亲九族’至‘平章协和’，便是‘亲民’，便是‘明明德于天下’。又如孔子言‘修己以安百姓’，‘修己’便是‘明明德’；‘安百姓’便是‘亲民’。说‘亲民’便是兼教养意，说‘新民’便觉偏了。”

②自“格物”“致知”至“平天下”，只是一个“明明德”。虽“亲民”亦明德事也。明德是此心之德，即是仁。仁者以天地万物为一体，使有一物失所，便是吾仁有未尽处。

③只说“明明德”而不说“亲民”，便似老、佛。[①]

①完全是针对朱子主“新”民的论证而发的，“作新民”之“新”与“在新民”之“新”确实不同，前者是“自新”，后者则是“使民新”；前一“新”是“形容词”，后一“新”是“使役动词”。而后之君子贤贤亲亲、民之父母等文本，于“新”并无发明。显然在阳明看来，朱子以“新民”易“亲民”的理由（“以传文考之则有据”），实不足为据，而朱子认定“亲民”之“亲”“以文义推之则无理”，则亦实非无理。更为重要的是，在阳明看来，讲“亲民”则兼“教养”义，而讲“新民”则只有“教”义而无“养”义，故陷入“偏颇”之中了。无疑这涉及阳明对儒家政治理念的理解，亲民包

① 《传习录上》，王守仁撰，吴光等编校：《王阳明全集》卷一，第1—2、25页。

含保民、养民、安民、顺应民心诸义。[①] ②将"明明德"统率《大学》"格物""致知"至"平天下"诸条目，并将"亲民"亦列为"明明德"之"一事"。"明德"即是"仁德"，仁者以天地万物为一体，亲民自是此万物一体之仁的表现。③将"亲民"视为儒教区别于佛老二氏之向度，明明德与亲民不可分，分开，儒教即失去了其儒教的底色。要之，"明德亲民"之学即是孔夫子修已安人之学。在正德十年所撰写的《重修六合县儒学记》中，王阳明就明确提出士所志之道即是"明德亲民之学"。[②]

《大学古本傍释》与《大学古本原序》亦作于正德十三年，其亲民论述列如下：

> ④明明德、亲民，犹修己安百姓。明德、亲民无他，惟在止于至善，尽其心之本体，谓之止至善。……"君子贤其贤而亲其亲，小人乐其乐而利其利，此以没世不忘也。"明德亲民只是一事。亲民之功至于如此，亦不过自用其明德而已。"康诰曰：'克明德'……皆自明也。"又说归身上。自明不已，即所以为亲民。……"子曰：'听讼，吾犹人也，必也使无讼乎！'"又即亲民中听讼一事，要其极，亦皆本于明德，则信乎以修身为本矣。又说归身上。"所谓治国必先齐其家者……此谓治国在齐家。"又说归身上。亲民只是诚意。
>
> ⑤以言乎己，谓之明德；以言乎人，谓之亲民；以言乎天地之间，则备矣。[③]

显然④⑤与①是若合符节的。

---

① 阳明与朱子"亲民""新民"之辨，笔者曾撰文讨论其思想史意义，见陈立胜：《"新民"与"亲民"：从传统到现代》，《华东师范大学学报》2010年第3期。李旭新著《心之德业：阳明心学的本体学研究》一书（上海文艺出版社，2021年）辟专章（第11章《亲民、新民的义理辨析》）讨论此一议题。

② 王守仁撰，吴光等编校：《王阳明全集》卷二十三，第902页。

③ 王守仁撰，吴光等编校：《王阳明全集》卷三十二，第1193—1197页。

以上亲民论述（①—⑤）大致可概括为以下两义：第一，“亲民”是“明明德”事。第二，儒教是明德亲民之学，只言明德而不言亲民，则儒学与佛老之学无别；易“亲民”为“新民”，儒家修己安人之学之“安人”只有“教化”义而无“养护”义，则不免陷入偏颇之中。那么，阳明晚年对“明明德”工夫只在“亲民”上又有何进一步“亲切”之阐发呢？

三　亲民说的新发展

正德十五年（1520年）左右阳明正式提出“致良知”教。正德十六年（1521年）八月至嘉靖六年（1527年）九月整整六年为阳明居越期，这也是阳明思想突飞猛进的时期。门人弟子日进，四方来学者“不下数百人”，远近古刹，皆为讲学之所。由于“宫刹卑隘，至不能容”，阳明弟子、绍兴知府南大吉辟稽山书院，聚八邑彦士，环坐而听者三百余人，阳明临之，“**只发《大学》万物同体之旨**，使人各求本性，致极良知以至于至善”[①]。可见“万物同体之旨”是阳明晚年讲学的一大焦点，与此相关，亲民论述也上升到了一个新高度。

嘉靖三年（1524年）阳明与朱廷立论学，力倡政学合一、仕学合一，明明德与亲民关系论遂展示出新的面向：

> ⑥子礼为诸暨宰，问政，阳明子与之言学而不及政。子礼退而省其身，惩己之忿，而因以得民之所恶也；窒己之欲，而因以得民之所好也；舍己之利，而因以得民之所趋也；惕己之易，而因以得民之所忽也；去己之蠹，而因以得民之所患也；明己之性，而因以得民之所同也；三月而政举。叹曰：“吾乃今知学之可以为政也已！”他日，又见而问学，阳明子与之言政而不及学。子礼退而修其职，平民之所

① 王守仁撰，吴光等编校：《王阳明全集》卷三十五，第1290页。

> 恶，而因以惩己之忿也；从民之所好，而因以窒己之欲也；顺民之所趋，而因以舍己之利也；警民之所忽，而因以惕己之易也；拯民之所患，而因以去己之蠹也；复民之所同，而因以明己之性也；期年而化行。叹曰："吾乃今知政之可以为学也已！"他日，又见而问政与学之要。阳明子曰："明德、亲民，一也。古之人明明德以亲其民，亲民所以明其明德也。是故明明德，体也；亲民，用也。而止至善，其要矣。"子礼退而求至善之说，炯然见其良知焉，曰："吾乃今知学所以为政，而政所以为学，皆不外乎良知焉。信乎，止至善其要也矣！"①

这里"明德、亲民，一也"与早期"明德亲民只是一事"看似一致，但着重点实则不同。前期重在点出"亲民亦明德事"，后期则打破了早期"明德、亲民"由己而人物的单向关系。"明德"与"亲民"变成了"由己而人物"与"由人物而己"的双向互动的关系。由"明"己之"明德"而得以"亲民"：惩治一己之忿怒而体得民之厌恶，窒塞一己之私欲而体得民众之喜好，舍弃一己之利害而体得民之趋尚，惕厉一己之易慢而体得民之疏忽，去除一己之蠹弊而体得民众之祸患，明察一己之性情而体得民众之性情；由"亲民"而得以"明"己之"明德"：平息民之厌恶而得以惩治一己之忿怒，遵从民之喜好而得以窒塞一己之私欲，顺服民之趋尚而得以舍弃一己之利害，警戒民之疏忽而得以惕厉一己之的易慢，拯救民之祸患而得以去除一己之蠹弊，复原民之性情而得以明察一己之性情。"由己而人物"一路着重强调舍弃小己而挺立"真己"，避免将一己之私情、一己之好恶遮蔽民情、民之好恶，而确保通达民情、体得民之好恶；"由人物而己"一路重在揭示只有在顺从民情，民之所好好之，民之所恶恶之的施政过程中，己之真情、己之真好恶才能得到落实。这也不是单向度的"事上磨练"论述，"亲民"不是为了"磨练"自己的心性，亲民本身

① 《书朱子礼卷》，王守仁撰，吴光等编校：《王阳明全集》卷八，第281页。

即是心性生活实现之道。“学”与“政”（“仕”）、“成己”与“成人”、“明明德”与“亲民”乃是共生共成、相互成全的一个结构统一体，这个结构统一体同时亦是一动态的、发生的统一体，故是一“过程”中的结构统一体。在此意义上，“成己”是在一系列的“成人”“成物”的事件过程之中实现的。[①]

嘉靖四年（1525 年）阳明与南大吉论学，再次阐述明明德与亲民之关系：

⑦南子元善之治越也，过阳明子而问政焉。阳明子曰：“政在亲民。”曰：“亲民何以乎？”曰：“在明明德。”曰：“明明德何以乎？”曰：“在亲民。”曰：“明德、亲民，一乎？”曰：“一也。明德者，天命之性，灵昭不昧，而万理之所从出也。人之于其父也，而莫不知孝焉；于其兄也，而莫不知弟焉；于凡事物之感，莫不有自然之明焉；是其灵昭之在人心，亘万古而无不同，无或昧者也，是故谓之明德。……”曰：“何以在亲民乎？”曰：“德不可徒明也。人之欲明其孝之德也，则必亲于其父，而后孝之德明矣；欲明其弟之德也，则必亲于其兄，而后弟之德明矣。君臣也，夫妇也，朋友也，皆然也。……”曰：“亲民以明其明德，修身焉可矣，而何家、国、天下之有乎？”曰：“人者，天地之心也；民者，对己之称也；曰民焉，则三才之道举矣。是故亲吾之父以及人之父，而天下之父子莫不亲矣；亲吾之兄以及人之兄，而天下之兄弟莫不亲矣。君臣也，夫妇也，朋友也，推而至于鸟兽草木也，而皆有以亲之，无非求尽吾心焉以自明其明德也。是之谓明明德于天下，是之谓家齐国治天下平。”曰：“然则乌在其为止至善者乎？”“昔之人固有欲明其明德矣，然或失之虚罔空寂，而无有乎家国

① 欧陆现象学家罗姆巴赫（Heinrich Rombach）对此结构的动态性有系统的阐述，详见王俊：《作为道路的现象学》，中国社会科学出版社，2021 年，第 64—86 页。

天下之施者，是不知明明德之在于亲民，而二氏之流是矣；固有欲亲其民者矣，然或失之知谋权术，而无有乎仁爱恻怛之诚者，是不知亲民之所以明其明德，而五伯功利之徒是矣；是皆不知止于至善之过也。是故至善也者，明德亲民之极则也。……”[①]

在这里，阳明首先点出“明德、亲民一也”这一主题：孝弟等“亲民”所展示的德性能力均出自“明德”（“万理所从出”），“明德”所具的五伦之理亦必得在“亲民”的践履中得到实现。接着，阳明将“亲民”上升到“天地之心”的形上学高度：“人”为“天地之心”，“民”对“己”而言，此即意味着，“民”牵涉到“天”“地”“人”三才之道，亲民即意味着将“亲”推致到人伦与天地万物之中。这是亲民论的一大创新！本来《大学》文本讲亲民，其主题是国君一类的统治者，“亲民”与“民之父母”“如保赤子”的观念联系在一起，“民”是“教养”、“教化”（如将“亲民”易为“新民”）的对象。今阳明将君臣、夫妇、朋友乃至鸟兽草木皆视为“亲”的范围（“皆有以亲之”），“我”（“己”）与君臣、夫妇、朋友乃至鸟兽草木的“亲密无间性”得到了空前的张扬，这是不是意味着父子、兄弟、君臣、夫妇、朋友乃至鸟兽草木皆成为宽泛意义上的“民”之范畴？[②]“亲亲、仁民、爱物”原是儒家“仁爱”路线的经典表述，“亲”只限用于“亲人”之范畴，

---

① 《亲民堂记》，王守仁撰，吴光等编校：《王阳明全集》卷七，第250—251页。

② 实际上，阳明亲炙弟子欧阳德在《答希冉》中即指出：“明德者，明其德于天下国家；亲民者，亲其天下国家之民。民非对君而言，如务民之义，民可使由之，民即人也。如必对君言，民则庶人，岂复有亲民者哉？夫言亲亲、仁民、爱物，则民与亲对，物与民对。**若专言民，则亲与物皆举之矣。**若专言物，则如厚德载物、成己成物之类，亲与民皆举之矣。岂亦以人为禽兽草木耶？”见陈永革编校整理：《欧阳德集》卷三，凤凰出版社，2007年，第116页。在《寄聂双江二》中，欧阳德更称“亲民是心之本体。本体如此，功夫亦合如此”。《欧阳德集》卷三，第82页。今人吴雁南指出，王阳明《亲民堂记》中，“‘亲民’已无上对下之意，而是以天地万物为一体，扩大公无私之仁，德及天下之人以至鱼虫鸟兽草木，……从中不难窥见他所憧憬的理想社会是充满爱心、人道和平等相待的乐园”。见吴雁南：《阳明学与近世中国》，贵州教育出版社，1996年，第32页。

阳明将“明明德”与“亲民”视为体用一如的关系，“明德”之发用自然无远弗届，天下万物遂为“一家之亲”，“亲”的泛化体现了阳明万物一体之仁旨趣的高涨，但同时也说明阳明对儒家经典仁爱路线中“界限”意识的淡化。阳明早年对儒墨之辨尚有留心（见《传习录》第93条，详后），但阳明晚年亲民论述重在与佛老“二氏”及“功利之徒”划清界限，故将“明德亲民之极则”作为“至善”的本质规定，惟有“止于”此意义上的“至善”，儒家的“明明德”才不会流于“虚妄空寂”，也不会异化为“知谋权术”。朱子在《中庸或问》中将“天命之谓性”释为“天之所以与我者，无一理之不备”，故圣人所立之教既非“管、商之权谋功利”，亦非“老、佛之清净寂灭”。[①]与此对照，阳明将“至善”训为“明德亲民之极则”，其用意则在于确保儒家的明德亲民之学始终不偏离“王道”，即基于“一体之仁”（“仁爱恻怛”）的“生人之道”。

同年阳明致书老友顾璘，申发“拔本塞源论”，书中对儒家王道观进行了系统论述：

> ⑧夫圣人之心，以天地万物为一体，其视天下之人，无外内远近，**凡有血气，皆其昆弟赤子之亲**，莫不欲**安全而教养**之，以遂其万物一体之念。天下之人心，其始亦非有异于圣人也，特其间于有我之私，隔于物欲之蔽，大者以小，通者以塞，人各有心，至有视其父子兄弟如仇雠者。圣人有忧之，是以推其天地万物一体之仁以教天下，使之皆有以克其私，去其蔽，以复其心体之同然。其教之大端，则尧、舜、禹之相授受，所谓“道心惟微，惟精惟一，允执厥中”。而其节目则舜之命契，所谓“父子有亲，君臣有义，夫妇有别，长幼有序，朋友有信”五者而已。唐、虞、三代之世，教者惟以此为教，而学者惟以此为学。……当是之时，**天下之人**熙熙皞皞，**皆相视如一**

① 《朱子全书》（第6册），第552页。

> **家之亲**。其才质之下者，则安其农、工、商、贾之分，各勤其业，以相生相养，而无有乎希高慕外之心。其才能之异，若皋、夔、稷、契者，则出而各效其能。若一家之务，或营其衣食，或通其有无，或备其器用，集谋并力，以求遂其仰事俯育之愿，惟恐当其事者之或怠而重己之累也。……盖其心学纯明，而有以**全其万物一体之仁，故其精神流贯，志气通达，而无有乎人己之分，物我之间**。……①

这是对①"说'亲民'便是兼教养意，说'新民'便觉偏了"一语的深化性阐述。儒家的王道观植根于"仁民之心"，即"万物一体之仁心"，故儒家的仁政必超越"外内远近"，"凡有血气"皆属于"一家之亲"。而仁政、王道的本质即在于让一家之亲均能得到"安全而教养"。"安全"即保证衣食无忧，"教养"即保证得到教导养育。由此，士、农、工、商各安其业，各尽其能，相生相养，一如一家之人齐心协力共谋一家之务。嘉靖五年（1526年）阳明于《书林司训卷》中还明确指出"王道大行"尚需"**分田制禄，四民皆有定制**"一类制度性保证。②同年在《答聂文蔚》一书中，阳明再一次从天地之心的高度强调生民之困苦荼毒疾痛切体，"盖其天地万物一体之仁，疾痛追（当为'迫'——引者）切，虽欲已之而自有所不容已"，并期盼"豪杰同志之士"携手合作，扶持匡翼，共明良知之学于天下，让天下人"相安相养"，"以济于大同"。③值得注意的是，阳明论述王道观往往是与"明德亲民之学"联系在一起。他高扬"王道"而猛烈抨击"霸术"，称"王道熄而霸术猖"，霸者之徒"日求所以富强之说"，"圣人之学日远日晦，而功利之习愈趣愈下"，乃至"不复知有明德亲民之实"。④

---

① 《传习录中·答顾东桥书》，王守仁撰，吴光等编校：《王阳明全集》卷二，第54—55页。

② 王守仁撰，吴光等编校：《王阳明全集》卷八，第282页。

③ 《传习录中·答聂文蔚》，王守仁撰，吴光等编校：《王阳明全集》卷二，第79—81页。

④ 吴雁南认为在王阳明的政治思想中可区别出"三代王道之治"与"大同"理想两个层面。王阳明以至大至公相标尚，而称道尧舜，其论万物一体之仁屡屡强调天地万物（转下页）

嘉靖六年（1527年）阳明奉命征思、田二州，将发之际授《大学问》，钱德洪受而录之。阳明从“万物一体之仁”与“天下一家”的角度论述亲民思想。他首先指出人人皆具“万物一体仁心”，故人见到孺子入井，而必有怵惕恻隐之心；见到鸟兽哀鸣觳觫，而必有不忍之心；见到草木摧折，而必有悯恤之心；见到瓦石毁坏，而必有顾惜之心。这一与天地万物为一体的“仁心”根于“天命之性”，故是“明德”。“明明德”在本质上即是证立“天地万物一体之体”，而“亲民”则是“达其天地万物一体之用”：

> ⑨ 明明德者，立其天地万物一体之体也。亲民者，达其天地万物一体之用也。故明明德必在于亲民，而亲民乃所以明其明德也。是故亲吾之父，以及人之父，以及天下人之父，而后吾之仁实与吾之父、人之父与天下人之父而为一体矣；实与之为一体，而后孝之明德始明矣！亲吾之兄，以及人之兄，以及天下人之兄，而后吾之仁实与吾之兄、人之兄与天下人之兄而为一体矣；实与之为一体，而后弟之明德始明矣！君臣也，夫妇也，朋友也，以至于山川鬼神鸟兽草木也，莫不实有以亲之，以达吾一体之仁，然后吾之明德始无不明，而真能以天地万物为一体矣。夫是之谓明明德于天下，是之谓家齐国治而天下平，是之谓尽性。[①]

与⑦⑧相比，阳明进一步强化了“泛亲化”论调，原来的父子、兄弟、君臣、夫妇、朋友、鸟兽草木，“皆有以亲之”，变成了父子、兄弟、君臣、夫妇、朋友、**山川鬼神**鸟兽草木，“莫不**实**有以亲之”。阳明更将此“泛亲化”论述与“万物一体”论述紧密联系在一起，强调“亲”的结果就是“**实**

（接上页）“无不亲”，这类主张“已具有‘大同之道’的基本思想”。不过阳明虽有大同之志，但其论现实政治多言“小康”，其小康思想的描绘比其大同理想是比较完整的。见吴雁南：《阳明学与近世中国》，第72—87页。

① 《大学问》，王守仁撰，吴光等编校：《王阳明全集》卷二十六，第968—969页。

与之为一体”。

同年，赵艮（永康人，成化己丑进士）之子赵懋德赴任辰州通判（见《沅陵县志》卷十八，光绪二十八年补版重印本），王阳明赠《书赵孟立卷》：

⑩ 赵仲立之判辰也，问政于阳明子。阳明子曰："郡县之职，以亲民也。亲民之学不明，而天下无善治矣。""敢问亲民。"曰："明其明德以亲民也。""敢问明明德。"曰："亲民以明其明德也。"曰："明德亲民一乎？君子之言治也，如斯而已乎？"曰："亲吾之父，以及人之父，而孝之德明矣；亲吾之子，以及人之子，而慈之德明矣。明德亲民也，而可以二乎？惟夫明其明德以亲民也，故能以一身为天下；亲民以明其明德也，故能以天下为一身。**夫以天下为一身也，则八荒四表，皆吾支体**，而况一郡之治，心腹之间乎？"[①]

跟答复朱廷立、南大吉"问政"一样（⑥⑦），阳明继续强调"明德亲民一也"之观点。除此之外，阳明更别出心裁地提出"明其明德以亲民"方能做到"以一身为天下"，此可谓"以体发用"；亲民以明其明德方能做到"以天下为一身"，此可谓"即体而言用在体"。[②]

嘉靖七年（1528年）五月，王阳明于其驻地南宁撰写《绥柔流贼》，提出为政者须"本于精神心术"施政的主张：

⑪ 夫柔远人而抚戎狄，谓之柔与抚者，岂专恃兵甲之盛，威力之强而已乎？古之人能**以天地万物为一体**，故能通天下之志。凡举大事，必须（"须"当为"顺"——引者）其情而使之，因其势而导之，乘其机而动之，及其时而兴之；是以为之但见其易，而成之不见其

① 王守仁撰，吴光等编校：《王阳明全集》卷二十八，第1024—1025页。
② 感谢浙江社科院李旭博士向笔者指出了这一点。

> 难，此天下之民所以阴受其庇，而莫知其功之所自也。今皆反之，岂所见若是其相远乎？亦由无**忠诚恻怛之心**以爱其民；不肯身任地方利害为久远之图；凡所施为，不本于**精神心术**，而惟事补辏掇拾，支吾粉饰于其外，以苟幸吾身之无事，此盖今时之通弊也。[①]

在总督两广期间，王阳明首先通过各种渠道了解思、田之事的来龙去脉，从朝廷政策与当事官员对事件处置不当两方面加以检讨、反省，并就土官之势、土夷之情提出相应的一系列举措，纠正朝廷在当地强推“改土归流”政策所带来的社会负面后果；又果断平定了断藤峡、八寨等处暴乱活动，并着手解决平乱之后的民生安顿、社会秩序恢复、政府机构重建等一系列问题。[②]《绥柔流贼》中的这段文字即反映了王阳明两广施政中的亲民本怀（“精神心术”）：“顺情而使”“因势而导”“乘机而动”“及时而兴”，均出自“忠诚恻怛”爱民之心，出自“以天地万物为一体”之实感，由此实感，则自会对“情势”“时机”加以裁定，质言之，良知是一“仁且智”的概念，故亲民有术（“精神心术”），“忠诚恻怛之心”之亲民信念与寻求最为有效的实施途径和时机原是一体不可分的。

与其早期论述相比（①—⑤），阳明晚年亲民论述（⑥—⑪），确实可以佐证薛侃之阳明明德亲民之说“晚年**发得如此亲切，初年犹未说到此**”观察之不虚。其“亲切”与“深入”处可概括为以下四点：

> 第一，明德亲民之学“由己而人物”与“由人物而己”的双向互动的论证代替了早期“由己而人物”的单向论证。这个双向互动论证或也可以说是揭示了亲民工夫“由体发用”与“即用明体”的两重进路。明德亲民之学中的“双向互动”论证从心性学的向度深化了

---

① 王守仁撰，吴光等编校：《王阳明全集》卷十八，第 651 页。

② 王阳明总督两广期间的具体政治举措，参董平：《王阳明的生活世界》，中国人民大学出版社，2009 年，第 178—221 页。

儒家仁政思想内涵。它要求“为政者”彻底地克治一己的好恶而通达民众的好恶，让民众的好恶（“民意”）成为为政者的好恶。质言之，“为政者”必须消解其一己的“偏私”而始终确保以“民”的主体性作为施政的主体性。

第二，明德亲民之学的阐述与“与物同体”的论述紧密联系在一起。

第三，明德亲民之学的“泛亲化”色彩日趋浓烈，父子、兄弟、君臣、夫妇、朋友、山川鬼神鸟兽草木，“莫不**实**有以**亲**之”，“**实**与之为**一体**”。

第四，明德亲民之学与儒家的王道论的关系得到了更系统的阐发。由“亲民”论王道其义“精深宏大”：“人惟视民不亲，故忍以法术愚民，刑威迫民，后世一切猜防民之霸政，皆由视民不亲而生。故‘亲’之一字为王道之本源。”[1]

这四个面向既体现出阳明“即体而言用在体，即用而言体在用”这一体用一源的思维模式，也清楚表明“修己”（“为学”）与“安人”（“为政”）之间的相互贯通性。阳明后学由此而纷纷提出“学外无政，政外无学”（王艮），“无政非学，无学非政”（欧阳德），“学也而政在其中”“政也而学在其中”“政学合一”（王畿）等主张。

四 “泛亲化”论述的精神实质

毋庸置疑，阳明学乃至宋明理学“仁者以万物为一体”的理念极容易与墨子的兼爱混同，而有悖于传统情有亲疏、爱有差等的“亲亲—仁民—

① 刘光賁：《大学古义》，《续修四库全书·一五九·经部·四书类》，上海古籍出版社，2002年，第262页。

爱物”理念，阳明明德亲民之学一系列的“泛亲化”论述更是如此。

阳明的心学盟友黄绾在其晚年“幡然醒悟”，就强烈质疑王阳明“明德亲民之学”的儒家性：“今之君子，每言‘仁者以天地万物为一体’，以为大人之学如此。而究其说，则以吾之父子，及人之父子，及天下人之父子为一体；吾之兄弟，及人之兄弟，及天下人之兄弟为一体；吾之夫妇，及人之夫妇，及天下人之夫妇为一体；吾之朋友，及人之朋友，及天下人之朋友为一体；乃至以山川、鬼神、草木、瓦石皆为一体，皆同其爱，皆同其亲，以为一体之仁如此。审如此言，则圣人之所谓‘亲亲而仁民，仁民而爱物，情有亲疏，爱有差等’者，皆非也。**实不知其说已堕于墨氏之兼爱，流于空虚，荡无涯涘。**”[①] 这绝不是黄绾一人的看法。陈龙正（《几亭全书·学言祥记》卷十八）、罗泽南（《姚江学辨》卷二）均持此论，前者更是明确指出，圣人亲亲，墨氏亲民，佛氏亲物。“亲”之泛化看似“可亲”，但其流弊则难免视其亲亦如“民”乃至“物”，最终“忍于薄亲”乃至“忍于弃亲”。贺麟在其《五伦观念的新探讨》曾论证儒家等差之爱的合理性，他将“等差之爱”与“兼爱”（不分亲疏贵贱，一律平等相爱）、“专爱”（专爱自己、专爱女子、专爱外物）、“躐等之爱”（不爱家人而爱邻居，不爱邻居而爱路人）区别开来，认为惟有儒家等差之爱合情合理，不会流于狂诞。他引美国培黎（R. B. Perry）教授的话说：“当你说一般人都是你的兄弟时，你大概不是先把一般人当作亲弟兄看待，而是先把你的亲弟兄当作一般人看待。”[②] 显然，培黎这一说法跟陈龙正的看法是高度一致的。

表面看，王阳明“泛亲化”的明德亲民之学的论述，兼亲亲、亲民、亲物于一体，而不免启人“流于狂诞”之疑窦。但阳明于其早期的明德亲民的论述中，即已对儒学仁者与万物为一体与墨子的兼爱加以区别：“仁

---

① 黄绾撰，张宏敏编校：《黄绾集》，第 657 页。

② 贺麟：《文化与人生》，商务印书馆，1988 年，第 55 页。

是造化生生不息之理，虽弥漫周遍，无处不是，然其流行发生，亦只有个渐，所以生生不息。如冬至一阳生，必自一阳生，而后渐渐至于六阳，若无一阳之生，岂有六阳？阴亦然。惟有渐，所以便有个发端处；惟其有个发端处，所以生；惟其生，所以不息。譬之木，其始抽芽，便是木之生意发端处；抽芽然后发干，发干然后生枝生叶，然后是生生不息。若无芽，何以有干有枝叶？能抽芽，必是下面有个根在。有根方生，无根便死。无根何从抽芽？父子兄弟之爱，便是人心生意发端处。如木之抽芽，自此而仁民，而爱物，便是发干生枝生叶。墨氏兼爱无差等，将自家父子兄弟与途人一般看，便自没了发端处；不抽芽便知得他无根，便不是生生不息，安得谓之仁？孝弟为仁之本，却是仁理从里面发生出来。”[①] 确实，对于婴儿，其最为亲近者无非是其双亲，对双亲的依恋是其仁爱之萌芽（“发端处”），至于“民”与“物”则是后来生活圈子不断扩大中而逐渐遭遇到的。人在根本上是一“具身化”的存在，他一开始即扎根于亲缘的网络之中存在，因而不可能同时与天地万物发生密切的伦理关系而成“一家之亲”。情感的发生与流动、个人道德生活的成长均是在一生活世界之中逐次展开的。更为重要的是，阳明的明德亲民论在本质上是一种“王道”论，此即意味着：从制度落实而言，如何创造条件让“亲”“民”“物”各自得到其“亲”，才是阳明明德亲民之学的精神实质。就狭义的“亲民”而论，“亲吾之父，以及人之父，以及天下人之父”，不过是说将我亲“吾之父”之心充分推扩开来，创造条件让他人之父、天下人之父也得到其子之“亲”。“创造条件”包括“养”与“教”两个面向，即让“子”有足够的“田产”做到丰衣足食以“养”其父，并让“子”得到教化而自觉地“奉养”其父，当然对于“鳏寡孤独”者更是要确保皆有所养。能够做到此即可谓“吾之仁实与吾之父、人之父与天下人之父而为一体矣”。这是我“亲”人之父、天下人之父之真正含义所在。其中，亲吾之父是出发点，亲人

① 《传习录上》，王守仁撰，吴光等编校：《王阳明全集》卷一，第26页。

之父、亲天下人之父是由亲吾之父的内在仁心推动，不容已地创造条件让人之父、天下人之父得到其子之“亲”。同理，“山川鬼神鸟兽草木也，莫不实有以亲之”，亦不过是说我尽己之所能，让“山川鬼神鸟兽草木”各得其所。因此，阳明“泛亲化”论述看似与墨氏、佛氏无别，实则依然保持着儒家的仁爱底色。王艮《答太守任公》一书对此有精准描述，他称儒家“尧舜执中”即是“孔孟为仁而已”，故程子曰：“一物不该，非中也。”“夫既以天地万物为一体，则一夫不获其所，即己之不获其所也。是故人人君子，天地位而万物育，此仆之心也。……孔子曰：‘仁者，人也，亲亲为大。’孝弟之至，通于神明，光于四海，无所不通。孟子曰：‘仁之实，事亲是也。’**人人亲其亲、长其长，而天下平矣。**”[①]

质言之，无论孟子的“老吾老以及人之老”抑或是王阳明的“亲吾之父，以及人之父，以及天下人之父”，其中**“及人”逻辑**必须得到善会，它绝不意味着我像对待自己父亲一样对待他人的父亲。我不会对待路人之父像对待吾之父一样孝敬（如为路人之父守孝），我也不会对待他人之妻像对待“吾之妻”一样恩爱（那会出问题）。作为一种“王道”制度的安排，创造条件让家家户户都靠“孝弟慈”过日子，让“天地位，万物育”，此即是阳明“莫不**实**有以**亲**之”“**实**与之为**一体**”的精义所在。丘濬于其《大学衍义补》（卷一百五十八）指出：《礼运》“大道之行”的时代中，“所谓讲信修睦，故人不独亲其亲，不独子其子，使老有所终，壮有所用，幼有所长，矜、寡、孤、独、废、疾者皆有所养，男有分，女有归”，“凡若此者，非但五帝时为然，凡夫为治皆不可不然也。夫然，则普天之下亿兆之众，人人各止其所，而无一人之或失其所矣。为治而至于使天下之人无一人之不得其所，由一人积而至于亿兆人，人人皆然，而在在无不然，岂非大同之世乎？”这一说法虽不见得就是《礼运》的原义[②]，但确实准确

---

① 王艮撰，陈祝生等校点：《王心斋全集》卷二，第47页。

② 《礼运》篇中的“不独亲其亲，不独子其子”与“各亲其亲，各子其子”，原对应于两种“大位”的传递方式——“天下为公”与“天下为家”。“‘天下为公’者，天子之位（转下页）

阐述了儒家“及人”逻辑的内涵。其实阳明本人的《重修山阴县学记》中就有更加清晰的阐述：“圣人之求尽其心也，以天地万物为一体也。吾之父子亲矣，而天下有未亲者焉，吾心未尽也；吾之君臣义矣，而天下有未义者焉，吾心未尽也；吾之夫妇别矣，长幼序矣，朋友信矣，而天下有未别、未序、未信者焉，吾心未尽也。吾之一家饱暖逸乐矣，而天下有未饱暖逸乐者焉，其能以亲乎？义乎？别、序、信乎？吾心未尽也；故于是有纪纲政事之设焉，有礼乐教化之施焉，凡以裁成辅相、成己成物，而求尽吾心焉耳。心尽而家以齐，国以治，天下以平。故圣人之学不出乎尽心。”[①] 这里，“吾之君臣义矣，而天下有未义者焉，吾心未尽也”分明是说：我与君的关系已处在“义”的状态，但只要天下有一人其君臣关系未至此状态，我就有责任让这个人的君臣关系达至“义”之状态。同理，我与“妇”的关系已处在“别”的状态，但只要天下有一人其夫妇关系未至此状态，我就有责任让这个人的夫妇关系达至“别”之状态。而“**于是有纪纲政事之设焉，有礼乐教化之施焉**”，亦不过是说通过政教活动让未亲、未义、未别、未序、未信的父子、君臣、夫妇、长幼、朋友达到亲、义、别、序、信。

不过，另一方面不可否认的是，在孟子亲亲—仁民—爱物的论述中，“亲”字只具有建构家族伦理的意义，而在阳明的亲民论述中，“亲”拥有了安顿普遍的社会秩序、宇宙秩序的意义。熊十力曾对孟子有以下微词：“其明人伦，即以孝弟为德之基，宋明儒所宗主者在是。然专以孝弟言教言治，终不无偏……孟氏似未免为宗法社会之道德训条所拘束，守其义而莫能推，则家庭私恩过重而泛爱众之普感易受阻遏。孟氏极反墨

（接上页）传贤而不传子也。‘选贤与能’，诸侯国不传世，惟贤能者则选而用之也。”“‘天下为家’，传子不传贤也。大人，诸侯也。父子曰世，兄弟曰及，谓父传国于子，无子则传弟也。”孙希旦：《礼记集解》，中华书局，1989年，第582—583页。今人受康有为与共产主义者对大同解释之影响，多将“不独亲其亲”“不独子其子”理解为财产公有化，对社会所有成员都一视同仁。见陈正焱、林其锬：《中国古代大同思想研究》，香港中华书局，1988年，第91页。

① 王守仁撰，吴光等编校：《王阳明全集》卷七，第257页。

翟兼爱，实则人鲜能兼爱也，而更反之，其忍乎？孝弟诚不可薄，而格物之学不讲，兼爱兼利之道未宏，则新社会制度将莫由创建，民主政治何可企及？孟氏似未免为宗法所拘也，宋明儒传孟学者，于此鲜能了悟。”[①]而对宋儒非议墨子兼爱之论，熊十力亦持类似批判态度。如所周知，宋儒以理一分殊架构将儒家的仁爱与墨子的兼爱加以区隔。熊十力认为宋儒不解人情：“人情虽日思兼爱，毕竟爱他人，不如自爱之切也。分殊易知。而敦夫理之一者至难也。夫日以兼爱之道，警惕其心，犹不胜私情之弊也。而况可非兼爱以护其私乎？”[②]熊十力对孟子的批评是否合理，值得斟酌。其一，孟子固然有“亲亲，仁也”（《告子下》《尽心上》）与“仁之实，事亲是也”（《离娄上》）之说法，此仅谓仁之实体现于事亲之中，而非谓事亲之外别无他事可称为“仁”。另外，“亲”“爱”二字亦尝被用于尊长对待卑幼及兄对弟的情形，《尽心下》孟子斥梁惠王“驱其所爱子弟以殉之”，《万章上》云“仁之于弟也，……亲爱之而已矣”。“爱”字也泛泛地用在所有人身上，如“仁者爱人，……爱人者，人恒爱之”。而在《梁惠王下》中，“亲”字则用于民对君主的爱戴上面：“君行仁政，斯民亲其上死其长矣。”《离娄上》也有“爱人不亲反其仁”的说法。“君子之于物也，爱之而弗仁；于民也，仁之而弗亲。亲亲而仁民，仁民而爱物。”（《尽心上》）此“君子之于物也”一章中，“仁之而弗亲”之“亲”字显然表示“最高层的仁”，“仁”字则是“次高层的仁”，而“爱”则属于“最低层的仁”。故“亲、仁、爱”三字可用作同义，但在表示仁的程度时，则分别使用：称最高层为亲，次高层为仁，最低层为爱。[③]其二，实际上理学家中不乏将孟子仁爱与墨子兼爱加以“调适融摄”之尝试。罗汝芳称“仁孝无别”：“仁是天地生生之大德，而吾人从父母一体而分，亦是一团生意。……遇人遇物，必能方便慈惠，周恤溥济，又安有残忍戕贼之私耶？”弟子质疑

---

① 熊十力：《论六经》，《熊十力全集》（第五卷），第 580—581 页。

② 熊十力：《读经示要》，《熊十力全集》（第三卷），第 800 页。

③ 陈大齐：《孟子待解录》，台湾商务印书馆，1980 年，第 26—31 页。

说："此恐流于兼爱。"罗子曰："子恐乎决不流矣。吾亦恐也心尚残忍，无爱之可流。"冯从吾(《少墟集》卷八)赞罗汝芳此数语"**甚是痛快，学者不可不潜心味之**"，又说，初学之士"尚不能以父母、兄弟、妻子、奴仆为一体，若借口于兼爱之非，而不以天地万物为一体，则其流弊又当何如！"在冯从吾看来，儒家一体之仁中，自有差等，不可一讲万物一体就一概斥之为"兼所爱""兼所养"。当然理学家也从未完全将儒家仁爱与墨子兼爱混同不分，还是以冯从吾为例，他指出：杨氏"为我"，唯知有我，举"亲"与"民物"而置之度外，是不知养身之说也，固不得谓之仁也；墨氏"兼爱"，爱无差等，举"亲"与"民物"而混之无别，是徒知养身，而不知考其善不善之说也，亦不得谓之仁也。"体"之一字不明，又何论以天地万物为一体哉！吾儒之于天地万物痛痒原自相关，等杀又自有辨，**固不忍置亲与民物于度外，亦不忍混亲与民物于无别**。故曰："亲亲而仁民，仁民而爱物。"[①] 何等恻怛！何等斟酌！不过熊十力对儒家"亲民"思想的理解已经染上了社会主义、共产主义的色彩，不仅与孟子有别，即便与泛亲化的阳明相比也有重要的差别。其论《礼运》篇"人不独亲其亲，不独子其子"时指出，"不独者"，"敬爱已之父母，而于其他老人亦敬爱焉，犹己之父母也"，"慈爱己之子女，而与其他幼儿亦慈爱焉，犹己之子女也"。此即意味着"废除各各独立私营的家庭制"，"使庶民一切互相合作，组成共同生活的团体"。如此，"人类始得发扬其普遍敬老、普遍慈幼，如此广大的新道德"，"天下之人人同享天下一家之乐"。[②] 显然，这跟康有为《大同书》中的"去家界"的设想是一脉相承的，传统万物一体、天下一家的理想均未臻此社会理想境界。

为儒家等差之爱力辩的贺麟也指出需要对等差之爱提出两条重要的补充：

---

① 冯从吾：《少墟集》卷八，《景印文渊阁四库全书》(第1293册)，第15—16页。

② 熊十力：《乾坤衍》，《熊十力全集》(第七卷)，第386—387页。

第一，就等差之爱为自然心理情感言，实有三种不同的等差标准，一为以亲属关系为准的等差之爱，此为传统儒家提出的以维系五伦的说法，一为以物为准的等差之爱，外物本身的价值有高下，其引诱力有大小，故我们爱物的情感亦随之有差等。一为以知识或以精神的契合为准的等差之爱，人对其相知深、精神契合的人较之泛泛之交者，其爱自有深浅之别。“若忽略了以物本身的价值及以精神的契合为准的等差爱，而偏重以亲属关系的等差爱，则未免失之狭隘，为宗法的观念所束缚，而不能领会真正的精神的爱。”

第二，就普爱而言，爱仇敌之说，若加以善意理解，确有其深意，且与等差之爱不相违背。“所谓普爱者，即视此仁爱之心如温煦的阳光，以仁心普爱一切，犹如日光之普照，春风之普被，春雨之普润，打破基于世间地位的小己的人我之别、亲疏之分。此种普爱，一方面而可以扶助善人，鼓舞善人，一方面可以感化恶人于无形。普爱观念的最极端的表现，见于耶稣‘无敌恶’、‘爱仇敌’的教训。盖如果你既然抱感化恶人的襟怀，你又何必处于与恶相敌对的地位呢？你既与恶人站在你死我活的敌对地位，你如何能感化恶人呢？必定要超然处于小己的利害、世俗善恶计较之外，才可以感化恶人。……至于爱仇敌之教，完全不是从政治、军事或狭义的道德立场说的。……凡被持爱仇敌之教的人，大都是站在宗教的精神修养的观点来说。因为最伟大的征服是精神的征服，而真正的最后的胜利（《易经》上叫做‘贞胜’）必是精神的胜利，惟有具有爱仇敌的襟怀的人方能取得精神的征服或贞胜。斯宾诺莎说：‘心灵非武力所能征服，惟有仁爱与德量可以征服之。’盖必须襟怀广大、度量宽宏的人，方能爱仇敌，方能赢得精神的征服。所以普爱似乎不是可望一般人实行的道德命令，而是集义集德所达到的一种精神境界，大概先平实地从等差之爱着手，推广推充，有了老安少怀，己饥己弱（‘弱’当为‘溺’——引者），泯除小己恩德的胸襟，就是普爱或至少距普爱的理想不远了。此处所谓普爱，比墨子所讲的兼爱深刻多了。墨子完全从外表的、理智计较的、实用主义的观点以讲兼爱，当然经不起孟子的驳斥了。”[①]

贺麟的这两点补充的确非常重要！就第一点补充而论，他在五伦关系之外，点出“精神契合”一维，实则正是阳明学友伦一维的引申，而“物本身的价值”一维，则亦不外是山川、鬼神、鸟兽、草木、瓦石存有连续体简缩的说法。王阳明在《大学问》中分别以“怵惕恻隐之心”“不忍之心”“悯恤之心”“顾惜之心”描述吾人见“孺子之入井”“鸟兽之哀鸣觳觫”“草木之摧折”“瓦石之毁坏”之爱人、爱物之情感反应，也正可以见出贺麟所谓的爱物情感的差等性。就第二点补充而论，王阳明亲民论中与天地万物皆成“一家之亲”的说法也可以印证贺麟儒家的差等之爱由推广扩充最终会与普爱趋近这一说法。

印顺也曾指出儒家重于“家本位”的德化政治理念，乃至过于“拘泥于”齐家、治国，由亲近而疏远的次第。家国天下自然有其次第，但却因人而异，有的注重家庭，有的注重国家，有的注重人类，过分偏重家庭，则不免一心只为光宗耀祖，只为妻子儿女，而“漠视国家与全人类的利益”，至于有人以众生的利益为目标，而不局限于家庭乃至国家，或为科学、艺术、哲学而献身，儒家囿于传统的观念而无法予以理解同情。[②]

在王阳明临终之前所撰的《答聂文蔚二》（束景南先生认为该书作于嘉靖七年七月而非《年谱》所系十月）中，就聂豹书信中致良知之工夫“求之于事亲敬长之间，便觉有所持循”的说法[③]，阳明一方面称赞聂豹用功“真切笃实”，但另一方面则强调不可“以此遂为定说教人”：

---

① 贺麟：《文化与人生》，第56—57页。

② 印顺：《我的宗教观》，台北正闻出版社，1992年修订一版，第136—137页。

③《启阳明先生》，吴可为编校整理：《聂豹集》卷八，凤凰出版社，2007年，第235页。

盖良知只是一个天理，自然明觉发见处，只是一个真诚恻怛，便是他本体。故致此良知之真诚恻怛，以事亲便是孝；致此良知之真诚恻怛以从兄便是弟；致此良知之真诚恻怛以事君便是忠：只是一个良知，一个真诚恻怛。若是从兄的良知不能致其真诚恻怛，即是事亲的良知不能致其真诚恻怛矣，事君的良知不能致其真诚恻怛，即是从兄的良知不能致其真诚恻怛矣。故致得事君的良知，便是致却从兄的良知；致得从兄的良知，便是致却事亲的良知；**不是事君的良知不能致，却须又从事亲的良知上去扩充将来。**如此，又是脱却**本原**，著在支节上求了。**良知只是一个，随他发见流行处，当下具足，更无去来，不须假借。**然其发见流行处，却自有轻重厚薄，毫发不容增减者，所谓天然自有之中也。虽则轻重厚薄，毫发不容增减，而厚（“厚”当为“原”之误——引者）又只是一个；虽则只是一个，而其间轻重厚薄，又毫发不容增减：若可得增减，若须假借，即已非其真诚恻怛之本体矣；此良知之妙用，所以无方体，无穷尽，语大天下莫能载，语小天下莫能破者也。……明道云：“行仁自孝弟始。孝弟是仁之一事，谓之行仁之本则可，谓是仁之本则不可。”其说是矣。[①]

此即意味着良知是人感应天地万物的一种整体道德能力，从兄、事君、亲民皆由真诚恻怛的本心由衷而发，而非从“事亲的良知上去扩充将来”的结果。王阳明援引程颢孝弟是“行仁之本”而非“仁之本”的说法，亦无非表明孝弟是体认“仁”最为真切笃实之处，但仁本身则不仅只是孝弟，与天地万物皆成一家之亲方是仁之全体大用。阳明虽也强调发见流行处自有“轻重厚薄”，但这与《传习录》上卷第93条万物一体之仁“其流行发生，亦只有个渐”的说法还是有着微妙的区别。阳明称倘事君的良知

① 《传习录中》，王守仁撰，吴光等编校：《王阳明全集》卷二，第84—85页。

不能致，“却须又从事亲的良知上去扩充将来”乃是“脱却本原”，是“著在支节上求”，此更是摆明事君、处友、仁民、爱物之能力都是“本原”能力。

王阳明明德亲民之学的“泛亲化”论述确实提供了创建“新社会制度”的精神资源。这种强烈的“泛亲化”论述与“天下一家”“中国一人”论述结合在一起构成了重新整顿社会秩序的最内在的精神动力，而由此精神动力激发的“同志”自觉“结社”为一友爱共同体，阳明后学中“友道第一”的观念也应运而生。聚天下人豪，一起成就“宰宇宙而命维新”之“万古大事”，成了泰州学派念兹在兹的历史使命。[①]何心隐“兹欲聚友，以成孔氏家”则奏出了这一时代精神的最强音。

五　亲民说的历史效应

王阳明“明德亲民之学”具有强烈的自我转化与转化世界的一体两面性，真正能承继、张扬与发展这一精神的当首推泰州学派的奠定者王艮。

王艮将乃师的明德亲民之学称为“尧舜之道”“天德王道”，而其实质即是由“万物一体之仁”“天地好生之心”而落实为“万物一体之政”。为此，在理论上他提出以师道自任的主张：

> “出必为帝者师”，言必尊信吾“修身立本”之学，足以起人君之“敬信”，“来王者之取法”，夫然后“道可传”，亦“可行”矣。……斯“出”不“遗本”矣。“处必为天下万世师”，言必与吾人讲明“修身立本”之学，使为法于天下，可传于后世，夫然后“立”必俱“立”，“达”必俱“达”。……斯“处”不“遗末”矣。……夫是谓“明德”“亲

① 颜钧著，黄宣民点校：《颜钧集》卷一，中国社会科学出版社，1996年，第8页。

民”“止至善”矣。[①]

“大丈夫”无论“出”与“处”、“有位”与“无位”，均心系“明德亲民”之“王道”。而所谓“王道”亦无非阳明反复强调的“教”与“养”两端，“养”为“民生”，务在使民“饱食暖衣逸居”；“教”为“风俗”，务在让“君为尧舜之君”，让“民为尧舜之民”，“人人君子，比屋可封”。“养之有道，教之有方”，儒家的王道并不是遥不可及的“乌托邦”，王艮提出了一系列具体的生养之道与教化之方。[②] 最值得注意的是，王艮“不失时机地”在其家乡落实其念兹在兹的“教养之道”。其家乡安丰场由于灶产不均，贫者失业，社会乱象丛生。王艮遂提出“均分草荡”的建议，并得到了官府的支持。王艮竭心经画，测量草荡面积，确定盐丁人数，草荡、灰场、住基、灶基、粮田、坟墓等地，一一勘察，在此基础上实行均分、摊平。王艮还将此“均分草荡，裂土之享”的地方实践上升到“裂土封疆，王者之作”这一政治哲学的高度。[③] 可以想象，倘王艮真拥有“王者”的权力，必会有一番“天翻地覆慨而慷”的作为。

作为“平民哲学家”的王艮从不安于其“草莽匹夫”之位，自称“尧舜君民之心，未尝一日忘”。这种一意“不袭时位”而“熔铸天下”的情怀自有其政治上“不正确”的一面，管志道云：“盖至于泰州王氏而素王之僭，亦彰夫子不与‘礼乐征伐自诸侯出’，而王氏则与道统自庶人出，无乃以师道蔽臣道，而启天下卑君之心乎？”确实，王艮对明德亲民之学的阐述看似与阳明并无本质区别，但阳明思想虽有觉民行道乃至“四民异业而同道”的一面，但整体上仍是一种“精英”论述，而王艮之学的“危险性”

---

① 王艮撰，陈祝生等校点：《王心斋全集》卷一，第 39—40 页。

② 详见其《王道论》与《与南都诸友》。对王艮王道论的评述参侯外庐等主编：《宋明理学史》（下），第 443—446 页；余蓓荷（Monika Übelhör）著，邱黄海、李明辉译：《王艮及其学说》，“中央研究院”中国文哲研究所，2018 年，第 157—180 页；吴震：《泰州学派研究》，第 159—167 页。

③ 王艮撰，陈祝生等校点：《王心斋全集》卷二，第 66 页。

在于:“和谐的秩序并非来自知识阶层的较佳洞察力及其统治术”,“只当包括平民百姓在内的一切参与者,皆同意社会和谐的根本原则,并主动地促成其实现时,和谐的秩序方得到保证”,因此先觉者的使命即在于“引导所有人(而不只是少数菁英阶层)去了解这项原则”。[①] 可谓江鱼化龙,野老成圣,两亿神州尽舜尧! 更令精英阶层不安的是,王艮“张学帜而煽游风”的讲学活动打破了四民的界限。管志道称,农工商贾,各有生理,各安其职,惟僧、道因游“方外”故听其云游以究其大事,从未闻有“不士农、不缁黄借讲道以遨游者”。“不士农、不缁黄而以讲道遨游天下,自心斋始也。”不啻如此,“侵天子之道权,以先觉觉后觉作周流之题目者,亦自心斋始也”;到处以师道自居,“以道术养虚骄者”,自心斋始也;“达则兼善天下,穷则兼善万世”,“以儒学卑帝道者”,自心斋始也。……“自汉及今,凡结千百人而成会者,多在空门讲法之场,未闻儒门辨志辅仁而招集千百成群者。招集千百而移空门之讲场于儒门者,亦自心斋始也。”[②] 可见,王艮明德亲民之学无论对于传统的四民秩序、帝王之道的权威地位皆具有强烈的“颠覆性”(“率天下之农工商贾皆当章甫缝掖,与衣冠伍,而域中将无往役之庶人矣”),宜乎管志道称颜钧、何心隐为“霸儒”,称其学为“狂学”“霸学”。

何心隐以宗族为单位试图建构一种理想基层单位(“聚合堂”)更被视为是“一次乌托邦实验”,其理想接近于恩格斯所说的近代乌托邦社会主义先驱的思想。他所创办的聚合堂比著名的空想社会主义者欧文在美国印第安纳州创办的“纽哈蒙尼”公社(新和谐村)还要早二百五十年。[③] 故有论者称何心隐作为理想社会的追寻者,是为古代乌托邦奔走呼号而

---

① 余蓓荷著,邱黄海、李明辉译:《王艮及其学说》,第 96 页。吴震指出,王艮“帝者师”的说法本身就会遭到士人阶层的“过敏反应”。胡直、管志道均对王艮师道思想中的“危险性质”持严厉批评态度。见吴震:《泰州学派研究》,第 148、187—189 页。

② 管志道:《答吴处士熙宇书》,《续问辨牍》卷四,《四库全书存目丛书·子部八八》,第 177—178 页。

③ 陈正焱、林其锬:《中国古代大同思想研究》,第 306、316 页。

壮烈牺牲的第一个人！[①] 何心隐乌托邦实验的精神资源毫无疑问也是出自阳明的“泛亲化”论述，其《原人》曰：“仁无有不亲也，惟亲亲为大，非徒父子之亲亲已也，亦惟亲其所可亲，以至凡有血气之莫不亲，则亲又莫大于斯。亲斯足以广其居，以覆天下之居，斯足以象仁也。义无有不尊也，惟尊贤之为大，非徒君臣之尊贤已也，亦惟尊其所可尊，以至凡有血气之莫不尊，则尊又莫大于斯。尊斯足以正其路，以达天下之路，斯足以象义也。”[②] “凡有血气之莫不亲”“凡有血气之莫不尊”，显然在阳明“泛亲化”论述的基调下又涂抹了一重“泛尊化”色彩。“亲”拉近了距离，让陌生者变得“可亲”；“尊”保持了间距，让可亲者变得“可尊”。既“亲”且“尊”，才是仁义之道的精神实质！聚合堂运作模式计有：(1)“合族始聚以和”，“有教有养”。(2)设“率教”“率养”各一人，并在其下设“辅教”“辅养”各二人，全面负责聚合堂所有成员的文化教育与经济管理工作。(3)全族实施义务教育。(4)筹资金、设义田、储公廪，在合族之内对鳏寡孤独实行集体救济，对冠婚丧祭赋役，一律通其有无。[③] 这可以说是把王阳明所设想的“泛亲化”中的“教”与“养”两端完全建制化的一种尝试。沟口雄三认为阳明学在社会史中的作用是使朱子学以官僚为本位的道德治世之学转向以民间为本位的道德秩序之学，把儒家士大夫修己治人之学扩大为民间日常性生活规范，并由此而断定王阳明是“儒教的民间渗透之潮流推波助澜的关键人物”。沟口雄三还列举了王阳明本人在南赣推行乡约的事迹作为例证。[④] 泰州学派的言行可以印证沟口雄三的这一观察。

王阳明“明德亲民之学”不仅引导着中晚明王学日趋扎根民间这一

---

① 吴雁南：《阳明学与近世中国》，第 89 页。

② 容肇祖整理：《何心隐集》卷二，第 27 页。

③ 陈正焱、林其锬：《中国古代大同思想研究》，第 311—313 页。另参侯外庐：《中国思想通史》第四卷（下），人民出版社，1960 年，第 1018—1030 页。

④ 沟口雄三著，王瑞根译：《中国的冲击》，第 133—134 页。

思想走向，而且对近现代中国社会整体秩序的重构也产生了重要影响。

学界通常认定梁启超《新民说》拉开了近现代中国“新民”话语、改造“国民性”话语的大幕。“新国民”“新文化”“新中国”“新人”等等“新”话语确实折射出朱子改订的《大学》“新民”话语的历史影响力[①]，但在近现代中国启发愚蒙的“新”话语涌起的背后则是仁人志士“天下一个，万物一体”的救世情怀。王阳明晚年一系列“泛亲化”论述将儒家的政治理想提升到一个新的高度。如何将家庭所滋润的“亲亲”之情推扩到社会之中，进而将整个社会构造为“一家之亲”的共同体，正是近现代中国社会秩序重构中的一种内生性的精神资源与精神动力。[②] 如所周知，随着基督教义在晚清的传播，知识界往往以“博爱”或“兼爱”接引基督教之爱的理念，法国大革命的三面大旗也被译为“自由、平等、博爱”，但在 20 世纪初，“亲爱”一词往往取代“博爱”的用法，如梁启超在其空想小说《新中国未来记》（1902 年）中就将法国大革命所推崇的自由、平等、博爱称为“自由、平等、亲爱”。蔡元培在其《对于新教育之意见》（1912 年）一文中明确将新时代的“公民道德”教育的内容称为“自由、平等、亲爱”，就“亲爱”一项，他援引人溺己溺、人饥己饥、“凡天下疲癃残疾茕独鳏寡，皆吾兄弟之颠连而无告者也”等传统儒者的说法，并断定“孔子‘己欲立而立人，己欲达而达人’，亲爱之谓也”。“道德之要旨，尽于是矣。”[③]“亲爱”一词固可以说是“亲亲—仁民—爱物”之简称，但将之与西方基督教文明中的“博爱”等同，则无疑体现了“爱”之“一家之亲”“一体之亲”的精神。刘师培《中国民约精义》在引用王阳明《书赵孟立卷》（“赵孟立”原书误为“赵立孟”）亲民话语后即加以引申说：阳明良知说与卢梭性善说相同，后者《民约论》所倡导的平等自由之精理，皆为阳明

① 当然，近现代的新民论与朱子的新民论有着本质的区别，详见高瑞泉：《中国现代精神传统——中国的现代性观念谱系》（增补本），第 387—432 页。

② 详见本书第二章《“大抵心安即是家”：阳明学“家”哲学及其现代影响》。

③ 蔡元培：《蔡元培文录》，商务印书馆，2019 年，第 96—97 页。

良知之说所蕴含。[①]

而在现代新儒家的论述中，王阳明“明德亲民之学”由于强调“教养”义更被视为是对“专制政治”的一种“抗议”。徐复观指出：**“养”与“教”的关系不仅是政治上的一种程序问题，而实系政治上的基本方向问题**。儒家之“养”重于“教”，是说明人民自然生命的本身就是政治之目的，其他设施只是为达到此一目的的手段。这种以人民自然生命之生存为目的的政治思想，说明人的基本权利是生而就有，不受其他任何人为事物的规定限制，因而实含有“**天赋人权**”的用意。政治系为人民而存在，人民不是为政治而存在。而法家则以耕战之民为富国强兵的手段，人民自己生存的本身不是目的，由人民的生存而达到富国强兵才是目的，于是人民直接成为政治上之一种工具，间接即成为统治者之一种工具，此是中国古代法西斯思想。要之，专制政治往往以“新民”作为道德的幌子而行压榨人民生命财产之实。[②] 阳明再三反复于《大学》上的“亲”字与“新”字的一字之争，揭示了这样一个真理：“只有以养民为内容的亲民，才是统治者对人民的真正试金石，而无法行其伪。”所以王阳明反对改“亲民”为“新民”，乃有其“伟大的政治意义”。[③]

六　亲民说的当代意义

王阳明“明德亲民之学”中的“泛亲化”思想于当今时代仍具有多重启示意义。(1)“一家之亲”的情感仍然是现代社会团结的纽带；(2)市场经济也需要“亲”作为润滑剂；(3)现代“家园”生活中，“鸟兽草木”的

---

① 刘师培：《仪征刘申叔遗书》，第 1723 页。

② 徐复观：《释〈论语〉“民无信不立”》，《中国思想史论集续篇》，上海书店出版社，2004 年，第 267 页。

③ 徐复观：《中国人性论史 · 先秦篇》，第 258—259 页。对现代新儒家的亲民论述参陈立胜：《“新民”与“亲民”：从传统到现代》，《华东师范大学学报》2010 年第 3 期。

家宠化也折射出人类“万物一体”的隐秘渴望；（4）王阳明“王道”政治理念更为当代中国“文明国家”的想象提供了丰富的精神资源。

中国百年大变局其实质即是从滕尼斯所谓的传统“共同体”向现代“社会”过渡之变局，是传统农耕文明、手工作坊生产方式向现代工业文明、大机器生产方式过渡之变局。传统的亲缘共同体被拆解、打散为一个个“个体”，成为“国民之一分子”、“人道之一阿屯”（“阿屯”为“原子”/atom 之音译）。家庭与乡井是人之归属感的“原型”（prototype），是人类团结的精神原乡。现代人把各种本无血缘关系的现代组织依然称为“家”如“职工之家”“士兵之家”“党员之家”等等以期达到“一家亲”（如称“军民一家亲”“民族团结一家亲”），这与王阳明“明德亲民之学”的泛亲化论述是一致的。

冷冰冰的市场经济以其无坚不摧的力量，撕下了罩在人际关系上温情脉脉的面纱。然而流行多年的网络词“亲”“亲们”不仅成为有共同爱好的群体成员之间的相互称呼，也成为完全不相熟悉的“买家”与“卖家”之间的相互称呼。这无疑反映了“陌生人”社会也需要“亲情”的滋润，市场经济下人和人之间除了赤裸裸的利害关系，除了冷酷无情的“现金交易”，也还需要一点“别的联系”。在此语境中，“亲”“亲们”实则是把本是“陌生”的面孔、本是基于市场交易原则运作的买卖双方“解纽”，使之失去原有的定位而重新定位于“亲缘之纽”中，从而唤起某种类似亲人之间的相互信赖感与亲近感。

当今时代，家养宠物如猫、狗日益成为“家庭成员”，宠物美容、宠物学校对宠物的“美化”“教化”在某种意义上已经越来越趋于阳明所谓的兼“教养”义的“亲化”。鼠、龟乃至甲虫也成为现代都市人的“家宠”，这会不会让人联想到“鸟兽草木”“莫不**实**有以**亲**之”“**实**与之为**一体**”这一类阳明泛亲化的话语呢？人是天—地—人存有连续体中的一个存在者，惟有在此连续体中人才会有“在家感”，才会生“与自家意思一般”的活趣、生机与愉悦感。“人之在天地，如鱼在水，不知有水，直待出水，方知动不得。”[①] 在此意义上，猫、狗、鼠、龟成为“家宠”不也折射出现代人对日益离我们远去的“存有连续体”的留恋之情吗？只是将一些“未驯化”或“非本土”的动植物抽离其“原乡”（“原生地”）而“安置”于人类的“家园”中，成为现代都市的“动物园”“植物园”中被“观赏”的“演员”，或者成为“家庭”中的“成员”，这还是王阳明万物一体意义上的“得其所”吗？[②]

王阳明明德亲民之学所彰显的“王道”意识在道术为天下裂的现代世界更具有振聋发聩的意义。在阳明泛亲化的王道政治论述中，“仁爱恻怛之诚”是“仁政”“王道”的精神源头，换言之，“政治”的根基在于“万物一体之仁”。牟宗三曾将中国文化模式概之为“正德、利用、厚生”，并称这是一“道德政治的观念模型”，是一“仁的系统”。[③] 由此王道政治理念来审视当下流行一时的施密特的“政治”概念，则必会对其民族国家的政治中的“霸道”性保持清醒的认识。施密特将政治现象视为一“自主的现象”，其基本问题是分清敌友：有别于道德（善与恶）、审美（美与丑）与经济（利与害）现象，敌友现象是自成一类的独立现象，此是政治的本

---

① 《河南二程遗书》卷二上，程颢、程颐著，王孝鱼点校：《二程集》，第 43 页。

② “得其所”不外乎《庄子 · 至乐》所谓“以鸟养养鸟”之义：“昔者海鸟止于鲁郊，鲁侯御而觞之于庙，奏九韶以为乐，具太牢以为膳。鸟乃眩视忧悲，不敢食一脔，不敢饮一杯，三日而死。此以己养养鸟也，非以鸟养养鸟也。**夫以鸟养养鸟者，宜栖之深林，游之坛陆，浮之江湖，食之鳅鲦，随行列而止，逶迤而处。**”质言之，站在“鸟的立场”养鸟，需要阳明王亲民工夫：“惩己之忿”“窒己之欲”，因以得鸟之所恶、鸟之所好。程颐家人买鱼子食猫，程颐见鱼子“煦沫”，遂生不忍之心，择捡可生者放于书斋前石盆池中，鱼子后成小鱼，程颐遂撰《养鱼记》一文。文中曰：“**洋洋然，鱼之得其所也**。终观之，戚戚焉，吾之感于中也。……鱼乎！鱼乎！细钩密网，吾不得禁之于彼，炮燔咀嚼，吾得免尔于此。**吾知江海之大，足使尔遂其性**，思置汝于彼，而未得其路，徒能以斗斛之水，生汝之命。生汝诚吾心。汝得生已多，万类天地中，吾心将奈何？鱼乎！鱼乎！感吾心之戚戚者，岂止鱼而已乎？”现代西方圣哲史怀哲倡导“敬畏生命”，“敬畏”之为敬畏亦不外乎让生命“得其所”。今人将在“黑夜的森林中，燃烧着的煌煌的火光”的猛虎“圈养”在动物园的笼子中，将在大海浪中畅游的鲸、豚关在水族箱，乃至“训练”它们成为“演员”，这究竟是让万物“得其所”“遂其性”，抑或只是满足人类一己之“猎奇”“控制”与“偷窥”的私欲？

③ 牟宗三：《道德理性主义》，《牟宗三先生全集》（第 9 册），第 126 页。

质规定性，而只有在战争中，这种本质的规定性才暴露无遗，战争即是敌友划分的“最极端后果”。政治领域所谓的“敌人”并不是泛泛意义上的竞争对手，也不是个人痛恨的私敌，敌人特指“公敌”，即基于公共性而非私人性的敌人，说白了即是国家的敌人。这一对“政治”的理解在本质上设定了“我们”与“他们”之间的隔阂乃至冲突的关系。一个超越“我们”与“他们”敌对状态意义上的“人类”的概念在本质上不是“政治”概念，换言之，一个只有“人类”而没有“我们”（朋友）与“他们”（敌人）之分的世界不是政治世界。政治世界的本质就是一敌友运作的场域。故在施密特看来，一个彻底消除了战争可能性的世界，一个完全和平的世界，因为不再存在敌友之分，故不复是一个政治的世界。在这样的世界中，可能还有对立、竞争，但却不再有“那种富有意义的对立”，那种让人为之牺牲生命，让人流血厮杀的“你死我活”的对立。政治世界这种敌我对立的逻辑在本质上乃奠基于人是一种“危险”的动物、一种天性就富有敌对心态的动物这一信念：“我们”（朋友）的意识始终是建立在与“他们”（敌人）的本质“隔阂”与“冲突”上面。[①]毫无疑问，施密特的政治哲学深刻揭示了现代民族国家世界体系内在的竞争性与冲突性的一面。倘这一“政治之为政治”的论述成立，以王阳明为代表的儒家王道政治根本就不具备所谓的“政治性”！它只不过是一种以政治的名义而伪装自己的道德理念！但倘我们立于阳明明德亲民之学所开显的王道立场，施密特所谓的现代民族国家的政治性不正是儒家所一向痛斥的“霸道”与“霸政”吗？

美国汉学家白鲁恂在其《中国人的政治文化》（*The Spirit of Chinese Politics: A Psychocultural Study of Authority Crisis in Political Development*）

① 西方政治哲学对政治现象究竟基于人类之间的“隔阂”抑或“统一”实有多种看法，施密特的政治理解亦不过是“一家之言”。对“隔阂”与“统一”的政治反思见格伦·廷德（Glenn Tinder）著，王宁坤译：《政治的思考：一些永久性的问题》，世界图书出版公司，2010年，第27—66页。

一书中称中国不仅是民族家园中的一个民族国家，更是一“伪装成国家的文明”。实际上早在上个世纪上半叶，罗素在其《中国问题》中就敏锐地指出，与其说中国是一个“政治实体”（“国家”），不如说中国是一个“文明实体”，一个“唯一从古代存留至今的文明”。[①]时人罗梦册撰《中国论》进一步指出“中国之国”不是“西洋近代产物之民族国家”，也不是西方意义上的传统“帝国”，而是一个“超族国”“反帝国”的“国家”，又是一个“天下”，一个“天下体系”“天下机构”或“天下国家”，故不是“一个狭隘的排他的族国”，也不是“一个征服镇压式的帝国”。[②]无论称中国是一个伪装为国家的文明，还是称中国是“天下国家”，对“中国之国”的性质之认识有一点是一致的，即中国文明是崇尚和平的文明。中国的“政治文化”是“人类社会中最和平的政治文化”。罗梦册还指出，“中国之路”不是“族国之路”，也不是“帝国之路”，而是“天下之路”“世界主义之路”“王道主义之路”，这条路通向浑然一体的“合”处与“一视同仁”的“平”处。而“合”与“平”背后是和平、太平，不合、不平背后是“仇恨”与“战争”。超越无兵戎、无迫害、无纷争的政治世界，而达到一富庶康乐、各得其所、各得其平的“最高级的政治境界”，一“民胞物与”“仁及禽兽草木”之境界，这才是中国之路的终极目标。[③]显然，罗梦册的“王道主义之路”乃是儒家传统仁政观、王道观在民族国家时代中的一种新的国家（“天下国”）想象。而今，“天下”话语再度成为崛起中的“中国”形成新的“自我认识”的一个“关键词”，无疑，旨在证成父子、兄弟、君臣、夫妇、朋友、山川鬼神鸟兽草木之间的“一体无间性”，旨在彻底打破“隔阂”从而走向天地万物“一家之亲”的王阳明“明德亲民之学”，对于我们建构一种新“国家性”之认同仍具有重要的启示意义！

---

① 罗素著，秦悦译：《中国问题》，学林出版社，1996 年，第 164 页。

② 罗梦册：《中国论》，商务印书馆，1943 年，第 9—11、23—25 页。

③ 罗梦册：《中国论》，第 14、61—62 页。

第四章　王阳明"四民异业而同道"新论

【本章摘要】王阳明《节庵方公墓表》因提供了所谓"弃儒就贾"的典型以及"四民异业而同道"论而被视为"新儒家社会思想史上一篇划时代的文献"，然而《墓表》实则是一"乌龙"之作，墓表主人公"未尝一日从商"。《墓表》的写作时间既非传统所系的嘉靖四年，亦非当今学者认定的正德五年，而是正德十一年，故称其为"晚年定见"并不确切。实际上，斥许衡"学者以治生为先"之说为"误人"，这是阳明一以贯之的立场。阳明"四民异业而同道"论固然是以儒学宗师身份对商人社会价值给予了明确肯定，却未放弃"士阶层"的精英意识，他对纵欲逐利与攀比嫉妒现象的批判未尝不是对"工商精神气质"（所谓"资本主义人之心性"）蔓延化现象的不满。要之，以"生人之道"贞定工商文化是《墓表》的宗旨所在。

一　余英时"定位说"之质疑

余英时先生积其一生深厚的治学经验，将上下数千年中国思想史的走势提纲挈领，概之为"四个最有突破性的转型期"。这四个突破期都发生在王朝的更替之际，依次是"春秋战国之际"（从"礼坏乐崩"到"道为天下裂"）、"汉晋之际"（"个体自由与群体秩序"）、"唐宋之际"（"回向三代与同治天下"）与"明清之际"（"**士商互动与觉民行道**"）。由此，中国思想的历史长河，源流脉络，条贯分明。不过，余先生在论证第四次重大突破时所使用的一个著名例证存在着不少问题，这个例证就是王阳明撰写的《节庵方公墓表》（以下简称《墓表》）。"最使我惊异的是王阳明文集中不但有一篇专为商人写的'墓表'（《节庵方公墓表》——引者），而且其中竟有'四民异业而同道'的一句话。这是儒家正式承认商业活动也应该包括在'道'之中了。"余先生由此而断定"16 世纪——即**王阳明**（1472—1529）**时代**——是中国思想史上第四次重大的突破"。[①]

这篇被余英时称为"新儒家社会思想史上一篇划时代的文献"的墓表文字并不长，节录于下：

> 苏之昆山有节庵方翁麟者，始为士，业举子，已而弃去，从其妻家朱氏居。朱故业商，其友曰："子乃去士而从商乎？"翁笑曰："子乌知士之不为商，而商之不为士乎？"其妻家劝之从事，遂为郡从事。其友曰："子又去士而从从事乎？"翁笑曰："子又乌知士之不为从事，而从事之不为士乎？"居久之，叹曰："吾愤世之碌碌者，刀锥利禄，而屑为此以矫俗振颓，乃今果不能为益也。"又复弃去。会岁歉，尽出其所有以赈饥乏。朝廷义其所为，荣之冠服。后复遥授建宁州吏目。翁视之萧然若无与，与其配朱竭力农耕植其家，以士业授二子鹏、凤，皆举进士，历官方面。翁既老，日与其乡士为诗酒会。乡人多能道其平生，皆磊落可异。**顾太史**九和云："吾尝见翁与其二子书，亹亹皆忠孝节义之言，出于流俗，类古之知道者。"阳明子曰："**古者四民异业而同道**，其尽心焉，一也。士以修治，农以具养，工以利器，商以通货，各就其资之所近，力之所及者而业焉，以求尽其心。其归要在于有益于生人之道，则一而已。士农以其尽心

① 余英时：《中国文化史通释》，生活·读书·新知三联书店，2011 年，第 19 页。

> 于修治具养者，而利器通货，犹其士与农也；工商以其尽心于利器通货者，而修治具养，犹其工与商也。故曰：四民异业而同道。……**自王道熄而学术乖**，人失其心，交骛于利以相驱轶，于是始有歆士而卑农，荣宦游而耻工贾。夷考其实，射时罔利有甚焉，特异其名耳。极其所趋，驾浮辞诡辩以诬世惑众，比之具养器货之益，罪浮而实反不逮。吾观方翁'士商从事'之喻，隐然有当于古四民之义，若有激而云者。呜呼！斯义之亡也久矣！……吾尝获交于翁二子，皆颖然敦古道，敏志于学。其居官临民，务在济世及物，求尽其心。吾以是得其源流，故为之论著之云耳。"翁既殁，葬于邑西马鞍山之麓。配朱孺人，有贤行，合葬焉。……[1]

余英时《中国近世宗教伦理与商人精神》一书用大量史料证成中国宗教伦理在"理想型"上恰好符合韦伯所说的新教伦理"入世苦行"的形态，这当然是对韦伯学说的重大修订，不过余先生补充说，肯定中国宗教伦理属于入世苦行一型，并不能因此而断定资本主义迟早会在中国出现，也不意味着韦伯新教伦理理论被动摇了，因为韦伯在《经济通史》中明确列举"合理的会计制度""市场自由""理性技术""可靠的法律""自由劳动力""经济生活商业化"为现代资本主义成立的前提，故韦伯的理论稍加调整仍然经得起考验，而于中国为何没有出现资本主义，则其原因虽不在缺乏"入世苦行"伦理，却缺乏一个政治与法律的"理性化过程"（the process of rationalization），而这仍然是一个韦伯式的答案。这一系列的看法着实既体现了余先生历史学家的大局观与卓见，也让我们领略了其治学之严谨与立论之圆融。余先生将阳明《墓表》中的"四民异业而同道"论放到中国"入世苦行"的伦理形态中加以阐释，认为阳明的致良知教在满足士阶层谈本体、说工夫的学问要求的同时，也适合社会大众的精神

① 王守仁撰，吴光等编校：《王阳明全集》卷二十五，第940—941页。

需要，打破了朱子读书明理之教在“新儒家伦理和农工商贾之间所造成的隔阂”，此与欧洲中古寺院中的出世清修转化为俗世众生的入世苦行、新禅宗的“若欲修行，在家亦得，不由在寺”互相交映。余先生又援引焦循“紫阳之学所以教天下之君子，阳明之学所以教天下之小人”而发挥说，阳明学的通俗化使新儒家伦理直接通向社会大众：“新儒家之有阳明学，正如佛教之有新禅宗：佛教在中国的发展至新禅宗才真正找到了归宿；新儒家的伦理也因阳明学的出现才走完了它的社会化的历程。”这跟沟口雄三阳明学是“儒教的大众化”的开始说是高度一致的。[①] 而在新儒家伦理向社会下层渗透的过程中，首先碰到的就是商人阶层，如何论证“商”的正当性？如何为“士”之“治生”现象提供理据？这是阳明学必须面对的问题，《墓表》恰恰给出了答案。

余英时辟专节《新四民论——士商关系的变化》讨论阳明《墓表》的思想史意义。概之有三：第一，方麟活动时期当在15世纪下半叶，他弃举业转而经商，这正是后世“弃儒就贾”的一个较早的典型。第二，由于方麟早年是“士”出身，曾充分地受到儒家思想的熏陶，他改行之后便自然把儒家的价值观带到“商”的阶层中去了，所以他给两个儿子写的信“皆忠孝节义之言，出于流俗，类古之知道者”。这便提供了一个具体的例证，说明儒家伦理是怎样和商人阶层发生关系的。第三，同时也是最有意义的一点，即王阳明本人对儒家四民论所提出的新观点。此表是王阳明卒前三年所作，可以说代表他的最后见解。[②] 要之，“王阳明以儒学宗师的身份对商人的社会价值给予明确的肯定，这真不能不说是新儒家

① “儒教自明代中叶始，作为世代的趋势，开始从士大夫、官僚的完成道德之学（朱子学为其典型）向作为庶民的道德实践的教义转变并展开。换言之，从这一时期开始，儒教开始作为大众的儒教在大众这一层面上普及开来。也就是说，中国阳明学在历史上的第一作用就在于‘儒教的大众化’。”沟口雄三著，孙军悦、李晓东译：《李卓吾·两种阳明学》，第251页。

② 余英时：《中国近世宗教伦理与商人精神》，安徽教育出版社，2001年，第72—73、174—176、199页。

伦理史上的一件大事了”，其历史意义不容低估。《墓表》不是“世俗的敷衍之作”，而是代表阳明本人的“真正看法”。与此相关，余先生还指出阳明对商业、治生的态度与其早年“许鲁斋谓学者以治生为先之说亦误人”的看法相比“要肯定得多”。

这四个结论皆值得商榷乃至质疑。所有问题都牵涉到《节庵方公墓表》的可靠性问题。《墓表》确实是一篇重要的文献，里面含有中晚明商业文化崛起的丰富信息。但不能不说，它的确是一“世俗敷衍之作”，甚至是一“乌龙”之作！《墓表》的主人公方麟“未尝一日从商”，余先生后世“弃儒就贾”的一个较早的典型说自不能成立；《墓表》真正的创作年份是正德十一年，而非“卒前三年所作”，故“晚年定见”说亦不妥当。学者以讲学为首务是阳明一以贯之的立场，故阳明对待商业的态度，晚年与早年相比也并未有实质的变化。基于以上考量，我尝试对《墓表》的立论，即“四民异业而同道”论其宗旨进行重新解读。

二 “四民异业而同道”论提出的历史真相

让我们先确定《墓表》的创作时间。

流行的《王阳明全集》卷二十五将《墓表》系为乙酉，即嘉靖四年（1525 年），王阳明病逝于嘉靖七年十一月二十九日（1529 年），余英时据此认定《墓表》为阳明“卒前三年所作，可以说代表他的最后见解”。

判断《墓表》成书年份的最佳根据即是《墓表》主人公逝世的年份以及《墓表》本身所承载的时间信息。《墓表》主人公不是普通的人物，他有两个很厉害的儿子，老大叫方鹏（1470—1540），老二叫方凤（1474—1550）。兄弟二人是同榜进士，艳称二方，名动一时。兄弟二人后来皆有作为，《明史》有传，也留下不少著述。方鹏《矫亭存稿》《矫亭续稿》与方凤《改亭奏草》《改亭存稿》被收入《四库全书》或《四库全书存目丛书》中而流传至今。方鹏于弘治十四年（辛酉，1501 年）中应天府乡试第二人，主试正是王阳明父亲王华，故王华是方鹏座主。所以束景南先生据方鹏所撰纪念王华的《祭座主太宰王公》(《矫亭存稿》卷三）一文，断定阳明当在弘治十四年已与方鹏认识。阳明所撰《墓表》并未记录方麟去世的年份，但方鹏在其自撰《矫亭先生生圹志》(《矫亭存稿》卷十五有收）中明确记载：“父节庵府君讳麟，例授福宁州幕宾，赠承德郎、礼部主事……正德戊辰，与母弟凤同举进士，授高等，任南京礼部主事，丁外艰。”束景南先生从《国朝献征略》所载方鹏自撰的《南京太常寺卿矫亭方公鹏生圹志》这几句话认定，方麟去世于正德五年（庚午，1510年)，彼时其子方鹏出任南京礼部主事，惟正因此，方麟才以子赠礼部主事。若嘉靖四年，方鹏已升按察司副使，不得赠礼部主事也。又阳明于《墓表》中称顾鼎臣（1473—1540）为“太史”，鼎臣，字九和，号未斋，苏州府昆山人。顾鼎臣弘治十八年举进士第一，授翰林修撰，故称其为“太史”；然其正德六年后已升春坊谕德，至嘉靖四年，已由吏部侍郎拜礼部尚书，若阳明《墓表》作于嘉靖四年，岂能称顾鼎臣为“太史”？由此可断定方麟卒于正德五年，阳明《墓表》作于同年十一月。盖阳明正德三、四年尚在贵州龙场驿，惟有正德五年十一月至南京，而方鹏此时亦在南京未去，故可请阳明为其父作墓表也。[①]束先生看似以强有力的证据证明《王阳明全集》将《墓表》系于嘉靖四年之误。束先生毫不犹豫在正德五年十一月下标以“**南京礼部主事方鹏来见，请为其父方麟作墓表**”，并指出《王阳明全集》将《墓表》系年于乙酉（嘉靖四年）“**乃大误**”。

余先生据以为论的《王阳明全集》的系年毫无疑问是错误的，但束先生的系年就可靠吗？

实际上，王阳明《节庵方公墓表》的题目完全是一误导人的标题。它很容易让人想当然认定《墓表》就是作于方麟去世之年。但只要细看《墓表》近乎结尾一句“配朱孺人，有贤行，合葬焉”，就不难推出《墓表》显

① 束景南：《王阳明年谱长编》，第580—581页。

系作于方麟夫妇合葬之时。此即意味着：除非方麟夫妇殁于同年，不然将《墓表》系于方麟去世之年肯定是不成立的。可是，就在束先生引《国朝献征略》所载方鹏自撰《南京太常寺卿矫亭方公鹏生圹志》中，方鹏自述“**丁外艰**”，接着就说“改南京刑部”，“升员外郎、**郎中**，**丁内艰**”，此即表明方母并不是与方父同年而逝的：方父去世在前，方鹏守父丧期满除服之后数年，即在其升郎中之职期间，其母才去世。邵宝所撰《方母太安人朱氏墓志铭》开篇云“太安人朱氏，今南京刑部福建司**郎中**鹏、浙江道监察御史凤之母也”[①]，由此更可断定，**方鹏具状请阳明撰写墓表，肯定不是在其任礼部主事时，而是在其任刑部郎中时**。束先生如对上述种种材料稍有留意，亦不会将《墓表》系年于正德五年，更不会断定“南京礼部主事方鹏来见，**请为其父方麟作墓表**”。此真可谓百密一疏，智者难免。

显然，《墓表》创作于方母去世之年，那么方母究竟殁于何年?

据方凤《明故矫亭方公配高淑人合葬行状》(《改亭续稿》卷三)，方鹏于乙亥升福建司郎中，丙子(正德十一年，1516 年)，丁内艰。又据邵宝《方母太安人朱氏墓志铭》，方母卒于“正德丙子六月三日”，“卒之明年，正德丙子(按：疑当为丁丑)二月二十有六日”方鹏、方凤将其父母合葬。由此可确知方母病逝于正德十一年。方鹏具状请阳明为其母撰写墓表当在正德十一年。束先生《王阳明年谱长编》正德五年“南京礼部主事方鹏来见，请为**其父**方麟作墓表”显系有误。[②]

那么，又如何解释阳明称顾鼎臣为“太史”这一现象？顾虽于弘治十八年(1505 年)状元及第，后来更是因善青词而备受嘉靖皇帝青睐，

---

① 邵宝：《容春堂后集》卷四，《景印文渊阁四库全书》(第 1258 册)，第 276—277 页。

② 值得指出的是，束景南先生将方凤疏荐起用阳明为馆阁之臣的时间系为正德十年，并引方凤《为乞恩休致事》如下：“臣原籍直隶苏州府昆山县人。由进士，正德三年任行人司行人。正德九年，钦升南京浙江道监察御史。正德十四年，丁忧。”(《王阳明年谱长编》，第 816 页)依此则方母应卒于正德十四年。但核实原文，束先生实是断章引证，原文为“……正德十四年，丁忧起复，改除湖广道监察御史”，方母卒于正德十一年，方凤丁忧三年期满而改任湖广道监察御史。详见方凤：《改亭奏草》，《四库全书存目丛书・史部六〇》，第 30 页。

乃至位列首辅，时人称其为“青词宰相”，然其早期仕途极其不顺：刚入官场不久就丁父忧，复出后不久又丁母忧，直到正德十一年五月辛卯（二十八日）方才升迁为左春坊左谕德兼侍读。这在《明武宗实录》（卷一三七）、陆深《光禄大夫柱国少保兼太子太傅礼部尚书武英殿大学士赠太保谥文康顾公行状》（《俨山集》卷八十）及张大复《昆山人物传》（卷六）中均明文可查，故前引束景南先生顾鼎臣正德六年升为春坊谕德的说法也是错误的。在顾鼎臣升迁的第五天（即六月初三）方母去世，阳明在撰写《墓表》时尚未得知顾鼎臣升迁一事，称其为“太史”自在情理之中。严格意义上说，《墓表》创作时间只能是在方母去世（正德十一年六月三日）至方母方父合葬（正德十二年二月二十六日）期间，如《墓表》作于正德十二年，顾鼎臣升任春坊谕德已超过半年之久，阳明不能不知道。基于此，笔者将《墓表》系年确定为正德十一年。

事情还没完。实际上，方鹏、方凤从来就未因其父墓表事而请求过阳明。

阳明与方鹏有书信往来，阳明原书今已佚。方鹏尝请其座主王华为其号“矫亭”作说，阳明书之，收入今《王阳明全集》卷七中。[①] 方鹏《与王阳明》云“昨承雄文赐教，非造理精到，用工纯熟，必不能吐词落笔谨严正大若是其至也”，看似对《矫亭说》之回应，然书中又谈论“徐君警敏之质”，书末径称“然得执事绪论，虽多未能卒解”，则“雄文”肯定另有所指。[②] 方凤任监察御史时亦曾疏荐阳明[③]，阳明平定宸濠之叛后，世宗敕诏召用，遭辅臣杨廷和等人阻拦；获封新建伯后，又屡遭谤议乃至弹劾。此时方凤又撰《为定国是以劝忠义事》称阳明厥功至伟，“舍九族之

---

① 束景南先生根据上海博物馆收藏的手迹纸本结尾一句（“秋卿方君时以矫名亭，尝请家君为之说，辄为书之”）推断《矫亭说》一文原作于正德九年，且为王华所作，阳明只是“书之”而已，至次年重新加以修订，遂以为己作矣。束景南：《阳明佚文辑考编年》，第366—367页。

② 《矫亭存稿》卷七，《四库全书存目丛书·集部六一》，第580—581页。

③ 方凤：《为崇古学用正人以裨圣治事》，《改亭奏草》，《四库全书存目丛书·史部六〇》，第5页。

命，为国家出死力”，并祈请世宗“力排群言，公定国是，将王守仁特加慰谕，以为忠义者之劝”。[①]可见，方氏兄弟诚为阳明故交。但两兄弟从未请阳明为其父作墓表。方鹏《书王阳明文集后》一文已道出实情：“昔我**先妣之葬**也，二泉邵公为之铭，复具状请阳明子表其墓。阳明失其状，不以告予，密与刘光禄取二泉文稿。刘与阳明同年，又与愚兄弟友善。刘误以先君墓志应之，未斋顾公所撰[②]，遂据以表，专主先君，而吾母特附见焉。予展读未竟，即卷而藏，不敢登石。他日，庄渠魏子于其文集中见之，谓予曰：‘文固佳，然不类尊公，奈何！’予告之故，相与叹息而已。”[③]此文分明点出方氏兄弟是请阳明为其母而非为其父撰墓表，阳明疏忽而将方母行状弄丢，只好向同年好友刘光禄求助。

王阳明弄丢方母材料为何不直接告诉方氏兄弟，反而向刘光禄密取二泉文稿呢？

刘光禄（1468—1536），名乾，字克柔，号毅斋，江阴人，与阳明同年（己未）进士，累官至光禄寺卿。邵二泉（1460—1527），名宝，成化二十年进士，官至礼部尚书，谥文庄。邵宝为李东阳弟子，在京与阳明多有

---

① 方凤《改亭奏草》卷首有王守仁题《读方侍卿奏议》一文，《四库提要》云：“其词凡近，不类守仁他作。”又说：“守仁于大礼一议，不甚非张璁、桂萼，其称‘大礼一疏，力折奸谀’，尤不似守仁之语。疑其后人假守仁之名以为重也。”实际上，阳明《与霍兀崖宫端》（《全集》卷二十一）已明确表示首肯霍韬、席书立场，因而亦与张璁、桂萼立场一致，故不可能称方凤一疏力折奸谀。值得一提的是，在大礼议问题上，方鹏、方凤兄弟立场相左，方鹏“独是”张璁之议，张璁引之为“同志”，方凤则以兄附张璁、桂萼议因并劾之，复又自劾以谢兄（事见《明史》卷二百八十二《列传一百三十三》及《苏州府志》卷九十二）。兄弟二人精神气质相近，乃至有“同胞”“同经”“同游乡学”“同游太学”“同登戊辰进士”“同为京朝官”“同为礼官”……“同乐退静厌烦嚣”“同有志于古学而有俗学之累”等等“二十同”（详见方鹏：《寿时鸣生辰序》，《矫亭存稿》卷一，《四库全书存目丛书·集部六一》，第520页），然而在大礼议问题上立场却又截然不同。而阳明虽首肯继统派立场，然其弟子中亦不乏继嗣派的支持者如邹守益、季本、马明衡、舒芬、夏良胜、应良、万潮等。可见，单纯以政治势力之争、以程朱理学与陆王心学之较量解释大礼议立场不同，是行不通的。王阳明及其门人在大礼议中的表现，详见任文利：《治道的历史之维：明代政治世界中的儒家》，中央编译出版社，2014年，第44—66页。

② 今《顾文康公集》（《四库全书存目丛书·集部五五》）未见此文，或已佚失。

③ 方鹏：《矫亭续稿》卷三，《四库全书存目丛书·集部六二》，第83页。

诗词酬和。弘治十三年，邵宝赴江西按察司副使任，阳明作《时雨赋》赠之。[①] 阳明之所以向刘乾取二泉文稿，无非有以下三个原因：其一，刘乾于正德九年（甲戌）擢南京尚宝司少卿，三年后补尚宝司卿[②]，故与阳明同在南京。其二，刘乾与邵宝是好友，而邵宝又曾为方氏兄弟之母撰写过墓志铭。其三，刘乾是方凤的挚友，实际上阳明是因刘乾托请而答应为方氏兄弟撰写墓表的。方凤《六友传》曰：“毅斋刘公，讳乾，江阴人。官至鸿胪卿，与余同乡举，相爱甚笃。**先父母亡，求王阳明表墓，公时在留都，为余谒阳明，行四拜礼，阳明以为过**。公曰：‘方时鸣，异姓骨肉也，于其亲有子道焉。’”[③] 刘乾与阳明本为同年，为求墓表而行四拜礼，确实过于隆重。[④] 不过刘乾是以方凤“异性骨肉”身份，即以墓表主人之子身份而行此大礼。可见刘乾与方凤关系之亲密，更见方鹏并未因求墓表事而专程拜见阳明。阳明丢失方鹏所具母亲行状，不直接找方鹏而找刘乾，良有以也。今《王阳明全集》收有《刘氏三子字说》，并系年于正德十年（乙亥）。束景南先生考定《字说》当作于正德十一年三月以后。[⑤] 刘乾在为方凤之母请墓表的同时，很可能顺便也为其三子求《字说》，行四拜礼，一举两得，可谓相宜。

孰料刘乾不明就里，竟然将顾鼎臣为方父撰写的墓志交给了阳明，阳明遂以此墓志材料撰写了《节庵方公墓表》。由于阳明弄丢方母行状材料，而好友刘乾又粗心大意地补充了一份错误的材料，阳明遂将错就错，

---

① 束景南：《王阳明年谱长编》，第 197—200 页。

② 事见张衮：《明故大中大夫南京光禄寺卿毅斋刘公墓志铭》，《张水南集》卷八，《四库全书存目丛书·集部七六》，第 652 页。

③ 《改亭续稿》卷一，《续修四库全书·一三三八·集部·别集类》，第 429 页。

④ 四拜礼是传统中国礼仪最为隆重的礼仪。顾炎武指出：“古人未有四拜之礼”，“平礼止是一拜、再拜，即人臣于君亦止再拜”，“礼至末世而繁，自唐以下即有四拜。《大明会典》‘四拜者，百官见东宫亲王之礼，见其父母亦行四拜礼。其余官长及亲戚朋友相见，止行两拜礼。’是四拜唯于父母得行之。”见顾炎武著，黄汝成集释，秦克诚点校：《日知录集释》卷二十七，岳麓书社，1994 年，第 987 页。

⑤ 束景南：《王阳明年谱长编》，第 884—885 页。

将墓表要标的墓主“偷龙转凤”，由方母变成了方父。就此而言，《墓表》不仅是一“世俗敷衍之作”，而且也是一“乌龙之作”。

方鹏对阳明为其父撰写的《墓表》满意吗？答案是否定的。尽管魏校（1483—1543，号庄渠，弘治十八年进士，累官至国子祭酒、太常寺卿）认为《墓志》写得不错，但却跟方麟生平“不类”。何处“不类”？

依方鹏本人所记（《书王阳明文集后》），其父方麟“十岁受学于徐孝子协祥，十四岁改从钱教授尚宾，习举业。十七赘甫里朱氏，厌其阛阓之扰，辞归卒业，先外祖不许，曰：‘无已，当为郡从事。’先君勉强从之，非其志也。适遇例整其家赀，输谷四百斛，登名仕版。自恨出非正途，誓不再出。后遇例遥受福宁州幕宾，致仕。后以愚兄弟登朝，获沾恩典，此其出处大略也。阳明见志中有‘朱商人不听卒业’一语，遂曰‘公始为士，又为商，又为郡从事，□皆弃去’。**不亦厚污吾亲哉！盖先君未尝一日为商，**而从事亦寄迹耳。鹏既不能显扬吾亲而反诬之，罪当何如也！”[①]方鹏

① 方鹏：《矫亭续稿》卷三，《四库全书存目丛书·集部六二》，第83—84页。按：方鹏称“阳明见志中有‘朱商人不听卒业’一语，遂曰‘公始为士，又为商，又为郡从事，□皆弃去’”，但这并不是阳明《墓表》原文。《墓表》的描述实际上是费了一番心机：“始为士，业举子，已而弃去，从其妻家朱氏居。朱故业商，其友曰：‘子乃去士而从商乎？’翁笑曰：‘子乌知士之不为商，而商之不为士乎？’其妻家劝之从事，遂为郡从事。”朱商人，即方麟岳父朱德明，因初无子嗣而将方麟招赘入门（事见邵宝所撰《方母太安人朱氏墓志铭》）。阳明《墓表》只笼统称方麟入赘商人之家，故其友人嬉之曰：“子乃去士而从商乎？”至于方麟入赘后是否真的为商，《墓表》并未明言。“其妻家劝之从事，遂为郡从事”，此则明言方麟入赘后，听从朱家之劝，而为郡从事。首届东南阳明学高峰论坛（福州，2020年12月26—27日）间，方旭东教授告我，文中“厌其阛阓之扰”及“朱商人不听卒业”两语暗示方麟实有经商一节。但细味方鹏所述语境（“习举业”，“十七赘甫里朱氏，厌其阛阓之扰，辞归卒业”），方麟因岳父家喧闹环境之扰，而无法继续其举业之习，故坚持“辞归卒业”，而其岳父“不许”（顾鼎臣墓志中称“朱商人不听卒业”），并建议他出任郡吏，方麟只好勉强从之。方凤《跋先亲手笔后》一文云：“先礼部自少受学于先祖槐庭公，比长从名师，业举子，已见芽孽，**而以他途夺志**。故于不肖兄弟做秀才则期以科目，有官守则责以竭忠，其意盖有在也。”（《改亭存稿》卷四）“他途”究竟是指“从商”“从事”两节抑或只指“从事”一节，含混不明。然而由方凤所述不难见出，方麟于习举业一事本有浓厚兴趣，且已见到希望（“已见芽孽”），端因入赘朱门而受挫（“以他途夺志”），故将自己未竟事业寄托在两个公子身上。要之，就目前所见文献，实未见到方麟从商的明确证据。魏校“不类”之说，方鹏“厚污”“未尝”等语皆强烈否定方麟有“从商”一节。

澄清一事实，即其父方麟**未尝一日为商**。“厚污吾亲”表达了方鹏对阳明的强烈不满之情，也折射出时人对从商者地位的贬抑态度。顾潜为方麟七十寿辰撰《寿方节庵序》一文，称方麟“少精于律学，郡辟从事”，亦只字不提“从商”一事。[①]方鹏《感寓七首》(《矫亭存稿》卷十六)诗云：“江右胡敬斋，河东薛文清。明兴百年余，见此两先生。**倬彼阳明子，雄辩入高虚。超脱本禅学，支离排宋儒。其人今已死，其说尚纷如。异哉《传习录》，谁能火其书。**”显然方鹏的学术立场更近于朱子一系，故视阳明心学为蹈虚之禅学，而恨不能“火其书”。

至此，《墓表》风波真相大白：

第一，方鹏、方凤兄弟从未请阳明为**其父**撰写墓表。

第二，方凤曾委托“异性骨肉”刘乾代请阳明为其母撰写墓表。

第三，《墓表》一文既不是作于《全集》所标的嘉靖四年(乙酉)，也不是束先生《年谱长编》所系的正德五年(庚午)，而是正德十一年(丙子)。

第四，《墓表》主人公方麟并未有阳明所述“去士而从商”之经历。

第五，《墓表》是阳明居留都期间所作，并非阳明“最后见解”。

所以说，余英时先生以《墓表》论证“王阳明时代”作为“中国思想史上第四次重大的突破”的标志是有瑕疵的。《墓表》的三个意义都要打上折扣，甚至可以说是不成立的。

另外，余先生说阳明对商业、治生的态度与其早年“许鲁斋谓学者以治生为先之说亦误人”的看法相比“要肯定得多”，也难能成立。《传习录拾遗》第十四条载：“直问：‘许鲁斋言学者以治生为首务。先生以为误人。何也？岂士之贫，可坐守不经营耶？’先生曰：‘但言学者治生上，尽有工夫则可。若以治生为首务，使学者汲汲营利，断不可也。且天下首务，孰有急于讲学耶？虽治生亦是讲学中事。但不可以之为首务，徒启

---

① 顾潜：《静观堂集》卷九，《四库全书存目丛书·集部四八》，第547页。

营利之心。果能于此处调停得心体无累，虽终日做买卖，不害其为圣为贤。何妨于学？学何贰于治生？'"（《传习录详注集评》拾遗 14:398）余英时认为这条语录的时代虽不能确定，但与《墓表》的意见一致。而由"虽终日做买卖，不害其为圣为贤"推断，阳明晚年对治生的态度与《传习录》第五十六条"许鲁斋谓学者以治生为先之说亦误人"，明显"要肯定得多"。《传习录拾遗》第十四条出自黄直的记录。黄直，字以方，号卓峰，江西金溪人，嘉靖二年进士。正德十五年阳明讲良知学于虔，黄直曾徒步往从受学。阳明晚年居越，黄直又到越城问学。《传习录》下卷后半部皆为黄直所记，故《传习录拾遗》第十四条的确反映了阳明晚年定见。《传习录》第五十六条由陆澄所记。陆澄，字清伯，一字原静，归安人，《明史》有传。正德九年陆澄于南都受学于阳明，《传习录》十五条至九十四条为其所记。正德十三年薛侃编刻《传习录》（三卷，徐爱录一卷，陆澄录一卷，薛侃录一卷）时，陆澄已返乡丁忧。故**《传习录》第五十六条与《墓表》的写作在同一时期**。既然《墓表》的写作年份与《传习录》第五十六条相近，而《传习录拾遗》第十四条被余先生认定"与《墓表》意见一致"，此即意味着关于治生的说法，阳明并无实质改变。

质言之，"许鲁斋谓学者以治生为先之说亦误人"是阳明一以贯之的立论，因此有必要对《墓表》进行重新解读。在重读《墓表》之前，需要对许鲁斋"以治生为先"说略加辨析。

三 许鲁斋"为学者治生最为先务说"辨正

许鲁斋"学者以治生为先"说一度流传颇广，乃至有各种变异的说法如"学者以治生为本""学者以治生为急"等等。今《许衡集》载其原文为"为学者治生最为先务"，此语是许衡于国子监讲学弟子所录："先生尝言：**为学者治生最为先务**。苟生理不足，则于为学之道有所妨。彼旁求妄进，及作官嗜利者，殆亦窘于生理所致也。诸葛孔明，身都将相，死之日廪无余粟，库无余财，其廉所以能如此者，以成都桑土，子弟衣食，自有余饶尔。治生者，农工商贾而已。士子多以务农为生，商贾虽为逐末，亦有可为者，果处之不失义理，或以姑济一时，亦无不可。**若以教学与作官规图生计，恐非古人之意也。**”[①] 此处“治生者，农工商贾而已”显已表明“治生”在此只是维系“生理”而已，并非《史记·货殖列传》中经商盈利一类“治生”活动。[②] 实际上即便司马迁之“治生”亦有维系“生理”的一面：“若至家贫亲老，妻子软弱，岁时无以祭祀进醵，饮食被服不足以自通，如此不惭耻，则无所比矣。……无岩处奇士之行，而长贫贱，好语仁义，亦足羞也。”[③] 孟子说过“无恒产而有恒心者，惟士为能”，但现实生活中，因无恒产，而“旁求妄进”，乃至“作官嗜利”者大有人在，迄今依然。许衡有感于此而发“为学者治生最为先务”之论，自有其合情合理处。实际上，与许衡同时代的大儒郝经亦有类似观点，其所撰《先伯大父墓铭》记其伯大父告诫宗亲子弟语曰：“夫‘衣食足而知廉耻，仓廪实而知礼节’。士所以忘义失守，至于沮气堕节者，殆多逼于饥冻耳。故孟子以农桑为王政之本，而其书数及之。今某以次为家督，欲诸宗亲子弟**治生、为学二者兼进**，始则仰事俯畜，终焉立身行道，进而得则各大而家，退而失则必有所归，不至于落魄无赖。”[④] 即便以工夫严谨乃至苛刻而闻名的刘宗周在其《人谱类记·记警不治生产第六十三》亦云：许鲁斋“为

---

① 许衡著，王成儒点校：《许衡集》卷十三，东方出版社，2007 年，第 318—319 页。句读有改动。

② 方旭东：《儒学史上的“治生论”——兼与余英时先生商榷》，《学术月刊》2006 年第 6 期，第 78 页。

③ 钱锺书引《醒世姻缘传》第三三回：“圣贤千言万语，叫那读书人乐道安贫……我想，说这样话的圣贤毕竟自己处的地位也还挨的过的日子……连稀粥汤也没得一口呷在肚里，那讨‘蔬食箪瓢’？孔夫子在陈刚绝得两三日粮……我想那时的光景一定也没有什么‘乐’处。倒还是后来的人说得平易，道是‘学必先于治生’。”接着，钱锺书指出，“后来的人”指元儒许衡，王守仁《传习录》卷上曰“许鲁斋谓，‘儒者以治生为先’之说，亦误人”，盖忘《史记》已早持此论矣。见钱锺书：《管锥编》（第一册），中华书局，1986 年，第 388 页。

④ 郝经：《陵川集》卷三十六，《景印文渊阁四库全书》（第 1192 册），第 415 页。

学以治生为本，此言出，甚为世所讥议。后人当善会其意，知非教人谋利也。贫穷之累人甚矣，古今来有不为此败节丧名者几人！学者须是习勤服劳，撙节俭约，勿使游手游食，以致仰事俯畜，无所依赖而已。昔司马温公为相，每询士大夫私计足否，人怪而问之。公曰：'倘衣食不足，安肯为朝廷而轻去就耶？'"[①] 另外，论者亦有从社会环境、个人境况为许衡治生论辩护，如清人沈垚（1798—1804）便指出："宋儒先生律己甚严，自处甚高，而待人则失之不恕。……而宋儒实有过高之弊。寒不能不衣，饥不能不食，衣食足而后责以礼节，先王之教也。先办一饿死地以立志，宋儒之教也。饿死二字如何可以责人？岂非宋儒之教高于先王而不本于人情乎？宋有祠禄可食，则有此过高之言。元无祠禄可食，则许鲁斋先生有治生为急之训，可见'饿死'二字之断不能责人也。……鲁斋治生之言则实儒者之急务，能躬耕则躬耕，不能躬耕则择一艺以为食力之计，宋儒复生于今，亦无以易斯言。"[②] 宋朝特有的祠禄制，让落职的士大夫（如朱子、真德秀、魏了翁等理学名臣）可以"乞祠""请祠"而无须为治生愁，元代不仅没有祠禄，儒者地位更是跌落到"臭老九"的地位（"九儒十丐"），故许衡发治生为急论实是其时代背景使然。[③] 近人章太炎论及阳明鲁斋"儒者必先治生"论时指出，阳明反对此说而顾炎武却以为然，原因在于二人家世及时代有异："学者治生而不至空乏，则可以养其廉耻。

---

① 《景印文渊阁四库全书》（第 717 册），第 246 页。今《刘宗周全集》未收。

② 沈垚：《与许海樵》，《落帆楼文集》卷九，《续修四库全书 · 一五二五 · 集部 · 别集类》，第 471—472 页。

③ 劳乃宣（1843—1921）撰《学者治生为先务说》云，孔子斥学稼之樊迟为"小人"，称货殖之子贡为"不受命"，又力主"君子忧道不忧贫"，端是因其有三代"学校养士"之制度支持，而秦汉以后，"国家取士而无养士，农工商皆有执业以自赡其生，而士独无之，于是举世竞趋于仕宦之一途"。"使孔子而生今之时，其言亦必不尔也。今使有二人于此皆读书学道，其一人兼营农商，其一人读书之外无他业，为官之外无他途，则于仕宦得失之际，兼营农商者必能进退绰如，自完其不苟之节，无他业者不免有瞻顾徬徨，不能自决之苦矣，将何以以全其所守，以无愧所学哉？要之，国家设官，本以治民，君子入官，本以行道，官初非营业之一途也，自视官为营业之途，而士习不可问矣。"见《桐乡劳先生遗稿》卷一，丁卯冬日桐乡卢氏校刊本，第 119—124 页。

阳明生当平世，家给人足，殆未见仕有为贫者，故不达鲁斋语趣。亭林生当乱世，所见为贫而仕者盖亦众矣，故以许说为然。”①

余英时先生在将阳明“终日买卖，不害其为圣为贤”说法与朱子相关论说对比时指出，“我们无法想像朱子当年会说这样的话，把做买卖和圣贤联系起来”，方旭东曾就此质疑说，这个说法并不符合事实，因为事实上朱熹并没有将圣贤与做买卖截然分开，如下一则语录即是明证：“问：‘吾辈之贫者，令不学子弟经营，莫不妨否？’曰：止经营衣食，亦无甚害，陆家亦作铺买卖。”②方旭东的这段引文并不完整，下有“因指其门阈云：‘但此等事如在门限里，一动着脚便在此门限外矣。缘先以利存心，做时虽本为衣食不足，后见利入稍优，便多方求余，遂生万般计较，做出碍理事来。须思量止为衣食，为仰事俯育耳。此计稍足，便须收敛，莫令出元所思处，则粗可救过。’……”③显然朱子这里经营衣食并不是基于盈利为目的的买卖，而是“止为衣食”与“仰事俯育”，这一观念也预示着许衡为生理而治生、治生只限于维系生理这一说法。钱穆先生在《如何研究经济史》中指出：“经济对于人生自属必须，但此项必需亦有一限度。”在此限度内，经济对人生有积极价值；超出此限度，经济于人生并无积极价值，甚至无价值、无作用，更甚则产生反价值、反作用。要之，“制节谨度”，不让经济偏离人生的意义而无限度发展，这是中国传统对待经济问题所持基本观点。④可以说从朱子、许衡到阳明，对待商业的态度都没有越出钱穆所概括的“制节谨度”四字精神。值得指出的是，《墓表》主人公方麟次子方凤也有类似的看法，他对江、浙及徽人“甚勤苦，不肯浪费一钱，虽童子亦以力自给”的民风赞赏有加，称三地之人“上则令读书，

---

① 章太炎：《适宜今日之理学》，《章太炎全集》（十五），第512页。

② 方旭东：《儒学史上的“治生论”——兼与余英时先生商榷》，《学术月刊》2006年第6期，第78页。

③ 《朱子语类》卷一百二十三，《朱子全书》（第18册），第3604—3605页。

④ 钱穆：《中国历史研究法》，《钱宾四先生全集》（第31卷），第59、61页。

苟不成，则设帐于江南，束修亦足以给衣食；其次，为商，为农、工；又其次，则业星卜地理之术，亦得以糊其口，惰民甚少也”。惟两京（南京与北京）及苏州“游手游食者甚多”，“既无志向学，又不肯为农工商贾之事，惟好博奕赌饮，三五成群，日以流荡为乐，及其贫也，或投势要为奴，或托僧道为伴，有终身不得妻者。其最下，则入于盗贼，甘死桎梏。呜呼，可哀也已！故凡父兄**见子弟读书不成，即令守一业，庶可以保身**”。[①]《史记·货殖列传》“用贫求富，农不如工，工不如商，刺绣文不如倚市门”，这种以致富为目的的商业观念在理学的义理形态中是难以接受的，当然也是罕见的。实际上，这也是亚里士多德“家政学”（“政治学”）的主张，亚里士多德区分了两种“致富术”：一种旨在获取生活资料，维系一家（一城邦）之生计，而非无节制之敛财、聚财，生计、生活是目的；一种则旨在积蓄金钱，漫无限度地追求财富，财富本身是目的。前者是合乎“自然的”，知道“美好生活”的意义；后者是不合乎自然的，不知道什么是美好生活。亚里士多德还指出农牧渔猎是营生之道不可或缺的，而损害他人财货、牟取私利、贪得无厌的经商活动则是应当受到谴责的。[②]

许衡语录末后一句“**若以教学与作官规图生计，恐非古人之意也**”更是遥契于阳明天下首务在于讲学之说。故陈荣捷先生评论此条时指出：“鲁斋未忘为学之道与义理。阳明断章取义，未可谓平。许衡家业农，又因元初经济环境所需要，故重实在。读其语录（卷一,二），固知其谨守程朱之教，在在不忘道义也。”

另外，由“商贾虽为**逐末**，亦有可为者”不难看出，许衡所持守者依然是士商有别的传统观念。许衡另有《代李和叔与兄子》一文云：“汝而肯学，则吾李氏之后，荫其余辉矣。汝而不学，则吾李氏之后，为工欤？为商欤？为牛童欤？为马卒欤？盖有不忍论者。……学之于人，其大矣

① 方凤：《改亭存稿》卷五，《续修四库全书·一三三八·集部·别集类》，第352页。
② 亚里士多德著，吴寿彭译：《政治学》，商务印书馆，1965年，第24—32页。

乎！”[①]其于工、商态度跃然纸上矣。这一态度在阳明思想深处仍有残留，撰于嘉靖四年（乙酉）的《答顾东桥书》中即有“其**才质之下者**则安其农、工、商贾之分”与“**下**至闾井田野农工商贾之**贱**莫不皆有是学”之说。固然才质总有高低之分（且不说由谁来指定划分高低的标准），阳明之本义恰恰亦是通过“心之良知是谓圣”而超越才质高低之别，更以“一体之仁”“一家之亲”消解由才质之别、职业之别而滋生的高低之隔阂，但恐怕谁也无法否认“才质之下”“农工商贾之贱”此一类称呼仍折射出“士”之优越性的心理底色。[②]后来的东林学派的领袖顾宪成“人生五幸”说中，“幸不为农，不为工，不为商贾，而读书”，为士而不为农工商贾仍是人生之幸，“士”之优越性的身份意识依然如故。[③]

既然许衡“学者以治生为先”说跟儒家义理学并不相悖，为何阳明却

① 许衡著，王成儒点校：《许衡集》卷九，第 220 页。

② 荒木见悟针对王阳明《拔本塞源论》主张才能资质低下者安于农工商贾之分的说法评论说：“必须承认，他的这种立论的背后有将士人身份置于较高地位的意图。但是，在追究士人堕落的根源的过程中，他又形成了‘个个人心有仲尼’的信念。如果将问题缩小到这一点的话，有职业引起的歧视意识应该就会走向消灭，从而形成一种取得平衡的社会观，让从事不同职业的人相互尊重对方的职业，不以自己的不足为耻。”荒木见悟著，焦堃等译：《阳明学的位相》，江苏人民出版社，2022 年，第 250 页。

③ 范仲淹《四民诗》咏商曰：“尝闻商者云，转货赖斯民。远近日中合，有无天下均。上以利吾国，下以藩吾身。周官有常籍，岂云**逐末人**。”此确已开对商之“逐末”说质疑之先河，但士为四民之首的地位这一主流观念是无法撼动的。吕妙芬指出，明代社会除了乡约性质的聚会，士人与民众一起论学的场合很少，即使士商阶层确实有逐渐模糊、相互渗透的现象，但讲会活动中仍明显有区分士人与庶民的现象。四民的上下身份的差异性在当时仍是难以逾越的鸿沟。见吕妙芬：《阳明学士人社群：历史、思想与实践》，第 64—65 页。卜正民也指出虽然明代中期已经出现“士商异术而同志”的说法，但严格以职业区分类别的模式依然被视为“合法”与“古老”的模式，只是在明代后期，商人的地位才真正得到提高。见卜正民著，方骏等译：《纵乐的困惑：明代的商业与文化》，生活·读书·新知三联书店，2004 年，第 156—157、241 页。不过，在宋明理学这里，“士”为四民之首的观念强调的是士的“责任”与“担当”精神。诚如余英时先生指出的，“四民只代表职业上的分化，而不足以表示道德品质的高下。以‘天民之先觉’自居的新儒家对于四民中之未‘觉’者是一视同仁的。……新儒家伦理中关于理欲、义利之辨是具有普遍性的，决不是为某一特殊社会阶层或集团的利益而特别设计的。至于它事实上曾如何为某些人群所利用，那应当是另外一个问题”。见余英时：《中国近世宗教伦理与商人精神》，第 165—166 页。

终其一生对之持严厉的批评态度呢？阳明《墓表》之立论、阳明之宗旨究竟是为新兴的商业力量背书，为提升商人的社会地位论证呢，抑或是要主宰、驯化商业文化，将一切经营活动始终贞定于“生人之道”上面呢？

四 “四民异业而同道”论绎义

“古者四民异业而同道，其尽心焉，一也”，在儒家文献中，“古者”实则是“理想”“应然”的代名词。“古之学者为己，今之学者为人”，古今不是纯粹的时间对比义，而是理想与现实悬隔义。在现代，“今”表达的是一种新时间意识，它与过去的时代（“古”“昔”）拉开距离，“现代精神”代表着进步与希望；而在传统，表达一种新时间意识的恰恰是“古”，它与“今”（“现实”）拉开距离，“古”代表着理想与本真，同时意味着“今”之堕落与虚幻。观阳明古今之别论述，诸如“昔之圣人”与“世之学者”、“古之君子”与“世之学者”、“圣人之学”与“世之学者”、“古之仕者”与“今之仕者”等等其精神实质无不是要彰显“圣”与“俗”之别，无不是表达对现实世界超越之蕲向。[①]《墓表》立论亦不越于此。古之四民异业同

① “**世之学者**，如入百戏之场，欢谑跳踉，骋奇斗巧。献笑争妍者，四面而竞出，前瞻后盼，应接不遑。而耳目眩瞀，精神恍惑。日夜遨游淹息其间。如病狂丧心之人，莫自知其家业之所归。……**圣人之学**日远日晦。而功利之习愈趋愈下。”（《传习录中·答顾东桥书》，王守仁撰，吴光等编校：《王阳明全集》卷二，第56页）“**圣人之学**，心学也。学以求尽其心而已。……**世之学者**，承沿其举业词章之习以荒秽戕伐其心……”（《重修山阴县学记》，王守仁撰，吴光等编校：《王阳明全集》卷七，第256—258页）“**昔者圣人**之扶人极，忧后世，而述《六经》也，犹之富家者之父祖虑其产业库藏之积，其子孙者或至于遗忘散失，卒困穷而无以自全也，而记籍其家之所有以贻之，使之世守其产业库藏之积而享用焉，以免于困穷……而**世之学者**，不知求《六经》之实于吾心，而徒考索于影响之间，牵制于文义之末，硁硁然以为是《六经》矣……”（《稽山书院尊经阁记》，王守仁撰，吴光等编校：《王阳明全集》卷七，第255页）“**世之学者**业辞章，习训诂，工技艺，探赜而索隐，弊精极力，勤苦终身，非无所谓深造之者。然亦辞章而已耳，训诂而已耳，技艺而已耳。非所以深造于道也，则亦外物而已耳，宁有所谓自得逢原者哉！**古之君子**，戒慎不睹，恐惧不闻，致其良知而不敢须臾或离者，斯所以深造乎是矣。是以大本立而达道行，天地以位，万物以育，于左右逢原乎何有？”（《自得斋说》，王守仁撰，吴光等编校：《王阳明全集》卷七，第265—266页）“**古之仕者**将以（转下页）

道与今之“**王道熄而学术乖**，人失其心，交骛于利以相驱轶，于是始有歆士而卑农，荣宦游而耻工贾”**现象形成鲜明对比**。阳明念念不忘的是古之“王道”，所谓“异业而同道”之“道”就是“王道”。何谓王道？《墓表》“王道熄”之“王道”就是“生人之道”。具体而言：

其一，士农工商皆各就其才质、才能（“资之所近”）而及业并尽其职业（“以求尽心”）。

其二，每一职业虽有分别，其功能各自有别（修治、具养、利器、通货），此只是分工之不同，而其最终的目的则是殊途同归，皆是为了“有益于**生人之道**”。早在《别王纯甫序》中阳明就有明确将社会分工之“殊途同归”论：“天之于物也，巨微修短之殊位，而生成之，一也。惟技也亦然，弓冶不相为能，而其足于用，亦一也。匠斫也，陶埴也，圬墁也，其足以成室，亦一也。是故立法而考之，技也。各诣其巧矣，而同足于用。因人而施之，教也。各成其材矣，而同归于善。……是故因人而施者，定法矣；同归于善者，定法矣。因人而施，质异也；同归于善，性同也。夫教，以复其性而已。由尧、舜而来未之有改，而谓无定乎？”[①]人之技艺之不同只是由于“材”“质”之异，然诸不同技艺虽不相为能，但却都旨在成全同一目的，即“同足于用”“同归于善”。实际上这正是“生人之道”的内涵所在。所谓“生人之道”亦不外“教养之道”，一是生存之“养”，穴居野处，饮血茹毛，与禽兽无别，实非生人之道，具养、利器、通货方能保证人之生养无有不足之患，程颐已有“耒耜陶冶之器，一不制，则生人之道有不足”之说[②]；一是生命之“教”，荣辱、礼节之教化让人具备人之

（接上页）行其道，**今之仕者**将以利其身。”（《送黄敬夫先生佥宪广西序》，王守仁撰，吴光等编校：《王阳明全集》卷二十九，第1044页）以上种种古今对比，皆是将圣人之学（古）与世俗之学（今）对峙，以“古”之“是”彰显“今”之“非”，以尊古、尊道批评现实之不古、不道。对中国古代历史学中的古今意识，参黄俊杰：《儒家思想与中国历史思维》，台大出版中心，2014年，第31—54、68—72页。

① 王守仁撰，吴光等编校：《王阳明全集》卷七，第232—233页。

② 程颐：《答朱长文书》，《河南程氏文集》卷九，程颢、程颐著，王孝鱼点校：《二程集》，第600页。

教养。阳明《传习录》第一条力主大学之道“在亲民”而非“在新民”，其根本理由即在于“说‘亲民’便是兼教养意，说‘新民’便觉偏了”。

其三，士农工商各安其业，端为尽心于“生人之道”，而非“交骛于利”，乃至攀比、嫉妒，“歆士卑农，荣宦耻工贾”。这也是程朱理学一贯的说法，程颐就说过：“古之时，公卿大夫而下，位各称其德，终身居之，得其分也。……农工商贾勤其事，而所享有限，故皆有定志而天下之心可一。后世自庶士至于公卿，日志于尊荣，农工商贾日志于富侈，亿兆之心交骛于利，天下纷然，如之何其可一也？”[①]

这种对王道（生人之道）的理解是阳明一以贯之的政治理念，晚年（嘉靖四年）所撰《拔本塞源论》（《答顾东桥书》最后一部分文字）进一步将唐、虞、三代之政教理念定位于“万物一体之仁学”“复其心体之同然”之学，士农工商皆“惟以成其德行为务”。在此理念指导下，因个人才能之异（或长于礼乐，或长于政教，或长于水土播植）而成就其德，“举德而任”，“用之者”与“效用者”均“惟知同心一德”，以“共安天下之民”，农工商贾则“各勤其业以相生相养”，而无劳逸贵贱之感、希高慕外之心。“当是之时，天下之人熙熙皞皞，皆相视如一家之亲”，“盖其心学纯明而有以全其万物一体之仁，故其精神流贯，志气通达，而无有乎人己之分物我之间。譬之一人之身，目视耳听，手持足行，以济一身之用。目不耻其无聪，而耳之所涉目必营焉；足不耻其无执，而手之所探，足必前焉。盖其元气充周，血脉条畅，是以痒疴呼吸，感触神应，有不言而喻之妙”。嘉靖五年所撰《书林司训卷》更是指出：“**昔王道之大行也，分田制禄，四民皆有定制**。壮者修其孝弟忠信；老者衣帛食肉，不负戴于道路；死徙无出乡；出入相友；疾病相扶持。”[②] 几乎在同一年，有弟子问阳明三教异同，阳明又一次给出“一家之亲”与“心学纯明”的说法：“**道大无外，若**

① 程颐：《周易程氏易传》卷一，程颢、程颐撰，王孝鱼点校：《二程集》，第750页。此段话被朱子、吕祖谦收入《近思录》中。

② 王守仁撰，吴光等编校：《王阳明全集》卷八，第282页。

曰各道其道，是小其道矣。心学纯明之时，天下同风，各求自尽。就如此厅事，元是统成一间，其后子孙分居，便有中有傍。又传渐设藩篱，犹能往来相助。再久来渐有相较相争，甚而至于相敌。其初只是一家，去其藩篱仍旧是一家。三教之分，亦只似此。其初各以**资质**相近处学成片段，再传至四五则失其本之同，而从之者亦各以资质之近者而往，是以遂不相通。名利所在，至于相争相敌，亦其势然也。故曰：仁者见之谓之仁，知者见之谓之知。才有所见，便有所偏。”[①] 要之，世间劳心与劳力之分、士农工商之分、三教之分均基于人之资质、能力、兴趣，如一家之亲、一人之身，其间关系惟在于各效其能，通力合作，同心一德而成就“生人之道”、一体之“仁道”、“大道”，此为“王道”之基本意涵。

谁为“王道熄而学术乖，人失其心，交骛于利”负责？无疑是“世儒”（“世之学者”）、“当今之学者”。观《墓表》《拔本塞源论》，阳明立论宗旨是高度一致的，即要唤醒士阶层的王道意识、一体仁道意识、大道意识，截断众流，扭转“士风”与“仕风”。阳明的批判焦点始终是“士”阶层不以弘道为己任，而随波逐浪追名逐利之习气。《墓表》中称，“夷考其实，射时罔利有甚焉，……极其所趋，驾浮辞诡辩以诬世惑众，比之具养器货之益，罪浮而实反不逮”，这显然是对“士”之沦丧的批判；《拔本塞源论》更是痛斥士阶层“相矜以知，相轧以势，相争以利，相高以技能，相取以声誉”，“其出而仕也，理钱谷者则欲兼夫兵刑，典礼乐者又欲与于铨轴，处郡县则思藩臬之高，居台谏则望宰执之要”。“天下首务，孰有急于讲学耶”，阳明念兹在兹的是“讲学”。有人议阳明于“文章”“政事”“气节”“勋烈”四者兼而有之，若能“除却讲学一节，即圣人矣”，阳明答曰：“某愿从事讲学一节，尽除却四者，亦无愧全人。”体道、明道、传道皆有赖于讲

① 朱得之编：《稽山承语》，王守仁撰，吴光等编校：《王阳明全集》（新编本）卷四十，第 1611 页。朱得之，字本思，号近斋，于嘉靖四年至六年间师事阳明，所记阳明语录《稽山承语》反映了阳明晚年思想。见三浦秀一：《朱得之的生平与思想》，《王学研究》2015 年第 2 期。

学。[①] 以讲学为首务出自阳明传道之使命感、急迫感，钱德洪称其师“平生冒天下之非诋推陷，万死一生，遑遑然不忘讲学，惟恐吾人不闻斯道，流于功利机智，以日堕于夷狄禽兽而不觉；其一体同物之心，譊譊终身，至于毙而后已：此孔、孟已来贤圣苦心，虽门人子弟未足以慰其情也。是情也，莫详于答聂文蔚之第一书”[②]。在《答聂文蔚》（作于嘉靖五年）中，阳明倾诉其衷肠曰：“夫人者，天地之心。天地万物，本吾一体者也。生民之困苦荼毒，孰非疾痛之切于吾身者乎？……是以每念斯民之陷溺，则为之戚然痛心，忘其身之不肖，而思以此救之，亦不自知其量者。天下之人见其若是，遂相与非笑而诋斥之，以为是病狂丧心之人耳。呜呼，是奚足恤哉！吾方疾痛之切体，而暇计人之非笑乎？”（《传习录》179—181:258—260）显然，阳明所谓讲学不是现代意义上的学术活动，甚至也不只是一般意义上的人文教化活动，而是由一种深刻的悟道体验与时不我待的传道使命感所激发的宗教灵性活动。“讲学”作为一种“终极的生命关切”向度自应主宰、贯彻于一切生存领域之中。举凡士人所从事的举业、学业、政事均无一例外被纳入“讲学”的范围。[③] 唐君毅先生曾由

---

① 参吴震：《明代知识界讲学活动系年：1522—1602》，学林出版社，2003 年，第 4—36 页。对阳明一系讲学活动的研究，另参吕妙芬：《阳明学士人社群：历史、思想与实践》；刘勇：《中晚明士人的讲学活动与学派建构》，商务印书馆，2015 年。

② 钱德洪：序《传习录中・答顾东桥书》，王守仁撰，吴光等编校：《王阳明全集》卷二，第 40 页。

③ 关于举业，阳明与其盟友湛若水一样均持举业、德业“二业合一”之说：“然谓举业与圣人之学相戾者，非也。程子云：‘心苟不忘，则虽应接俗事，莫非实学，无非道也。’而况于举业乎？谓举业与圣人之学不相戾者，亦非也。程子云：‘心苟忘之，则虽终身由之，只是俗事。’而况于举业乎？忘与不忘之间，不能以发。要在深思默识所指谓不忘者果何事耶，知此则知学矣。”见《寄闻人邦英邦正》，王守仁撰，吴光等编校：《王阳明全集》卷四，第 169 页。另参《传习录详注集评》（241:312）以及《稽山承语》第 38 条。关于政事，有一属官，因久听讲先生之学，曰：“此学甚好。只是簿书讼狱繁难，不得为学。”先生闻之，曰：“我何尝教尔离了簿书讼狱，悬空去讲学？尔既有官司之事，便从官司的事上为学，才是真格物。如问一词讼，不可因其应对无状，起个怒心。不可因他言语圆转，生个喜心。不可恶其嘱托，加意治之。不可因其请求，屈意从之。不可因自己事务烦冗，随意苟且断之。不可因旁人谮毁罗织，随人意思处之。这许多意思皆私。只尔自知。须精细省察克治。惟恐此心有一毫（转下页）

朱子天下之物之理皆当知、一物未格则少了此一物之理推断出人在学术上当有分工之义，又称“社会上之少一农、一工、一商，亦即少了农工商所为之事之理”，故由朱子之言，亦可开出四民异业而同道之义：“朱子陆王之学，共有此‘四民异业而同道’，‘学者异学而同道’，其中包涵学术之分工与社会职业之分工之义。”[①]依此，我们当然有理由说政学合一、仕学合一、事上磨练这一类阳明心学工夫论命题必意味着无论是从政、从商抑或其他社会职业，皆是“讲学以修德”之域，皆是“作圣境界”[②]，而在阳明“首务”说的语境中，他更注重的是士以天下为己任的担当意识，“讲学”（“学圣”）始终是士阶层不可动摇的“首务”，作为天地间第一等人的“士”自不应将第一等事让于人。[③]

谛观阳明《墓表》及《拔本塞源论》中所批评之现象无非两类，一是恣情纵欲、自私自利之习，一是希高慕外、谗妒胜忿、相胜相倾、妒贤嫉能、相陵相贼之攀比、嫉妒、怨恨现象。这两种现象跟桑巴特（Sombart）与马克斯·舍勒（Max Scheler）所描述的“资本主义人”的精神气质倒是有几分相似之处。如所周知，桑巴特将资本主义精神与奢侈联系在一起，而所有的奢侈又都出自于纯粹感官快乐的享受：凡能使眼、耳、鼻、舌、身陶醉的，都在日常用品中以日益精致的方式对象化了。而性生活是一切使感官刺激物精致和多样化的最终根源：感官快乐与性爱根本上是一

（接上页）偏倚，枉人是非。这便是格物致知。簿书讼狱之间，无非实学。若离了事物为学，却是着空。”（《传习录详注集评》218:297）

① 唐君毅：《中国哲学原论·原教篇》，中国社会科学出版社，2006年，第183页。

② 王畿《书太平九龙会籍》指出：士农工商“即业以成学，不迁业以废学……是以处则有学业，出则有职业，农则有农业，工商则有工商之业，卿相则有卿相之业。业者，随吾日用之常以尽其当为之事，所谓素位而行，不愿乎外者也”。吴震编校整理：《王畿集》，第172—173页。

③ 吴震指出，主张“即业以成学”的王畿亦未曾放弃士为四民之首、士人阶层的社会优越性这一传统观念，并坚持“士与商贾异者，以其尚义而远利也”。见吴震：《明代知识界讲学活动系年：1522—1602》，第14—15页。

码事。[①] 这跟袁宏道所说的“目极世间之色，耳极世间之声，身极世间之鲜，口极世间之谭”的“真乐”之首乐若合符节。[②] 欲望的放纵冲破了传统“知止”“知足”的堤防，朱元璋九世孙朱载堉《醒世词・不足歌》生动地刻画这种无限的“纵欲”心态：“逐日奔忙只为饥，才得有食又思衣。置下绫罗身上穿，抬头又嫌房屋低。盖下高楼并大厦，床前却少美貌妻。娇妻美妾都娶下，又虑出门没马骑。将钱买下高头马，马前马后少跟随。家人招下数十个，有钱没势被人欺。一铨铨到知县位，又说官小势位卑。一攀攀到阁老位，每日思想要登基。一日南面坐天下，又想神仙下象棋。洞宾与他把棋下，又问那是上天梯。上天梯子未做下，阎王发牌鬼来催。若非此人大限到，上到天上还嫌低！”[③] 的确，中晚明士庶竞事浮华，奢靡之风愈演愈烈，生活于弘治、正德年间的周玺在其《论治化疏》中指出：“中外臣僚士庶之家，靡丽奢华，彼此相尚，而借贷费用，习以为常。居室则一概雕画，首饰则滥用金宝，娼优下贱以绫缎为裤，市井光棍锦绣绫袜，工匠技艺之人任意制造，殊不畏惮，虽蒙朝廷禁止之诏屡下，而民间僭用之习自如。”[④] 嘉靖朝御史鄢懋卿性奢侈，至以“文锦被厕床，白金饰溺器”。“金令司天，钱神卓地”，金钱取代了司天卓地之神，成为“白银时代”畅通无阻的普遍语言。晚明赵世显《芝莆丛谈》卷三记载贫生向其富翁邻居请教致富之术的故事，富翁给出的答案简单明了：“致富之术无他，在去其五贼而已。五贼者，仁、义、礼、智、信也。五者有其一，则穷鬼随之矣。”儒家奉为核心价值的仁义礼智信在商人眼里成为致富的最大障碍。[⑤] 致富“五贼”的说法广为流传，《谐铎》卷七《鄙夫训世》条一新安巨富向人传授致富奇术，其中一个重要的诀窍就是破除“五贼”，做

---

① 桑巴特著，王燕平、侯小河译：《奢侈与资本主义》，上海人民出版社，2000年，第81页。

② 袁宏道撰，钱伯城笺校：《袁宏道集笺校》卷五，上海古籍出版社，1981年，第205页。

③ 路工编：《明代歌曲选》，上海古典文献出版社，1956年，第75页。

④ 周玺：《垂光集》，《景印文渊阁四库全书・史部六》（第429册），第272页。

⑤ 赵世显：《芝莆丛谈》卷三，《四库全书存目丛书・子部一〇七》，第157页。致福“五贼说”源自岳珂《桯史》卷二所载陈亮的故事。

到“不爱脸，不好名，不惜廉耻，不顾笑骂”，如此，“百万之富，直反掌间耳”。李诩（1506—1593）记载了一则阳明时代文士无不重财的趣话：“常熟桑思玄曾有人求文，托以亲昵，无润笔。思玄谓曰：‘平生未尝白作文字，最败兴。你可暂将银一锭四五两置吾前，发兴后待作完，仍还汝可也。’唐子畏曾在孙思和家有一巨本，录记所作，簿面题二字曰‘利市’。都南濠至不苟取。尝有疾，以帕裹头强起，人请其休息者。答曰：‘若不如此，则无人来求文字矣。’马怀德言，曾为人求文字于祝枝山，问曰：‘是见精神否？’（俗以取人钱为精神。）曰：‘然。’又曰：‘吾不与他计较，清物也好。’问何清物，则曰：‘青羊绒罢。’”[①] 桑悦、都穆、唐寅、祝允明都是阳明同时代的人，都穆为阳明同年（弘治十二年），是年祝允明落榜，唐寅则因科场舞弊案而被逐。阳明由《孔丛子》“心之精神是谓圣”转而提出“心之良知是谓圣”，而今白银成了“精神”的代名词，由此可略窥“时代精神”之一斑。阳明生活的成化与弘治年间，田赋货币化、徭役货币化、盐课货币化、茶课货币化、关税货币化以及国家财政支出货币化已自下而上“全面铺开”，这一系列的白银货币化现象是中国由古代赋役国家向近代赋税国家的转型的标志。社会各阶层无一例外被卷入这一白银货币化体系之中，明初形成的社会等级结构开始松动与转型。[②]

---

① 李诩撰，魏连科点校：《戒庵老人漫笔》卷一，中华书局，1982 年，第 16 页。通过为他人撰文、撰写墓志铭而收取费用，“自晋、宋以来有之，至唐始盛”。见洪迈：《文字润笔》，《容斋随笔·续笔》卷六，上海古籍出版社，1978 年，第 285 页。润笔费实则相当于今日之稿酬，是传统文士重要的谋生方式，亦是艺术产业化之正常现象。但“精神”二字如此使用则确实反映了时代精神之变迁。关于传统文士治生研究可参徐永斌：《明清江南文士治生研究》（中华书局，2019 年），感谢南京大学哲学系王璐博士向我提供这一信息。另西北师范大学陈博副教授在阅读本书初稿时向我指出，都穆嗜学安贫，卒时其家人乃至“无以为殓”（详见《本朝分省人物考》卷一百一十五、《明史》卷三百八十七及其好友胡缵宗所撰《明中宪大夫太仆寺少卿致仕都公墓志铭》收入《明文海》卷四百三十四等文献）。可见李诩的记载有失实之处，但白银“精神”化却生动表现了白银时代的社会风尚。

② 万明：《明代白银货币化研究 20 年》，《中国经济史研究》2019 年第 6 期，第 6—17 页；《明代货币白银化与制度变迁》，《暨南史学》（第二辑），暨南大学出版社，2003 年，第 276—309 页。

岛田虔次指出，包括阳明学在内的宋明理学的诞生在根本上源自中国近世社会的实情，“商业的活泼化、商业都市的勃兴、都市生活的发达和繁荣——一言以蔽之，被称之为平民的抬头之现象，是中国近世史最中心的样式”[①]。冈田武彦更是明确指出，从二元论到一元论，从理性主义到抒情主义的转变，这是从宋代到明代思想史展开的大势，前者适应了官僚知识阶级情趣，而后者则适应了平民阶级情趣。从宋末到元初，知识阶层大都下野而栖居于草莽之间，官僚知识阶级的精神文化渐渐适应了平民阶级的趋向，在明中叶，由于与海外贸易相结合的庶民经济生活水平，而终于绽放出绚丽的庶民文化之花。[②] 在一个起落不常、高下失均、变动不居的社会中，最易形成人际间的攀比与怨恨心态。与韦伯将资本主义精神追溯至入世苦行的新教伦理不同，舍勒认定现代工商精神的背后是一种怨恨心态：现代社会职业分化导致的身份差异、社会地位差异及其存在价值的比较构成了怨恨心态的社会温床。[③] 阳明万物一体之仁的生存体验与基于生人之道的分工协作景观与舍勒所描述的资本主义的工商精神气质形成了鲜明对比。传统儒家一气贯通、生生不息的宇宙论，万物一体的生存实感，天地位万物育的致中和理念在根本上限制着商业活动成为一种“中立”的、自足自证的领域，正如欧洲古典的井然有序的、和谐的目的论宇宙观在根本上限制了人们毫无约束地追求利润一样。[④] 中晚明社会经济生活的变迁、商业文化氛围的形成对整个社会生

① 岛田虔次著，甘万萍译：《中国近代思维的转折》，江苏人民出版社，2017 年，第 138 页。

② 冈田武彦著，吴光等译：《王阳明与明末儒学》，重庆出版社，2016 年，第 2—3 页。

③ 舍勒指出，在等级固化的社会中（如印度社会），在均贫富的民主福利社会中，很难形成社会怨恨心态。只有随着实际权力、资产、教养出现极大差异，而某种平等观念不胫而走，乃至人人都有“权利”与别人相比，而事实上又不能相比，这样一种社会结构必然会积聚强烈的怨恨。关于舍勒怨恨与资本主义精神的阐述，参刘小枫：《现代性社会理论绪论》，上海三联书店，1998 年，第 352—379 页；弗林斯著，张志平、张伟译：《舍勒的心灵》，上海三联书店，2006 年，第 174 页。

④ 科斯洛夫斯基指出，对于亚里士多德及其中世纪而言，返回自我、受限制的圆周运动绝对是完美无缺的运动，在这个目的论的世界观中，一种无限开展的运动是不可（转下页）

活与社会心态产生了强烈的冲击，“财富的诱惑”与“伦理的丧落”成为士大夫必须面对的问题。[①] 更为严重是“士意识”的丧失：“圣贤之道”堕落为“富贵利达”之“进取之径”，“惟商也无所休，其早作夜思，白首而不厌者，凡以为利也。今天下之士，未有不汲汲于利者也。夫果其汲汲于利也，而可谓之士乎？吾直以为商焉而已！故今天下之士，非士也，商也”。[②] 王阳明的心学盟友黄绾曾感慨说：“每因家用不给，内外嗟怨，逼迫不堪，遂起货殖之心；久而不返，骎骎变志，与市井鄙夫何异？若不猛醒，痛自扫除，将何入道？”[③] 张志强指出：“四民”变而为“三民”，“不仅瓦解的是士阶层的认同，实际上也意味着原来存在于四民之间的身份结构的松动，社会等级逐渐朝向平等化。只是，庶民社会平等性的加强，是以社会风气的功利化为代价”。而王阳明“良知”观念的发现，是在“个体有限性”的现代精神基础上，重建中国传统价值原理的努力。[④]

要之，如何避免士途、仕途由“成圣之途”堕落为“市途”，如何将新兴的工商文化纳入“生人之道”，这是《墓表》全文的主旨。换言之，在“士阶层”随波逐浪而日趋丧失其“士意识”，“四民”日趋“三民”化的时代中，如何重新激活“志道、明道、弘道”以道自任的“士”精神，唤醒士阶层的王道意识、大道意识，截断众流，扭转“士风”与“仕风”，保守住“士”的本色、牢记“士”的使命，这才是阳明念兹在兹的问题意识。

（接上页）想象的，因而不可能有任何不可满足的欲望，作为不受限制的资本主义对最大利润的永无止境的追求对于亚里士多德的经济学是毫无意义的。见科斯洛夫斯基著，王彤译：《资本主义的伦理学》，中国社会科学出版社，1996 年，第 22—23 页。

① 卜正民著，方骏等译：《纵乐的困惑：明代的商业与文化》。

② 徐芳：《三民论上》，《悬榻编》卷一，《四库禁毁书丛刊·集部》（第 86 册），第 29 页。对中晚明士风异动与士人社会责任的缺失，参牛建强：《明代社会研究》，上海人民出版社，2018 年，第 114—142 页。

③ 《黄绾集》卷三十九，第 711 页。

④ 张志强：《“良知”的发现是具有文明史意义的事件——“晚明”时代、中国的“近代”与阳明学的文化理想》，《文化纵横》2017 年第 4 期，第 58、64 页。

五 “四民皆士”：近代的转折

阳明学倡导满街皆圣人、四民异业而同道等主张，固然可以视为是中晚明灿烂庶民文化之花所结出的“果实”，但王阳明从未放弃“士是四民之首”的精英意识，阳明思想中仍拥有一种“清高主义”，还没有脱离“士大夫的性格”。[①]在晚清以前，虽然也出现过对士大夫加以嘲讽、困辱乃至压迫的事件，但“至少在绝大部分人心中，‘士为四民之首’，是毫无争论余地的命题”，“几乎未见到读书人严重质疑‘士’之优位性的文字”[②]。

依照王汎森的考察，晚清开始出现两种观点，急遽改变了士的自我形象。一是“四民皆士”论的提出，二是所谓“规范知识”与“自然知识”的对立。[③]

曾国藩已经注意到西人无论为士、为工、为兵，无不入校读书明理，而中国除了“士”以外，便无人入校读书，这可以被视为四民皆士说的滥觞。其后郭嵩焘、钟天纬（1840—1900）、梁启超、邹容（1885—1905）陆续提出了“农有农之士”“工有工之士”“兵有兵之士”“无人不为士子”的主张。即便依然坚持“士为四民之首”主张的一群人，也开始强调“自然知识”（“专门知识”“艺”）的重要性，最终“自然知识”压倒了“规范知识”，严复《救亡决论》便明确提出有助于“富强”的“格致”之学（“自然知识”）才是“有用”的，徒守“规范知识”的“士”不过是“游受之民”，是“民之蠹”。[④]1905年废科举则直接斩断了仕学合一的链条，那些只是

① 岛田虔次著，邓红译：《中国思想史研究》，第89页。

② 王汎森：《中国近代思想与学术的系谱》（增订版），第303页。

③ 本节所援引之材料与论点多采自王汎森《近代知识分子》一文（收入《中国近代思想与学术的系谱》[增订版]，第300—328页），不复一一标注。

④ 实际上，梁启超在其《新民说》中就指责所谓四民之首的“士”：“谓其诲民以道德耶？吾见读书人多而俗日偷也。四体不勤，五谷不分，偷懦惮事，无廉耻而嗜饮食，读书人实一种寄生虫也！在民为蠹，在国为虱。”梁启超：《新民说》，第163—164页。

掌握传统“规范知识”的读书人遂沦落为“漂浮的阶层”，成为“破产的士”，可谓“百无一用是书生”。[①]他们不仅“愚而无用”，而且也“无道德”，章太炎《革命道德说》直接将士从“四民表率”的道德高地拉下至“无道德”阶层：他将中国人的职业分为农人、工人、稗贩、坐贾、学究、艺士、通人、行伍、胥徒、幕客、职商、京朝官、方面官、军官、差除官、雇译人十六等，与此十六等职业相应，其“道德之第次亦十六等”，“农人于道德为最高，其人劳身苦形，终岁勤动，田园场圃之所入足以自养，故不必为盗贼，亦不知天下有营求诈幻事也……知识愈进，权位越申，则离于道德亦愈远”。他斥所谓的“通人”为“无行”，通朴学者多贪，通理学者多诈，通文学者多淫，通西学者则贪、诈、淫并包而有之。可谓知识愈高，道德水准愈低。

对“士大夫救国”的高度期许与现实士流日趋没落、下坠的“落差”感，造就了晚清民初士“无用”与“无行”论的流行。由对士之失望而转而寄望于“种田挑担之人”，晚清思想怪杰宋恕甚至提出了“由贫民定道统”的主张，尤其在俄国革命的催生下，一些知识分子逐渐转向平民主义，将希望寄托在底层民众身上。“五四”后期，在中国知识界出现了一股平民主义的狂潮，在劳动主义、无政府主义、马克思主义以及各种各样社会主义思潮的影响之下，“我们都是劳工”“劳工神圣”的口号不胫而走（蔡元培担任北大校长期间曾撰写过《劳工神圣》一文）。1918 年李大钊在《新青年》杂志上发表《庶民的胜利》一文，他断言今后的世界中，人人都是庶民，也都成了工人。文章的结尾李大钊呼吁：“我们要想在世界上当一个庶民，应该要想在世界上当一个工人。诸位呀！快去作工呵！”从“四民皆士”到“四民皆工”，“士”与“不劳而食”联系在一起，在汗水

① 废科举与兴学堂，“其社会学意义就是从根本上切断了‘士大夫’的社会来源，使士的存在成为一个历史范畴。新教育制度培养出的只有在社会上‘自由浮动’的现代知识人。士的逐渐消失和知识人社群的出现是中国近代社会区别于传统社会的最主要特征之一”。罗志田：《道出于二：过渡时代的新旧之争》，第 10 页。

淋漓的劳工者面前成了自惭形秽的“有罪”者。从四民皆士到四民皆工，从士无用到士无行，这些观点都出自读书人，“读书人要造自己的反，这是一个挡不住的潮流”①。知识分子这种自觉的自我贬抑潮流，最终形成了一种“国家政策”，将“知识分子”改造为“工人阶级”的一部分便成了知识分子自我教育与自我改造运动的主题。

晚清以降的这种“士”的自我贬抑运动，确实与近代儒家的自我定位的危机有关。在传统向现代转变的“世变”这一大格局下，“士”自身的传统知识结构已完全无法跟上时代的步伐。日人佐藤慎一指出，传统中国政治对士大夫的要求只是“文化能力”与“道德能力”，而不是近代官僚制下的行政专才。士的知识结构始终局限于按照经史子集分类的古典世界，解决社会与人生的各种问题的答案都包含在这个古典文献世界中，士的任务就是正确理解、解释经书的意义，发现“确切的答案”。晚清的“士”虽然尽其所能、倾其所学，提出了各种对待时局的对策，然而却始终无法解决问题，因为这次遇到的问题是由西方产业革命、政治革命所形成的现代性问题，这些问题在人类历史中是前所未见的，所以无论如何精通古典世界的知识都不可能找到真正能解决问题的答案。在古典世界中通过寻找“先例”以求解决现实问题，就“如同在没有出口的迷途中寻找出路”，而如果承认真正的答案并不在古典世界中，这就必然否定“士”自身的合法性地位：“正是因为在古典或先例中常常存在着正确的解答这一大前提，精通经书或史书的士大夫才能够具有作为社会的指导者的权威”，否认这个大前提，就必然否定士的权威地位。②

要之，“经过”数千年的农耕文明塑造的文化精英始终推崇“君子不器”，而现代工业文明需要的是“职业取向”与“专业取向”的“专职之才”。现代西方知识分类取代了传统的“四科”与“经史子集”，四书五经中的“规范知识”远远敌不过声光化电的“自然知识”，更为要命的是，传

① 王汎森：《中国近代思想与学术的系谱》(增订版)，第323页。

② 佐藤慎一著，刘岳兵译：《近代中国的知识分子与文明》，第8—13页。

统士大夫信守的治国平天下的“规范知识”跟西方的政经制度相比也不免捉襟见肘乃至不合时宜。从师夷长技以制夷，到中体西用，直到全盘西化，从“**道出于一**”到“道出于二”，直到“道出于西”，除了“以建立中国的学术社会为主轴的一批文化精英主义者”以及返本开新道统、学统、治统三统并建的新儒家，“士”已无处隐退，无处藏身，更无望以待世运推移[①]，“走工农的路”遂成为20世纪中国知识分子心路历程与生命历程的主旋律。

六　异业同道与职业分途

西方古典的社会分工理论是由柏拉图奠定的。他将分工的合理性最终诉诸“理性—激情—欲望”三元心灵结构上面：“金”气质的人是“理性”人，“银”气质的人是激情人，“铜铁”气质的人是欲望人，三者分别承担城邦的统治、辅助与生产的任务，统治者、辅助者与生产者（农工商贾）三个阶层各安其位、各司其职、各尽其分即是城邦之“正义”。自孟子“劳心劳力”说到阳明“士农工商异业而同道”论，儒家的社会分工论亦一直强调德位一致、因材择业、安位尽职，此与柏拉图思想相近。然而在儒家思想传统中，“材”与“位”都是后天的范畴，若就先天而论，人人皆有“良贵”“天爵”“良知”，人皆可成圣。儒家只有“高贵”的励志之言，而无柏拉图一类“高贵的谎言”。

“良贵”“天爵”“良知”一方面让因社会分工造成的“阶层”不至过于“固化”，乃至“等级化”，另一方面更昭示出社会分工是为了“仁政”“王道”，而始终不应偏离人类共同体中的每个个体“相安相养”这一“生人

---

① 传统中国，即便生逢乱世，“士”总可隐遁于山林，藏身于乡野，化身于庙宇。即便不被用，亦可“抱残守缺”，以待时运来转。但在现代同质化的社会中，“士”已无残可抱，无缺可守，乃至无可逃于天地之间。见唐君毅：《人文精神之重建》，《唐君毅全集》（卷五），第286页。

之道”。阳明“四民异业而同道”论虽强调任何分工都不是“强加于”人身上的，而是基于个人资质、能力、兴趣，并同时指出每个人自可在各种分工中递相出入（由“士”而“商”、由“商”而“从事”）。近人陈焕章指出，依儒家教义，“在社会等级上，并不存在不变的社会秩序，人人均能通过自己对社会的贡献而找到自己的社会等级位置，高社会等级对任何人开放”。何休解《谷梁传》四民说（“士民、商民、农民、工民”）曰：“古者有四民：一曰德能居位，曰士；二曰辟土殖谷，曰农；三曰巧心劳手以成器物，曰工；四曰通财货，曰商。四民不相兼，然后财用足。”陈焕章由此引申出三点“特殊意义”：第一，社会平等，士农工商皆一视同仁谓之民，即四民平等。第二，商民与其他三民一样具有“生产性”。第三，四民划分是劳动分工的产物，民众并未限制在任何指定的职业类别中，而只是通过职业分工被化为某一类民。[①] 但是无论王阳明抑或陈焕章均未意识到，所谓资质、能力、兴趣与“社会贡献”并不只是分工的“原因”，更是分工的“结果”。[②] 另外，传统的分工在整体上是一种“有机”的分工，在其中，劳动者能够体验到完整的劳动过程的成果，从而获得某种创造的满足感，享受到技艺娴熟所带来的得心应手感，在此意义上，手工劳作的技艺带有一定的游戏性。而现代市场经济“流水作业线”下的分工则日趋“机械化”“片段化”，劳动过程变成了跟着机械的节奏而日复一日的单调、刻板与乏味的重复过程。诚如马克思所指出的，“社会内部分工的特点，在于它产生了特长和专业，同时也产生职业的痴呆”[③]。王阳明也因

---

① 陈焕章著，韩华译：《孔门理财学》，商务印书馆，2015 年，第 163、289 页。对陈焕章理财学的儒家性研究参唐文明：《彝伦攸斁——中西古今张力中的儒家思想》，中国社会科学出版社，2019 年，第 67—89 页。梁漱溟更是称传统中国无“阶级对立”而有“职业分途”（见其《中国文化要义》第八章），马一浮也说古代中国“士农工商”并非是“阶级”（见其《洪范约义四 · 附语》，《复性书院讲录》卷五）。

② 马克思在引用亚当 · 斯密这一看法后，接着就指出：“搬运夫与哲学家之间的原始差别要比家犬与猎犬之间的差别小得多，他们之间的鸿沟是分工掘成的。”马克思：《哲学的贫困：答蒲鲁东先生的“贫困的哲学”》，人民出版社，1961 年，第 100 页。

③ 马克思：《哲学的贫困：答蒲鲁东先生的“贫困的哲学”》，第 111 页。

此而未有马克思从人的自由的全面发展角度设想一种超越社会分工的乌托邦画面：“只要分工还不是出于自愿，而是自发的，那末人本身的活动对人说来，就成为一种异己的、与他对立的力量，这种力量驱使着人，而不是人驾驭着这种力量。原来，当分工一出现之后，每个人就有了自己一定的特殊的活动范围，这个范围是强加于他的，他不能超出这个范围：他是一个猎人、渔夫或牧人，或者是一个批判的批判者，只要他不想失去生活资料，他就始终应该是这样的人。而在共产主义社会里，任何人都没有特定的活动范围，每个人都可以在任何部门内发展，社会调节着整个生产，因而使我有可能随我自己的心愿今天干这事，明天干那事，上午打猎，下午捕鱼，傍晚从事畜牧，晚饭后从事批判，但并不因此就使我成为一个猎人、渔夫、牧人或批判者。”[①]

毫无疑问，技术的进步，让人类拥有了越来越多的闲暇时间，但人之精力与生命毕竟是有限的，在分工日趋细密、门槛越来越高的当今时代，人也不可能在各个分工领域随意出入。如何在制度上避免人性的异化，如何保证“人心”不因分工而分化、固化为“机心”，如何让人间基于利益交易的“生意”变成基于天地万物一体之仁的“大生意”，回应这些时代问题，既需要精细的、负责任的理性设计，也需要超越现实的“想象力”，王阳明“四民异业而同道”论、“生人之道”论仍然是激发我们想象力的一个重要精神资源。

七　一点说明

本文无意质疑余英时先生中国近世宗教伦理与商人精神的整体洞见，亦不否认明清之际“私”意识的兴起，“士而商”“商而士”现象之盛行

① 马克思、恩格斯：《德意志意识形态》，《马克思恩格斯全集》（第三卷），人民出版社，1960年，第37页。

乃至商人伦理（“贾道”）的形成，无疑阳明心学一系“四民异业”而“同道”“同学”所蕴含的公共理性意识、社会平等观念对中晚明思想变动具有深刻而长远的影响。本文立论端在于（1）阳明“四民异业而同道”论其精神实质是以“生人之道”贞定商业文化；（2）“讲学”而非“治生”是士大夫不可摇动的“首务”，这是阳明一以贯之的立场；（3）阳明对纵欲逐利与攀比嫉妒现象的批判可被视为是对舍勒与桑巴特所谓的“资本主义工商精神气质”蔓延化现象的不满；（4）传统儒家一气贯通、生生不息的宇宙论，万物一体的生存实感，天地位万物育的致中和理念在根本上限制着商业活动成为一种“中立”的、自足自证的领域。这或可视为是在韦伯“新教伦理与资本主义精神”这一路径之外对阳明“四民异业而同道”论的一种新解。

第五章 “王阳明模式”：一种新的宗教对话模式之提出

【本章摘要】与当今宗教学通行的四种对话模式（“置换模式”“成全模式”“互益模式”“接受模式”）对照，王阳明对待佛教与道教的态度展现出一种独特的模式——“王阳明模式”。它既承认每一种文明都有其本己的宗教，同时又汲取了“置换模式”下对本己宗教的强烈认同与归属感，而相较于“成全模式”与“互益模式”，“王阳明模式”更注重自我的开放性与自我的成全，而不是以本己宗教去“成全”异己宗教。“王阳明模式”的重点在于向宗教的“他者”保持开放性，而其始终如一的“人道”取向可以把宗教向度贞定在人性的肯定与实现这一面向，避免宗教信仰走向迷狂、偏执与蒙昧主义。

一 儒学不应在当今宗教对话理论中缺席

跟“离散的时代”不同，全球化时代是一个“汇聚的时代”，“时空的压缩”让不同的文明、不同种族、不同信仰的人汇聚到了同一个世界（“地球村”）之中。[①]“全球意识”、“人类命运共同体”意识理应成为全

① 鲍曼著，郭国良、徐建华译：《全球化：人类的后果》，商务印书馆，2013年。

球化的“时代精神”，然而与“离散的时代”标配的民族、部落、种族的生活因为“汇聚”而被抽离其镶嵌在“原居地”的生存网络，高度流动性、动荡性、不确定性、无中心性与身份认同的多元性却又让宗教文化的认同几乎成了“唯一的没有选择的身份认同”，人们被强行塞入一个个“顽固的小箱子”之中，迷失于“单一性的幻象”（the illusion of singularity）之中。[①]于是，政治的对立与民族国家的冲突被视为是宗教与文化对立的必然结果。日益滋长的激进民族主义、部落主义、种族主义越来越让人怀疑“全球化”到底是人类“幸福的源泉”抑或是“悲惨的祸根”。

多元文明的和谐共存亟需宗教对话、文明对话。而迄今宗教对话的理论基本上是由基督教背景的西方学者如约翰·希克（John Hick）、保罗·尼特（Paul Knitter）、汉思昆（Hans Kung）、斯维德勒（Leonard Swidler）等提出与阐述的。“道并行而不相悖”，“万物并育而不相害”，“天下一家”，“万物一体”，“东海西海，心同理同”，中国传统思想中源远流长的恕道在根本上塑造了中华文明本身就是“对话的文明”“学习的文明”“包容的文明”。[②]立于中国深厚的思想传统提出一种既具有本土文化底蕴又有普适性的宗教对话模式是当今中国学者义不容辞的历史使命。

本章拟通过考察王阳明对待佛教与道教的态度，提炼出一种心学一系对待其他宗教的内在机制，以此设想“王阳明遭遇基督教”这一“思想实验”，展开“王阳明与耶稣”之间的“虚拟对话”，并在充分借鉴通行的宗教四种对话模式（“置换模式”“成全模式”“互益模式”“接受模式”）的基础上，正式提出一种新的宗教对话模式——“**王阳明模式**”。

在这个新的模式中，既接纳了“接受模式”的合理性，承认每一种文明都有其本己的宗教，不须置换，也不应置换，同时又汲取了“置换模式”之下的对本己宗教的强烈认同与归属感，而相较于“成全模式”与

---

① 阿玛提亚·森著，李风华等译：《身份与暴力：命运的幻象》，中国人民大学出版社，2009年，第9页。

② 杜维明：《文明对话中的“儒家”》，北京大学出版社，2016年。

“互异模式”,“王阳明模式”更多注重的是**自我的开放性**与**自我的成全**,而不是以本己宗教去“成全”异己宗教。王阳明模式的重点在于向宗教的“他者”保持开放性,将之视为证成完美人性、实现自我的一个资源而加以学习、吸纳,更为重要的是,在王阳明对话模式之中,始终如一的“**人道**”取向可以维系宗教向度贞定在人性的肯定与实现这一面向,避免宗教信仰走向迷狂、偏执与蒙昧主义,这在各种原教旨主义盛行的当今时代之中,弥为珍贵。

二 王阳明对待“二氏”的态度

撇开阳明与佛道“二氏”实际交涉过程不谈,王阳明对待佛道“二氏”的态度集中体现在以下两则语录:

> 或问三教异同。师曰:**道大无外,若曰各道其道,是小其道矣。心学纯明之时,天下同风,各求自尽。**就如此厅事,元是统成一间,其后子孙分局,便有中有傍。又传渐设藩篱,犹能往来相助。再久来渐有相较相争,甚而至于相敌。其初只是一家,去其藩篱仍旧是一家。三教之分,亦只似此。其初各以资质相近处学成片段,再传至四五则失其本之同,而从之者亦各以资质之近者而往,是以遂不相通。名利所在,至于相争相敌,亦其势然也。故曰:仁者见之谓之仁,知者见之谓之知。才有所见,便有所偏。[①]
>
> 张元冲在舟中问:“二氏与圣人之学所差毫厘,谓其皆有得于性命也。但二氏于性命中着些私利,便谬千里矣。今观二氏作用,亦有功于吾身者,不知亦须兼取否?”先生曰:“说兼取,便不是。圣人

---

① 朱得之编:《稽山承语》,王守仁撰,吴光等编校:《王阳明全集》(新编本)卷四十,第1611页。

尽性至命，何物不具，何待兼取？即吾尽性至命中完养此身谓之仙；即吾尽性至命中不染世累谓之佛。但**后世儒者**不见**圣学之全**，故与二氏成二见耳。譬之厅堂三间共为一厅，儒者不知皆吾所用，见佛氏，则割左边一间与之；见老氏，则割右边一间与之；而己则自处中间，皆举一而废百也。圣人与天地民物同体，儒、佛、老、庄皆吾之用，是之谓**大道**。二氏自私其身，是之谓小道。"[①]

两则语录均强调"大道"意识，儒家的"道一而已"与道家的"道通为一"思想孕育、滋生了一种"道大无外"的"大道意识"，一切外来的、异质的文明成果均视为"道"之一种：佛入中国，被视为佛道；耶入中国，被视为耶道；回入中国，被视为回道，而其崇信者则皆被视为"道人"。[②] 但一旦"大道"裂为互不相通的"道"（"各道其道"），则"道"已堕入"术"层次，是"自小其道"。"大道"因学道者自身资质不同又不能不分裂（"学成片段"，"见仁见智"），故有儒、道、佛三教之异同。但此"教"之异同只是因"教徒"不断强化、固化其自身资质的一个结果。偏于"完养此身"资质之人遂相互交往而成道教团体，偏于"不染世累"资质之人遂相互交往而成佛教团体，偏于"经世致用"资质之人遂相互交往而成儒教团体。孟子有言，物之不齐，物之情也。焦循曾引申说："惟其不齐，则不得以己之性情例诸天下之性情，即不得执己之所习、所学、所知、所能例诸天下之所习、所学、所知、所能。"[③] 阳明此处"资质"即焦循所谓"己之性情"。三教本是从其各自立场所见"大道"之一面，然囿于此而蔽于此（"渐设藩篱"），则成"执态"，则陷入"一偏"（庄子所谓"道隐于小成"）。惟有撤去藩篱，超越门户，互通有无，往来相助，方可成就"大道

① 《年谱》，王守仁撰，吴光等编校：《王阳明全集》卷三十三，第1289页。

② 陈立胜：《中国文化中的宗教宽容精神的四个结构性因素：道、心、圣人与圣经》，《世界宗教研究》2017年第2期。

③ 焦循：《雕菰集》卷九，商务印书馆，1926年，第133页。

之全”（“圣学之全”）。

由此“大道”意识、“圣学之全”意识通观现今宗教格局，则每一具体宗教均是人性某一方面之证成，均有其“一得之见”，其团契生活亦均是由精神气质相近之人所结成的共同体生活。而欲证“大道”自身则要超越一己“宗教立场”的限囿，向宗教的“他者”敞开，这个“他者”原本即是“自己”的一部分或者说自己应该具备的一部分（“圣人尽性至命，何物不具”）。使徒保罗说教会为基督的“身体”，并说“从前远离上帝的人”通过基督，“靠着他的血”，即可“拆毁了中间隔断的墙”（用阳明的话说“去其藩篱”），成为“上帝家里的人”（见《以弗所书》2:13—19）。阳明则说各个“相较相争”乃至“相敌”的宗教团体倘能拥有“大道意识”，即会“去其藩篱”重新成为“一家人”。

在阳明宗教“三教一家”的论述之中，不难见出其对待具体宗教的基本机制。

第一，超越“具体宗教”的“大道”意识。在“大道”面前，每一个具体宗教都是某种“资质”的群体对此“大道”的一个方面的见证，但不应将此“见证”（“片段”）视为“大道”本身，否则就会陷入教派的偏执与偏颇中（“才有所见，便有所偏”）。阳明洞悉具体宗教这种“喜人之同乎己而恶人之异于己”的排斥异己之弊端，故对“垄断”大道的心态始终持批评态度，并特别强调“文王望道未之见”才是“真见”。“望道未见”，不仅是不敢自足、好学不已、日进无疆之表现，亦不仅是“圣不自圣”的自我警戒的态度，“大道”自身的无限性本身即决定了任何对“大道”的“所见”都不过是“一隅之见”：“道无方体，不可执着。欲拘滞于文义上求道，远矣。……人但各以其一隅之见，认定以为道止如此。”[①]约翰·希克曾指出，东西各大宗教所尊崇的“上帝”“安拉”“梵”“法身”“空”“道”等等，倘若加以归类无非有“位格化”与“非位格化”两类，然都是对惟一

① 《传习录上》，王守仁撰，吴光等编校：《王阳明全集》卷一，第21页。

的、终极的“超越者”之不同的体认、领会与回应。为了避免某个具体的宗教“垄断”对此超越者的解释，希克用中性化的“实体”（the *real*）名之。蔡仁厚先生在提到宗教领域“最后的实在”时，也观察到类似的现象。他说，如落实到宗教形态层面，各个宗教对于“上帝”有着不同的名称，这很容易招致“语义上的混淆”，乃至每个宗教都认为自己的上帝才是惟一的上帝，于是而有“实”上的“一”与“名”上的“多”这一格局。如何消融此一格局？各个宗教形态如各自“拘定”在自己的形态上，就无法摆脱“独占上帝”这一现象。蔡仁厚提出中国的“天道”观念才是最具有“涵容性”的“大共名”：天道的外在化，是位格神（天帝、上帝、天主、耶和华、阿拉等等）；天道的内在化，是“自由无限心”（仁心、本心、良知、道心、如来藏自性清净心等等）。[①] 蔡仁厚的观点与希克的观点如出一辙，就义理而论，二人的观点都通向王阳明的“大道”意识、“道无方体”的意识。

第二，超越具体宗教自我中心的“学习立场”。宗教均有其让人委身的终极向度，此“委身性”倘不与“开放性”保持适当的张力，则不仅极容易陷入“自我隔绝”，更易趋向排他主义。王阳明提倡以开放的、学习的态度超越宗教意识形态的“是非之争”。针对门人儒教与佛教异同何在之请问，王阳明明确提出超越这种门户意义上的异同意识，并搁置名相意义上的是非之争，而在自家生命深处学习与体验两者之中的真正智慧。三教不过是为了尽吾心、安吾命，学三教者，亦不过是要学尽心、学安命而已。就此而言，三教异同的确不是“学者”应当关心的“焦点”。被徐复观认定“可以当中国所谓‘圣人’之名而无愧的”20世纪伟大的神学家与思想家史怀哲在论及王阳明思想时就指出，王阳明对待佛教与道教的态度、对待他并不认同的朱子的观点，都体现出宽容的一面，“王阳明从

① 蔡仁厚：《关于宗教的会通问题》，《新儒家的精神方向》，台湾学生书局，1982年，第84页。

来没有说各种学说要相互斗争，而是希望通过每种学说不断地自我审视和自我深化来实现进步”。[①]

第三，所有宗教在根本上是为了成全人性的，包括儒教在内的三教乃至N教都是“吾之用”。“吾之用”“自我成全”是第一义，宗教的经典都是为了引发、印证、栽培人性的自觉，“千经万典，颠倒纵横，皆为我之所用。一涉拘执比拟，则反为所缚”[②]。阳明接引弟子有时直接用禅宗“不思善不思恶认本来面目”指点良知[③]，并称“致知”就如“佛家说心印相似”[④]，有时又用道教的“精气神”来指点良知的“凝聚”与“流行”[⑤]，皆表现出其超越宗教门户、以“吾之用”为第一义这一生命本怀。

第四，“吾之用”“自我成全”的终极关怀是在这个人间世界实现的。王阳明致良知体用不二的圆教性格一直强调“内”与“外”、“世间”与“出世间”、“此岸”与“彼岸”的“相即性”，故任何宗教性的超越追求都应始终安顿在家庭人伦与社会国家乃至天地万物这“一个世界”之中。他称佛教西天极乐园并非“以地言”，即并非是彼岸的空间概念，“西天只在眼前”：人能时时致其良知，父慈子孝，兄友弟恭，夫合妇顺，自由自在，即此便是西天极乐园；否则，乖戾不合，睚眦必报，则终日忧愁烦恼，即此便是地狱。又称佛教六道轮回亦不应作另一时空中之生命变换解，人不能守住自己的良知，则一日间难免在“悖逆之途”“贪淫之海”之中辗转飘荡，沦入禽兽而不自觉。故宗教信仰最重要的果实乃是人世间的关爱与心灵的平和。这种对现世生命、人间性的关怀确实在整体上有别西方宗教“彼岸性”的精神蕲向，“对生命和世界的肯定的伦理精神”是中国哲学的基调，“世界上没有任何一个地方能有这样一个建筑在伦理思想

---

① 史怀哲著，常暄译：《中国思想史》，社会科学文献出版社，2009年，第93、179页。

② 《答季明德》，王守仁撰，吴光等编校：《王阳明全集》卷六，第214页。

③ 《传习录中》，王守仁撰，吴光等编校：《王阳明全集》卷二，第67页。

④ 《传习录下》，王守仁撰，吴光等编校：《王阳明全集》卷三，第93页。

⑤ 《传习录中》，王守仁撰，吴光等编校：《王阳明全集》卷二，第62页。

之上的文化来与中国这块土地上存在的相匹敌”。[①] 包括印度宗教在内的西方宗教着力渲染现世生活的虚幻与死亡的必然性，以期唤醒人们对一种“未来生活”（“死后生命”）的向往，因此，“通向坟墓之外的永恒生命的方式是，把当下时间花在忙碌地为死亡作准备之上。在天主教和基督教灵性中，所有的注意力和价值都集中于灵魂跟上帝度过的‘内在生活’或‘内心生活’，而一个人跟其他人一起度过的‘外在的’现世生活相对被忽略”[②]。

三　假如王阳明遭遇基督教

基于此机制，我们不妨穿越时空，让王阳明“遭遇”基督教，阳明会有何反应呢？

“**惟有本心**”抑或是“**惟有《圣经》**”？基督教的《圣经》会不会像《六经》一样，不过是“吾心之常道”“吾心之记籍”而已呢？会不会像二氏“千经万典，颠倒纵横”皆为阳明所用呢？据说，阳明曾用《六祖坛经》作为讲习教材[③]，那么，他会不会把基督教的《圣经》也当作讲习教材呢？

耶稣之“复活与永生”呢？王阳明是否会“翻译为”吾儒亦自有永生之术——“颜子三十二而卒，至今未亡”呢？那么，“神迹”呢？阳明会像孔子那样将之纳入“怪、乱、力、神”而“不语”，或者视之为“簸弄精神”而“屏去”呢？

“二氏之用，皆我之用。”基督教之用究竟会体现在哪里呢？据称基督教与儒家在修为方面，不但相似相近，而且在某一程度上，更可以说是有所共通。基督教信仰之中心教义，乃在神人之复合以至于神人之契

---

① 史怀哲著，常暄译：《中国思想史》，第102—105页。

② 库比特著，王志成、朱彩虹译：《宗教研究新方法》，宗教文化出版社，2008年，第85页。

③ 黄绾：《明道编》，中华书局，1959年，第11页。

合，用宋明诸子的话说，便是天人合一。[①] 阳明会乐见儒、耶二教同在心上用功吗？耶稣要人“撇下一切”，“背起自己的十字架”去跟从他，此大志向、大誓愿不正是阳明所谓的“信得及”之立志、立诚的工夫吗？耶稣所告“施舍的时候，不要叫左手知道右手所作的，要叫你施舍的事行在暗中”，阳明会把此理解为儒家的“慎独”与“独知”之功吗？阳明是否会认可自己的“独知”只是“自知”，而耶稣所言除“自知”外，又有“神知”呢？阳明的“自知”其本体不是“天赋”的“良知”吗？耶稣讲“只是我告诉你们，凡看见妇女就动淫念的，这人心里已经与她犯奸淫了”。阳明如闻此，会想到这就是自己的“一念发动处，便即是行了”的西方版吗？至于耶稣所言，“若是你的右眼叫你跌倒，就剜出来丢掉，宁可失去百体中的一体，不叫全身丢在地狱里。若是右手叫你跌倒，就砍下来丢掉，宁可失去百体中的一体，不叫全身下入地狱”，这不就是阳明所说的“去刀拔针”的工夫、“斩钉截铁，不可姑容”的猫之捕鼠工夫吗？《新约·腓立比书》(2:12)还说：**“就当恐惧战兢，作成你们得救的工夫。”**这“恐惧战兢”跟阳明所反复强调的戒慎恐惧、小心翼翼的工夫不正是一个工夫吗？

对于“被召的人多，选上的人少”(《新约·马太福音》22:14)这一“悲观”的预定论，持满街皆圣人论的阳明会有异议吗？“被召的人多”，即满街皆圣人的意思吗？[②]“选上的人少”其意思是尽管人皆可成圣，然成圣是一无限而艰辛的过程吗？“你们要进窄门，因为引到灭亡，那门是宽的，路是大的，进去的人也多；引到永生，那门是窄的，路是小的，找

① 何世明：《基督教与阳明学说》，刘小枫主编：《道与言——华夏文化与基督教文化相遇》，上海三联书店，1995年，第564—565页。

② 儒家人皆可成圣、佛家人皆可成佛、道家人皆可成真人，洋溢着一种乐观主义精神，这种精神背后折射出“人而天”的“天人合一”信念。耶稣会士方志荣神父曾断言，天人合一也是《圣经》所标榜的立场，并且因了耶稣的亲身予以实现，而成了可行的事实，“人人可为尧舜”，成了“人人可为基督”。见蔡仁厚：《关于宗教的会通问题》，《新儒家的精神方向》，第76页。

着的人也少。”(《新约 · 马太福音》7:13—14)这“窄门”说乃至“选上的人少”不是可以“警醒”阳明弟子之中那些“一跳”(“一悟”)跃龙门、猖狂恣肆贪图捷径之辈吗?

阳明曾言禅家之“本来面目”即圣门之“良知”,那么,《创世记》上帝之“样式”“形象”亦即此“本来面目”、此“良知”吗?儒家基督徒何世明说“似而不是”:阳明所谓“道心”“良知”之“形象”只是“**肖乎**上帝的天心与道心”,而不能完全画等号,真的是这样吗?儒者不是反复说“人者,天地之心也”?阳明之“万物一体之仁”说与保罗“身子是一个,却有许多肢体”是不是“如出一辙”?但终究一者联于一心,一者联于基督,是“不免又有一段距离了”。两者之间看似有“不少歧异之处”,但这歧异之处究是表面名相差异,抑或是文化之差异?上帝的形象、样式不是因为人的“原罪”(sin)而被败坏了吗?当人丧失了上帝赋予他的似神的特性,人也就不再是原来意义上的“人”,为了恢复人之为人的“形象”,人就必须在上帝的形象中重生,此即意味着人必须发生一种根本的“转变”“变化”,一种脱胎换骨式的自我更新,然而“堕落的人”既已失去了上帝赋予给他的“天性”,此种转变、自我更新如何可能?于是耶稣基督作为“道成肉身”,作为神之子进入人间,在他的言行中、在他的生死中,上帝形象在大地、在人间得到重新创造,于是效法基督,人就得以恢复那原型的人之形象。“只因为祂变得像我们一样,所以我们才能变得像祂。我们已经变成祂的形象,因此我们就能够按祂的生活塑造我们的生活。最后,做事、生活,都是通过在基督的形象中一心一意地作门徒来完成,而且,祂的话毫无疑义地得到顺从。”[①]“道成肉身”的耶稣基督是不是可以翻译为“良知”的“本来面目”?顺从基督就是顺从良知吗?保罗(《罗马书》3:23)说过“世人都犯了罪,亏缺了上帝的荣耀”。因为罪,我们的“意志”变得毫无希望,“我所做的,我自己不明白,我所愿意的,我

① 朋霍费尔著,安希孟译:《作门徒的代价》,四川人民出版社,2000年,第285—292页。

并不作。我所恨恶的，我倒去作”。保罗的这番表白（《罗马书》7:15）与阳明“如好好色、如恶恶臭”知行合一乃至与孔子“我欲仁，斯仁至矣”究竟有多大区别呢？看起来一者是完全的“他力”，将自己彻底交付给上帝的意志，所谓因信称义，一者是“自力”，彻底诉诸个人的意志，真的如此吗？但当保罗接着说“立志为善由得我，只是行出来由不得我”时，阳明会不会说，这已不是“知行的本体”了，知行的本体原即是一，既立志为善，则善必可行，善之所以未行，或者“行出来”之所以“由不得我”乃是私欲遮断之结果，阳明所谓私欲遮断不就是保罗所谓的“住在我里面的罪”吗？“我是喜欢上帝的律，但我觉得肢体中另有个律，和我心中的律交战，把我掳去，叫我附从那肢体中犯罪的律。我真是苦阿，谁能救我脱离这取死的身体呢？”面对折磨保罗心灵的“二律”交战现象，阳明会不会安慰说“信得过良知本体”，“时时从良知上照察”，“虽千魔万怪，眩瞀变幻于前，自当触之而碎，迎之而解，如太阳一出，而鬼魅魍魉自无所逃其形矣”？[①]保罗会首肯吗？他会认定阳明所说的“千魔万怪”就是“肢体中另有个律”，而信得过良知本体就是“以内心顺服上帝的律”吗？要之，诉诸个人的良知，其弊固然有师心自用、认欲作理之忧，诉诸超越的上帝，其弊亦难免有盲目信仰之虞。汉思昆针对各宗教都一直试图以权威来指挥人们，要求盲目驯服，乃至强暴人们的良知，呼吁虔诚的信徒们扪心自反，不能只是诉诸一种仍然高高在上的权威，以此剥夺人们内心世界的自治，必须承认完全存在一种康德所发现的东西，即一种“在良心中已扎根的、针对我们的实现自我和塑造世界的伦理上的自我立法和自我负责”。[②]此与王阳明“千圣皆过影，良知乃吾师”的观念是遥相呼应的。

至于基督教之“天堂”与“地狱”说，阳明会不会跟他对佛教的西天说与六道轮回说的认识一样，认定基督教所谓的“天堂”与“地狱”也

---

① 《与杨仕鸣》，王守仁撰，吴光等编校：《王阳明全集》卷五，第185页。

② 汉思昆著，周艺译：《世界伦理构想》，生活·读书·新知三联书店，2002年，第63、76页。

不是“以地言”之空间概念，而是扎根于当下人性之时间概念（“只在眼前”）？当代生存神学的大家麦奎利说，“天堂是存在的圆满和人类实存的上限”，天堂是“至福直观”（beatific vision），即“直接而明晰地意识到上帝的直接呈现”，而与《哥林多前书》（13:12）所说的我们在这暧昧的世界上“对着镜子观看，模糊不清”形成鲜明对照。当阳明读到此时，会不会默许呢？“直接而明晰地意识到上帝的直接呈现”不就是“良知真面目的全幅呈现”吗？麦奎利还说，“地狱”就是“存在的丧失和下限”，“存在的丧失未必意味着灭绝，但却包括每一种从本真的人格实存的堕落，包括每一种对实现真正的存在可能性的背离……地狱可以表示一种**目前现象**，可以不同程度地**在此时此地体验到**……”[①]，要之，天堂与地狱不是信仰上帝或不信仰上帝的一种未来的“酬报”或“惩罚”，二者都是一种“目前现象”。麦奎利在此所阐述的天堂与地狱的观念不就是阳明所说的“**只在眼前**”的意思吗？王阳明三传弟子邹元标《答西国利玛窦》书曰：“得接郭仰老（郭居静神甫——引者），已出望外。又得门下手教，真不啻之海岛而见异人也，喜次于面。门下二三兄弟，欲以天主学行中国，此其意良厚朴。尝窥其奥，与吾国圣人语不异。吾国圣人及诸儒发挥更详尽无余，门下肯信其无异乎？中微有不同者，则习尚之不同耳。门下取《易经》读之，乾即曰统天。敝邦人未始不知天，不知门下以为然否？”[②]这会是阳明首肯的看法吗？

基督教会被阳明安排在哪个“房间”呢？欧洲自然神论者马修·廷达尔（Matthew Tindal，1656—1733）在其《与创世一样古老的基督教，还是说福音只是自然宗教的翻版》中声称：“我并不认为孔子和耶稣的箴言有什么不同；我甚至认为，在前者那里简洁明了的箴言有助于说明后者那更为晦涩的箴言。”沃尔夫（Christian Wolff，1679—1754）更进一步由

① 麦奎利著，何光沪译：《基督教神学原理》，香港汉语基督教文化研究所，1998年，第478—479页。

② 邹元标：《愿学集》，《景印文渊阁四库全书》（第1294册），第89页。

儒家的实践哲学引申出一种“通过理性自我立法”的启蒙精神。他的论敌因此讥讽他“厚颜无耻”地将“孔子、基督、摩西和穆罕穆德置于同一层面”，又挖苦说：“既然这已经是一个如此花里胡哨的名单，那他当然也可以把自己作为‘德国人的孔子’或是‘欧洲人的孔子’也放进这个名单里。”[①] 显然，王阳明会毫不犹豫地说“儒、佛、老、庄、**耶**皆吾之用，是之谓大道”，但他不会跟沃尔夫一样“厚颜无耻”地说他自己就是中国人的基督，因为“个个人心有仲尼”，每个人内心深处都有一个属于他自己的小基督。那么，他会援旧例将基督教安排在“偏房”，作为“失地”收复吗？“夫佛者，夷狄之圣人；圣人者，中国之佛也。在彼夷狄，则可用佛氏之教化以化导愚顽；**在我中国，自当用圣人之道以参赞化育，犹行陆者必用车马，渡海者必以舟航**。今居中国而师佛教，是犹以车马渡海，虽使造夫为御，王良为右，非但不能利涉，必且有沉溺之患。”[②] “夫**耶稣基督**者，夷狄之圣人；圣人者，中国之**耶稣基督**也。在彼夷狄，则可用**耶氏**之教化以化导愚顽；在我中国，自当用圣人之道以参赞化育。”这会不会是王阳明的回答呢？

四 一种“王阳明模式”的提出

王阳明对世间各大宗教自会持开放与宽容的态度，但他最终认同与委身的是“**中国圣人之道**”，与焦竑、李贽交往甚笃的利玛窦，在论及三教合一论时表现出强烈的憎恶之情：“现今最普遍的看法是三教合一，一个人可以同时属于三教。这是自以为最智者的看法。在这一点上，他们既是自欺，也奇特地欺人……自称信奉一切宗教，结果是无所信奉，既

① 罗哲海：《“道德不要主人”：论克里斯蒂安·沃尔夫对儒家伦理学的解释》，邓安庆主编：《伦理学术：伦理自然主义与规范伦理学》，上海教育出版社，2022 年，第 9—33 页。

② 《谏迎佛疏》，王守仁撰，吴光等编校：《王阳明全集》卷九，第 295 页。

然对任何宗教也不真诚执著。"[①] 当今为排他主义辩护的普兰廷格（Alvin Plantinga）甚至说如果接受了宗教多元论立场，宗教徒就会对自己的宗教信仰打折扣，就不会继续坚持原来的信仰。[②] 古今西方"排他主义"（exclucivism）的宗教立场自不会理解东方哲人既"**委身**"又"**宽容**"的宗教情怀。[③] 不过，有一点至为明显，也至为关键：王阳明在委身**中国圣人之道**的同时，对其他宗教的开放与宽容的立场与态度，其旨趣并不在于以自家信仰"包容"其他宗教信仰。卡尔·拉纳（Karl Rahner）的"包容主义"（inclusivism）看来并不适合阳明的情形，因为阳明说过"说兼取便不是"，站在阳明的立场，圣学之全自无所不包，此"无所不包"一方面基于"道大无外"的"大道意识"，另一方面则出于成全自身的"为己之学"意识。焦循对"异端"曾有以下之界定："何为异端？各持一理，此以为异己也而击之，彼亦以为异己也而击之……苟不能为通人，以包容乎百家，持己之说，而以异己者为异端，则辟异端者，即身为异端也。"[④] "包容乎百家"，儒家自有此自信，但阳明的旨趣始终紧扣儒学的自我成全、自我受用上面。故倘说阳明立场是"包容"，此种包容也是对"差异性""异质性"的包容，而非取消差异的同质性的包容。

参以时下宗教对话理论，当今宗教对话理论大家尼特（Paul Knitter，1939—　）将宗教对话模式综括为四，曰（1）"置换模式"（the Replacement Model），（2）"成全模式"（the Fulfillment Model），（3）"互益

---

① 《利玛窦文集》卷一，第 99 页，转引自裴化行著，管震湖译：《利玛窦传》（上册），商务印书馆，1993 年，第 272 页。

② Alvin Plantinga, "Pluralism: A Defense of Religious Exclusivism," in Thomas D. Senor (ed.), *The Rationality of Belief and the Plurality of Faith*, Syracus: Conell University Press, 1995.

③ 由于"排他主义"一词带有强烈的价值色彩，容易引发争执，已近乎一"恶名"，故有神学家建议用"个殊主义""个殊论"（particularism）一词替代排他主义，"个殊主义"一词旨在强调宗教立场的个体性与特殊性而非诸信仰之间的对立。见 Alister E. McGrath, *Christian Theology: An Introduction*, Blackwell Publishers Ltd, Second Edition, 1999, p.534。

④ 焦循撰，沈文倬点校：《孟子正义》，中华书局，1987 年，第 10 页。

模式”（the Mutuality Model），（4）“接受模式”（the Acceptance Model）。[①]不妨以下图示之：

尼特宗教对话四种模式

名称	内容	宗旨	代表人物
置换模式	基督教是“惟一的真宗教”，甚至不是其他宗教意义上的宗教，而是神的启示，故与其他宗教没有对话的必要。要用基督教去置换其他宗教。	惟一的真宗教（只有一种真“看法”）	巴特（Karl Barth）
成全模式	其他宗教也是“拯救之路”，其信徒也是“匿名基督教徒”，但均有其局限，要用基督教去成全或完成其他宗教。	惟一宗教成全多种宗教（有很多真看法，但其中的一种最好）	拉纳（Karl Rahner）
互益模式	各宗教都有历史局限，各宗教之中有神圣实在的哲学可能性（希克：“哲学—历史之桥”）； 神圣者不只是单独一种宗教所体验者，而是临在于所有宗教信徒的神秘体验中（潘尼卡：“宗教—神秘之桥”）； 折磨人类和地球的匮乏和苦难是一切传统中人的共同关切，这些苦难是对各宗教的召唤，它们可使各宗教实现更有效的对话（尼特：“伦理—实践之桥”）。	要求诸多真宗教来对话（不同角度，不同看法）	希克（John Hick）潘尼卡（R. Panikka）尼特（Paul Knitter）
接受模式	各宗教是不同的语言系统，彼此之间不可通约，宗教对话是为了明白彼此的规则和使用范围。	许多真宗教：就那样吧（不同的东西，不同的看法）	林贝克（G. Lindbeck）海姆（Mark Heim）

王阳明的宗教立场是“置换模式”吗？他认为只有一种“惟一的真宗教”，故宗教对话即是以此“惟一的真宗教”置换其他“伪宗教”吗？阳明“圣学之全”“尽性至命，何物不具”，故中国圣人之道乃是“全体大

① 保罗·尼特著，王志成译：《宗教对话模式》，中国人民大学出版社，2004年。

用”“体用一如”之“大道”，而“二氏自私其身”，只能谓之“小道”，此颇有“惟一的真宗教”之意味。但是，其“儒、佛、老、庄皆吾之用”，以及“夫佛者，夷狄之圣人；圣人者，中国之佛也”之说法，又鲜明带有宗教多元论之色彩。显然佛为夷狄之圣人、圣人为中国之佛的命题具有强烈的宗教平等与宗教宽容的意义。神学家卡森（D. A. Carson）论及宽容时曾区别出传统的宽容（“旧宽容”）与现代社会文化中多元主义的宽容（“新宽容”）之不同，前者相信存在着绝对真理，也相信存在着追求真理的正确道路，但对那些与自己持不同思想观念的人保持宽容，故宽容的对象是与自己持不同见解的**人**（“我不认同你所说的，但我坚决捍卫你说话的权利”），而现代的宽容则是针对**思想观念**本身，任何一种观念都是相对的，都应该被认可、被接受。从“接纳不同观点的存在”到“接纳不同的观点”，从允许自由表达相反意见到接纳所有意见都是对的，“新宽容”最终滑落为庄子“此亦一是非，彼亦一是非”。于是，宽容意味着对任何信仰、任何立场都不做判定，最终只能陷入相对主义的泥沼中。[①] 王阳明的“宽容”属于哪种类型呢？王阳明尽管承认“圣人之学”之外的宗教之正当性，但同时并未放弃“圣人之学”的至上性、无所不具性，他既宽容佛教徒、道教徒（乃至跟他们做朋友），又宽容佛教徒与道教徒的“观念”，同时亦坚持“道一而已”的立场。质言之，王阳明的宗教宽容以一种独特的方式融摄了卡森所谓的“旧宽容”与“新宽容”于一身，这可以称为第三种宽容，或者说是宽容的第三条路。[②]

---

① 卡森在其 *The Gagging of God: Christianity Confronts Pluralism*（Zondervan Academic, 1996）第一章《当代多元主义挑战》中对此有专门讨论之外，尚撰有专书《宽容的不宽容》（李晋、马丽译，团结出版社，2012 年）批判现代宽容观。

② 卡森正确地指出“旧宽容”鼓励自由讨论，这样谬误会被驳倒而真理会最终胜出，如科学史中氧气说取代燃素说。然而“宗教命题”（宗教真理）是否与“科学命题”（科学真理）一样具有同样性质的“可证实性”或“可证伪性”？只有通过耶稣基督才能得救，只有通过良知的觉醒才能得救，只有通过佛性的自觉才能得救，三者之中只有一种是正确的主张吗？所谓的“得救”、所谓的宗教真理不是要最终落实在当下的自我转化上面吗？当不同的“宗教真理”（甚至看似冲突的宗教主张）却带来类似的自我转化与自我实现，通过自由讨 （转下页）

尽管王阳明自觉认同儒学（“圣人之学”），并认为儒家智慧才是究竟的大智慧（“大中至正之道”），但他从未想到用儒学去“补充”佛、道之“不足”，去“成全”其他宗教。因此，把其宗教立场断定为“互益模式”（“要求诸多真宗教来对话”）并不切当。同样理由，我们也不能将之归为“成全模式”（“惟一宗教成全多种宗教”）。

王阳明的宗教立场属于“接受模式”（“许多真宗教：就那样吧”）吗？马克·海姆（Mark Heim）曾批评希克的宗教多元论是一种虚假的多元论，因为根据希克的说法，多元性是宗教的表现形态，而各个宗教的本体则是同一个实体（the *real*），各个宗教都是对此同一实体的不同回应而已，这恰恰抹杀了宗教在本体上的多元性。尽管希克的多元论旨在破除任何宗教的“独特性的神话”，但同一个实体这一“普遍主义”却导致了新的傲慢。对海姆来说，“真正傲慢的表现是去告诉别人：‘你所相信的不过是我所相信的上帝的另一种形式’；而真正自我羞辱的表现则是认为，‘我所相信的不过是你所相信的佛性的另一种形式’”[①]。而在海姆看来，真正的多元论（即“接受模式”下的多元论）则认定不同的宗教是对不同实体的不同回应：如果得救的意思是克服原罪与死亡而实现与位格

（接上页）论，不是也可以从“接纳不同观点的存在”过渡到“接纳不同的观点”吗？“接纳”并不意味着完全认同乃至“转宗”，而是承认其他宗教也有自己的得救方式，但这绝不是提倡所有的宗教主张都要无差别、无原则地加以接纳。以族群的械斗解决土地纠纷与以法律的方式解决，让妇女接受教育与禁止妇女接受教育，寡妇殉葬的“萨蒂”世俗（suttee）与自由婚姻制等等并不只是不同的文明形态之表现，而没有“文明”与“野蛮”之分别。王阳明“道一而已”的“道”正是证成“人之为人”的“大道”，只有坚持这一“大道”，才能既宽容“与自己持不同见解的**人**”，又宽容“与自己不同的见解”，同时又维系宗教向度始终贞定在人性的肯定与实现这一面向，避免宗教信仰陷入相对主义的陷阱，乃至走向迷狂、偏执与蒙昧主义。希克指出，由于不同宗教信仰可以在不同的人中，在不同的时候促进人对实在的回应，不同性质的观念一般来说应该为那些不持这些观念的人所**宽容**。但对此须有一个重要的限制：**某种信念倘若依其行动会伤害他人，就不应该被宽容。**见希克著，王志成、思竹译：《第五维度》，四川人民出版社，2000 年，第 308 页。

① 黄勇：《全球化时代的宗教》，台大出版中心，2011 年，第 31 页。希克在《信仰的彩虹：与宗教多元主义批评者的对话》（王志成、思竹译，江苏人民出版社，1999 年）一书中对来自不同立场的批评均有回应。

化的上帝的协调，则只有基督教可以拯救人类；如果它指与“太一”的神秘统一，那只有印度教可以拯救人类；如果它指从所有欲望之中解脱出来，那只有佛教才能拯救人类……宗教对话的目的主要在于澄清宗教间的不同，使不同的宗教的追随者认识到他们追求的是根本不同的东西。走自己的路，让别人走别人的路。王阳明“在彼夷狄，则可用佛氏之教化以化导愚顽；在我中国，自当用圣人之道以参赞化育”之说法，颇有井水不犯河水，一个萝卜一个坑之意味。推演来说，每一种文明都有其本己的宗教，不要错置，更不要置换，就那样吧。然而，阳明又说“道一无二”，“儒、佛、老、庄，皆吾之用”，此自与接受模式扞格不入。阳明说佛是夷狄之圣人，佛教徒会感受到阳明的“傲慢”吗？阳明又说圣人者中国之佛，儒教徒会感受到“屈辱”吗？海姆所谓的“傲慢”与“屈辱”不过是基于西方宗教“独特性的神话”的一种错误感受而已，说到底是宗教个殊主义者的“我慢”所造成的一种感受而已。

当今西方的宗教对话模式理论套在王阳明的宗教立场上面，即便不是普罗克鲁斯忒之床（Procrustean bed），也难免显得捉襟见肘。难道王阳明的宗教观自成一种模式？

是的，我们不妨就提出一个“**王阳明模式**”：

第一，这个模式承认每一种文明因都有其本己的宗教，不须置换，也不应置换，在这一点上它与“接受模式”一致。但它同时又具有“置换模式”之下的对本己宗教的强烈认同与归属感，而对于“互益模式”与“成全模式”，“王阳明模式”注重的是**自我的受益**与**自我的成全，**而不是以一种居高临下的态度用本己宗教去“成全”异己宗教。

第二，这种模式倡导第三种宗教“宽容”态度，它既提倡对异己的宗教徒的宽容，又主张对异己的宗教徒观点的宽容，同时还坚持大道惟一（“道一而已”）的信念。因而它是在传统对“人”的宽容与现代多元主义对“观念”的宽容之外的“第三种宽容”。究其实，就宗教“观念”而言，“观念”本系是持此观念的宗教徒自我实现、自我成全的一种表达方式，对拥有此观念的宗教徒的“宽容”就是承认不同的文明、不同的宗教传统有着不同的自我实现、自我成全之道，而这些不同的道路最终都旨在证成“自我转化”与“转化世界”的“大道”，让人得自由、信心、喜悦，让世界充满爱。

第三，求同存异，向对方学习是诸宗教之间的相处之道。有门人问阳明佛教与儒学之异同，阳明回答说：“子无求其异同于儒、释，求其是者而学焉可矣。”曰：“是与非孰辨乎？”曰：“子无求其是非于讲说，求诸心而安焉者是矣。”[①]“王阳明模式”虽不会像“接受模式”那样主张“差异万岁”，但它绝不会干涉“邻人与宗教的他在性”，它考虑的重点在于保持差异的同时如何向这个差异的“他者”学习。黄勇指出，宗教对话所应关心的不是宗教的共性或独特性，而是相互学习与相互教导的可能性：“如果每个人都只想教人而不准备向人家学习，那么结果是谁也不能教会谁甚么东西。而如果每个人都只想学习人家而没有教人的热情，那么结果将是谁也不能从谁那里学到任何东西。这里，教人的热情如果不伴随着学习的愿望，就会导致宗教狂热主义，而学习的愿望如果不伴随着教人的热情，则会导致空洞的友情。”[②]但倘立于儒家素有的“礼闻来学而无往教”立场，《荀子·劝学》乃至有“不问而告谓之傲，问一而告二谓之囋，傲、囋，非也，君子如响矣”之“问告”伦理。儒者参与宗教之间的对话与交流，除了学习的愿望外，当然会乐于与人分享自家的人生智慧，但这是出自内心喜悦的“分享”而不是“教人”。西塞罗在《论友谊》中说过：“假如一个人能升到天上，清楚地看到宇宙的自然秩序和天体的美景，那奇异的景观并不会使他感到愉悦，因为他必须要找到一个人向他述说他见到的壮景，才会感到愉快。”[③]这种分享“见道”“悟道”的体验与其说是为了“教人”还不如说是“成人”。

---

① 《赠郑德夫归省序》，王守仁撰，吴光等编校：《王阳明全集》卷七，第254页。

② 黄勇：《全球化时代的宗教》，第39—42页。

③ 西塞罗著，徐奕春译：《论老年 论友谊 论责任》，商务印书馆，1998年，第78页。

第四，“自我成全”是“王阳明模式”的最大特点，“儒、佛、老、庄，皆**吾**之用”，成全这个“吾”、实现这个“吾”，乃是“儒、佛、老、庄、耶”之为“道”的根本所在！王阳明所隶属的儒家传统推崇的“道”是天地人三才贯通之道，自我成全最终是成全天之所覆、地之所载的人己无分、物我无间的生命共同体。因此与道教徒、佛教徒乃至回教徒、基督教徒的对话乃是为了自己成为更好的人。

第五，在“王阳明模式”里面，儒之道、佛之道、老庄之道乃至回之道、耶之道，皆须落实于现世的“人道”，“**人道**”是“王阳明模式”之基本价值取向。美国神话学大家约瑟夫·坎贝尔（Joseph Campbell）曾讲过他参加马丁·布伯（Martin Buber）讲座的一段经历。布伯在演讲中谈到腓尼基人拿长子向摩拉克神（Moloch）献祭是可怕的罪行；十五分钟后，布伯又讲到《旧约》之中亚伯拉罕要牺牲自己的儿子以撒（Isaac）的事迹。听到这里，坎贝尔举手提问了：“布伯先生，请问你如何区分圣灵的邀宠与魔鬼的诱惑？”“我不太懂你的意思。”布伯回答说。坎贝尔直接挑明说：“十五分钟前，你还在痛斥腓尼基人拿长子献祭的罪行，而现在你却对亚伯拉罕即将要做出同样的行为深表赞扬。那么究竟答案该是什么？”布伯说：“答案就是我们——特别强调是‘我’，相信上帝告诉亚伯拉罕要这样做的。”“这是我从他身上所能得到最后的答案。”——坎贝尔如是说。[①] 坎贝尔这一不依不饶的追问实际上揭示了一个重要的秘密，这个秘密即是宗教与道德伦理确实有着不同的起源，这一点施莱尔马赫、奥托（Rudolf Otto）与伊利亚德（Mircea Eliade）的宗教现象学均有阐述，而更为重要的是，在“宗教人”看来，彼岸的宗教权威高于此岸的道德伦理权威。[②] 第二次世界大战爆发前夕，朋霍费尔决心离开美国

① 坎贝尔著，李中宁译：《神话的智慧——时空变迁中的神话》，台北立绪文化，1996年，第141页。

② 基尔凯郭尔在《恐惧与颤栗》一书中将这一事件描述为亚伯拉罕凭借其信仰的“跳跃”而建立其人神之间超出伦理普遍性、悲剧性的“神圣之举”。

返回德国，临行前致信尼布尔说：“德国的基督徒将面临可怕的选择：要么让他们的国家战败以保存基督教文化，要么让他们的国家获胜以毁灭基督教文化。”他被捕受到盖世太保的折磨，此时只有上帝的话语在他心中作为支柱。他向咆哮的审讯者坦承：他是国家社会主义及其强加于公民的极权统治不共戴天的敌人。对上帝意志的忠诚让朋霍费尔与他的同道蒙受酷刑并最终被绞死，这种以死相抗的精神证明：“即使是在民族国家（nation-state）至上的年代，也存在着超越忠诚于国家与民族的更高的忠诚。”[①] 朋霍费尔的殉道再次证明“基督教人文主义”的伟大超越性的力量，再次见证了“人的灵是耶和华的灯”。“当上帝的意志与**人的**道德呼声发生抵触时，它是明显**高于**道德性的。而这就意味着，道德性只对人的因罪孽导致的局限性有作用，它并不具有绝对的意义。善——来自上帝，上帝是善之源，但如果从特殊的限制性意义上去理解，上帝并不是善，——上帝高于善，并且从这个意义上说不受善的影响。”[②] 倘若说上帝的意志高于世俗的权威意志，高于习俗、风俗惯例意义上的“道德教条”，此则无可置疑，否则我们就会丧失超越性、批判性之向度。但倘若说上帝的意志高于对个体生命、对人的内在价值与尊严的尊重这一真正的道德意识、道德呼声，则此上帝的意志就必须被质疑。[③] 只是由于经受长期的人文主义与理性主义之洗礼，这两个不同的源头往往被混在一起。宗教的超越之维被想当然地视为“真善美”根基，惟在宗教战争之中、在极端的宗教狂热运动之中，两者之间的张力乃至冲突方得以显

---

① 莱布霍兹（G. Leibholz）：《朋霍费尔牧师传略》，朋霍费尔著，安希孟译：《作门徒的代价》，第 8、18—19 页。

② 别尔嘉耶夫著，王志耕、李春青译：《亘古不灭之光——观察与思辩》，云南人民出版社，1999 年，第 41 页。

③ 郑宗义教授指出基督宗教安立一超越的至高无上的神，固然可以说能发挥使信徒战战兢兢奉行戒律的引导效果，但其弊端则有不容许信徒怀疑只能绝对服从外在权威的危险。一个现代亚伯拉罕听到上帝献祭的命令，他可不可以怀疑这是魔鬼的伪装或自己患上精神分裂的幻听呢？郑宗义：《儒学、哲学与现代世界》，河北人民出版社，2010 年，第 219 页。

豁无遗。汉思昆坦诚地说，任何一个世界宗教除了它们的信徒喜闻乐道的伟大的功绩史外，都还有一部往往避而不谈的“**丑闻记录**”。[①]希克也指出所有的宗教都有鱼龙混杂的现象，印度教强调内在得救，但又为种姓制度背书；佛教讲慈悲与宽容，但又忽视社会正义；伊斯兰教拥有种族平等的优点，但又有从事圣战的传统；基督教拥有推行民主制的动力，但又有种族主义的祸根。[②]对于基督教的天堂与地狱观念，希克说从正面看，通过勾画天堂的死者与未来相会的前景可以减轻悲伤，还可以激发我们的宗教想象，但从反面看，地狱的观念充当社会控制的工具，加强教会的权威，为迫害异端做辩护，为西方商业冒险的殖民野心提供宗教合法性。[③]诚然，不同宗教对“得救”的理解各有其“独特处”，但有一点却是一致的，即由自我中心向“终极实在”（“超越者”/上帝、梵、道等等）中心的转变，自我发生了根本变化，而这个变化只能是在人的现世生活中可以见证到的道德与灵性的果实，只能是对人乃至天地万物的感通与关爱。[④]“王阳明模式”始终坚持宗教的神圣家族皆“吾之用”，皆不应背离“成全人性”、尊重人的内在价值这一根本“人道”意识。当然，这绝不意味着儒教就无问题，我们可以补充说，儒家讲仁义礼智信，但又往往与世间帝王权力结合在一起。也正因此，儒教更需要向其他宗教学习，在“一个世界”实现“超越”的过程中始终保持清醒的头脑，避免在“教化”世间的过程中不自觉地“货与帝王家”而被世间权势所化，避

---

① 汉思昆著，周艺译：《世界伦理构想》，第 47 页。

② John Hick, *Disputed Questions in Theology and Philosophy of Religion*, New Haven: Yale University Press, 1993, p.94. 希克还指出：“印度教、佛教、基督教和伊斯兰教社会的实际历史，作为历史的重要组成部分，都包括了暴力、战争、压迫、剥削、奴役、欺骗、虚伪、残酷无情以及对财富和权力的贪婪。……就基督徒能够在其他宗教历史之流中列举出的每一种丑恶而言，在他自己的宗教历史之流也同样明显地存在着。”希克著，陈志平、王志成译：《理性与信仰：宗教多元论诸问题》，四川人民出版社，2003 年，第 98—99 页。

③ 希克著，王志成、思竹译：《第五维度》，第 88 页。该书第 17 章《阴暗面》对世界各大宗教的阴暗面进行了全盘检讨。

④ 希克著，王志成、思竹译：《信仰的彩虹：与宗教多元主义批评者的对话》，第 136 页。

免“假仁借义以行其私”乃至“仁义道德”的字缝里暗藏着满本“吃人”二字这一历史悲剧的再度上演。

要之，在“王阳明模式”中，“大道意识”超越了各种具体宗教的自我中心的偏执性，有助于不同的宗教徒在全球化时代成为更好的基督教徒、回教徒、佛教徒，而坚定的“一个世界”的“人道”取向又可以维系任何超越的宗教向度始终贞定在人性的肯定与实现这一面向，避免宗教信仰走向迷狂、偏执与蒙昧主义，这在各种原教旨主义盛行的当今时代之中，弥为珍贵。而开放性的“学习立场”不仅与宗教中“委身”向度形成适度的张力，更有助于克服各种宗教层面的“意必固我”之傲慢。潘尼卡曾用基督宗教的“**互融相摄**”（*perichoresis/circumincessio*）来描述宗教之间的共生关系：“我们邻人的宗教不仅向我们自己的宗教提出挑战，甚至可能丰富我们自己的宗教，……我们渐渐接受，另一宗教可能补充了我的宗教，我们甚至可以有这一想法，即在一些特殊情况下，它对我的某些信念可能很有补充作用，假如我的宗教性保持完整，不可分割的话。这样的个例越来越多：马克思主义者接受基督教的观念，基督徒赞同印度教的教义，穆斯林吸收佛教的观点，等等，而且他们又始终是马克思主义者、基督徒和穆斯林。但不仅如此：看起来好像今天我们全都相互交织在一起了，而且如果没有这些特定的宗教连接，我自己的宗教对我将是不可理解的，甚至是不可能的。没有一定的‘宗教’背景，诸宗教是不可理解的，我们自己的宗教性是在我们邻人的宗教性框架中被看到的。”① 无疑，“王阳明模式”为这种宗教的共生乃至文明互鉴提供了一条可行之路。

在尼特四种宗教对话模式之外，汉思昆也提出解决宗教关系问题的四种策略。（1）“**堡垒策略**”，这大致相当于“置换模式”，只有自己的宗教才是惟一的真宗教，其他宗教都是假的，这一“孤芳自赏的”策略折射出

---

① 潘尼卡著，王志成、思竹译：《宗教内对话》，宗教文化出版社，2001 年，第 10 页。

一种畏惧接触、目光短浅、排他性与优越感的立场，汉思昆斥之为“宗教帝国主义”与“宗教凯旋主义”。（2）“**轻描淡写化策略**”，每一种宗教都是真的宗教，这大致相当于“接受模式”，汉思昆认为这一“宗教方面一锅煮的”策略陷入了相对主义泥沼之中而不能自拔。（3）“**拥抱策略**”，只有一种宗教是真的，但历史上成熟的宗教都分享着这一宗教的真理，这大致相当于“成全模式”，这种“兼容一切”的立场，实际上把其他宗教都降低一等，成为部分真理，从基督教的立场，其他宗教徒都是“匿名的基督徒”，这是一种通过“拥抱”而“征服”的立场，东方宗教之中的判教大致也属于这种立场。汉思昆认为以上三种策略都不是真正解决问题的策略，惟有（4）“**普世宗教策略**”才是有效的出路。这种策略旨在寻求普遍的、伦理的标准，而人道、人的尊严则是最基本的标准：“真正的人性是真正宗教的前提”，“真正的宗教则是真正的人性的完善”。[①]不难看出，王阳明模式跟汉思昆所谓的“普世宗教策略”有着惊人的相似性，尊重人性、成全人性乃是一切宗教必须始终恪守的“基准”。而在汉思昆的普世宗教的策略之中，既要继续培育在信仰上站稳立场这一“古典的美德”（“立场稳定”），同时又要克服宗教之间竞短长的较量心态，学会自我批评与向他者开放，培养“善于对话”这一现代的美德。正是基于此“寓于立场稳定中的对话愿望”，汉思昆呼吁基督徒“从真正的基督教主张出发，下决心不断学习，在自己的道路上不断重新转变自己，通过从其他宗教那里学到的东西改造自己，以使旧的信仰不但不遭破坏，反而更加丰富起来。这就是一条‘**创造性的改造道路**’”[②]。这种超越宗教门户之见的开放与学习的心态是王阳明模式之中的一个重要内容。实际上包括儒教在内的任何一个古老而伟大的宗教与文化的复兴，都必须立足全球化这一人类的新处境，不仅对宗教与文化的“他者”宽容，更须向这些不同的

① 汉思昆著，周艺译：《世界伦理构想》，第 120 页。
② 汉思昆著，周艺译：《世界伦理构想》，第 136 页。

“他者”学习，由宗教的对话、文明的对话走向对话的宗教、对话的文明，从而最终证成“生生不息”的人类普世之大道。[1]

“王阳明模式”在今日之中国，不也是儒家走向“创造性的改造道路”不应忽视的一个指引吗？

① 唐君毅在论及中西人文精神会通时指出：“世界人类将来之理想文化，乃基督教、儒教、回教、印度教、及一切人类文化精神中有价值者之互相承认，互相了解，互相贯通，以见宇宙人性之所一。而此宇宙与人性之所一之逐渐被自觉，才是人类和平天下之一统之真实基础。而各文化系统之所异，则是各发展其所长，使世界文化有**好的一**，又有**好的多**之基础。”“好的多”系指每个文化系统在坚持自身精神价值的同时，而相互承认对方之精神价值，“好的一”系指每个文化系统能够超越自身而求得文化系统之间的贯通与融摄。唐君毅：《人文精神之重建》，《唐君毅全集》（卷五），第323页。

第六章　全球化时代下的阳明学的意义

【本章摘要】阳明学经王阳明一生之经营，在明代正、嘉年间已成为“显学”，其时代“意义”充分展示于中晚明日趋动荡不安的社会状况之中；清末民初，与西方世界遭遇，“世纪”意识觉醒，在数千年未有之“大变局”中，阳明学在“东亚文化圈”迈向现代性的征途中表现出丰富多彩的“历史效应”；21世纪全球化时代人类处境下，如何将阳明学的精神拓展与上升至“世界”的意义，是当今阳明学研究者的不容推辞的时代使命。

伟大的经典及其所承载的思想虽然是应其时代召唤而产生，并因此打上深刻的时代烙印，但其“意义”从不会被时代所“局限”与“封闭”，它总会在穿越时光隧道的过程中展示其丰富多彩的面向。阳明学形成于中晚明，在清末民初乃至整个20世纪被重新“激活”，并被赋予了新的“世纪”意义。21世纪人类在整体上被“抛进”一个全球化时代、一个科技—社会—生活节奏变动速率日益加速化的时代，在这个新时代下，阳明学与人类新处境具有何种相关性？“人人自有定盘针，万化根源总在心。”在汹涌澎湃的全球化与加速化的浪潮中，人类如何在随波逐浪中不迷失方向？“夜静海涛三万里，月明飞锡下天风。”心学的智慧能否再一次启迪跋涉者的心扉？在全球化时代下充分激发阳明学固有的“变动不居”“唯变所适”的创造性力量，是当今阳明学研究者的不容推辞的时代使命。

一　阳明学于中晚明的意义

中晚明是阳明学诞生与传播期，这一时期整个社会变迁出现了一些新特点。

其一，“白银货币化现象”开始出现。明初禁用金银交易，但至阳明生活的成化、弘治年间，田赋货币化、徭役货币化、盐课货币化、茶课货币化、关税货币化以及国家财政支出（皇室、官俸、军费、政府开支）货币化现象均已“全面铺开”。[①] 这一系列的白银货币化现象是中国由古代赋役国家向近世赋税国家转型的标志。而在阳明去世后不久，白银货币化迅即成为中国与世界经济全球化开端相联系的契机。据统计，16 至 17 世纪日本白银产量的绝大部分和美洲白银产量的一半流入了中国。[②] 社会各阶层无一例外被卷入这一白银货币化体系之中，明初形成的社会等级结构开始松动与转型，专业的商业团体、专门的手工业市镇与劳动力市场开始形成。

其二，社会经济生活的变迁、商业文化氛围的形成对整个社会生活与社会心态产生了强烈的冲击。顾炎武曾观察到王阳明生活的时代（正德、嘉靖年间）歙县开始出现重商轻农的现象（“出贾既多，土田不重”），而商业文化兴盛不仅加剧了“富者愈富，贫者愈贫”的贫富悬殊现象，更滋生出拜金心态：“操资交捷，起落不常。能者方成，拙者乃毁，东家已富，西家自贫。高下失均，锱铢共竞，互相凌夺，各自强皇。于是诈伪萌矣，讦争起矣，芬华染矣，靡汰臻矣……**金令司天，钱神卓地**。贪婪罔

① 万明：《明代白银货币化研究 20 年》，《中国经济史研究》2019 年第 6 期，第 6—17 页；《明代货币白银化与制度变迁》，《暨南史学》（第二辑），第 276—309 页。

② 弗兰克著，刘北成译：《白银资本——重视经济全球化中的东方》，中央编译出版社，2000 年，第 157—169、224—226 页。全汉昇：《明清间美洲输入中国白银的估计》，《“中央研究院”历史语言研究所辑刊》，第六十六本，第三分，1995 年，第 679—693 页。

极，骨肉相残。”[①] 手工业者、雇工、工商业主逐渐成为一股“新生的社会力量”。地方政府越来越依靠商业财富维系其行政、生产和文化系统的运作。商人通过捐资支持地方政府而获得更高的社会地位，商业已经在士大夫阶层内部打上深深的烙印。[②] 趋富贵而厌贫贱、竞利求富的“世风”染及“士风”，“文士无不重财”成了习以为常的现象。李诩记载一则阳明时代的文士润笔现象颇能说明问题：“常熟桑思玄曾有人求文，托以亲昵，无润笔。思玄谓曰：‘平生未尝白作文字，最败兴。你可暂将银一锭四五两置吾前，发兴后待作完，仍还汝可也。’唐子畏曾在孙思和家有一巨本，录记所作，簿面题二字曰‘利市’。都南濠（都穆）至不苟取。尝有疾，以帕裹头强起，人请其休息者。答曰：‘若不如此，则无人来求文字矣。’马怀德言，曾为人求文字于祝枝山。问曰：‘是见精神否？’（俗以取人钱为精神。）曰：‘然。’又曰：‘吾不与他计较，清物也好。’问何清物，则曰：‘青羊绒罢。’”[③] 桑悦、唐寅、祝允明都是恃才傲物的名士，却如此爱财，可见当时文化商品化的程度。[④]文中提到的几个人物多与王阳明有交集，唐寅、都穆与祝枝山皆于弘治十二年（1499 年）参加会试，唐寅因科场舞弊案受牵连而遭处罚，祝枝山落第，都穆则与王阳明同榜题名，王阳明还为都穆父亲都卬撰写过《豫轩都先生八十受封序》（《王阳明全集》卷二十九）。[⑤] 如所周知，王阳明由《孔丛子》一书“心之精神是谓圣”转而提出“心之良知是谓圣”这一著名心学命题，而在祝枝山这里“精神”完全成了“金钱”的代名词，文士精神之堕落由此可见一斑。

---

① 顾炎武著，顾宏义等点校：《天下郡国利病书 · 凤宁徽备录》（二），上海古籍出版社，2012 年，第 1025—1026 页。

② 卜正民著，方骏等译：《纵乐的困惑：明代的商业与文化》，第 94—99、138—147 页。

③ 李诩撰，魏连科点校：《戒庵老人漫笔》卷一，第 16 页。

④ 商传：《晚明社会商品化与纵欲思潮》，《明史研究》（第 4 辑），黄山书社，1994 年，第 207—211 页。

⑤ 据载，王阳明还为华云（字从龙，号补庵居士，少事邵宝，又出阳明门）所收藏的唐伯虎《山静日长图》题写《鹤林玉露》两段文于其上。唐寅《山静日长图》并阳明题《玉露》文见于芝加哥大学出版的《唐寅画册》，见束景南：《阳明佚文辑考编年》，第 584—589 页。

官场沦为“营产牟利”的“名利场”:“方今仕途如市,入仕者如往市中贸易,计美恶、计大小、计贫富、计迟速。”“财富的诱惑”与“伦理的丧落”成为时代问题。如何避免仕途、商途成为“成圣”的“歧途”是士大夫必须面对的生存问题。东林后七君子之一周顺昌(1584—1626)念念不忘的仍是“学者不可把第一等事让别人做”这一理学人生模式:“‘固穷’二字,原吾辈本来面目。并此而丧,何以自立?……慕富慕贵,一生痛恨。”①

其三,明代中叶土地兼并现象日趋严重,皇室、亲王、外戚、勋臣、宦官掠田无厌,加上旱灾、涝灾、蝗灾频仍,大批农民流离失所,形成了空前的流民现象,整个社会动荡不安。唐伯虎的老师周臣(1460—1535)于正德十一年创作的《流民图》即生动反映了阳明时代贫民流离失所的凄惨景象。仅正德年间成规模的农民起义就有三十余次。如何重新安顿社会秩序,成了迫在眉睫的时代问题。

阳明学面对新兴起的商业文化给出了“四民异业而同道”的主张。士农工商只是社会分工不同:“士以修治,农以具养,工以利器,商以通货,各就其资之所近,力之所及者而业焉,以求尽其心。其归要在于有益于生人之道,则一而已。士农以其尽心于修治具养者,而利器通货,犹其士与农也;工商以其尽心于利器通货者,而修治具养,犹其工与商也。故曰:四民异业而同道。……自王道熄而学术乖,人失其心,交骛于利以相驱轶,于是始有歆士而卑农,荣宦游而耻工贾。夷考其实,射时罔利有甚焉,特异其名耳。极其所趋,驾浮辞诡辩以诬世惑众,比之具养器货之益,罪浮而实反不逮。”② 阳明学“个个人心有仲尼”“良知之在人心,无

① 周顺昌:《与朱德升孝廉书一》,《烬余集校辑六卷》卷二,陈斌编校:《周顺昌研究资料汇编》,苏州大学出版社,2013年,第23页。

② 王守仁撰,吴光等编校:《王阳明全集》卷二十五,第941页。阳明早年好友李梦阳借商人王文显之口(《明故王文显墓志铭》,《空同集》卷四十六)表达了类似的思想:“夫商与士,异术而同心。故善商者处财货之场,而修高明之行,是故虽利而不污善。士者引先王之经,而绝货利之径,是故必名而有成。故利以义制,名以清修,各守其业,天之鉴也。”

间于圣愚”“满街皆圣人”的思想无疑极力张扬了平民的尊严，由此也必然推出四民异业而同道、同心的思想。阳明学“异业而同道”“异业而同学”“即业以成学”等等主张当然可以视为是对商业价值的一种高度肯定，乃至可以说良知学具有一定的“世俗化”特征。但另一方面，将白银时代下的经济生活纳入到“致良知”的话语之中，儒化、主宰新兴的商业社会，扭转商业文化所滋生的逐利世风，此方是阳明学“四民异业而同道”论述的精神实质所在。[①]

面对世风日下而导致的日益沦丧的“士风”，阳明学则强调“圣学”与“俗学”的对立。他对“圣学”的“异化”现象深恶痛绝：“近世所谓道德，功名而已；所谓功名，富贵而已。”[②]又说：“**古之仕者**将以行其道，**今之仕者**将以利其身。”[③]对于能够超拔世俗的“二氏”之学，王阳明往往予以肯定乃至表彰。他见有僧岩中静坐三年，曾专门撰诗称颂：“莫怪岩僧木石居，吾侪真切几人如。”他更径斥元代大儒许衡“学者以治生为首务”为“误人”。门人不解，并质疑说：“岂士之贫，可坐守不经营耶？”王阳明回答说：“但言学者治生上，尽有工夫则可。若以治生为首务，使学者汲汲营利，断不可也。且天下首务，孰有急于讲学耶？虽治生亦是讲学中事。但不可以之为首务，徒启营利之心。果能于此处调停得心体无累，虽终日做买卖，不害其为圣为贤。何妨于学？学何贰于治生？”阳明学非常注重“事上磨练”的工夫，而士之事不外“举业”与“仕”，故有举业学业合一、政学合一的主张。“使在我果无功利之心，虽钱谷兵甲，搬柴运水，何往而非实学？”[④]就此而言，阳明学以讲学为首务的意识具有深刻的

① 详见本书第四章《王阳明“四民异业而同道”新论》。

② 《与黄诚甫》，王守仁撰，吴光等编校：《王阳明全集》卷四，第161页。

③ 《送黄敬夫先生佥宪广西序》，王守仁撰，吴光等编校：《王阳明全集》卷二十九，第1044页。

④ 《与陆原静》，王守仁撰，吴光等编校：《王阳明全集》卷四，第166页。阳明后学对异业同道、政学合一等思想的阐发见吴震：《明代知识界讲学活动系年：1522—1602》，第12—28页。

政治关怀，即以“良知”“万物一体之仁”统摄士大夫的精神世界与政治生活。

面对地方社会失序现象，王阳明本人除了奏设崇义县、和平县、平和县外，还在南赣各县兴办社学，改革儿童教育，建立乡约与保甲制。

在阳明学中，“万物一体之仁”既是一种真切而深刻的生命体验，也是一种强烈而切实的政治关怀。不妨说，阳明学万物一体之仁的景观就是一种“顶层设计”的伦理政治蓝图。阳明学自其诞生即表现出强烈的淑世、救世精神。杨国荣先生曾提到正德年间杨虎等领导的河北农民起义提出了“重开混沌之天”的口号。与这种“武器的批判”相对照，阳明学的万物一体之仁的伦理政治理念则是“批判的武器”。[①] 在阳明学看来，人间的所有生存领域都应由万物一体之仁的原则统摄，“有益于生人之道”的“仁道”才是天地间之“正道”。这种强烈的信念激发了阳明学**熔铸天下、整顿乾坤**的使命感。这在泰州学派中表现得淋漓尽致。王艮正德六年的“**补天之梦**”最具象征意义，他以“天地位，万物育”作为自己的志向，以致尧舜之世为“家常事”，做梦都要整顿乾坤，此是典型的“出位之思”。王艮本人亦很自觉，他认为学者就应该不被时位所限制，“学也者，所以学为师也，学为长也，学为君也”。“我命虽在天，造命却由我”，“大人造命”，“不袭时位”，“出必为帝者师，处必为天下万世师”[②]，这些豪情壮语很难让人想象是出自一位灶丁之口，这是一介草莽匹夫的“中国梦”。王艮族弟王栋颇善发明乃师不袭时位之学，他强烈质疑“惟夫天子之元子、众子以至公卿大夫元士之适子入大学”之古训[③]，并明确断言大学没有门槛，应向孟子所谓的“天民”开放而不应只局限于“有职

① 杨国荣：《王学通论：从王阳明到熊十力》，第4页。

② 王艮撰，陈祝生等校点：《王心斋全集》，第4、9、13、18、20—21、39—40、53页。

③ “格物止至善之学，人人共为、共成，原无人品限隔。今曰古者十五入大学而惟夫天子之元子、众子以至公卿大夫元士之适子入之，而非适子者则皆限于分而不得与；凡民惟俊秀入之，而非俊秀者则皆限于资而不得闻，是诚可疑。”王栋：《一庵王先生遗集》卷一，《四库全书存目丛书·子部一〇》，第58页。

位者”。[①]王艮与王栋兄弟各自提出一幅伦理政治的蓝图，并念念不忘“将乾坤世界重新熔铸一番”。王艮《王道论》一文明确指出社会失序的原因在于“天下田制不定”，导致民无定业，游民众多，而上层社会制用无节，风俗奢靡。他借鉴古代井田制提出均分土地的建议。[②]持有这种重整乾坤的政治抱负的人在泰州学派中大有人在，黄宗羲称泰州学派多能“赤手以搏龙蛇”。罗汝芳“自壮及老”常常梦见自己成为经筵师[③]，“出必为帝者师”看来是泰州学派的集体意识。具有这种意识的就是“同志”。中晚明阳明学的讲会活动“友道”大张，何心隐甚至将“友伦”提升为五伦之首（“天地之交尽于友”），他自视自身是“不农、不工、不商、不士”（“身之无在”），又说“父子、昆弟、夫妇”，固是天下之达道，但却“难统乎天下”，“惟君臣而可以聚天下之豪杰，以仁出政，仁自覆天下矣”，“惟友朋可以聚天下之英才，以仁设教，天下自归于仁矣”。[④]显然何心隐已经洞见到“同志”与“政治共同体”建构的内在联系。晚清谭嗣同《仁学》中朋友“为四伦之圭臬”，“四伦咸以朋友之道贯之，是四伦可废”的激进看法可溯源至此。何心隐还在其家乡推行一种“会”，财产互通有无，婚丧嫁娶乃至赋役均合族共理。兼“明道”与“行道”于一体，他提出“群”

---

① 面对世人对王艮出位之思、出位之言的质疑与指责，王栋辩护说：“天生烝民，作之君，作之师。自古帝王君天下，皆只师天下也。后世人主不知修身慎德为生民立极，而君师之职离矣。孔子悯天下之不治，皆缘天下之无师，故遂毅然自任，无位而擅帝王师教之大权，与制作《春秋》同一不得已之志，况不俟时位，随人接引，则欛柄在手，而在在能成，此其所以贤尧舜而集大成者。……吾先师所以不得不自任也，而岂其得已哉！”王栋：《一庵王先生遗集》卷一，《四库全书存目丛书·子部一〇》，第62—63页。

② 王栋亦有自己的政治方案：或曰：“使子为政，亦能熔铸乎？”曰：“熔铸天下必君相同德同心，方可整顿，此孔孟所以不得行其志者也。若使得宰一邑，而熔铸一邑，理亦有之，但恐监司者挚（掣）其手足，与迁转之速，则不能耳。然终是田制之偏，赋役之重，刑统滥于罚赎，学校弊于文辞，凡此皆关大政，熔铸夫岂易言？然大人之学不袭时位，吾将以兴起斯文为己任，使师道立而善人多，朝廷正而天下治，此吾所以熔铸天下之一大炉冶，而非时位所能限也。”王栋：《一庵王先生遗集》卷一，《四库全书存目丛书·子部一〇》，第65—66页。

③ 方祖猷等编校整理：《罗汝芳集》，第391页。

④ 《与艾冷溪书》，容肇祖整理：《何心隐集》卷三，第66页。

(“会”众的团结)与“均”(“会”众之间财富的均平)作为“会”的原则来统摄天下,确实具有某种“社会乌托邦”色彩。[①]

王汎森先生曾以泰州学派颜钧为例指出明代心学家拥有三种社会角色:社区改善运动者、打破士庶分别的讲学活动者、类似心理咨商或治疗者。[②] 的确,阳明学作为一种思想、一个学派,它是宋明理学的一部分,它为有志于做第一等事者提供了截断众流、超拔凡俗的勇气,指明了一条“一念自反,即得本心”[③] 的简易成圣路径;同时,它还是一场深刻的社会运动的一部分:它积极介入中晚明兴起的商业文化以及动荡不安的社会状况之中,以化俗为己任,随机指点农工商贾,力图重新安顿社会秩序。

二 阳明学于20“世纪”的意义

在中晚明肇兴与流行的阳明学随着明清鼎革而花果凋零,日趋消沉。在19世纪末至20世纪初,在近代中国乃至东亚文明转型时代,却又枯木逢春,重新焕发出其思想的活力。究其因缘,阳明学的“心学”属性无疑契合于创造新世纪的时代精神。

“世纪”作为一个时间单位出现于晚清的文献中,这当然不只是意味着汉语世界计时单位又增加了一个新术语,而是意味着传统时间意识的一个根本改变。它是一个标志,一个从长时间段、从一个文明演化的整体历程去反思自己国家的历史、去展望乃至想象其未来走向的标志。梁启超午夜作于太平洋上的《二十世纪太平洋歌》(1899年)最能反映这种

① 侯外庐等主编:《宋明理学史》(下),第454—458页。对何心隐生平与思想研究见容肇祖:《何心隐及其思想》,《容肇祖集》;陈来:《何心隐的社会活动与思想特质》,《文史》2012年第3辑。

② 王汎森:《晚明清初思想十论》,复旦大学出版社,2004年,第1—28页。

③ 见王畿:《致知议辩》《华阳明论坛会语》《孟子告子之学》《意识解》《与莫廷韩》《书先师过钓台遗墨》,吴震编校整理:《王畿集》,第134、162、190、192、334、469页。

“世纪”符号的深层意蕴：“蓦然忽想，今夕何夕、地何地？乃是新旧二世纪之界线，东西两半球之中央。不自我先自我后，置身世界第一关键之津梁。胸中万千块垒突兀起，斗酒倾尽荡气回中肠。独饮独语苦无赖，曼声浩歌，歌我二十世纪太平洋！”[①]在这首长诗中，梁启超将人类文明的演进划分为**河流→内海→大洋**三个时代：第一纪是“河流文明时代”，由中国、印度、埃及和小亚细亚这四个“古文明祖国”组成；第二纪是“内海文明时代”，由地中海、波罗的海、阿拉伯海和黄海、渤海等周边文明构成；第三纪是“大洋文明时代”，则是由哥伦布“发现”新大陆开启的时代。这种将中国文明置于世界文明之中，确定其空间位置与时间位置的意识无疑是一种崭新的历史意识。如所周知，古人往往依照上古、三代或尧舜等概念进行历史叙事，究其实并不是为了过去而过去，而是为了现在及未来而过去。[②]质言之，“过去”在历史意识中始终是“作为未来”的过去而再当下化的。不过这种面向未来的历史意识乃是扎根于天道循环（“古今之变，极而必反，如昼夜之相生，寒暑之相代”）与“五百年必有王者兴”的强烈信念，故具有从容淡定兼具自信的性质。而在梁启超的“世纪”意识中，传统的“天道”变成了“物竞天择势必至，不优则劣兮不兴则亡”的**新天道**，由此新天道而激发出的则是一种强烈的民族生存的焦虑感：“今日民族帝国主义正跋扈，俎肉者弱食者强”，而泱泱中华正沦为“东亚老大帝国一块肉”。20世纪遂成为关乎中国存亡的世纪，“世纪”意识凝聚着经历世纪交替的晚清士大夫一种前所未有的、急迫的时间感，促使他们进一步深入思考未来“中国”（“国性”）与“中国人”（“国民性”）的历史命运。[③]

---

① 梁启超：《梁启超全集》（第九册），第5426页。

② 黄俊杰：《儒家思想与中国历史思维》，第43页。

③ 王汎森指出，“国家”“国民”“社会”“群”远非传统观念中所有，乃是一套转手自日本的“概念工具”（conceptual apparatus），并最终成为晚清政治“新史学”的关键词。见王汎森：《中国近代思想与学术的系谱》（增订版），第203—243页。

沃格林在西方历史演进过程中观察到一种政治现象："心理学的出现是政治社会中反复发生的现象，它标志着传统的行为准则和标准丧失了权威，人的行为失去了方向。"[①]显然清末民初的心学与唯识学的复兴也属于这种现象。晚清大变局不同于以往政权更替、朝代转换之处在于，它是整个中华文明系统转型。这个超大规模的文明体在其数千年的演化过程中已经形成了强大的韧性与惯性（所谓"超稳定结构"），故要改变其轨辙，绝非一朝一夕之功。由器物（洋务运动）、制度（变法与革命）到观念（新文化运动）腾挪呈现出由表及里、由外围到内核的阶段性与结构性特征。这一系列的"技术性""国性""国民性"的革命需要宗教性的"救世使命感"，需要"虽千万人吾往矣"的百折不挠、愈挫愈奋的冲决网罗的"勇气"，需要"一人信之不为少、天下信之不为多"的高度自信。革命时代召唤革命的精神气质，革命事业需要革命的心性来成就。阳明学遂成为"革命圣人"（政治领袖、时代的先知先觉者）自我规训、自我挺立、自我决断的精神指引，贺麟一度称孙中山与蒋介石为"王学之发为事功的伟大代表"[②]，其责己之严、治事之勤、革命之精诚、事业之伟大，皆由于精诚致良知之学问得来。梁漱溟在读到《德育鉴》后，深信救国救世、建立功业、做大事之人"必须有人格修养才行"。在有志之士中，用阳明心学乃至宋明理学锤炼自己的人格、培养自己的革命意志已蔚然成风。从康有为开始就强调"言心学者必能任事，阳明辈是也"。梁漱溟在其《自述》中说，他在中学时期即立志要为社会、为国家"做一番事业"，为此而看《阳明语录》修炼身心。他的同学（郭仁林）明确告诉他欲成大事，必先成大心性：先将世间得失成败利害看破，养成不动心，才会有"大无畏之精神"，更不会稍感挫折就心灰意冷。[③]

---

① 沃格林著，段保良译：《政治观念史稿・卷一》，第 99 页。

② 贺麟：《当代中国哲学》，第 19 页。此书后易名为《五十年来的中国哲学》（沈阳：辽宁教育出版社，1986 年）而再版，蒋介石名字被删除。

③ 见梁漱溟：《自述》，《梁漱溟全集》（第二卷），第 7 页。

“革命圣人”需要“革命群众”的拥戴，需要让“全国的人都化为国民党”[①]，塑造一种具有统一意志的“群体”便成了中国现代性“教化”的最重要任务。“改造社会”（“社会改造”）与“改造自我”（“自我改造”）乃车之两轮、鸟之两翼，从梁启超的新民说到刘少奇的共产党员修养论，这是一个一以贯之的主题。作为单刀直入、直指人心的阳明心法自然在这场持续百年的近现代中国的“国性”“党性”，乃至“人性”营造与改造运动之中发挥着重要作用。故从洋务运动、戊戌变法到近现代历次革命运动，阳明学始终作为一种“精神资源”（“心之力”）而参与到中国现代性的建构进程中。[②]

阳明学在中国现代性语境下的重铸可归纳为以下四点：

> 在保国、保教、保种与革命的救亡运动之中，阳明学之中的自主、自立及其“一体不容已”的使命感、救世情怀能够被塑造为一种**维新与革命的哲学**；
>
> 在抵御外族入侵之际，阳明学之中的知行合一、不畏死、冷静与坚强的意志主义能够成为武装军队的“军魂”并被塑造为一种**战士哲学**；
>
> 在政党政治之中，阳明学之中的“觉悟”与即知即行的行动力、执行力能够被塑造为统一全党认识、贯彻党的方针政策的**政党哲学**；
>
> 而在与近现代西方哲学的对接之中，在现代学科建制下的哲学活动之中，在个体的启蒙与觉醒之中，阳明学之中的自信、自主、自我立法显然更容易被塑造为一种**主体性哲学**。[③]

---

① 孙中山：《在上海中国国民党本部的演说》，《孙中山全集》（第5卷），中华书局，2006年，第262页。

② 吴雁南主编：《心学与中国社会》，第163页及以下。

③ 陈立胜：《入圣之机：王阳明致良知工夫论研究》，生活·读书·新知三联书店，2019年，第28页。

当然这远谈不上是对阳明学于20世纪意义的全面概括。实际上，早在20世纪初刘师培《中国民约精义》（1903年）一书“王阳明”条目下就已经将王阳明万物一体思想、良知无间于圣愚说与卢梭的社会契约论绾合在一起，并认定王阳明的良知说蕴含着自由平等与民权之旨，阳明虽未明民权之理，然由其良知说完全可推出“平等自由之精理”。在《伦理教科书》中，他复又强调王阳明良知说“实与‘天赋人权’之说相同”：“人之得于天者既同，则权利之所得，当无不同，岂可限以自由，而使之不复平等乎？是良知之说，不独促愚民奋发有为之气，且足促平民竞争权利之心，此良知学说之善也。”[①]其后，陈一冰《王阳明政治思想》（《天籁》1937年第26卷第1期）、胡秋原《王阳明：中国第一个民主主义者》（《民主政治》1945年创刊号）从不同角度阐述阳明思想与欧西民主思想的相关性，后者径称王阳明为中国“第一个有意识对民主主义给予哲学基础的人”。另外，大凡20世纪国民、公民修养书中，阳明学更是不可或缺的一章。

实际上，阳明学于20世纪的意义并不限于中国，在东亚儒家文化圈中都可以观察到阳明学参与东亚社会转型中的作用。[②]沟口雄三区分了两种阳明学，认为日本近代阳明学与传统中国的阳明学有着重要的区别，不过，近代日本明治维新的阳明学对清末的中国革命家产生了影响。“在中国，由于知行合一即革命实践的方向，以及将心、心力的谱系与革命精神相联系的解释，使得阳明学也因此得到了重新评价，可以说，这实际上是对日本阳明学观点的再引进。”[③]沟口雄三两种阳明学的区分是否成立，此处不论，他对近代中国阳明学的复兴与日本阳明学的关系的观察是值

---

① 刘师培：《仪征刘申叔遗书》，第5877页。对刘师培阳明学与卢梭民约论关联说、阳明学与民主政治的关系，李明辉均有详细的分梳，见李明辉：《儒家视野下的政治思想》，台大出版中心，2005年，第17—32页。另参吴雁南主编：《心学与中国社会》，第252—258页。

② 参张崑将：《阳明学在东亚：诠释、交流与行动》之“行动篇”（第六章、第七章）；崔在穆著，朴姬福、靳煜译：《东亚阳明学》，中国人民大学出版社，2009年。

③ 沟口雄三著，孙军悦、李晓东译：《李卓吾·两种阳明学》，第261—262、262—263页。

得重视的。在某种意义上，这种联系是整个东亚诸国向民族国家建构的进程中所共有的一种现象。然而有一点必须指出，出于保国、保种、保教焦虑而倡导的“心学救国论”以及由此而激发的“民族—国家”建构之计只能说是“一时之急”下的“救急之计”，无论是梁启超抑或是孙中山均强调旨在天下为公、大同之治的“世界主义”（“天下主义”）国家才是中国建国的目标所在。这与忠孝一体的日本近代阳明学有着本质的区别。

三　全球化时代下的阳明学之意义

“加速化”（科技加速、社会变迁加速与生活节奏加速）与“全球化”嵌套、牵合构成了21世纪非同以往的特征。[①] 人类与过往的“生存家园”（时间、空间、物、自我、社会）日益“疏离”与“异化”，而因“全球化”催生的各种各样的民族与宗教的激进主义更让全球出现了动荡不安的态势，各种全球性风险（如最近突然暴发的全球性的疫情）严重威胁着人类的生存与发展。查尔斯·泰勒所谓的“现代性的隐忧”又出现了新的形态。“加速”的世界就像一匹脱缰的野马，从不会停下步伐等待驾驭它的主人。哲学与道德的反思必须跟上这个世界的节奏才能发挥它应有的作用。如何让全球资本的流动变成仁爱、良知的流动，如何克服民族国家认同与宗教认同所造成的隔阂、对峙而达成全球化的秩序安顿，如何让高速发展的科技与生物工程始终服务于人自身，一言以蔽之，如何让这个加速化的生活世界一直处在“万物一体之仁”的“生人之道”轨辙上面，是21世纪全球化时代阳明学意义之所在。

第一，以全球良知的流通主宰资本的流动。倘把大陆之间的贸易交流看作是全球化的标志，则全球化现象确实由来已久，哥伦布所开启的

---

① 罗萨著，郑作彧译:《新异化的诞生：社会加速批判理论大纲》，上海人民出版社，2019年。

航海时代以及随后的工业革命无疑加速了全球化进程。但20世纪末及21世纪才是名副其实的“全球化时代”。互联网技术将“现实”与“虚拟”交织在一起，将传统广袤的时空“压缩”为伸手可及的“**键盘时空**”。当今全球化背后的动力无疑是资本主义市场体系（现代金融与资本的流动性），马克思、恩格斯《共产党宣言》早已明确指出，资产阶级由于开拓了世界市场，使一切国家的生产和消费都成为世界性的了。金融资本的流通在全球化时代如虎添翼，资本的“交换价值”和“交换原则”俨然成了压倒一切的主宰力量，在它的无坚不摧的强大同一性“暴政”下，生机盎然的自然变成资源库、能源库的同时，人则变成了“人力资源”。马尔库塞所说的“单向度的人”与“单向度的自然”是联系在一起的。消费主义、物质主义的全球化结伴而来的是污染的全球化、生态危机的全球化、贫富悬殊的全球化、疫情的全球化，乃至有学者（如萨米尔·阿明［Smir Amin］）称“通过市场实现的”全球化是“一个反动的乌托邦”。[①] 诚然，全球化与工商文化亦有自己的教化作用，它让人学会了勤劳、守时、诚信、自律、公正、效率乃至成功的智慧，在现实中，“经济交换”与“道德交换”的界限确实也不是截然分明的[②]，然而，谁也不能否认金融资本的逐利本性日益加剧了地区发展不平衡、贫富悬殊、环境污染等全球性不公正现象。保罗·利科（Paul Ricoeur，1913—2005）曾以基督教的耶稣、保罗为原型提出一种“充盈的逻辑”（logic of superabundance）、“慷慨的逻辑”（logic of generosity）对治世俗的“人的逻辑”、“对等逻辑”（logic of equality）。[③] 依据阳明学所提倡的万物一体之仁道，将全球化的“通货”

---

① 阿明指出在全球化时代，所谓“欠发达”“依附性发展”“贫困化”“两极化”等问题不是逐渐被消灭了，而是越来越深刻化了。见阿明著，任友琼等译：《世界一体化的挑战》，社会科学文献出版社，2003年，第121页。

② 福山著，刘榜离等译：《大分裂：人类本性与社会秩序的重建》，中国社会科学出版社，2002年，第318—319、324—327页。

③ 详见其 *Figuring the Sacred: Religion, Narrative, and Imagination*, Minneapolis: Fortress Press, 1995。

之道变成“通心”“通良知”主宰下的“生人之道”，让全球化的资本流动服务于全球人“互通有无”“相生相养”的“生人之道”，让全球化的“生意”提升为天地的“大生意”，是全球化时代下的“致良知”的必然要求。

第二，以“一体之仁”克服民族国家间的“敌我”意识。亨廷顿（S. Huntington，1927—2008）指出，非西方世界走向现代化的历程往往出现“两阶段”现象，西方化和现代化密切相关，非西方社会吸收了西方文化的因素，启动其现代化的进程，但当现代化进程加快时，西方化的比率下降了，本土文化意识获得了复兴。因此，在变化的早期阶段，西方化促进了现代化，在后期阶段，现代化则促进了非西方化和本土文化的自信与宗教的复兴。[①]实际上，强烈的民族认同乃至民族主义的形成离不开一个强大而频繁在场的“他者”作为参照，这也可以理解为何伴随着全球化进程同样可观察到各种各样的激进的民族主义、国家主义泛起的现象。在根本上，近代“民族国家”的建构机制才是冲突之源。梁启超很早就洞察到民族国家的本质：现代意义上的国家作为“大群”其成立“必以对待”，没有“群外之公敌”即难以形成民族国家的意识。**这种民族国家建构之中分清敌友的意识后来则成为中国革命的“首要问题”——只是在后者那里，敌友的划分是依照阶级而不再依照国族。**而根据现代某些政治哲学家的看法，划分道德领域的标准是善与恶，审美领域是美与丑，经济领域是利与害，政治领域则是敌与友，把敌人明晰无误地确定为敌人是政治诞生的时刻：“所有政治活动和政治动机所能归结成的具体政治性划分便是朋友与敌人。”[②]这种滥觞于民族国家、民族宗教的政治理解在高度流动的全球化时代必然滋生出文明间的冲突与紧张。

现代新儒家对将“人”定位于“民族国家”之人皆表示有其局限性。冯友兰在其《新原人》中依照《孟子》天民、天职、天位、天爵的观念提出

① 亨廷顿著，周琪等译：《文明的冲突与世界秩序的重建》，新华出版社，1998 年，第 67 页。

② 施密特著，沈雁冰译：《政治的概念》，第 30 页。

人是“宇宙的一分子”的观念。[1] 牟宗三曾批评黑格尔的历史哲学将“国家”视为客观精神的最后一环，国家为精神理性所灌注，在此客观精神秩序安顿中，人人有自由、有限制而得到安全保障，然而国家与国家之间则是“自然状态”，精神理性无法“客观化”，于是，“国家对内虽是理性的，对外则是非理性的”。此一矛盾说明，国家不能为“最高形态”，“‘大同’才是精神之圆满体现。同在理性之贯注中，自己之国家可以保存，而国与国之间亦可以成为法律制度之心态，而不应永远落在自然状态”。[2] 此国与国和平共存（谐和）即是“仁之国家间的综合”，“仁的绝对综合”最终会呈现为“作为天地万物的生化之理的仁本身之组织”，此即是宇宙生命共同体。[3] 然而，究竟如何由各民族国家“分离地存在于地球上”提升到“整全地和谐地存在于地球上”，由民族国家“内在地以尽其性”提升到“外在地以尽其性”，此“大同”目标究竟如何可能？此真正意义上的“世界历史”究竟如何实现？“世界历史”与“大同”世界是否就能确保“永久和平”？对此种种问题，善于思辨的牟宗三也感慨说：在理上、心上说自可开太平、成悠久，但在现实中，人生艰难，业识茫茫，整个人类亦有堕落而自毁的危险。敢问路在何方？只能看人类奋斗上的“愿力无穷”与“上帝法庭”之作用矣。[4] 钱穆则指出，西方人仅知有国际，不知有天下；近世只有国民教育，无天下人教育；有战争科学，无为天下保和平之科学。[5] 于西方近代主流文化情势而观，钱说应大致不误。但为天下保和平之科学康德实有高论，他从国家法、国际法与世界公民权三个层次设想“永久和平底三条确定条款”，迄今仍发人深思。近年来日本思想家柄谷行人（1941—　）承此议题，在人类历史已有三种“交换模式”（“赠与

---

① 冯友兰：《贞元六书》，《冯友兰文集》（第五卷），长春出版社，2017年，第141—142页。

② 牟宗三：《人文讲习录》，《牟宗三先生全集》（第28册），第176—177页。

③ 牟宗三：《道德理想主义》，《牟宗三先生全集》（第9册），第77页。

④ 牟宗三：《历史哲学》，《牟宗三先生全集》（第9册），第465—469页。

⑤ 钱穆：《现代中国学术论衡》，生活·读书·新知三联书店，2001年，第221—222页。

的互酬”“服用与保护”“商品交换”）之外，提出一种“D模式”以超越当今“**资本—民族—国家**”三位一体所带来的全球化动荡不安之困局。[①]

康德反复言“世界公民权底理念”不是“一种虚幻而夸张的想法”，“永久和平并非空洞的理念，而是一项任务”[②]，为万世开太平同样是儒学的使命。王阳明曾设想“心学纯明之时”，“**天下同风，各求自尽**”，“天下之人熙熙皞皞，皆相视如一家之亲”，又称惟有与他者（他人、鸟兽、草木乃至瓦石）为一体的人方是“大人”。由此而观，以划分敌友意识为政治意识在根本上是一种“小人”意识。在民族主义、国家主义、宗教激进主义日趋高涨的当今时代，亟需重新激活阳明学“天下同风”的政治的想象力，培育全球化时代下的“大人意识”。只有从生命的深处唤醒“一体之仁”，让“精神流贯，志气通达而无有乎人己之分、物我之间”，人类命运共同体才能接上其活水源头。罗汝芳曾告诫以天下为己任的弟子说：整顿世界，请自今日之学术始；欲整顿学术，请自己身之精神始。[③]在现代新儒家中，最能体现王阳明以“拔本塞源”而开永久和平之思路者非唐君毅莫属。唐君毅曾借《水浒》“没遮拦”一名形容中国文化的精神，这是一种冲决民族文化壁垒、超越国家观念的感通无碍之仁道。而依照黑格尔国家哲学，则不能讲一超越国家的世界组织与和平的国际关系，如何化解民族国家之间的冲突与战争，而进至一“永久和平”之世界，就成了人类必须面对的世界性难题。在唐君毅看来惟有采取一“拔本塞源”之路径才能从根本上解决问题。他不否认种种现实路径之有效性，例如保持

---

① 柄谷行人著，赵京华译：《世界的构造》，中央编译出版社，2012年。

② 康德著，李明辉译：《康德历史哲学论文集》，联经出版公司，2002年，第193、227页。

③ 罗汝芳曾有一无名弟子自幼就做梦想将世界整顿一番，后屡受挫折，灰心丧气，向乃师倾诉说：“今觉心中空自错乱，果大梦也，然卒难摆脱尔。”罗子答曰：“此岂是梦？象山谓‘宇宙内事，皆吾职分内事。’但整顿有大小，恐君所思，只图其小而未及其大尔。”弟子不解，曰：“匹夫之力，莫制三人，某今困顿儒冠，即些小整顿，无分也，况望其大耶？”罗子曰：“大小不在于事而在于机，其机在我，则小可大；其机在人，则虽大亦小也。请君试思，世间功德，有大于学术者乎？机括方便，有捷于己之务学者乎？……我愿子欲整顿世界，请自今日之学术始；欲整顿学术，请自己身之精神始。”方祖猷等编校整理：《罗汝芳集》，第67页。

国际上军势之平衡以避免战争，在外交上努力获致国与国之谅解，从事国际裁军会议，建立国际组织（如联合国或国际法庭）作为调解国际的争端、维护国际和平之机构等等，但这些努力都是在“末”上用功，而不是在“本”上用功。“天下一家之和平悠久之理想”必意味着使现存之各国之关系，“综摄于一更高的具有机关系之全人类的组织中”，而以往的所谓“国际组织”都不是“具有机关系之人类组织”。无此组织，国与国间毕竟终归于在“自然状态”中。黑格尔虽以国家为现实存在的人类最高的有机组织，但其国家只是“客观精神”之表现，在此之上尚有“绝对精神”之表现，如艺术、文学、宗教、科学与哲学。在“绝对精神”表现中，人始得参与“超国家而有绝对普遍性之精神生活”，并构成一种“超国家的人类间之精神纽带”。由此“纽带”而形成的国际性的宗教、学术、艺术、文学、科学、哲学之学术文化之组织，方构成“超国界之全人类的有机组织之实现”（“世界性社会文化团体”）的“实际条件”，这些团体旨在“促进世界性之文化交流，使各国家民族之文化精神之差别处，互相了解，而或由异成同，或互尊其异”，故可以成为“世界国”之社团基础。只是这些构成人类精神的纽带本身仍是“抽象的、形式的”，尚未落实在每个人的心性生活上面。质言之，西方人文主义虽有康德“向上发现一超越自我”、黑格尔“向外看理性之客观化于自然历史”，亦有基督教向上帝超越的世界主义情怀，但均偏重“向上向外，形成理想，使之高，使之远”，而未注重“如何能自内部开拓吾人理性之自身，使之大，求其久”。然而，“在本源上不求深植根，则在精神上不能涵盖现实而提挈之以向上”。只有“转而向内，去求如何开拓人之道德理性的心，去向下体察一切非理性、反理性者，而由道德实践与社会人文之裁成，以加以超化”，使人在人伦日用中“常显露其清明无私的理性”，“拔本塞源”，“从根超化一切非理性、反理性之兽性、私欲、权力意志”，西方基督教与理性主义、理想主义者之向上精神，亦才能得以真正落实。儒、释、道、印度教所代表的东方智慧，均重在“如何用工夫，使理性之久大的相续流行于现实生命”成可能，并从根上超化一切非理性、反理性者。[①]西方哲学与基督教是否缺乏向内用功、变化气质之面向，西方文化是否真如唐君毅所断定“不免有神，而不重神何由‘降’；有明，而不重明何由‘出’”[②]，此或存争议[③]，但从“根”上解决问题这一思路确然是与阳明学“拔本塞源”以求“天下同风”的和平、和谐理念高度一致的。无论如何，永久和平的实现不能单靠大国之间的博弈，全球化时代中人理应拥有世界公民的德性，即对其作为世界公民身份的法权义务与道德责任有高度的自觉。和平的理念乃是扎根于天地生生之德的“大心”以及由此而生的“大愿”，由此才能不被时代聒噪不休的各种极端民族主义、国家主义与原教旨主义所裹挟。

第三，以良知之“变易之道”与“万物皆备于我”的责任感应对全球化的风险。如所周知，全球化时代也是高度风险的时代。风险社会的基本特征即是人类面临的全球性风险是由社会、由人类日新月异的科技发展所制造的（manufactured），它具有高度的“不确定性”，一项不负责任或不经意的决策就有可能对整个人类的生存造成毁灭性影响，如核爆炸、大气污染、全球性瘟疫等等，这些风险往往与现代科技紧密绾结在一起。而克隆技术、转基因工程，以及由纳米技术、生物技术、信息技术（大数据、物联网）和认知科学（人工智能）汇聚为NBIC（Nano-Bio-Info-Cogno）四位一体的“人类增强技术”（Human Body Enhancement Technology），对

---

① 见唐君毅《人文精神之重建》第五部《中西社会人文精神之融通》（下）各章，尤第三章《西方哲学精神与和平及悠久》（下）、第四章《印度与中国先哲之宗教道德智慧之方向》，以及《中国文化之精神价值》（《唐君毅全集》卷四）第十六章《中国文化之创造》（中）第七节《社会文化之分途发展与国家法律意识及世界性之人类社会组织》。

② 这一判定也为牟宗三所认同，见牟宗三：《陆王一系之心性之学》，《牟宗三先生全集》（第30册），第128—133页。

③ 史怀哲在其《文明的哲学》第六章《尊重生命的伦理之文明化力量》中指出，宗教与政治团体（国家）均应以敬畏生命作为自己的惟一行动原则，并称“爱的宗教”与“文明国家”只能在每个人“心灵的改变”中、在“灵性与伦理的行为”中得到实现。史怀哲还批评康德的永久和平理念缺乏这样一个“文明的伦理精神的引导”原则，故无法给世界带来真正的永久和平。史怀哲著，郑泰安译：《文明的哲学》，志文出版社，1977年，第158—174页。

人类的未来究竟意味着什么，的确有很多不可预测的风险。毫无疑问，我们所处的时代并不比以前更糟糕，从人均寿命到生活安适度，我们都处在有史以来的巅峰状态。我们的时代也不比以前更危险，但诚如吉登斯指出的那样，今天的危险性质与危险状况发生了变化："我们生活在这样的一个社会里，危险更多地来自于我们自己而不是来源于外界。其中一些可以说是大灾难，比如全球性的环境危机、核裂变和全球经济崩溃。其他一些则对我们中的一些个体造成威胁，比如食物、药品甚至婚姻。"[①] 这种由于技术的全球影响力而带来的风险理应得到足够的重视。汉斯·约纳斯（H. Jonas，1903—1993）提出"启迪的恐惧学"，提醒世人对"技术能力的恐怖潜能"给予高度警惕："全人类恰恰——不论原意与否——被卷入技术的冒险及其风险中了。"[②] 我们纵然不必如阿多（P. Hadot，1922—2010）那样悲观，他担心在新技术革命中人有丧失身体与灵魂之虞，但我们确实应该具备高度的责任感与忧患意识，我们决不能想当然地认定技术的危险只能靠技术本身来克服。因为现代技术跟传统技术一个本质区别在于，传统技术有"好"与"坏"之别，杀人剑是坏的，耕田的犁铧是好的，所以中西圣贤所推崇的和平世界都是要"铸剑戟以为农器"（《孔子家语·致思》），"将刀打成犁头，把枪打成镰刀"（《旧约全书·以赛亚书》2:4；《旧约全书·弥迦书》4:3），而在现代技术中"犁铧"跟"剑刀"一样具有"长期的危害性"。技术造成的危害固然可能会被更新、更好的技术加以克服，但是，"并非一切损失都可以修复，其中有些是根本是无法修复的"，也许我们必须从"克制使用力量"走向"克制掌握力量"。[③] 为此，人类确实需要一种新的"责任原理"："由于技术使其作用力强大到了这种程度：对于事物的整个照料而言，它明显危险起

① 吉登斯著，周红云译：《失控的世界》，江西人民出版社，2001 年，第 31 页。

② 约纳斯著，张荣译：《技术、医学与伦理学：责任原理的实践》，上海译文出版社，2008 年，第 49 页。

③ 约纳斯著，张荣译：《技术、医学与伦理学：责任原理的实践》，第 48 页。

来，技术的影响力使人的责任扩大至地球上的未来生命，从现在起，地球生命无任何抵抗地遭受着滥用技术作用力的痛苦。人类责任因此首次成了整个宇宙的责任。”[①] 这种技术时代“全球责任”感既是一种“人类世代生存的责任感”（我们要对地球上人的生命的未来可能性负责），也是一种由“人间”拓展到“物种间”、由“大地”拓展到“太空”的责任感。实际上，这正是阳明学“万物一体之仁”在全球化时代的必然要求。“宇宙内事是己分内事”，吾与天地万物本吾浑然一体，故天地我位，万物我育，天地间有一物失其所，皆我之责。孟子所谓“万物皆备于我”在阳明学被理解为万物皆“责备”于我。这种宇宙论的责任向度与约纳斯所说的“全球责任”若合符节。依约纳斯，全球责任有正负两种表达形式：你的行为必须是要考虑到其后果要承担起地球上真正的人的生命持续的义务（“正”），你的行为必须是其后果不能破坏地球上人的生命的未来的可能性（“负”）。[②] 阳明学中自信、自立、自主的“自”之“向度”为责任的主体性奠定了牢固的根基，其“一体不容已”的存在实感为责任的宇宙论向度提供了强大动力，“其归要在于有益于生人之道”则确保所有人间的**行为后果**不应偏离生生不息这一“生人之道”。由韦伯区分的责任伦理与信念伦理（“存心伦理”）在儒家思想研究中所引发的争论，此处不赘。[③]“依据你对自身义务的最高信念而行事，除此之外，你的行事方式还得保证，可以依据你的最充分的知识，同时考虑自己行动的（可预见）后果。”[④] 倘立于阳明学为代表的儒家立场看，“自身义务的最高信念”已经包含着对行为后果的考量，不然不能称为“尽心”，亦不能称为“致良知”。良知是“变易之道”，如何因应瞬息万变的新形势，将人类的发展之道始终安立

---

① 约纳斯著，张荣译：《技术、医学与伦理学：责任原理的实践》，第 28—29 页。

② 约纳斯著，方秋明译：《责任原理：现代技术文明伦理学的尝试》，世纪出版，2013 年，第 11 页。

③ 李明辉：《儒家视野下的政治思想》，第 99 页—180 页。

④ 施路赫特著，李康译：《信念与责任：马克斯 · 韦伯论伦理》，李猛编：《思想与社会（第一辑）· 韦伯：法律与价值》，上海人民出版社，2001 年，第 314 页。

在“生人之道”上面，是全球化时代、技术时代、风险时代中“致良知”之一大事因缘所在。

第四，以“大人意识”建构全球化时代下的自我认同。查尔斯·泰勒所说的现代性三个隐忧（the Malaise of Modernity）[①]，在全球化时代无疑愈加明显。时空压缩所造成的人口频繁流动现象，全球资本的流动所造成的生活世界的日益殖民化现象，让个体自我越来越飘离其祖辈所扎根的历史、文化与价值脉络，现代性中的个体其本质即是一“无负担的自我”（the unencumbered self），即是“出离自身”的，即是“无家可归”的。“这种不具有任何必然的社会内容和必然的社会身份的、民主化了的自我，可以是任何东西，可以扮演任何角色、采纳任何观点，因为它本身什么也不是，什么目的也没有。”[②]失去了历史、自然的要求、同伴的需求、社群的归属、公民职责、上帝的号召等等这些不可逃避的重要性视野（horizons of significance），自我即远离了“本真性源头”（the source of authenticity）而陷入“意义的丧失”与生活的碎片化的泥沼中。实际上，这不只是社群主义的看法，自由主义大师伯林明确指出：以所谓的个人自由为名而否定自己从属于某一民族、社群、传统、语言，这种对自然纽带的拒绝诚然崇高却误入歧途。“分享共同的生活方式，这是人的一种基本需要，否认这种需要乃是危险的谬误。”[③]于是，现代性的隐忧在全球化时代进一步表现为一种看似无法解决的“死结”：跟“离散的时代”不同，全球化时代是一个“汇聚的时代”，“时空的压缩”让不同文明、不同种族、不同信仰的人汇聚到了同一个世界（“地球村”）之中，“全球意识”、“世界公民意识”、“人类命运共同体”意识理应成为全球化的“时代精神”，然而与“离散的时代”标配的民族、部落、种族的生活因为“汇聚”而被抽离其镶嵌在“原居地”的生存网络，高度流动性、动荡性、不确定

---

① 参见本书“导论”。

② 麦金太尔著，宋继杰译：《追寻美德》，第40页。

③ 转引自甘阳：《将错就错》，生活·读书·新知三联书店，2002年，第405—406页。

性、无中心性与身份认同的多元性却又让宗教文化的认同几乎成了“唯一的没有选择的身份认同”，人们被强行塞入一个个“顽固的小箱子”之中，迷失于“单一性的幻象”（the illusion of singularity）之中。[①] 我们在技术上已经进入了信息时代、原子时代、全球化时代，但在道德认知与自我认同上却又驻足于“民族国家时代”——如果不是“旧石器时代”的话，这就如同在铁轨上面行牛车，即便合辙，也有随时被高速列车撞翻之虞。“重要性视野”“本真性源头”倘只是封闭于某一历史社群中的“意义母体”，它不仅不能为现代人提供真正的意义指引，反而给人“加上最沉重的负担”的危险。实际上，整个现代性进程就是要克服这种危险，泰勒本人也意识到了这一点，他指出：“人类历史的伟大精神视野也是有毒的圣杯，是无数悲惨甚至暴行的原因。从人类历史的开端，我们与最高者相联的宗教就经常与牺牲甚至肢体残害联系在一起，仿佛只要我们想讨神的欢心，就必须撕掉我们的某种东西，甚至要杀戮。”[②] 于是，我们的世界遂一分为二：一方是商品、通讯、资本、工业科技的全球流通所造就的全球化大陆，一方则是强调文化、价值、宗教信仰、风俗自觉的具有一定排他性的社群大陆。仿佛只有丧失社群传统的认同，人类才能共存，反之则只能要求社会是“同质的”“纯洁的”与“统一的”。[③] **如何让个体的自由、尊严与其所归属的民族宗教文化传统接通的同时，又始终不丧失其“世界公民”的意识、全球生命共同体的意识，这是解开“死结”的关键。** 质言之，泰勒所谓的“重要性视野”“本真性源头”应该具有历史性、文化传承性、社群性，同时具有开放性、全球性、宇宙性、普世性。阳明学万物一体之仁即具有这种既内在于历史文化传统又不断向异己的传统、向天地万物开放的性质。一体之仁的次第性、脉络性、无限开放性，让自由的

① 阿玛提亚·森著，李风华等译：《身份与暴力：命运的幻象》，第 9 页。

② 查尔斯·泰勒著，韩震等译：《自我的根源：现代认同的形成》，第 815 页。

③ 图海纳著，狄玉明、李平沤译：《我们能否共同生存？——既彼此平等又互有差异》，商务印书馆，2005 年，第 4—5 页。

个体获得了安身立命之根，拥有这个“自家无尽藏”，自我在忠实于社群、传统的同时，又忠实于人类共同体、宇宙生命的共同体（人类社群—禽兽草木—瓦石的共同体）。王阳明本人所终极认同的即是这种内在于中国传统文化脉络中的生人之道、生物之道，这是“真己”之所在（“道是吾自有之物”）。世界公民的认同与具体宗教文化的认同本即是贯通的，而不是对峙的，阳明学意义上的这种大道，无疑应该成为全球化时代下的人类共生共存之道。

第五，以“大道”意识克服宗教之间的冲突。如何突破教派之间的“藩篱”，克服相较、相争、相敌的心态，而“全其万物一体之仁”，是阳明“大道无外”“三教一家”论述的宗旨所在。通观其三教异同论述，阳明反复强调的不外以下诸义：（1）在“大道”面前，每一个具体宗教都是某种“资质”的群体对此“大道”的一个方面的见证，但不应将此“见证”（“片段”）视为“大道”本身，否则就会陷入教派的偏执中（“才有所见，便有所偏”）。（2）求同存异，向对方学习是诸宗教之间的相处之道（“子无求其异同于儒、释，求其是者而学焉可矣”）。（3）所有宗教在根本上是为了成全人性，故都是“吾之用”，“吾之用”“自我成全”是第一义。（4）“吾之用”“自我成全”的终极关怀是在这个人间世界实现的，脱离对现世生命的尊重、关爱而奢谈宗教的庄严与超越只能陷入宗教的迷狂与偏执之泥沼。毫无疑问，王阳明上述“大道意识”超越了各种具体宗教的自我中心的偏执性，不仅有助于不同的宗教徒在全球化时代和平共处乃至相互学习，其坚定的“现世世界”的“人道”取向又可以维系任何超越的宗教向度始终贞定在人性的肯定与实现这一面向，避免宗教信仰走向迷狂与偏执，这在各种原教旨主义盛行的当今时代之中，弥为珍贵。[①]

以全球良知的流通主宰资本的流动，以“一体之仁”克服民族国家间的“敌我”意识，以良知之“变易之道”与“万物皆备于我”的责任感应对

---

① 详见本书第五章《“王阳明模式”：一种新的宗教对话模式之提出》。

全球化的风险，以“大人意识”建构全球化时代下的自我认同，以“大道”意识克服宗教之间的冲突，这五个“倡议”最终可归纳为全球化时代下“致良知”的必然要求。“全球化”“全人类”这一类字眼诚如约纳斯所言是“一个巨大的、无明显特征的、几乎无法琢磨的对象”，与此相对，“国家”纵然幅员辽阔、人口众多，但对于想象者而言，它总是具体的、有形的，它与语言、历史、文化共同体联系在一起，因而它总能引发某种共同的集体记忆，而且唤起国家认同的“敌人”也是“外在的”，“敌人使人对自己国家经常散乱地感觉到‘我的’这一属性突然变得强烈和清晰起来”。如何建立、激发、培育与呵护一种对“人类”的感觉与责任是“一项对明天世界极端重要的、具有重要意义和理智的任务”。这种超越民族性的最高要求何以是一正当与合理的要求？通常人们会诉诸《圣经》的语言回答这一问题：人本身是按照上帝的形象创造的，但这是一种“受制于信仰”的回答。如何在哲学上证成这一要求的合理性？约纳斯认为必须通过对人的本质及其在宇宙中的地位的重新了解才能找到问题的答案。然而令人遗憾的是，约纳斯并未能就此理路给出详细的阐述。他一方面说在一个无根基性的东西上面为这样一种知识重立一个根基，并且以此作为全人类的团结要求，这是一种“形而上学的任务”，另一方面又说这一任务的落实必须诉诸一种“自我约束的选择”：“自由往往只能在一个强大的、约束性的道德背景面前，通过放弃放纵，通过自愿的自我限制茁壮成长。”[①] 实际上，如果我们回到王阳明《大学问》中的“四心”说（“怵惕恻隐之心”“不忍之心”“悯恤之心”“顾惜之心”），正可以看出王阳明以与天地万物感通之心（万物一体之心）不断突破人际、人物际的“界限”而上升到一“整体性的视野”，完成人与天地万物之间的“共在感”与一体归属感。人与他人、鸟兽、草木、瓦石的“相通感”是发自生命深处的共情能力，它既不受制于某个特殊的“信仰”，也不是理性建构的结果，而是

① 约纳斯著，张荣译：《技术、医学与伦理学：责任原理的实践》，第51—52页。

人之为人具有的“觉情”。“全球化”将遥远的生命、异文化的他者以及未来的存在者——这些存在者在前全球化时代中，往往是不相干的，老死不相往来的——拢聚在“目前”“当下”，成为与我们命运相关的共同体中的成员。如何与这个近在咫尺又远在天外的各种存在者感通、共情，并以一种负责任的方式回应、报答它向我发出的“诉求”，是全球化时代中致良知的根本任务所在。

四　结　论

阳明学经王阳明一生之经营在明代正、嘉年间已成为“显学”，又承数代后学之接续、弘扬，其“意义”充分展示于中晚明日趋动荡不安的社会状况之中；清末民初，中国与西方近代文明遭遇，“世纪”意识觉醒，在数千年未有之“大变局”中，阳明学在“东亚文化圈”迈向现代“国性”与“国民性”进程中表现出丰富多彩的“历史效应”；21 世纪全球化时代人类处境下，如何将阳明学的精神拓展与上升至“世界”的意义，是当今阳明学研究者的不容推辞的时代使命。谭嗣同于一百年前畅论孔教之世界性意义指出：“立一法，不惟利于本国，必无损于各国，使皆有利；创一教，不惟可行于本国，必合万国之公理，使智愚皆可授法。以此心为始，可言仁，言恕，言诚，言絜矩，言参天地赞化育。以感一二人而一二化，则以感天下而劫运可挽也。”[①] 此种万物一体、天下一家的仁学精神本是阳明学的终极情怀。质言之，阳明学乃至“中国心学”之“心”乃“天地之心”之发窍“最精处”。“心”乃天道、地道、人道交感共鸣的“神经枢纽”，“天”之高、“地之深”、人之尊严、万物之生机均在此处得以呈现。阳明学于 21 世纪的意义必面向此心之高大、广远、深厚、恢宏之“实事”本身，而不应将“心”窄化、矮化、固化为国族心、地方心。

---

① 《谭嗣同全集》，第 75 页。

第七章　良知是一“呈现”：在现象学意义上如何理解“良知”

【本章摘要】王阳明的致良知话语在根本上是一套指点、唤醒话语，当归属于一“言语行为”系统。在当今学科建制下对“良知”的阐述如何既能兼顾这种原初的话语性质，又能成就一知解系统，实关乎现代学术语境下如何重新阐述古典思想之问题。耿宁以现象学方法为进路，给出王阳明良知的三个概念以及相应的现象学描述，展示了阳明学与现象学会通的可能性。立足于王阳明良知之实事，检视这一会通之得失，有助于学界在现代性的语境下重新理解王阳明的良知学之内涵。

“良知”是“呈现”抑或是“假定”，这是现代新儒家津津乐道的一段思想公案。一方称“良知是个假定”，一方则“霹雳一声”“振聋发聩”之质问：“这怎么可以说是假定？”“良知是真真实实的，而且是个呈现，这须要直下自觉，直下肯定。”[①]

这段公案折射出现代学术与传统思想的张力。在古之学者那里本是自得、为己的观念如何在现代学术、现代哲学之中得到阐释？是将“良知”视为一“假定”，加以分析、证明与检验，最终成为一公共知识、一知

① 牟宗三:《五十自述》,《牟宗三先生全集》(第32册)，第78页。

解系统，抑或是视为一“直觉”，而当下加以再呈现、再体认，最终成为一生命转化之道、一为己之学，是这段公案值得吾人进一步反思之问题。

毫无疑问，在传统心学一系思想中，“良知”一直作为“呈现”而被“指示”“指点”“唤起”，这是传统书院之中、儒学修身共同体之中谈论“良知”的原初性质，而在当今学科建制之中、在学术共同体之中，对“良知”的阐述如何既能兼顾这种原初性质，又能成就一知解系统，则实关乎现代学术语境下如何重新阐述古典思想之问题，大而言之，亦实关乎“中国哲学史”这一学科成立之问题。本章拟（1）揭示在王阳明时代“良知”言说的原初性质，在此基础上，（2）考察耿宁“良知”三义说的现象学进路，揭示其立足于阳明“良知”之实事所进行的中西互释性研究之特色及其贡献，（3）就耿宁的某些观点提出商榷意见，进而（4）就现时代如何理解“良知”给出我自己的一点看法。

一　“言语行为”：王阳明良知话语性质之衡定

如所周知，自龙场悟道之后，阳明一生讲学实皆不出良知范围，他本人很自觉，谓其从“百死千难”中得来，殊为珍重。“近有乡大夫请某讲学者云：‘除却良知，还有甚么说得？’某答云：‘除却良知，还有甚么说得！’”[①] 良知说成了王阳明思想的代名词，“良知”二字（此为“本体”）与“致良知”三字（此为“工夫”）便成了阳明心学一系的“口传”与“正法眼藏”。[②]“口传”与“正法眼藏”这类扎眼的术语已强烈地暗示着不

---

① 《寄邹谦之三》，王守仁撰，吴光等编校：《王阳明全集》卷六，第204页。阳明这个说法显然是模仿陆象山：“吾之学问，与诸处异者，只是在我全无杜撰，虽千言万语，只是觉得他底，在我不曾添一些。近有议吾者云：‘除了先立乎其大者一句，全无伎俩。’吾闻之，曰：‘诚然。’”见陆九渊：《陆象山全集》卷三十四，第255页。

② **“良知”两字**：“绵绵圣学已千年，**良知两字是口传。**”（《别诸生》，王守仁撰，吴光等编校：《王阳明全集》卷二十，第791页）“乾坤由我在，安用他求为？千圣皆过影，**良知乃吾师。**”（《长生》，王守仁撰，吴光等编校：《王阳明全集》卷二十，第796页）“我拈出（转下页）

立文字、教外别传的意味。阳明对从经典中挂取葛藤、拾人涕唾之滞于言词现象深恶痛绝，只有“心明”、“自得”（此谓“致良知”之“致”，此谓“心上用功”），方能“呈现”乃至“朗现”心之本体（良知），只有“自明”，良知的意义方可兑现。舍此，终是闲议论，粘牙嚼舌，不知隔几层公案也：

> 一友问功夫不切。先生曰，“学问功夫，我已曾一句道尽。如何今日转说转远，都不着根”？对曰，“致良知，盖闻教矣。然亦须讲明”。先生曰，“既知致良知，又何可讲明？良知本是明白。实落用功便是。不肯用功，只在语言上转说转糊涂”。曰，“正求讲明致之之功”。先生曰，“此亦须你自家求。我亦无别法可道。昔有禅师，人来问法，只把麈尾提起。一日，其徒将其麈尾藏过，试他如何设法。禅师寻麈尾不见。又只空手提起。我这个良知，就是设法的麈尾。舍了这个有何可提得”？少间，又一友请问功夫切要。先生旁顾曰，“我麈尾安在”？一时在坐者皆跃然。①

这里学问功夫“一句道尽”之一句，即是“致良知”，弟子在修行过程遇到各种不同的“瓶颈”而无法克服之际，阳明总是开出“一句道尽”的药法：

（接上页）**良知两字**，是是非非自有天则，乃千圣秘藏。”（王畿：《书先师过钓台遗墨》，吴震编校整理：《王畿集》卷十六，第470页）“我此**良知二字**，实千古圣圣相传一滴骨血也。”（《年谱二》，王守仁撰，吴光等编校：《王阳明全集》卷三十四，第1279页）**“致良知”三字**：“只**致良知**，虽千经万典，异端曲学，如执权衡，天下轻重莫逃焉。”（《五经臆说十三条》，王守仁撰，吴光等编校：《王阳明全集》卷二十六，第976页）“近来信得**致良知三字**，真圣门正法眼藏。”（《年谱二》，王守仁撰，吴光等编校：《王阳明全集》卷三十四，第1278页）“吾平生讲学，只是**致良知三字**。”（《寄正宪男手墨二卷》，王守仁撰，吴光等编校：《王阳明全集》卷二十六，第990页）

① 陈荣捷：《传习录详注集评》280:335（280指条目，335指页码，下随文标注），台湾学生书局，2006年修订四版。

“只要在良知上用功。”①

对于弟子纠缠于名相、着于知解一路的问题，阳明往往避而不答，或者一再强调，“自思得之”，认真而又执着的弟子往往不满老师避而不答的态度，会“再三请”，阳明迫不得已方予以回答。②甚或个别固执的弟子“倚老卖老”，强迫老师回答，如董世坚向阳明请教圣人分量问题，“师不言”，“请之不已”，阳明仍不言。董遂以年老为由，强迫老师回答：“坚若蚤得闻教，必求自见。今老而幸游夫子之门，有疑不决。怀疑而死，终是一憾。”（《传习录详注集评》拾遗 37：409—410）佛家有“言通”与“宗通”之别，阳明之讲良知显然是以“宗通”为旨趣，陈九川曾以心明但解书不通为问，阳明答曰：“只要解心。心明白，书自然融会。若心上不通，只要书上文义通，却自生意见。”（《传习录详注集评》217：297）

对于未曾用功而悬想良知气象的弟子，阳明总是反复叮咛在良知上用功，便“自然见”，“哑子吃苦瓜，与你说不得。你要知此苦，还须你自吃”。而对于实用其功、心上有得的弟子，阳明则会主动以己之体验引导与印证：“（徐）樾方自白鹿洞打坐，有禅定意。先生目而得之。令举似。曰，‘不是’。已而稍变前语。又曰，‘不是’。已而更端。先生曰，‘近之

① 仅举两条为例：“九川问，‘自省念虑或涉邪妄，或预料理天下事。思到极处，井井有味。便缱绻难屏，觉得早则易，觉迟则难。用力克治，愈觉扞格。惟稍迁念他事，则随两忘。如此廓清，亦似无害’。先生曰，‘何须如此？**只要在良知上著功夫**’。”（《传习录详注集评》216：296）又：“问，‘近来用功，亦颇觉妄念不生。但腔子里黑窣窣的。不知如何打得光明’？先生曰，‘初下手用功，如何腔子里便得光明？譬如奔流浊水，才贮在缸里。初然虽定，也只是昏浊的。须俟澄定既久，自然渣滓尽去，复得清来。**汝只要在良知上用功**。良知存久，黑窣窣自能光明矣。今便要责效，却是助长，不成功夫’。”（《传习录详注集评》238：310）

② 守衡问，“大学工夫只是诚意。诚意工夫只是格物修齐治平，只诚意尽矣。又有正心之功。有所忿懥好乐，则不得其正。何也”？先生曰，“**此要自思得之**。知此则知未发之中矣”。**守衡再三请**。曰，“为学工夫有浅深。初时若不着实用意去好善恶恶，如何能为善去恶？这着实用意，便是诚意。然不知心之本体原无一物，一向着意去好善恶恶，便又多了这分意思，便不是廓然大公。《书》所谓‘无有作好作恶’，方是本体。所以说有所忿懥好乐，则不得其正。正心只是诚意工夫里面。体当自家心体，常要鉴空衡平，这便是未发之中”。（《传习录详注集评》119：140—141）

矣。**此体**岂有方所？譬之此烛，光无不在。不可以烛上为光’。因指舟中曰，‘此亦是光，此亦是光’。直指出舟外水面曰，‘此亦是光’。”（《传习录详注集评》拾遗 50:419）

嘉靖六年，亦即阳明逝世前一年，门人邹守益谪居广德，欲将自己所录老师文字刊刻，阳明明确制止说：“不可。吾党学问，幸得头脑，须鞭辟近里，务求实得，一切繁文靡好，传之恐眩人耳目，不录可也。”[①]是年，阳明起征广西思恩、田州，路经南昌，邹守益、欧阳德、刘邦采等门人计约二三百人，候于南浦请益，阳明的态度一如既往：“……我此意畜之已久，不欲轻言，以待诸君自悟。”[②]

显然，阳明良知说并不是一套论证系统，而是一种“启发”“指点”与“显示”系统。通常人们会把“说”的意思理解为“让看”，这牵涉说话者、所说之事情、听者三个事项，说某物起码意味着这个“某物”已经被照亮，从无差别的背景凸显出来，进入注意的中心，而让听者看见、明白。谈论某物即是揭示某物、显露某物、敞开某物。但阳明之论良知并不是将良知之物摆到一“明处”，毕竟良知不是可以摆来摆去的“某物”，不是有一定“方所”之现成空间物。这个所论的某物（良知）恰恰就在听者心中，要把它摆到明处只能靠听者本人，故只能通过拨动听者心弦，让听者产生振动与共鸣，而自行体验到良知之力量。因此，“良知”话语看起来是从他者那儿发出来的，仿佛是一种外在的“召唤”，但严格意义上这是因为我们远离了“真己”、远离了良知的“本来面目”才会觉得这“召唤”是我们身外的某种力量。只有通过“悟”“信”“觉”“醒”才能自行体验到良知之力量原来即内在于我们心灵深处，说到底这是“自悟”“自信”“自觉”“自醒”。阳明所启发、指点与显示者不过是通向这一“自悟”“自信”“自觉”“自醒”之路而已。我曾把理学家与弟子之间的对话比

① 钱德洪：《刻文录叙说》，王守仁撰，吴光等编校：《王阳明全集》卷四十一，第 1573 页。

② 王畿：《刑部陕西司员外郎特诏进阶朝列大夫致仕绪山钱君行状》，吴震编校整理：《王畿集》卷二十，第 586 页。

拟为精神分析师与病人的对话，对话本身就是一“治疗的过程”。[①] 阿多在讨论古希腊罗马哲学主要呈现为一套“对话形式”时指出：哲学作为一种对话形式与其说是体现为一些理念之间的抽象关系，还不如说是体现为人与人之间的生动关系，“哲学与其说传达信息，不如说培育心灵”[②]。作为对话体、语录体的《传习录》尤其体现出“培育心灵”的面向，在《传习录》中，常见阳明与弟子对话过程之中，弟子当下有醒、有悟之记载。“醒”与“悟”即是在对话进程之中获得的“疗效”。门人孟源有自是好名之病，阳明屡责之。“一日，警责方已。一友自陈日来工夫请正。源从旁曰，‘此方是寻着源旧时家当’。先生曰，‘尔病又发’。源色变。议拟欲有所辨。先生曰，‘尔病又发’。因喻之曰，‘此是汝一生大病根。譬如方丈地内，种此一大树。雨露之滋，土脉之力，只滋养得这个大根。四傍纵要种些嘉谷，上面被此树叶遮覆，下面被此树根盘结，如何生长得成？须用伐去此树，纤根勿留，方可种植嘉种。不然，任汝耕耘培壅，只是滋养得此根’。”（《传习录详注集评》19：58—59）这与其说是一对话过程，还不如说是一当机诊病、施药与治疗过程。王畿称：“先生教法，如秦越人视疾，洞见五脏，真神医也。”神医自是洞悉病情，因病而药。阳明讲学山中，有二人欲向阳明请益，一人资性警敏，但阳明漫然视之，屡问而多不答；一人做事过常，见恶于乡党，有悔意而请益，阳明与之语终日。作为二人引见人的王畿颇为疑惑不解，阳明曰：“某也资虽警捷，世情机心不肯放舍，使不闻学，犹有败露悔改之时，若又使之有闻，见解愈多，趋避愈巧，覆藏愈密，一切圆融智虑，适足增其包藏而益其机变，为恶将不可复悛矣。某也作事能不顾人非毁，原是有力量之人，特其狂心偶炽，一时销歇不下，所患不能悔耳。今既知悔而来，得其转头，移此力量为善，何事不办？予所以与其进也。”[③] 此处“不教”亦是“一教”，“不医”亦是“一

① 陈立胜：《理学家与语录体》，《社会科学》2015 年第 1 期。

② 阿多著，姜丹丹译：《作为生活方式的哲学》，上海译文出版社，2014 年，第 67 页。

③ 王畿：《书休宁会约》，吴震编校整理：《王畿集》卷二，第 37 页。

医”。其《寄李道夫》云:“学绝道丧,俗之陷溺,如人在大海波涛中,且须援之登岸,然后可授之衣而与之食;若以衣食投之波涛中,是适重其溺,彼将不以为德而反以为尤矣。故凡居今之时,且须随机导引,因事启沃,宽心平气以熏陶之,俟其感发兴起,而后开之以其说,是故为力易而收效溥。”[①] 这何尝不是阳明教人、点化人之夫子自道?

要言之,阳明整套良知话语实是一言语行为系统(a system of speech acts),具有强烈的现场感与当下性。它旨在“唤醒”与“转化”,因个体气质、修行阶段千差万别,阳明之良知话语亦随之不同,“各随分限所及”,所谓因病而药。有时,良知之话语行为已经越出狭隘的言语范畴,而直接诉诸动作。薛侃初见王阳明,阳明举扇以示曰:“见扇否?”薛侃曰:“见。”阳明将扇揣入怀中又问:“还见否?”薛侃不应。阳明先生遂不说。薛侃本人仿此指点门人倪润,指蜡烛示润曰:“见烛否?”曰:“见。”以扇灭烛光曰:“还见否?”润曰:“似无所见。”薛侃遂曰:“且只讲至此。”[②] 这种动作式机锋,如击石火,似闪电光,非亲处其境,难以领略其中风光。阳明后学之中泰州一系颇能表现这一宗风,韩贞曾遭到一乡间野老的质问:“先生日讲良心,不知良心是何物?”韩贞曰:“吾欲向汝晰言,恐终难晓,汝试解汝衣可乎?”于是野老先脱袄袯,再脱裳至裤,不觉自惭,曰:

---

① 王守仁撰,吴光等编校:《王阳明全集》卷四,第165页。

② 薛侃:《云门录》,陈椰编校:《薛侃集》,第12页。阳明非常喜欢借助手头物演示“见”与“不见”而指点弟子,季彭山曾记载阳明以筷子演示见与不见的教学案例:“予尝载酒从阳明先师游于鉴湖之滨,时黄石龙亦与焉。因论戒慎不睹、恐惧不闻之义,先师举手中箸示予曰:‘见否?’则对曰:‘见。’既而以箸隐之卓下,又问曰:‘见否?’则对曰:‘不见。’先师微哂。予私问之石龙,石龙曰:‘此谓常睹常闻也。’初亦不解,后思而得之。盖不睹中有常睹,故能戒慎不睹;不闻中有常闻,故能恐惧不闻。此天命之于穆不已也……”见氏著:《说理会编》卷三,《续修四库全书·子部·儒家类》(第938册),第610页;黄宗羲:《明儒学案》卷十三,中华书局,1985年,第277页。阳明还跟玉芝法聚以钥匙演示过同一公案:“僧玉芝尝参王阳明。大众中,明出袖中锁匙问曰:‘见么?’曰:‘见。’还纳袖中,复问:‘见么?’曰:‘见。’明曰:‘恐汝未彻。’”见钱谦益:《玉芝和尚聚公》,《列朝诗集小传·闰集》,中华书局,1959年,第689页。

“予愧不能脱矣。”韩贞遂点拨说：“即此就是良心。”[①]脱衣解裤，不能说是哲学论证，但在此场域中，这是最好的指点良知的方式。阳明说，“学问也要点化，但不如自家解化者自一了百当。不然，亦点化许多不得”(《传习录详注集评》298:348)。无疑，这是自家解化的一个绝佳例证。

我已经刻画出在王阳明时代，阳明呈现良知的方式，这种方式大致可以归结为：情境化、启发式、召唤式、当下性与指点性。当然，阳明对良知概念亦有所描述，因场域不同而亦有一定限度的分解，如曰良知即是知孝知悌之知，良知是知是知非之知，良知是“独知”，良知是“好恶”之心，良知是“真诚恻怛”，良知是“未发之中”，良知是“无知无不知”，良知的本色是“虚无”，良知是“天理”，良知是“造化的精灵”，良知是“天道”，这些描述皆不过是要唤起听者或读者相应的生命体验，而始终与工夫论联系在一起。

二　良知三义：耿宁对王阳明良知说的现象学阐述

在现代如何重新理解、阐释这套良知话语？大致而言，有发生之解释（genetic explanation）与意义之理解（understanding）两种路数。前者着重考察阳明良知话语得以形成的时代背景、这套话语使用者之团体性质、这套话语在当时社会之中起到何种作用，把阳明思想置入明代的政治文化与经济基础之中加以阐述，大致属于这一路数。后者则把这套良知话语视为作者个体生命体验之表达，理解这套话语即意味着在自家的心理体验之中重新兑现其“意义”。宗教现象学家伊利亚德在描述宗教现象学（他本人称为“宗教史研究”）与宗教的发生学解释之区别时，曾举《包法利夫人》研究为例说：“《包法利夫人》在其自己的指涉框架中有其独特的

---

① 许子桂等撰：《乐吾韩先生遗事》，《韩贞集》附录一，收入颜钧著，黄宣民点校：《颜钧集》，第194页。

存在，它属于文学创造，属于心灵的创造。只有在 19 世纪西方布尔乔亚社会中才能够写出《包法利夫人》，这时通奸成为一个独特的问题——这完全是另一码事，它属于文学社会学，而不属于小说审美学。”[①]这个例子颇能见出两种研究路数之区别。

耿宁的研究自属于意义理解之路数，他明确表示自己“最感兴趣的”并非那些哲学家的“外部生活状况”，亦不是他们概念的“历史来源”，而是他们学说的“心理学或现象学意义”，这些学说是以“人心伦理追求中的精神体验和精神力量”为其核心的。这并不意味着耿宁完全无视“外部生活状况”，恰恰相反，他无论从文献搜集上抑或在实地考察上都下了一番功夫，尽量去了解这些状况，但是他的了解不是为了要把阳明的思想归结到（reduced to）这些外部状况上面，而是为了透入到阳明的生命世界之中做准备。他深知阳明良知话语的原初生存论性质，认为它不是一套理论系统，而是指示弟子通向成圣目的地的路标。[②]其背后“必然具有其历史的个体精神—伦理尝试与相应体验的见证”，只有具有相应的精神实践与生命体验，才能真正理解阳明良知话语的真实意义。他声称为了理解阳明良知说，不仅需要一种特殊的语言和精神史的训练，而且也需要心灵的筹备与练习。我想这既是理解阳明思想的一种要求，同时也是耿宁本人为了理解阳明而辛勤努力的自状。尽管他很谦虚地表示作为“外乡人”，他自己并不具备这些体验，但他为具备这些体验所做出的努力，足以让阳明的“同乡人”汗颜。他花费了大量心血为自己制作“一幅图像”，这幅图像是关于阳明及其弟子“生活实况”（Sitz im Leben）的图像。他曾沿着阳明与弟子的交游路线图踽踽独行，我在读到他在《人生

---

① Eliade, *Myths, Dreams and Mysteries*, New York: Harper & Brothers, 1960, p.14.

② 在《人生第一等事——王阳明及其后学论“致良知”》中，耿宁指出，对于王阳明来说：“哲学思想并不在于构建作为自身目的的一种系统理论并将这个思想构成物作为学说传授给弟子，而是在于使其自己的生活变为一种‘神圣的’生活并作为讲授者与教育者也帮助他的弟子们踏上通往这个目标的道路。对他来说，对他的弟子们的考试并不在于询问他们某种知识，而是在于查验他们是否于其生活与行动中在那个实践目标的方向上有所进步。”

第一等事》之中对王阳明墓穴的细致入微的描述时，心头为之一震。我把它看作是西方心学大师与东方心学大师一次穿越时空的遭遇事件。他那紧贴阳明及其后学文献，爬梳剔抉，究其枝叶，以达本根，对相关观念抽丝剥茧，阐幽发微，澄清其语义、衍绎其义理之工作风格，让我想起本雅明在《单行道》中那个关于中国誊抄文本的比喻说法：自由翱翔的纯粹读者如同那些坐在飞机上鸟瞰乡间道路的人，这些人只看到道路如何在地面景象中延伸，而根本无法感受在丛林中、在绵延起伏的地形之中，道路本身所拥有的掌控力，而贴紧文本的抄写者、思想者才能体验到它时而曲径通幽的力量，时而穿越林中空地的奇妙。①

时下研究宗教体验的学者，往往遭遇到一个尴尬不已的“门内”与“门外”的两难问题：你不是信徒，你无相应的宗教体验如何研究之？你的研究只能是知识社会学的研究，而始终无法理解宗教体验本身的意义；而一旦你尝试去拥有这种体验，甚至你就拥有这种体验，你又会遭到那些“客观性”拜物教者的质疑：你已是宗教徒，如何能对自己的信仰有客观之理解？你的研究只能是护教式的研究，而难免“良知傲慢”之嫌疑。这一看似方法论的两难问题（要么成为信徒才能理解，但却做不到客观研究，要么就只能进行发生之解释、进行“化约”式之研究，但却无法做到真正之理解），实在经不住推敲。它一方面忽视了信念、理解与知识具有程度性之区别②，尽管旨在意义理解之研究者不能同信徒一样在“生存论”上体验到“实在”本身，但却可以以一种“再现的方式”（a form of representation）接近它，不必成为凯撒本人才能理解凯撒，说的就是这一实事。他不必在委身的意义上“选择”某种宗教才能“理解”之，知性的理解与生存的选择是两回事；另一方面，它忽视了一个更为根本的实事，即人类精神生活分享着很多相似、相通的因素乃至同一的本质结构。并

① 本雅明著，王涌译：《单行道》，译林出版社，2012 年，第 12 页。

② Robert C. Stalnaker, *Inquiry*, Cambridge: MIT Press, 1984, pp.59–78.

没有“非音乐的人”这么一回事，这样的人通常缺乏的只不过是音乐耳朵的训练与成长罢了。“不信便不知”背后折射的是某种狂妄，另一位宗教现象学家瓦赫（Joachim Wach）说过：“否认别人也有宗教的敏感性，并因此断定他们不能理解体验的宗教性与宗教，这是狂妄的表征，是法利赛式的自我称义。”[①] 耿宁的阳明研究可谓是克服此处方法论两难的一个佳证。他意识到所处理的这些哲学家的文本与精神实践跟体验有着密切的相关性，惟有自己亲身进行这些伦理实践和体验，才能有对它们的真实理解。虽然我们不可能再回到阳明时代，亲自经历这些精神实践与体验，但他认为通过类比或根据在各自经验中的微弱端倪总是可以获得一种领悟。因为这些良知话语所揭示的生命体验并不是偶然的、单纯个体性的，或限于某个文化内部的，而是在原则上对所有人都开放的。况且这些生命体验对于欧洲传统来说也不是完全陌生的，阳明心学一系致良知的工夫体验在埃克哈特大师（Meister Johannes Eckhart）或约翰·陶勒尔（John Tauler）的学说中可以找到很多类似的对应因素，当然“它们往往会带着不同的概念和不同的直观形象出现”。正是这种人类精神生活之间的“共通性”，使得耿宁相信能够将阳明的思想跟“我们体验活动的本己意识”联系在一起，并用清晰的概念把它重新表述出来。

确实，经验直观是一切理解的源头，真正理解阳明之良知观念，最终离不开这一观念自身在当下直观之中的意义兑现，没有这个意义兑现环节，一切观念都只能停留在“空头支票”上面。显然，耿宁的这种方法论意识在根本上跟阳明“自明”“自得”的“宗通”旨趣是一致的。“良知是呈现”一说并不意味着良知乃是秘不可宣的“体验”，阳明一生反复强调

---

① Joachim Wach, *Introduction to the History of Religions*, edited by Joseph M. Kitagawa and Gregory D. Alles, New York: Macmillan Publishing Company, 1988, p.115. 关于“门内”与“门外”之争以及如何超越之，笔者曾有专文讨论，参陈立胜：《宗教现象的自主性：宗教现象学与化约主义的辩难及其反思》，金泽、赵广明主编：《宗教与哲学》（第一辑），社会科学文献出版社，2012 年。

“致良知”之体验对所有人都是有效的，它并不限于某个少数群体，亦不限于某种特定文化，所谓东海西海，心同理同，因而在原则上可为任何人所通达。而现象学是一般意识之学，在原则上，只要是意识之实事，现象学就可以加以反思，就可以让这些实事变得可以理解。耿宁以现象学的方式进入阳明心学的精神世界，反映了他对东、西心学的这一双重信念。

这一双重信念使得耿宁对阳明良知说的研究呈现出现象学与阳明心学的一种互动、互释之风格，这是一种基于阳明所呈现的良知实事本身而进行的中西贯通性的研究。面向阳明所呈现的良知之实事乃是第一位的，现象学只是要尊重这一实事、服务于这一实事。理解阳明这套良知话语固然必须通过将这些话语意义跟当下我们自己的体验联系在一起，并且只能用我们今天自己的语言来重新表述这些体验，但这绝不意味着要让阳明思想削足适履般地塞进现象学的哲学体系之中，不，现象学不是普罗克鲁斯忒之床，现象学与其说是某个哲学流派、某个固定的哲学体系，倒不如说是一种尊重实事本身，对每一实事均在本己的意识之中加以反思、描述之方法。这种基于实事的中西贯通性研究于中、于西皆大有裨益：于西，耿宁相信通过对作为这些学说之基础的体验进行严谨的现象学描述，可以将现代人带到这个“精神传统的近旁”，并使它对我们“重新具有活力”，从此，“我们西方哲学家也就不再有理由将这个传统贴上深奥晦涩、不具有普遍人类之重要性的东方智慧的标签，以便为自己免除辨析这个传统的义务”，而只要认真辨析这个传统，就总会给在西方传统中进行哲学活动的我们带来“巨大收益”；于中，通过这种基于实事而进行的细致入微的现象学辨析工作，阳明心学一些观念会得到澄清，并通过个人经验和科学经验而得到深化。不仅如此，在我看来，通过深入的现象学的反思，阳明学内部的一些问题会得到不期而然的解决。耿宁从自知、内意识、自证分的概念来了解阳明之良知这一理论成果，尤其能反映出这种基于阳明所呈现的良知实事本身而进行的中西贯通性的研究之意义。

在对这一成果及其意义做出评介之前，我想初步勾勒耿宁整个良知三义说之由来。早在1993年，耿宁就用“自知”概念来阐述王阳明的良知说，在《从“自知”的概念来了解王阳明的良知说》《论王阳明“良知”概念的演变及其双义性》《后期儒学的伦理学基础》三文中，耿宁反复指出，在1519年之前，阳明的良知概念与孟子的良知、良能概念是相似的，良知即是一种向善的秉性、向善的倾向以及与此相应的自发的动力，姑且称之为良知Ⅰ；而在1520年以后，阳明的良知概念获得了新的含义，这个良知概念的意思不再是一种像恻隐、羞恶、辞让等等那样的情感萌动，而是对我的所有意念之善恶的知识，即对意念的道德品格之意识，良知即是意念的“自身意识”，姑且称之为良知Ⅱ，耿宁认为这个新的良知概念之原型是唯识宗的自证分。不过在《后期儒学的伦理学基础》一文的结尾，耿宁在指出良知是一种伦理的自身意识后，接着强调说，这个良知也是“某种绝对的东西”：“它自身是没有错误的，它不受制于产生与消亡。它甚至就是天地的起源。”在这里，耿宁其实已经意识到他后来所说的王阳明良知的第三个概念，只是未能点出而已。而在《人生第一等事》中，耿宁明确提出了良知的第三个概念，即良知本体的概念，这个本体始终是清澈的、显明的、圆满的，它不生、不灭，是所有意向作用的起源，也是作为“心（精神）”的作用对象之总和的世界之起源，姑且称之为良知Ⅲ。这三个良知概念分属三个不同的范畴，而各自实现的方式，无论从正、负两方面来说均各有侧重，不妨列表如下：

三个良知概念	良知Ⅰ	良知Ⅱ	良知Ⅲ
名称	本原能力（向善的秉性）	本原意识（对本己意向中的伦理价值的直接意识）	本己本质（始终完善的良知本体）
范畴	心理—素质概念	道德—批判概念	宗教—神灵概念
实现良知的方式（负/正）	克服利己意图的阻碍	克服自欺	克服固、着、执、留
	培养、扩充本原能力	澄明本原知识	复良知本体

在这三个良知概念中，我个人认为最值得关注的是良知Ⅱ。作为本原意识的良知Ⅱ，依耿宁的解释乃是对心之所发的“意”的“自知”。这个道德意识不是一种反思意识，它不是对已经或刚刚发生的本己意向活动加以道德的省察，就像曾子所说的“吾日三省吾身”那样，因为这种“本原知识”是**在一个本己意向出现时直接现存的，而且是与它同时现存的**。观耿宁的良知Ⅱ范畴提出所依据的阳明之文字，诸如“能知得意之是与非者，则谓之良知”[①]，“盖思之是非邪正，良知无有不自知者”（《传习录详注集评》169:241），“尔意念着处，他是便知是，非便知非”（《传习录详注集评》206:291），以及《大学问》中的那段著名文本——“是非之心，不待虑而知，不待学而能，是故谓之良知。是乃天命之性，吾心之本体，自然灵昭明觉者也。凡意念之发，吾心之良知无有不自知者。其善欤，惟吾心之良知自知之；其不善欤，亦惟吾心之良知自知之；是皆无所与于他人者也”[②]，不难看出，阳明更多地强调了良知对于心之所发意念自知、独知的一面（所谓“人虽不知，而己所独知者”），而并未直接点出这一自知与意念本身乃“同时现存”这一“内意识”的本质特征。这不是阳明的聚焦所在，毋宁说阳明关注的乃是工夫入手处、用力处之问题，即致良知工夫只能由自己致（他人无与焉），且只能扣紧在“意念之发”上用功。但工夫入手处、用力处，必有一理论上的预设，即“吾心之良知无有不自知者”必是同时现存的自知（其实，良知之恒照恒察从根本上保证其自知必是同时现存的自知），阳明对此理论之预设并无自觉意识。不仅如此，阳明后学乃至近现代研究阳明的学者罕有聚焦于此者。耿宁出于其敏锐的现象学意识揭示出了这一面向，而正是这一面向使得耿宁认为，王阳明的作为“自知”的“良知”概念（良知Ⅱ）实际上跟现象学所说的原意识，跟布伦塔诺、胡塞尔、萨特所说的“内知觉”“内意识”，跟唯识宗所说

---

① 《答魏师说》，王守仁撰，吴光等编校：《王阳明全集》卷六，第217页。
② 《大学问》，王守仁撰，吴光等编校：《王阳明全集》卷二十六，第971页。

的“自证分”是基本一致的。这可以说是耿宁以现象学立场研究阳明学之最重要的理论成果，其意义绝不只是体现在将阳明的良知概念收编为现象学从而证成一门跨文化的现象学那么简单——倘如此，阳明学研究只不过是印证现象学之放之四海而皆准的普适性又一个案而已。耿宁虽然毫不犹豫地断定，“如果我们要理解这种自知的特性，我认为最好还是按照现象学或者唯识学的意识分析去了解和把握其核心”[①]，但他认识到阳明良知Ⅱ跟现象学的内意识与唯识宗的“自证分”有着重要区别：王阳明的良知Ⅱ并不可以简单地等同于“自证分”，因为良知Ⅱ不像“自证分”那样是意向一般的“自身意识”、“内意识”（布伦塔诺、胡塞尔和萨特的内知觉、内意识、前反思意识跟行为、实践活动、道德评价没有必然之关联），而是对意向的善与恶的“道德自身意识”。问题来了，这是两种不同的内意识吗？或者说这是两种不同的意识现象吗？还是说阳明的作为自知的良知（本原意识、良知Ⅱ）只是现象学内意识的一个特殊类型？或者说作为自知的良知必须奠基于现象学意义上一般意向的内意识才是可能的？如站在王阳明的立场，假设他接受良知是一种内意识的解释，他或许会坚持说，惟有这种作为自知的良知之内意识才是本真的内意识，不带有道德意味的内意识乃是一种“变式”，一种堕落的变式。因为就人之生存而论，作为自知的良知一旦得到澄明，良知就会成为生命的主宰，成为一切意识生活的源头，个人就会获得新生，而单纯的内意识、一般意向的内意识并没有这种救赎的功能。如此，则势必对胡塞尔的内意识学说做出重大修正。在《从“自知”的概念来了解王阳明的良知说》一文中，耿宁已经提出应该修正自知的概念，“以便把它适合地运用到王阳明的良知说上”，但这种修正还只是局部的概念适用范围之调整，因为胡塞尔现象学的内意识往往只限于意识领域，而并不像阳明那样是从行为（实践

① 耿宁：《从“自知”的概念来了解王阳明的良知说》，倪梁康编：《心的现象——耿宁心性现象学研究文集》，商务印书馆，2012年，第132页。

意志的自觉），从道德评价、价值判断（严格意义上说，这也不是理论意义上的道德评价、价值判断，而是修行工夫上的判断与评价，是行动之始意义上的判断与评价）方面理解这种自知的特性，故须将狭隘意识范围的内意识概念加以修正、调整以便将阳明的良知Ⅱ亦纳入现象学意义上的内意识范畴。而在后来的《中国哲学向胡塞尔现象学之三问》一文中，耿宁开始对胡塞尔内意识的地位进行反思：“我们能把意向行为划分成两组，一组无关道德，一组有关道德，然后把‘原意识’指派给第一组，道德意识指派给第二组么？这种区分如何能被证实呢？”[①]阳明的“良知”让耿宁做出了否定的回答，他甚至设想胡塞尔意义上的内意识（对一切意向行为的道德中立的直接意识）只是阳明良知Ⅱ（道德意识）的“一个点状的、非独立的成分或抽象的角度”。这不能不说是对胡塞尔内意识学说的重大修正。[②]耿宁说通过对中国心学传统进行现象学反思，总会给在西方传统中进行哲学活动的“我们”带来“巨大收益”，这或许就是其中的一项吧。

不仅如此，我认为，良知Ⅱ范畴的提出同时也为我们理解阳明心学一系的思想发展提供了一个重要视角。在阳明心学一系发展谱系中，反对以“知是知非”论良知之本体是一股很强的思潮，罗洪先之收摄保聚、聂豹格物无工夫已含苗头，王栋更是明确说“今人只以知是知非为良知，此犹未悟良知自是人心寂然不动、不虑而知之灵体”[③]，而刘宗周良知非究竟义论则可以说是这股思潮的高峰：“……即所云良知，亦非究竟义也。知善知恶与知爱知敬相似，而实不同。**知爱知敬，知在爱敬之中**；知

① 耿宁：《中国哲学向胡塞尔现象学之三问》，倪梁康编：《心的现象——耿宁心性现象学研究文集》，第463页。

② 耿宁尽量从胡塞尔本人的庞杂的现象学思想库之中汲取资源，进行修正工作，他援引胡塞尔自我乃是贯穿于整个意识过程之中的持续追求的统一之极点这一看法，断定意识生活既然在其整体性中是一种“追求”，那么对它的意识就不可能是道德中立的，而是对其好追求或是坏追求的道德意识。

③ 王栋：《一庵王先生遗集》，《四库全书存目丛书·子部一〇》，第52页。

善知恶，知在善恶之外。知在爱敬中，更无不爱不敬者以参之，是以谓之良知。知在善恶外，第取分别见，谓之良知所发则可，而已落第二义矣。且所谓知善知恶，盖从有善有恶而言者也。因有善有恶，而后知善知恶，是知为意奴也。良在何处？”[①] 表面看来，刘宗周对“知爱知敬”之“知”与“知善知恶”之“知”的区别，正好印证了耿宁的良知Ⅰ与良知Ⅱ之别：“知爱知敬”之“知”乃能爱能敬、会爱会敬的行动能力，此“知”是善的原发动力，属于耿宁的良知Ⅰ，而“知善知恶”之“知”，是对善与恶之判断，此**类似于**耿宁的良知Ⅱ。但无论是王栋抑或是刘宗周，其问题意识均不在良知概念之分类，而是在辨别“良知”之本体究竟为何，质言之，何谓第一义之良知以及由此而来的何谓第一义之工夫乃是他们的问题意识之所在。依刘宗周，“知爱知敬”之“知”方是原发的、第一序的道德行动之能力，故是“第一义”的，而“知善知恶”之“知”是对原发的“善”与“恶”之念的第二序之觉察、判断，故是“第二义”的，第二义即是不究竟义。在刘宗周看来，阳明之“知”与“意”乃是两种不同的心理现象，故其间必有先后之关系，必有一时间差。“意”为原发，在先发生，“知”为次发，跟随着“意”之发动而起，如此，“知”便成了“意”的随从、尾巴，落入“后着”，“良”知之“良”便无从保证。这可以说是对阳明知是知非、知善知恶良知说所做出的最为严厉的批评。耿宁对良知Ⅱ所做的现象学分析会有助于我们准确地把握阳明知是知非、知善知恶之意义，而对王栋、刘宗周的批评提出反批评：知是知非、知善知恶是对本己意向中的伦理价值的直接意识，这种现象学意义上的内意识决定了知是知非、知善知恶之“知”并不是“第二义”的“知”，因作为对本己意向中的伦理价值的直接意识的良知Ⅱ在本质上就是**在一个本己意向出现时直接现存的，而且是必然与它同时现存的“知”**。此直接现存的内意识确保知善知恶之“知”并不在善恶之“**外**”，亦不在善恶之“**后**”，刘宗周“知为意奴”

① 刘宗周：《良知说》，吴光主编：《刘宗周全集》（第2册），第317—318页。

的一类指责便无的放矢了。[1]

三　面向良知之“实事”本身：与耿宁商榷

从编年的角度出发，耿宁将良知三义视为先后出现的良知的三个概念是否成立？耿宁已经意识到，第一个标识为王阳明早期的“良知”概念（向善的秉性，良知Ⅰ），虽然在王阳明那里要先于其他两个概念出现，但这个早期概念并未因两个较后的概念出现而消失，在王阳明晚年的陈述中，三个概念实际上是并存的。耿宁亦指出王阳明本人或未明确地表述他的“良知”诸概念的差异性，这是因为在阳明那里，他不仅对理论分析并不甚致意，而且他更会以某种方式将这些不同的概念视为“同一个实事的各个视角”。既是同一实事，则良知的这三个概念，表述的并不是三种不同的意识现象，而是对“同一良知现象”之不同面向之描述，如此，如何理解这三个不同面向之关系，亦是值得进一步追问之问题。我认为耿宁良知三义的编年学考察有值得商榷之处，而三个良知概念关系之处理亦有补苴罅漏乃至重新调整之必要。

耿宁从编年的角度出发，将作为向善秉性的良知Ⅰ标识为王阳明早期的“良知”概念，因为它在王阳明那里要先于其他两个概念出现——其中作为始终完善的良知本体的良知Ⅲ更属于王阳明晚年提出之概念。在我看来，良知Ⅲ在《传习录》上卷已有端倪可察，以耿宁本人曾作为良知

① 以阳明知善知恶之良知为“第二义”，是刘宗周批评阳明良知说的关键所在，耿宁从现象学内意识角度阐述阳明良知Ⅱ范畴，有助于澄清刘宗周对阳明学之“误解”，学界对刘宗周批评阳明良知说已有系统与深入之检讨（尤见杨祖汉：《从刘蕺山对王阳明的批评看蕺山学的特色》，收入钟彩钧主编：《刘蕺山学术思想论集》，“中央研究院”中国文哲研究所，1998年，第35—66页；黄敏浩：《刘宗周及其慎独哲学》第三章第二节“宗周对阳明学说的批评”，台湾学生书局，2001年，第111—152页），由耿宁所区分的作为内意识的良知Ⅱ入手，检讨刘宗周对阳明良知说之批评，仍有可说之处，本人拟另文讨论。

Ⅰ引过的一个条目为例[①]："惟乾问，'知如何是心之本体'？先生曰，'知是理之灵处。就其主宰处说便谓之心。就其禀赋处说便谓之性。孩提之童，无不知爱其亲，无不知敬其兄。只是这个灵能不为私欲遮隔，充拓得尽，便完完是他本体。便与天地合德。自圣人以下，不能无蔽。故须格物以致其知'。"或许基于此处"充拓得尽"一语，耿宁认为，王阳明在这里紧随孟子所理解的这种"本原知识"乃是一种本原的伦理能力，是"善的自发的动力"，即良知良能，它表现在向善的自发情感和倾向中，故属于作为向善秉性的良知Ⅰ范畴。然而，"完完是他本体"一说已表明良知之本体乃是完整无缺的、完善的，它何尝又不是作为"始终完善的良知本体"的良知Ⅲ范畴？实际上，耿宁在《我对阳明心学及其后学的理解困难：两个例子》一文中再次引用这个条目时[②]，就意识到此处的本体即是"完善的或完全状态中的东西"。我要指出的是，早在龙场悟道期间，王阳明即已经拥有了耿宁所说的良知Ⅲ的观念。如所周知，王阳明龙场大悟后即撰有《五经臆说》，该书虽被阳明付之一炬，但尚有十余条残存于世，其中对《晋》卦"明出于地上，晋，君子以自昭明德"之"臆说"尤值得重视："日之体本无不明也，故谓之大明。有时而不明者，入于地，则不明矣。心之德本无不明也，故谓之明德。有时而不明者，蔽于私也。去其私，无不明矣。日之出地，日自出也，天无与焉。君子之明明德，自

① 耿宁：《论王阳明"良知"概念的演变及其双义性》，倪梁康编：《心的现象——耿宁心性现象学研究文集》，第172页。

② 耿宁：《我对阳明心学及其后学的理解困难：两个例子》，倪梁康编：《心的现象——耿宁心性现象学研究文集》，第475页。该条目在此文中被标为《传习录》下卷，当系编者失察所致（该页所引《传习录》四条均出自上卷，但注释一律误标为下卷），另该条中文引文显系出自上海古籍出版社之《王阳明全集》而非陈荣捷之《王阳明传习录详注集评》，因《王阳明全集》相关标点并不妥当（"孩提之童无不知爱其亲，无不知敬其兄，只是这个灵能不为私欲遮隔，充拓得尽，便完；完是他本体，便与天地合德"），准确的标点当为："孩提之童无不知爱其亲，无不知敬其兄，只是这个灵能，不为私欲遮隔，充拓得尽，便**完完**是他本体，便与天地合德。""完完"，意为完整无缺，出自韩愈"月形如白盘，完完上天东"一诗，阳明曾将良知比作明月，"吾心自有光明月，千古团圆永无缺"，将"完完"断开，不妥。

明之也，人无所与焉。自昭也者，自去其私欲之蔽而已。”[①] 这里“日之体本无不明”“心之德本无不明”与后来王阳明所说的“心之本体”如出一辙，这可以视为阳明“始终完善的良知本体”良知Ⅲ之雏形。如放在理学思想谱系中看，这一观念并不是王阳明本人所首创，在程颢那里已有类似的说法：“**圣贤论天德，盖谓自家元是天然完全自足之物**，若无所污坏，即当直而行之；若小有污坏，即敬以治之，使复如旧。所以能使如旧者，**盖谓自家本质元是完足之物。**”[②] 而“爱亲”“敬兄”的说法在陆象山那里的表述是“女耳自聪，目自明，**事父自能孝，事兄自能弟，本无欠阙**，不必他求，在自立而已”[③]，显然这个本无欠缺的能孝能弟的本心与阳明“完完之本体”毫无二致。

就三个良知概念之间关系，《人生第一等事》辟有专章论之。该书第四章《对王阳明三个良知概念之区分的一个历史证明。这三个概念之间的关系》分两节阐述三个良知概念之区分与联系。在我看来，良知Ⅰ与良知Ⅲ的区分有过于“分析”之嫌，耿宁本人在早期的阳明论文之中并未明确做出此种分别，王阳明“眼前天即是昭昭之天”“一节之知即全体之知”一类说法，标明无须在良知Ⅰ与良知Ⅲ之间加以区隔。而在耿宁专题处理良知Ⅰ与良知Ⅲ之关系时，亦意识到王阳明往往将有限的“本原知识”（良知Ⅰ）与“本原知识”的始终完善的无限“本己本质”（良知Ⅲ）加以等同的现象。在“通过王阳明亲炙弟子黄弘纲来证实我们所做的三个‘良知’概念的区分”一节中，耿宁援引王阳明弟子黄弘纲的一段话来证成自己良知三个概念之区分：“自先师提揭良知，莫不知有良知之说，亦莫不以意念之善者为良知。以意念之善为良知，终非天然自有之良。

① 《五经臆说十三条》，王守仁撰，吴光等编校：《王阳明全集》卷二十六，第 980 页。《五经臆说》本为阳明龙场悟道后，证诸《五经》莫不吻合，故随所记忆而所撰著述，该书当有助于我们进一步了解龙场悟道之实质内涵，然阳明曾自陈此书“付秦火久矣”，钱德洪执师丧期间，偶于废稿之中捡出十三条，其中对《晋》卦之“臆说”颇可见出阳明龙场悟道之内容。

② 《河南程氏遗书》卷一，程颢、程颐著，王孝鱼点校：《二程集》，第 1 页。

③ 陆九渊：《陆象山全集》卷三十四，第 254 页。

知为有意之知，觉为有意之觉，胎骨未净，卒成凡体。”耿宁认为此处“以意念之善为良知”以及“知为有意之知”乃是良知Ⅰ，“天然自有之良”是良知Ⅲ，而“觉为有意之觉”（在已有意向中的意识）则是良知Ⅱ。这一解读确实属于“过度诠释”[①]，因为黄弘纲的问题意识并不在于区分乃师三个良知概念，而在于正本清源，澄清良知之本义。值得指出的是，“以意念之善为良知”以及“知为有意之知”并不与耿宁的良知Ⅰ完全对应，它跟“觉为有意之觉”是同一组概念，在黄弘纲看来，这组概念是在念头上、发用上（“知是知非”）理解“良知”，是“以意念之善为良知”，而有隔于诚一无伪之良知本体。黄弘纲的批评本身是否谛当，此处不论[②]，但无疑是开了前述王栋、刘宗周批评王阳明以“知是知非”论良知之先河。实际上，即便要对良知Ⅰ与良知Ⅲ加以区分，两者的关系也须从致良知工夫论角度出发方能得到妥当的领会，良知Ⅲ作为本体是成圣的根据，故曰人人本具，无须外求；良知Ⅰ作为工夫的入手处，是成圣过程的起点，从此良知Ⅰ入手，突破一切私欲与习气的遮蔽，即可呈现良知Ⅲ。

该章第二节“本原知识的三个概念之间的关系”本是对三个良知概念关系之讨论，但这一节的讨论非常简略。耿宁在讨论了良知Ⅰ与良知Ⅲ之后（耿宁分析了在何种意义上良知Ⅰ与良知Ⅲ是可以等同的），重点阐述了良知Ⅲ与良知Ⅱ之关系。他认为跟良知Ⅰ与良知Ⅲ关系不同，很难把良知Ⅲ与良知Ⅱ等同起来，因为完善的“本原知识之本己本质”自身不可能包含任何恶的意向。但他随即又指出，即使在这里，王阳明似乎

---

① 耿宁自己也承认黄弘纲所做的带有“本原知识”三个不同概念的陈述“实际上并不明确”，而且也许这个陈述受到了他自己的“过度诠释”。

② 知是知非、知善知恶是良知，此为阳明本人所说，自无问题，但须善会。是非、善恶乃“意之动”范畴，属于经验、意念层面，而“知”其为是非、善恶之“良知”则是先天的、超越经验的范畴。此即意味着“知”意念为善、为恶之“知”与意念之善恶不容混同，“知是知非”，纯然独体，胎骨纯净，“有意之知”“有意之觉”不知从何说起。牟宗三对黄弘纲的批评颇不以为然，斥其“未真切于师门之教”，为“头脑混乱全误解耳”。见氏著：《从陆象山到刘蕺山》，《牟宗三先生全集》（第8册），第325—326页。

也看到了某种同一性：“意向的伦理价值的知道者，亦即主体，具有这种直接的意识，即直接意识到这就是‘本原知识之本己本质’。”这是一种“将良心的主体等同于在始终完善的‘本原知识之本己本质’中的实体的做法”。坦率地说，耿宁在这儿的表述有些含混。如我的理解无误的话，耿宁是说良知Ⅱ是对良知Ⅲ的自身意识（“内意识”）。然而“知是知非”的良知Ⅱ何以是良知Ⅲ的自身意识？一个纯粹、完满的良知Ⅲ其自身意识为何会含有“知非”的内容？良知Ⅲ与良知Ⅱ在何种意义上可以统一为同一个良知现象？耿宁的阐述中实在是语焉不详。耿宁说完善的“本原知识之本己本质”自身不可能包含任何恶的意向，这无疑是正确的，但这个完善的“本原知识之本己本质”本身并不是盲目的冲动，它自身同时亦具有本己的内意识（“天理之明觉”），此本己的“内意识”实则即是良知Ⅲ戒慎恐惧的能力，即是保持其自身处于其自身之中而不偏离的能力。就其是恒照恒察的“明觉”而论，这仍然是一种“知是知非”之“知”（此处之“是非”只是一虚位的“是非”，“知”才是实字），而就此时无任何恶的意向而论，这又可说是“无是无非”之“知”。就良知本体而论，“知是知非”原是“无是无非”。然而由于私欲与习气的遮蔽，此良知Ⅲ难免会被摇动（所谓“有善有恶意之动”），此时良知Ⅲ会当下即对“意”之是非形成判断（“知善知恶是良知”“良知Ⅱ”），在此“知是知非”的良知既是对“意念”之是非的判断（“良知Ⅱ”），同时也是良知Ⅲ自觉意识到其自身。唐君毅先生在讨论宋明理学工夫论时指出良知与意念之关系：

> 须知在真正之道德生活中，我们对我们自己之意念行为，皆有一自内心深处自动自发的“安或不安之感”（孔子）、“悦心或不悦心之感”（孟子）、“好之或恶之之情意”（《大学》）。合理则安之，悦之，好之；反之则不悦，不好，不安（朱子）。故可说我们之每一意念行为，皆对照于一“昭明灵觉之天理”，而在其前显其为是或非（阳明）。此亦即是说，吾人每有一意念行为，皆有一良知之**直接**判断昭

> 临于上，而是是非非，而好善恶恶。良知之好恶，初非一般好恶外物之自然好恶，而恒是依直接呈现之天理，对吾人之自然好恶本身之一**直接**好恶。良知之是非，亦初非一般指向他人或外面之社会之自然的是非，而是依直接呈现之天理，对吾人之自然是非之本身之一直接是非。(注意：此二层之是非好恶，最后可合成一层。然当其初现，则是二层，此须细会。)良知之是非好恶之判断，**若在上昭临而为超越的，同时纯为内在的，在完满的道德生活中，吾人之一般意念，念念相续，此良知判断，亦恒念念相续，即知即行，彻上彻下，存中形外**。此即天理之自上而下、自内而外以相续流行。此良知天理，因其初为内在而又超越，且普遍无私，廓然大公，故讲到最后，必须承认其来自我即来自天，属于我心，亦即属于天心。而我之**主观之良知**，即**客观天地万物之良知**；吾心主观之理性，即客观存在之宇宙之理性。[1]

唐君毅对良知对意念是非之判断现象并未用现象学的“内意识”术语状之，但却明确点出良知之判断是“直接判断”，又说是“恒念念相续”之判断，且是一“直接好恶”，是一“即知即行”之现象，此即是说“知是知非”之良知、“我之主观之良知”（良知Ⅱ）就是“良知天理”、“客观天地万物之良知”（良知Ⅲ）当下、直接之体现。好恶、安不安、悦不悦之感究其实就是良知Ⅲ之自觉、自感。牟宗三先生则进一步称此现象为“逆觉的体证”。[2] 在《论王阳明“良知”概念的演变及其双义性》一文之结尾，耿宁已特别指出良知Ⅰ与良知Ⅱ有着“内在的联系”：“作为心的基本特征的向善的秉性（早期良知概念）按王阳明的看法应是下述看法的前提，即人在意念中或明或暗地具有对意念的善或恶的自知（良心）。这样，在王阳

① 唐君毅：《人文精神之重建》，《唐君毅全集》（卷五），第502—503页。

② 牟宗三逆觉体证与耿宁“自身意识”（“内意识”）之异同详见本书第八章《“以心求心”“自身意识”与“反身的逆觉体证”：阳明学通向“真己”之路的哲学反思》。

明那里早期的良知概念可以被看成是后期的良知概念的本体论前提。”[①] 耿宁在将良知Ⅱ跟胡塞尔的内意识加以区别时，已经强调过良知Ⅱ的道德内涵。它不仅仅只是一种作为道德判断、道德评价的内意识，它同时也是一种道德行动的能力（“知者行之始”“说个知字就有个行字在”），这就意味着在王阳明那里“本己意向的伦理价值意识”跟孟子意义上的“善的萌动”之间并无截然之区隔。良知Ⅰ为良知Ⅱ之“本体论前提”一类说法，极易坐实黄弘纲、王栋、刘宗周对王阳明以“知是知非”论良知之批评。实际上，在我看来，良知Ⅰ与良知Ⅲ是同一组概念，皆可以涵括在“仁”（“本体”）与“为仁”（“工夫”）范畴下，而良知Ⅱ则可以涵括在“智”的范畴下。阳明之良知概念实是一“仁且智”或“仁智互摄交融”之概念（良知之为明德，实兼“明”与“德”于一身），两者是一体之两面，不宜再区别何者为本体论之前提，质言之，“知是知非”之“知”跟“知爱知敬”之“知”并不是截然有隔的两个范畴，对本己意向的善与恶之内意识必应当下即有一好善、恶恶之萌动。一如见好色时，即有个好好色在，不是见了好色之后，再立意去好好色；闻恶臭时，即有个恶恶臭在，不是闻了恶臭之后，再立意去恶恶臭。在良知的原初现象之中，并不存在纯然的价值意识，因为任何价值意识都已经是与好善恶恶的价值追求联系在一起了。王阳明曾对董沄说：“好字原是好字，恶字原是恶字。”[②] 在这种意义上，是非之心实亦是“是者是之、非者非之”的“是是非非”之心。良知之为心灵生活的“定盘针”本身即内含着一行动的动力、趋向，在无事时，它是良知贞定其自身、保持其自身的能力（“戒慎恐惧”），在有事时它即是一自觉的行动能力（良知Ⅰ，知爱知敬、行动的禀赋），而一旦心灵活动偏离了良知自身（良知Ⅲ），它亦会自觉（良知Ⅱ）其偏离而重新回归其本位，所谓重新回归其本位不外是说将“爱敬”的能力充分实现

---

① 耿宁：《论王阳明“良知”概念的演变及其双义性》，倪梁康编：《心的现象——耿宁心性现象学研究文集》，第186页。

② 董沄：《从吾道人语录》，钱明编校整理：《徐爱　钱德洪　董沄集》，第279页。

出来。因此，所谓的良知Ⅱ与良知Ⅰ都是致良知工夫论范畴下的“入手处”，由良知Ⅱ入手逆觉体证良知自身与由扩充良知Ⅰ以充分实现良知，是复良知Ⅲ、致良知Ⅲ同一工夫之两个不同表述而已。

四 展望：阳明学与现象学会通之可能

从心理学或从现象学意义上“理解”王阳明良知论，耿宁的著述绝对是一“典范”。然而任何真正意义上的理解最终必落实为一“自我理解”。克里斯滕森（W. Brede Kristensen）在其代表作《宗教的意义》一书中指出，历史学家与现象学家要始终牢记“我们要理解的是他们的宗教，而不是我们自己的宗教”，他“必须能够忘掉自己，能够将自身交付给他者（surrender themselves to others）。惟此，他们才会发现他者也会将自身交付给自己。倘若他们随身带着自己的观念，他者就会向他们关闭自身”。而当我们由于自己向所研究的实事敞开，而理解了这一实事的“意义”，“这种研究就并不是在我们的人格之外进行的。情形恰恰相反：研究会影响我们的人格。……我们的研究是一种理论活动，而与我们的实践生活无关，这是不真实的。在我们的科学工作期间，毫无疑问我们也在成长；当宗教是我们工作的主题时，我们也在宗教上得到成长”。[①] 对王阳明旨在唤醒、转化的一套话语的“理解”，即便只能以一种“再现的方式”重新经历这一话语背后的生命体验，亦必会或多或少唤醒与转化我们自己。哲学本来不就是一种生活的艺术（art of life）、一种生活方式（way of life）吗？[②] 然而，随着“客观知识”兴趣的日益高涨以及相应的学科建制

---

① W. Brede Kristensen, *The Meaning of Religion: Lectures in the Phenomenology of Religion*, translated by John B. Carman, Martinus Nijhoff, 1960, p.6, p.10.

② 对西方古典哲学这一精神气质之描述，可参以下著述：福柯著，佘碧平译：《主体解释学》；P. Hadot, *Philosophy as a Way of Life: Spiritual Exercises from Socrates to Foucault*, Wiley-Blackwell, 1995, *What is Ancient Philosophy?*, The Belknap Press, 2002；M. C. Nussbaum, *The Therapy of Desire: Theory and Practice in Hellenistic Ethics*, Princeton University Press, 1994。

化活动，原本是“人生第一等事”的哲学越来越远离实际的人生，遑论什么“第一等事”！

在当代西方，“哲学”成为哲学教授谈论的对象而不再是实践的对象，哲学成为一种“话语”而不是“实践”。“如今只有哲学教授，而没有哲人。”“哲学并不走进哲学的课堂。”[①] 在现代中国，情况亦不例外，梁漱溟指出：儒家与佛家的学术内容都是“自己生命上一种修养的学问”，都是“生命上自己向内用功进修提高的一种学问”。人类学术无非有“科学技术”“哲学思想”“文学艺术”与“修持涵养”四种，所谓“修持涵养”乃指“反躬者在自己身心生活上日进于自觉而自主，整个生命有所变化提高的那种学术。其中有知识、有思想，即主要得之向内的体认，还以指导乎身心生活。因其学问大有别于处理外在事物者，从而名之曰修持，曰涵养，曰证悟”[②]。依照此“古今东西学术”分类，儒家学问显然并不属于西洋所谓的哲学思想[③]，“乃至亦不是人生哲学”[④]。然而，今日哲学、自然科学、社会科学学科建制模仿欧美日，传统的儒释道各家学说则被纳入“哲学”范畴，“改变生命上的反躬修养功夫而为口耳四寸间的空谈戏论，实可哂又可哀之事”[⑤]。自古以来就旨在“反躬向内理会自家生命而致力于生活修养”的儒学最终被当作哲学空谈来讲而不去实践，“真是一大嘲弄！”[⑥]

在上个世纪 50 年代，唐君毅于牟宗三组织的人文友会上指出，现代大学教育所讲授的学问皆是由西方的科学（science）观念而来，它将理性

---

① 阿多著，姜丹丹译：《作为生活方式的哲学》，第 134 页。

② 梁漱溟：《东方学术概观》，《梁漱溟全集》（第七卷），第 367 页。

③ 梁漱溟：《儒佛异同论》，《梁漱溟全集》（第七卷），第 153 页。

④ 梁漱溟：《孔学绎旨》，《梁漱溟全集》（第七卷），第 500 页。

⑤ 梁漱溟：《补记熊十力先生之为人及彼此交游之往事》，《梁漱溟全集》（第七卷），第 475 页。

⑥ 梁漱溟：《孔学绎旨》，《梁漱溟全集》（第七卷），第 500 页。梁漱溟的修身学思想之阐发见陈来：《现代儒家哲学研究》，北京大学出版社，2018 年，第 249—272 页。

所创造出来的东西“客观化外在化成为一个对象”，文学、历史、哲学与社会科学都成为一个有系统、有条理的知识形态，这种客观化当然表示自我获得了一种“超升”，但同时这也将自己的生命“抽空”了，人文知识成了外在于人的客观知识形态。倘人完全陷在这种知识里，使精神外驰而不自反，则势必造成“自我分裂”。故人类需要一种真正的“人学”，一种反求诸己、回到“主体”自身存在的学问。这种学问不是人类学，也不是心理学，因为人类学与心理学虽然以人为对象，但人类学家与心理学家并未将自己放在所研究的“对象”之内，其所研究者并未真正落实在自家的生命里面。真正的人学必是“个体存在本身之学问”，这种学问与使用抽象概念的普遍知识不同，它不是一套与生命有隔的名相系统，而是随事因应的启发性智慧。“这种学问有其领域，但它不同于哲学，只能说它是**心性之学**。但又非心理学，而是人性的学问。从此学下去，就是古人所说成圣成贤的学问。”[①] 即便是道德哲学、道德心理学、康德意义上的道德宗教在其进路上亦只是“哲学地”讲，而不是“存在地”讲，在此意义上，它们都不是体现于“工夫实践”的“心性之学”。[②]

耿宁对阳明学研究之终极目标并不在于将中国之心学转换为一种知识形态的现象学理论，而是在于使现象学的明见服务于本心之学习。梁漱溟所说的“反躬修养功夫”，唐君毅、牟宗三所说的“心性之学”“生命的学问”跟耿宁所说的“伦理实践”实际上都是在反思现代哲学的“异化”现象。耿宁说对心学的现象学研究目的在于使现象学的明见服务于本心的学习，问题是现象学的明见何以能够服务于本心之学习？我认为这取决于现象学能否真的可以让我们“截断众流”而面向心学“实事”自身[③]，现象学悬搁、现象学还原不应只是一种方法论的操作、一种工作态

---

① 牟宗三：《人文讲习录》，《牟宗三先生全集》（第 28 册），第 206—207 页。

② 牟宗三：《人文讲习录》，《牟宗三先生全集》（第 28 册），第 171 页。

③ 对心学“实事”本身的理解见本书第九章《面向“目前实事”：心学工夫论中的“当下”时刻》。

度，而应成为一种生存性的抉择、一种人生的真实的重新定向、一种修行的工夫自身。用舍勒的话说，真正的现象学悬搁就是对现实“回敬一个强有力的‘非也’”，“人是能说‘非也’者，是生命的苦行者，是永远反对一切单纯现实的抗议者……（人）永远在想方设法打破他的此时-此地以此方式的存在和他周围世界的樊篱”。[①] 惟有如此，现象学才能真正让人穿透习俗的迷雾而直接切入心学的实事自身，现象学方法才能真正成为一种名副其实的“自我提升之路”。[②]

另一方面，对于“切己修养之学”是否果真如梁漱溟所断定的那样不宜纳入“哲学”中进行研究呢？实际上，梁漱溟也承认宋明理学言心性、性命、性天、本体、本心之“性理之学”，西洋哲学在此方面亦“仿佛见之”，而在孔门当初却未之见，此亦学术由具体事实向抽象概括发展之趋势，也是“反身存养之功必将究问思考及此也”。[③] 他后来也承认即便孔学在实践过程中也自有思考的面向，亦“自有哲学在内”，但这些所谓的“思考”“抽象概括”乃至“哲学”因素都只是“生活实践的‘副产物’”，故“最好不从思想理论来看待之”。[④] 梁漱溟的这一看法虽然彰显了儒学作为“为己之学”其“尊德性”的一面，亦洞察到建制化的“哲学”学科与这种儒学为己之学性质之不相应性，但这种“切己修养之学”不仅具有内在的实践理路，而且也与相应的天道观、人性观绾结在一起，此即意味着“切己修养之学”必涵盖着一套工夫论、天道论、人性论的名相与义理系统，这套系统固然是古人“体贴”出来的，但其内涵、层次、关系与结构均需要学理上的“呈现”，所谓“牛毛茧丝无不辨析”是也。现象学细腻的描述风格与本质直观的方法有助于我们更加清晰、更加准确呈现良知

① 舍勒著，李伯杰译：《人在宇宙中的地位》，贵州人民出版社，1990 年，第 48 页。

② 陈立胜：《现象学与禅宗互参》，《东方论坛》1995 年第 4 期，第 24—34 页。

③ 梁漱溟：《儒佛异同论》，《梁漱溟全集》（第七卷），第 161 页。

④ 梁漱溟：《儒家孔门之学为体认人的生命生活之学》，《梁漱溟全集》（第七卷），第 498 页。

现象的层次性与结构性，这种“知识形态”意义上的清晰性与精准性本身就是一“理性的放光”，不仅具有学理建构的价值，更对道德实践具有指导意义：只有洞见到良知之本来面目，才可以避免认欲作理、认贼作子，并由“知之真切笃实”而当下体现为“行之明觉精察”。

耿宁强调“本心的学习”在根本上是一种“心灵修习”与“伦理实践”的学习，在向“另一种文化中的邻人的重要精神经验”——耿宁说这个邻人越来越频繁、越来越紧凑地与他们欧洲人相遇——学习的过程之中，它必会唤起欧洲哲学家们的遥远的记忆，那源自苏格拉底的哲学活动的原初问题：我们作为人如何能够过一种伦理上好的生活？“这也可以成为对所有那些在今日西方学院哲学中就此问题变得完全无能为力的状况的一种矫正。”耿宁如是说。实际上，阅读耿宁的著作，或许亦可以成为对所有那些在今日**中国**学院哲学中就此问题变得**同样**完全无能为力的状况的一种矫正，但愿如此。

第八章 “以心求心”“自身意识”与“反身的逆觉体证”：阳明学通向“真己”之路的哲学反思

【本章摘要】朱子虽洞悉心灵省察现象，并指出我们原则上无法以“对象化”的方式把握主宰之心，但对“以心求心”工夫却颇多微词。冯从吾认为朱子之失在于将无形之“心”错会为有形之“物”，不解“以心求心”实则是心灵“自反自照”现象，而良知对经验意念的善恶性质之判定以及相应的“善善恶恶”活动乃是一“同念并起”与“无等待、无先后”之心灵现象。此种心灵生活之中异质层面之同时并动现象与现象学家耿宁所谓的“道德自身意识”现象若合符节。“道德自身意识”乃是耿宁由王阳明良知概念与现象学自身意识概念加以会通而提出的一概念，惟在宋明理学处，此道德自身意识现象是工夫践履之中遭遇到的生存论之问题而非理论反思之问题。而牟宗三“反身的逆觉体证”与“反身软圆的自知”说不惟有助于我们理解传统的“以心求心”工夫，对现象学的自身意识问题的解决亦有启发意义。通向“真己”的原初心灵现象之路在中西哲学交汇的当下是一重大的哲学问题。

较汉唐儒学，宋明儒学确实对心性现象尤为关注。“腔子中用功”的说法，多少折射出这一“内转”的特点。而心灵生活的省思在根本上是一种“自涉”（self-regarding）与“自反”（self-reflective）的现象，即对心灵生活的观察、关注在本质上都是一种自我观察、自我关注。此必进一步引发主体的自身分裂之迷思:“在观察”“在关注”的我与“被观察”“被关注的”我是不是同一个我以及我能否观察、关注“在观察”“在关注”的我等诸如此类问题。这些问题看似今天现象学乃至整个近代欧陆哲学的中心议题[①],然而在宋明儒学的工夫实践之中却也是实实在在的生存论问题。无论在朱子对心之性质的理解之中,抑或在阳明心学一系对省察现象的描述之中,乃至在现代新儒家牟宗三“理学”与“心学”工夫取径的判定之中,我们都可以看到此类问题之存在。

遗憾的是,此类问题在以往的研究中并未得到足够的重视。耿宁将王阳明的良知与现象学自身意识联系在一起,引起学界对此问题的兴趣,但论者通常将此议题限制在王阳明良知论上。其实,此议题所关甚大,它最终关涉一根本性的哲学问题,即我们是在何种“原初的现象”之中遭遇“道德自我”(“真己”)的?为此,本章首先回到朱子对“以心求心”之异议,并顺着朱子的致思方向,追究陆王心学一系对此议题之回应,进而阐述耿宁良知之“自身意识”说与牟宗三“反身的逆觉体证”说对此问题之推进,在此基础上,对上述通向道德自我(真己)的原初心灵现象这一根本问题提出一种儒家式的解决思路。

一　朱子:“以心求心”之疑难

自朱子确立“人之所以为学,心与理而已”之为学路径,默识此心之灵,端庄静一以存之(所谓“涵养须用敬”),知有万物之理之妙,学问思辨以穷之(所谓“进学在致知”),便成了朱子一体两轮工夫之要点。而于如何默识、涵养此心之灵,又如何将此默识、涵养工夫与佛教“观心”

---

① “自身意识理论是近代以降哲学的基本问题”,见倪梁康:《自识与反思》,商务印书馆,2002年;张任之:《质料先天与人格生成:对舍勒现象学的质料价值伦理学的重构》,商务印书馆,2014年。

工夫区别开来，则是朱子心性论之重要问题意识。观朱子论孟子"求放心"、程子"以心使心"乃至湖湘学派"观过知仁"等话头，即见分晓。

对孟子"学问之道无他，求其放心而已"一说，朱子反复强调所谓求放心者，并不是"别去求个心来存着"，"只才觉放，心便在此"。他明确区别两种不同的意识关注模式，一者是**外向**模式，一者是**内向**模式。前者如鸡犬放而知求之，鸡犬是"外物"，故"求"鸡犬之目光必是向外的，这是一种对象化的目光。后者是"求放心"，心不仅不是外物，而且根本上就不是现成之存在物。在此，"内向"之目光只是一个隐喻，因为根本就没有一个"心"在内，等人去发现、去求取。与此对照，鸡犬因是现成之存在物，它"藏匿"在某个家之外的场所，人要出外捉它回来，"求"之活动方告完成。倘若鸡犬"被人打杀煮吃了"，"求"之活动则只能无果而终。而"求放心"活动则不同：一旦意识到心"放"，心便在此，便不再是处于"放"的状态，故曰"求则得之"。职是之故，朱子批评孟子以"求鸡犬"比拟"求放心"之不当（"鸡犬之喻也未甚切"）。针对弟子求放心愈求愈昏乱之问，朱子回答说："即求者便是贤心也，知求，则心在矣。今以已在之心复求心，即是有**两心**矣。虽曰譬之鸡犬，鸡犬却须寻求乃得。此心不待宛转寻求，即觉其失。觉处即心，何更求为？自此更求，自然愈失。此用力甚不多，但只要常知提醒尔。醒则自然光明，不假把捉。……"朱子又批评孟子"求放心"说得"太紧切"，把工夫太过收紧在"心"上面，而易招致空守此心之弊，故不如孔子"居处恭，执事敬，与人忠""出门如见大宾，使民如承大祭"说得细致、平实。[①]

对程子"以心使心"说[②]，朱子也有微词："只是一个心，被他说得来

---

① 围绕孟子"求放心"说之种种辨析，见《朱子语类》卷九、卷五十九、卷一百一十三，《朱子全书》（第14册、第16册、第18册），第302、1911—1916、3596页。

② 《河南程氏遗书》卷十八记载，弟子问："人心所系著之事，则夜见于梦。所著事善，夜梦见之者，莫不害否？"曰："虽是善事，心亦是动。凡事有朕兆入梦者，却无害，舍此皆是妄动。……人心须要定，使佗思时方思乃是。今人都由心。"曰："心谁使之？"曰："以心使心则可，人心自由，便放去也。"程颢、程颐著，王孝鱼点校：《二程集》，第202—203页。

却似有两个。子细看来，只是这一个心。”[①]所以对弟子“以心使心”之问，朱子总是指出程子之意不过是“自作主宰，不使其散漫走作耳”[②]。

对湖湘学派“观过知仁”工夫、“察识端倪”工夫（亦称“以心察心”工夫），朱子屡屡称其“说得来张大可畏”，有“寻求捕捉之意”，“烦扰日甚”，而与“圣贤所云操存主宰之味不同”。[③]在《答吴晦叔》中，朱子更是明确指出湖湘学派观过知仁工夫实有心灵无序之弊：“……且心既有此过矣，又不舍此过而别以一心观之；既观之矣，而又别以一心知此观者之为仁。若以为有此三物递相看觑，则纷纭杂扰，不成道理。若谓止是一心，则顷刻之间有此三用，不亦忽遽急迫之甚乎？”[④]“**心**有此过”，“**别以一心**观此过”，“**又别以一心知**观此观者之为仁”，究竟哪个是主体心？这种看似三物递相看觑的现象实则是心灵失序之表现，无法说通。不惟如此，察识端倪、以心察心工夫难免流于释氏**以心观心**之路数。

而于释氏观心路数，朱子特撰《观心说》以驳其谬：

> 或问佛者有观心然乎？夫心者，人之所以主乎身者也，**一而不二者也，为主而不为客者也，命物而不命于物者也**。故以心观物，则物之理得。今复有物以反观乎心，则是此心之外复有一心，而能管乎此心也，然则所谓心者为一耶？为二耶？为主耶？为客耶？为命

① 《朱子语类》卷三十四，《朱子全书》（第15册），第1257—1258页。

② 《答石子重》，《晦庵先生朱文公文集》卷四十二，《朱子全书》（第22册），第1922页；《答陈安卿》，《晦庵先生朱文公文集》卷五十七，《朱子全书》（第23册），第2730页。

③ 见《答张钦夫》，《晦庵先生朱文公文集》卷三十，《朱子全书》（第21册），第1313—1314页；《答黄商伯》《答胡伯逢》，《晦庵先生朱文公文集》卷四十六，《朱子全书》（第22册），第1922、2152页；《答吕子约》，《晦庵先生朱文公文集》卷四十七，《朱子全书》（第22册），第2189页；《答吴伯丰》，《晦庵先生朱文公文集》卷五十二，《朱子全书》（第22册），第2421页；《朱子语类》卷一百一，《朱子全书》（第17册），第3397、3401—3402页。朱子以及宋儒对“观过知仁”章之诠释，参林月惠：《宋儒对于“仁”的诠释：以〈论语〉“观过，斯知矣仁”为例》，《诠释与工夫：宋明理学的超越蕲向与内在超越》，“中央研究院”中国文哲研究所，2008年，第33—64页

④ 《晦庵先生朱文公文集》卷四十二，《朱子全书》（第22册），第1911页。

> 物者耶？为命于物者耶？此亦不待教而审其言之谬矣。……大抵圣人之学，本心以穷理而顺理以应物，如身使臂，如臂使指，其道夷而通，其居广而安，其理实而行自然。释氏之学以心求心，以心使心，如口龁口，如目视目，其机危而迫，其途险而塞，其理虚而其势逆，盖其言虽有相似者，而其实之不同盖如此也，然非夫审思明辨之君子，其亦孰能无惑于斯耶？①

为主之心、命物之心即是主宰心，主宰心只能有一个，故在“以心观心”之中，总有一个心不是为主之心、命物之心。这跟“以心观物”不同，后者，物在外，物是一对象存在，观之可得其理。心不是一物（而是“命物者”），如何可观？退一步讲，倘心可观，则所观心之心已不再是主宰心。在朱子看来，以心观心是释氏的心灵修炼路径，此路径之弊在于“把捉”，而儒家之心灵修炼术则是“主敬”，两者泾渭分明，不容混淆：“以敬为主，则内外肃然，不忘不助而心自存。不知以敬为主而欲存心，则不免将一个心把捉一个心，外面未有一事时，里面已是三头两绪，不胜其扰扰矣。就使实能把捉得住，只此已是大病，况未必真能把捉得住乎？儒释之异，亦只于此便分了。如云常见此心光烁烁地，便是有两个主宰了。不知光者是真心乎，见者是真心乎？”②

综上，朱子在这里点出了这样一个心灵生活的实事：心是“主宰心”（主体之心），是“我思”，不是客体心，不是“所思”。这个主体心永远无法被客体化，一旦它成为反观的对象（客体），那它便不复是主体心。此即意味着我们**在原则上**不能以**对象化的方式**把握到我们心灵本身（主宰心、我思）。朱子对传统儒学之中的精一、操存、尽心、存心工夫均强调不是以“一心”以“精一”之，不是以彼“操”此而“存”之，不是以心尽

---

① 《晦庵先生朱文公文集》卷六十七，《朱子全书》（第23册），第3278—3279页。

② 《答张敬夫书》，《晦庵先生朱文公文集》卷三十一，《朱子全书》（第21册），第1345—1346页。

心，不是以心存心。要之，不是“如两物之相持而不相舍”的两种心理活动。“心”只有两种状态，一则曰“**出**”，一则曰“**入**”：“盖人心只是有个出入，不出则入，出乎此，则入乎彼。只是出去时，人都不知不觉。方觉得此心放，便是归在这里了。如戒慎恐惧，才恁地，便是心在这里了。”[①] 朱子还说：“人只有两般心：**一个是是底心，一个是不是底心。只是才知得这个不是底心，只这知得不是底心底心，便是是底心。便将这知得不是底心去治那不是底心。知得不是底心便是主，那不是底心便是客。便将这个做主，去治那个客，便常守定这个知得不是底心做主，莫要放失，更那别讨个心来唤做是底心**。如非礼勿视听言动，只才知得这个是非礼底心，此便是礼底心，便莫要视。如人瞌睡，方其睡时，固无所觉，莫教才醒，便抖擞起精神，莫要更教他睡，此便是醒。不是已醒了，更别去讨个醒，说如何得他不睡。”[②]“觉得心放”“知得不是底心”便已是“主宰心”“知得是底心”。**知**其心不在，则其心已在了，再谈寻求放心，则有“二心”之嫌疑了。“自相攫拿”“纷扰急迫”“用心太过”“纷拏迫切”，此类弊端皆是以心观心、以心求心之“裂心为二”之表现。朱子坚持作为心灵生活的主体之心只能是一个，或是人心，或是道心，两者不能同时而在，同时而在就是将心“实体化”了，“物化”了：“存者，道心也；亡者，人心也。心一也，非是实有此二心，各为一物、不相交涉也，但以存亡而异其名耳。方其亡也，固非心之本；然亦不可谓别是一个有存亡出入之心，却待反本还原，别求一个无存亡出入之心来换却。只是此心，但不存便亡，不亡便存，中间无空隙处。”[③]“中间无空隙处”一语杜绝了任何二心化的空间。

我们永远无法以一种**对象化**的方式加以把握“主宰的心”，这无疑是朱子心灵哲学的一大洞见。朱子以“如口龁口，如目视目”难“以心观

---

① 《朱子语类》卷三十四，《朱子全书》（第 15 册），第 1257—1258 页。

② 《朱子语类》卷十七，《朱子全书》（第 14 册），第 577—578 页。

③ 《答何叔京》，《晦庵先生朱文公文集》卷四十，《朱子全书》（第 22 册），第 1837 页。

心”说，让我们想到萨特在《存在与虚无》之中的说法：我们永远无法看到“在看的眼睛”，无法触摸到在触摸的手，即便我们在镜子中会看到自己的眼睛，我们用自己的左手触摸右手，因为被看到的眼睛、被触摸的手总是被对象化的眼睛、被对象的手，而不再是“在看的眼睛”“在触摸的手”。朱子更有心镜之喻：“心犹镜也，但无尘垢之蔽，则本体自明，物来能照。今欲**自识**此心，是犹欲以镜自照而见夫镜也。既无此理，则非别以一心又识一心而何？”[①] 要言之，心之功能只是“照察”，而非“自识”。

然而，有没有一种不同于**对象化的方式**而又能体认到主宰的心？“观过”之“观”是否真如朱子认定的那样是“不舍此过而别以一心观之”？湖湘学派的观过知仁工夫以及佛教的以心观心说是否真如朱子认定的那样是“三物递相看觑”，是“二心”，故“不成道理”？这是值得追问的一理论问题，当然也更是一修身工夫问题。

二 冯从吾：心灵“自有自照”现象之发明

如所周知，朱子对“识仁”、心之“自识”工夫进路心存芥蒂，而阳明心学“因用以求其体”“致和正所以致中”之工夫立场则强调紧扣心体这一“头脑”意识。“省察是有事时涵养，涵养是无事时省察”（《传习录详注集评》36:72）这一说法，已经挑明心灵生活的审视、监察与心体的体认、默识乃是一体两面的工夫。任何在“发处”“发时”用功之内省工夫，均又是“识得心体”“成就自家心体”之自识、自成的工夫（《传习录详注集评》44:82、67:97），均又是“就自己心地良知良能上体认扩充”“在良知上体认”“体认得自己良知明白”“在良知上用功”之返本工夫（《传习录详注集评》107:129、169:241、146:205、238:310），均又是“透得这个真机”而“真见得良知本体”之直下洞见本体的工夫（《传习录详注集评》264:325、

① 《答王子合》，《晦庵先生朱文公文集》卷四十九，《朱子全书》（第22册），第2257页。

拾遗 38:411)。透过表面的名相之差异，则不难看出，这种“因用以求其体”的工夫跟湖湘学派的“观过知仁”说并无本质的区别。“观过”属于省察，属于诚意，“知仁”则属于识得心体、见得良知本体。如此，朱子“以心求心”之疑难同样适用于阳明心学一系之工夫论：谁在省察“有善有恶之意”？谁又在识得心体、良知？前者岂不是不舍此“意”而别以一心省察之？后者岂不是而又别以一心知此省察者之为良知？要言之，心学工夫岂不陷入心之“自省”“自识”之“二心”“三心”之窠臼而不自知？

阳明再传弟子胡直(1517—1585)曾撰《洗心说示罗忠甫》一文，专门辩驳朱子此一异议：以心察心“当以意通，难以文泥”，“盖口与目有形者也，物也，故欲以口嗫口，以目视目而不可得，**心无形者也，神也，**故以自心洗自心，奚不可者，而奚有两心之累哉？”[①] 这实际上指出朱子以口不能自嗫、目不能自视来比拟心不能“自观”乃是“泥文”。心作为一种“无形”的存在，自可以有一种自身关涉、自身关注的能力。胡直还指出，心作为“虚灵”具有“独知”的能力，“此独知者不论动与静，有念与无念，有事与无事，总之一虚而灵而已。决无有冥顽不知之候”[②]。此即意味着“独知”具有对心灵生活始终保持自照、自察的能力。

真正对此问题做出深刻回应的是被誉为关学集大成者(李颙语)的冯从吾(1557—1627)。冯从吾为湛若水三传弟子。湛若水虽与王阳明结盟，但于阳明心学进路却有许多不相应处。在“以心求心”工夫上，湛若水基本上取朱子看法，认定孟子求放心值得怀疑，放者一心，求者又一心，以心求心，正所谓“憧憧往来，朋从尔思”，“非徒无益，而又害之者也”。[③]冯从吾对阳明后学颇多批评，但对王阳明本人“致良知”学却始终

---

① 《衡庐精舍藏稿》卷十五，胡直撰，张昭炜编校:《胡直集》，上海古籍出版社，2015年，第300页。

② 《答人问独知》,《衡庐精舍藏稿》卷二十，胡直撰，张昭炜编校:《胡直集》，第405页。

③ 《格物通》卷二十，又见其《求放心篇》，湛若水著，钟彩钧、游腾达点校:《泉翁大全集》三十一，“中央研究院”中国文哲研究所，2017年，第802—803页。

高看一眼，反复称良知之学“新天下耳目，其论自正”，“真得圣学真脉，有功于吾道不小”，“真大有功于圣学，不可轻议”。而于“以心求心”说，冯从吾则更有精深之思。

“心一耳，以心求心，岂心之外复有心邪？两物对，则计较生；两念横，则意见生。求之为言得，不几于憧憧往来邪？”针对此种朱子、湛若水之难，冯从吾辩曰：

> 不然。**心非物也**，以心求心，**非两念也**，能求之心即是存，不能求之心即是放。求之云者，不过**自有而自照**之耳，非心之外复有心也。故《易》曰“洗心”，曾子曰“正心”，孟子又曰“存心”、曰“养心”，皆是此意。若以求心为两念，则心谁去洗？谁去正？又谁去存且养？亦不几于两念邪？如此必舍置其心，任其憧憧往来，而后为何思何虑矣，有是理哉？此异端所以异于吾儒而流于无忌惮也。[①]

“能求之心即是存，不能求之心即是放”，这跟朱子的说法是高度一致的，惟一的区别在于冯从吾认为“以心求心”这一说法并无不妥，因为这个“能求之心”不是在“求”这一活动之外，“求”之活动原即是“**自有而自照**”的活动，是人之本心（“自有”）的一种“自照”活动而已。也就是说“求心”之“求”确然不是一种以心照物的活动，而是一种自反、自照的活动。这是对心学一系本心之自知自证进路的最为明确的描述。可以说，心之自身关涉、自身觉知现象在此得到了明确的命名。当然，程颢的识仁工夫、湖湘学派的察识工夫（观过知仁工夫）以及阳明心学一系“一念自反，即得本心”的工夫[②]，实均已对此心灵自反现象有所领会。

显然，无论在胡直还是在冯从吾这里，“以心求心”其义不过是“超

---

① 《少墟集》卷三，《景印文渊阁四库全书》（第1293册），第95—96页。

② 参张卫红：《“念念致其良知”何以可能》，《由凡至圣：阳明心学工夫散论》，生活·读书·新知三联书店，2016年，第115—149页。

验层”的“良知”(“独知”)对心灵生活的自照、自察，此种说法均可追溯到王阳明良知之“恒照”(“常觉常照”)说，而朱子亦未尝不知悉此道德本心之恒照义。实际上，在朱子的独知工夫(慎独工夫)的论述之中就有类似的描述：

> ……而君子必谨其独者，所以言隐微之间，人所不见而己独知之时，其事之纤悉无不显著，又有甚于他人之知者。**学者尤当随其念之方萌，而致察焉**，以谨其善恶之几也。……细微之事乃他人之所不闻而己所独闻，是皆常情所忽，以为可以欺天罔人，而不必谨者。**而不知吾心之灵皎如日月，既已知之，则其豪发之间，无所潜遁，又有甚于他人之知矣。**[①]

这里，省察的对象是“念”，省察的时间点则是“念之方萌”之际，而省察的性质则是分别念虑之善恶(辨别正与不正、善与恶)。只是这“方萌”之际是意念萌发的同时抑或意念刚刚萌发之后，朱子并未着意点出。但针对弟子“自非物欲昏蔽之极，未有不醒觉者”之说法，朱子曾明确说：“便是物欲昏蔽之极，**也无时不醒觉**。只是醒觉了，自放过去，不曾存得耳。”[②]又说：“几既动，则己必知之。”[③]“无时不醒觉”说明对意念善恶的觉察与判断是与意念同时而起的。但朱子虽已明白点出皎如明月的“心之灵”**无时不处在“醒觉”状态**，却未能进一步指出此无时不醒觉的心之灵就是“良知”，可谓画龙初成而惟欠点睛一笔。另外，朱子门人对意念省察现象的描述有时却又暗示某种“非同步性”，如陈文蔚(1154—1239)致书朱子讨论省察工夫时指出：“惟自近日以来，操存省察之意不能自已，自朝至夕，无他用功，凡读书应接以至闲居独处，存省底意思未尝不

① 《中庸或问》,《朱子全书》(第6册),第555页。
② 《朱子语类》卷十七,《朱子全书》(第14册),第578页。
③ 《朱子语类》卷六十二,《朱子全书》(第16册),第2033页。

在，念虑所发，虽未能一于善，**但一念之微若善若恶，随即觉知**。……”[①]“随即”即“立刻”之意，此即是说一念发出后，吾心马上即觉察其善与恶。这暗示出省察的工夫与念虑的萌发之间似乎还是有一个时间的间隔。朱子之所以对“以心求心”说耿耿于怀的根本原因在于，他认定作为主宰的“心”永远无法被把握，而且心的重要功能在于“知觉”“认知”义理、天理，而“以心求心”的说法会有空守此心而理未穷，乃至错认人欲为天理之弊。

冯从吾有进于以往诸贤者在于，他不仅将此心灵自反现象称为“自有而自照”，更对此自有自照的心灵进路进行了细致的描述：

> 心一也。自心之发动处谓之意，自心之灵明处谓之知。**意与知同念并起，无等待，无先后**。人一念发动方有善念，方有恶念，而自家就知道孰是善念，孰是恶念，一毫不爽。可见“意”有善恶，而“知”纯是善。何也？**知善固是善，知恶亦是善也。惟此良知一毫不爽，所以有善念，便自有好善之念；有恶念便自有恶恶之念**，彼不诚其恶恶好善之意者，自家良知岂能瞒昧得？只是明知而故为之，不肯致知耳。小人掩其不善以著其善，其于善不善之介，其于诚不诚之介，岂不分明？所谓有恶念亦自有恶恶之念，只是小人不**肯**诚于恶恶耳。[②]

在此，冯从吾明确指出（1）意念与对意念的省察（“知”）是“并起”的、同时而在的现象。（2）对意念的省察（“知”）、知善知恶之“知”是超越善恶意念对待的（“‘知’纯是善”），它与“有善有恶意之动”之“意”乃是性质不同的范畴。前者属于先天的道德主宰、道德省察、道德判断能力，

---

① 陈文蔚：《克斋集》卷四，《景印文渊阁四库全书》（第1171册），第28页。

② 《少墟集》卷九，《景印文渊阁四库全书》（第1293册），第170页。

后者属于经验层的意识活动。因此意与知同念并起，并不是“两念”。（3）对善念、恶念的“知”复又伴随着好善、恶恶之念之兴起：善念起之同时则知其为善，**便自有**好善之念；恶念起之同时则知其为恶，**便自有**恶恶之念。“**便自有**”一词是不是也意味着好善、恶恶之念与善念、恶念之“知”亦是“同念并起，无等待，无先后”？

下一段对话则给出了肯定的回答：

> 问：“此心一念发动处谓之意，但发动处有善念、有恶念，如是善念，诚可也；如是恶念，亦诚可乎？《大学》何以云诚意？”曰：“人心一念发动处有善念、有恶念，有善念亦自有好善之念，有恶念亦自有恶恶之念。**善念与好善之念一时并起，恶念与恶恶之念亦一时并起。**善念与恶念对言，好善之念与恶恶之念不对言，何也？**好善之念固善念，恶恶之念亦善念也。**如起一善念，即当为善，却又不肯为，是初念是而转念非也；如起一恶念，复起一恶不当为之念，遂不为，是初念非而转念是也。此就平常论意者言也。若诚意章却置过善念、恶念两念对言的，只专以好善之念、恶恶之念就好念头一边说，所以意都是该诚的，都该说初念是，而转念非。又说不得初念非，而转念是矣。”①

这里，（1）善恶意念之发动与对善念之善的肯定（好善）或对恶念之恶的否定（恶恶）是“一时并起”。实际上阳明《传习录》反复说的“知行的本体”已经含有此义：“说‘如好好色’，‘如恶恶臭’。见好色属知，好好色属行。只见那好色时，已自好了。不是见了后，又立个心去好。闻恶臭属知，恶恶臭属行。只闻那恶臭时，已自恶了。不是闻了后，别立个心去恶。”（2）《大学》“诚意章”并不是就“善念、恶念两念对言”，而是专以好善之念与恶恶之念“就好念头一边说”，刘宗周“**意之好恶，一机而互见；**

---

① 《少墟集》卷九，《景印文渊阁四库全书》（第1293册），第169页。

起念之好恶，两在而异情”[①]的说法在此已呼之欲出了。

综上，善恶意念之活动、知善知恶之活动与好善恶恶之活动是一“同念并起”（“一时并起”）的现象。“善恶意念之活动”是经验层面的意识活动，“知善知恶之活动”与“好善恶恶之活动”是先天的“知行的本体”（“良知”）之表现。当善恶意念萌发之际，良知当下即“知”其为善、为恶，而在知其为善为恶之同时，复又好善而恶恶。顺便指出，冯从吾对阳明良知观念的“超越”义、“无对待义”阐发甚力，良知之“知”是超越经验的“知”与“不知”：“有‘知’、有‘不知’者，吾心通塞之常知；知‘知’、‘不知’者，吾心灵明之体。”人心有通塞、明蔽，故通（明）则知，塞（蔽）则不知，但良知无通塞、无明蔽，“超然独存”，“与物无对”。经验层面的“意”有善念、有恶念，而良知（“知善知恶之知”）则非此善恶意念之所能蔽。因此，第一义工夫必在此“超然独存”的良知本体处入手，诚意不仅要在意念萌发之际用，更要在意念未起之前（“诚此念于未始有念之先”），冯从吾称此工夫即是白沙子“静中养出个端倪”工夫，即是子思子“戒慎恐惧”“养未发之中”的工夫。这自然显示其某些白沙学派的底色。

冯从吾“以心观心”的工夫论固然不离陈献章与王阳明的工夫轨辙，但他既点出心灵有其特殊的自反理路（“自有而自照”），又明确指出心灵生活之中**异质层面之同时并动之现象**[②]，有力回应了朱子的“异议”，在宋明理学工夫论之中的地位不容低估。逮及李颙（1627—1705），“以心观心”工夫遂成为“学问用工之要”，乃至变成书院修身的日课[③]，由是更见出冯从吾工夫论在关学之中的深远影响。

---

① 吴光主编：《刘宗周全集》（第2册），第411页。

② 严格意义上说，善恶之经验意念有起灭，良知之恒照恒察，实无起灭。此处所说“**异质层面之同时并动之现象**”只是顺俗而言，须善会。

③ 《答王天如》，李颙撰，陈俊民点校：《二曲集》卷十六，中华书局，1996年，第164页。李颙所订《学程》首条即曰：“每日须黎明即起，整襟危坐少顷，以定夜气。屏缘息虑，**以心观心**，令昭昭灵灵之体，湛寂清明，了无一物，养未发之中，作应事之本。”见《关中书院会约》，李颙撰，陈俊民点校：《二曲集》卷十三，第116页。

三　耿宁：良知之为“自身意识”

耿宁对东西文化中的“心的现象”关注有年。他把王阳明良知的一个含义拟为现象学的自身意识，在阳明学与汉语现象学界反响强烈。

“自身意识”与“原意识”“内意识”是一组基本同义的概念。它用来标识意识行为的一个本质特征即“对自身的意识到”：“每个行为都是关于某物的意识，但每个行为也被意识到。每个体验都是‘被感觉到的’，都是内在地‘被感知到的’（内意识），即使它当然还没有被设定、被意指（感知在这里并不意味着意指地朝向与把握）。”[①] 自身意识不同于反思行为。反思行为是对象性意识，如曾子三省吾身，即是将日间发生的行为召回到意识之中，加以反思、省察。而内意识、自身意识不是反思意识，不是对已发生的意识行为加以反思，而是“伴随着每一个意向行为的内部因素，意识通过这个因素而非对象地（非把握性地）意识到自身”[②]。用萨特的术语说，对象意识是一种位置意识，而在自身意识现象中（萨特称之为“前反思意识”），意识对其自身的关系不是位置性的，它是关于自身的非位置性意识。所有对对象的位置性意识同时又是对自身的非位置性意识。耿宁指出这种意识现象不仅见于现象学传统（布伦塔诺的“内知觉”，胡塞尔的“自身意识”“内意识”或“原意识”，萨特的“前反思意识”）之中，也存在于佛教的唯识宗（“自证分”）之中，他把这一意识现象统称为“自知”：“每一种心理作用，每一种意识活动，比如看、听、回忆、判断、希望等等，不但具有它的看见的、回忆到的对象，而且它也知道或者意识到它自己。……这种自知即知觉，不是一种特殊的心理活动，不是一种特殊的反思，而是每一个心理活动都具有的成分，是所有意识

---

① 胡塞尔著，倪梁康译：《内时间意识现象学》，商务印书馆，2009 年，第 168 页。

② 倪梁康：《胡塞尔现象学概念通释》（增补版），商务印书馆，2016 年，第 465 页。另参倪梁康：《自识与反思》，第 397 页。

作用的共同特征，即每个意识作用都同时知道自己。”

由耿宁所描述的自身意识现象，不难看出其具备以下四项特征：

特征 1：它是一种依附意识而非独立意识。“依附”是指它总是伴随着每个具体的意识活动而展开的，因而它是“非独立”的意识。质言之，如无具体的意识活动之皮，则根本就不存在相应的自身意识之毛。

特征 2：这种“依附”性是与当下进行的每个具体的意识活动是同步的、现时的，亦即“我意识到某个对象”的“**同时**”又对此“意识行为”有所意识。

特征 3：这种对意识行为自身的意识不是一种对象化的反思意识，而是一种非对象化的、非位置的意识。

特征 4：每一个意识行为的这种自身关涉、自身意识跟实践活动、道德评价之间没有必然的关系。自身意识只是对意识活动的意识到，而并不对这种意识活动的内容进行价值判断，它完全是一种“透明”的意识。换言之，自身意识是纯粹认识论意义上的现象，而无关伦理价值，或者说它是价值中立的。

带着这种现象学“自身意识”视野，耿宁遭遇到王阳明“良知无有不自知者”一类文本：“思之是非邪正，良知**无有不自知者**”（《传习录详注集评》169:241），“**凡意念之发，吾心之良知无有不自知者，**其善欤，惟吾心之良知自知之；其不善欤，亦惟吾心之良知自知之；是皆无所与于他人者也”[①]。耿宁认为王阳明这类对良知自知行为的描述显示良知具有现象学意义上“自身意识”属性：良知的省察活动总是内在于每一个意念行为之中，而且这种省察活动与意念行为的发生是同步的、现时的、当下的。严格说来，王阳明“意念之发良知无有不自知者”的表述从未明确点出这一“自知”乃是与“意念之发”同步的、现时的，耿宁将良知之自知视为“自身意识”无疑是“**挑明**”了王阳明工夫论之中对意念生活省察的这种

---

① 《大学问》，王守仁撰，吴光等编校：《王阳明全集》卷二十六，第 971 页。

未曾言明但却蕴含的“同步性”“当下性”特征。良知作为心之本体是一“恒照”的“知体”:“良知者心之本体。即前所谓**恒照**者也。心之本体无起无不起。**虽妄念之发,而良知未尝不在**。但人不知存,则有时而或放耳。**虽昏塞之极,而良知未尝不明**。但人不知察,则有时而或蔽耳。虽有时而或放,其体实未尝不在也。存之而已耳。虽有时而或蔽,其体实未尝不明也。察之而已耳。”(《传习录详注集评》152:214)这就意味着,良知如心灵之探照灯一样始终照察着整个意识活动的领域,在念虑萌发之**同时**良知的照察作用当即体现为对其善恶之“自知”这一向度。[①] 职是之故,耿宁认定良知对善恶意念的省察乃是与善恶意念的发动同时而起的,不仅在义理上说得通,而且也有坚实的文本依据。以往的阳明学研究罕有学者指出良知省察现象这一“同步性”与“同时性”特征,耿宁由于其“自身意识”的现象学视野对此有高度的敏感而洞察到这一属性,此诚是耿宁的王阳明研究最为重要的一个“发现”。

耿宁的“发现”带出几个问题。

(1)倘我们认定王阳明良知对意念生活的自知与意念发动是同时、同步并在的现象,那么,这并不是王阳明本人的首创,上述朱子“心之灵”无时不“醒觉”说实已触及此现象。

(2)真正明确点出对意念自知这一省察现象与意念活动是同步、同时进行的,非冯从吾莫属。冯从吾“**意与知同念并起,无等待,无先后**”之说法才完全体现出耿宁所说的自身意识现象中的同步性、当下性与现时性特征。

(3)布伦塔诺与胡塞尔的内知觉、自身意识只是一种价值中立的意识,它跟实践活动、道德评价之间并无必然的关系。而无论是朱子抑或阳明所描述的对意念的省察现象都具有强烈的道德意义、工夫实践意义。

---

① 牟宗三先生指出,阳明的意念发动(“有善有恶意之动”)乃是在经验层上,所发意念或善或恶。此心之自体即其灵昭明觉之自己未尝不知之,此即所谓良知,这良知即越在经验层上的意念之上而照临之。

耿宁反复指出：“王阳明的‘良知’，也就是自知，不只是一种纯理论、纯知识方面的自知，而是一种意志、实践方面的自知（自觉）”，是“对意念之道德品格的意识”（“良知这种意志的自知包含一个对于这个意志的价值判断”）。正是在这个意义上，耿宁将良知现象称为“**道德自身意识**”，即“对本己意向中的伦理价值的直接意识（本原意识、良心）”。毫无疑问，这是对现象学自身意识理论的重大修正。这种修正的幅度是如此之大，以至于让人怀疑它究竟还是不是一种自身意识现象。

四 牟宗三：自反的逆觉体证

牟宗三称宋明理学之中的心学工夫路径为“纵贯系统”“逆觉之路”，称伊川、朱子工夫路径称为“横摄系统”“顺取之路”。[1] 顺取之路是一向

---

① 以“顺、逆”分判为学进路，在儒家传统之中可上溯到**阳明心学一系**，尤王畿、查铎师徒。王畿《南游会纪》有“吾儒之学亦全在逆”之说，查铎则明确将“顺去”与“逆反”对举：“吾人日用，只知顺去，不知逆反，故多离根。若良知作得主宰，时时用不离体，此用逆之学。”（《与学博夏西园书》《查先生阐道集》卷三）实际上，早在20世纪50年代开始，牟宗三即以“**顺取**”与“**逆觉**”范畴对举来判别为学进路之不同。在《简论哲学与科学》（1953年）中，牟宗三指出学问大端不外科学与哲学，前者顺感官经验以**外取、顺取**而成就知识，后者则就前者之顺取以“**逆得**”，而明天地人物之德性。前者以“事实界”为对象，外向而了解之，后者反回来以明事实界之意义与根源。牟宗三在该文中又称“逆得”为“逆取”，逆取就是“哲学的反明”，就是“反省的觉悟”。在论及孟子“学问之道无他，求其放心而已矣”时，牟宗三进一步指出，心之放而不反，即是新之逐物，而求放心即是由逐物的心态中超拔，使良知良能之本心呈露，此种工夫即是“反省的觉悟”，即“逆而觉之”。这逆而觉之一关就是人之为人而异于禽兽之大关口。哲学的反明就是“逆觉反明”。《牟宗三先生全集》（第27册），第9—14页。同年在《论“上帝隐退”》一文中，针对维特根斯坦“人生的意义不在世界之内”，牟宗三就评论说这世界即是泛事实的客观主义的世界，是“事件串”的世界，而意义向度（理法界）则通过“逆觉”的方式给“逼显”出来：“不要只是**顺取**事件串，且须**逆觉**‘意义’与‘明智之心灵’。如是，方可进入理法界。”见《道德理想主义》，《牟宗三先生全集》（第9册），第254页。在《才性与玄理》讨论《人物志·体性篇》时，牟宗三指出：于进德之学、成德之学，“教”与“训”皆不能济事。不能**自觉**到学之“所以可能之超越根据”，则“虽教之以学，则其‘学’只是顺其偏材而滋长，此为‘**顺取**’之学。……故成德之学，唯在‘**逆觉**’。逆觉者，逆其材质情性之流而觉悟到成德化质所以可能之‘超越根据’之谓”。针对王弼〈复卦〉“复其天地之心”说，牟宗三评曰：“一阳在下，象征光明自深处透露，所谓‘海底涌红轮’者是也。（转下页）

外的、平列的即物穷理的认知路径，而程颢的识仁，湖湘学派的观过知仁工夫，陆王发明本心、致良知工夫以及刘宗周慎独工夫则是向内的、反身的“逆觉体证”的路径。

针对朱子将湖湘学派的观过知仁工夫区分为三个心灵层面（“过心”是一层，“别以一心观之”是一层，“又别以一心知此观者之为仁”一层），牟宗三明确指出：自“实层”言之，只是两层，并无三层。“若谓三心递相看觑，则纷扰杂扰；若谓只是一心，则顷刻间有此三用，则忽遽急迫之甚”，对此朱子之“二难”，牟宗三则径斥之为“**皆极悖理**”：

> ……实只是本心与习心之两层，即超越者与气质者（感触者、经验者）之两层。知此所呈现之本心即是仁（仁心觉情、仁体），此知只是一**虚层**，并非一**实层**。此“知”字只是说明上之自觉自证，无所谓“又别以一心知此观者之为仁”也。朱子视此“知”字为别是一心，显是以虚为实，故加“文致”。自实际言，只是一本心之呈现，此自觉自证而为说明上之“知”字并无所增益。若说别是一心，亦只是吾人之说明活动耳。若在实践之当事人自己，则只是一自知自证，自明此本心即为仁耳。若果此自知自证自明有一种肯认之力量，则还是那本心之呈现，融此自知之肯认于本心而为一也。[①]

“观过知仁”就心灵生活而论，只有两个层面。一是“习心”（“过心”），即被反省的对象；一是“本心”（观过之心），即对“过心”进行省察的主体。而“知”观过之心为仁的“知”字只是一个“虚位字”，此“知”之层

（接上页）故云‘来复’。吾人前言乾元之为始是价值观念，代表‘**逆反之觉悟**’。由逆反之觉悟而见乾健之道之创造性。此处〈复卦〉之‘一阳来复’即表示由逆反之觉悟而见乾元之创造性。而此复卦即名此‘乾元之创造性’为‘天地之心’。心者灵觉义，而有创造性，物物而不物于物，而有主宰性：此为绝对之主体，而永不能被置定而为客体者，故须由‘**逆觉**’以露之。”见《才性与玄理》,《牟宗三先生全集》（第2册），第66、126—127页。

① 《心体与性体》（三），《牟宗三先生全集》（第7册），第347—348页。

只是一个“虚层”，而非“实层”。那么，此“虚层”之“知”究竟意味何在？“自实际言，只是一本心之呈现”，此即是说此“虚层”之“知”并不是在“观过”之心之外另立一心而“知”，实则“观过行为”本身即是一“本心”之呈现。“虚层”之“知”不过是对此本心呈现之自觉自证。换言之，这里没有增加任何**实际内容**（“无所增益”），实际内容只是“观过行为”。这“观过行为”即是本心之表现，而“虚层”之“知”不过即是“观过行为”自觉、自证其为本心之表现而已。显然这一虚层之“知”是一种“反身的”知，故牟宗三又称此逆觉体证为“反身的逆觉体证”。

观过知仁工夫之中的“反身的逆觉体证”有以下几个基本特征。

一是当下义与内在义。逆觉体证乃发生于“官觉感性”的欲望生活之中。在经验意念的大海滚流中，顿知心灵生活偏失之过，当下即怦然心动而起一“不安之感”。此知偏失之过而不安之心即是本心。换言之，在习心、利欲的机括滚打之际，本心当下即有不安之感，此种自证自知的不安之感乃是与经验意念之流同步而起的。

二是道德践履义、生存义。**观此过心而知其为过而不安**，则“善端已萌”。故“观”不是一种纯然泠泠然之旁观，不是一不带任何兴趣的旁观者之“观”，在“观”之中即有一种“不安之感”、一种“警觉”。而此不安之感、警觉本身又具有一种化除之力量，故云“善端已萌”。若只是泠泠然之旁观、无兴趣之旁观，则无所谓“善端已萌”。在“观”时所呈现之心之不安之感，即是超越的、道德的本心。“超越”者言其越乎被观之“习心”“过心”以上而驾临之；“道德”者言其有化除之力量而期于消除此过失。“逆觉”之为“逆觉”即是不顺着利欲之意识流而滚下去的一种道德本心的警醒力与不安之感。

三是“反身软圆的自知”义。“反身软圆”这一看似让人难以捉摸的术语，其用意不过是指道德主体、道德本心的一种特有的自身关涉方式。主体对外物的“观”乃是顺取之观，这里有明确的“能所”对峙——能观者（主体）与所观者（客体）的对峙。能观者与所观者是摄取与被摄取的

“平列”关系，不是自我回转的“软圆”的关系。而主体之自知乃是内观，此内观又不是将内心生活作为对象加以反思——倘如此，则已是硬化的自我回转的关系，虽可称“圆”但不是“软圆”。而任何对“自身”进行对象化的反思都不可避免地陷入一吊诡之中：对象化反思所能把握的永远只是一对象化的“他者”，而不再是主体“自身”。主体“自身”总是逸出试图“捕捉”它的反思之光。“反身软圆”一语乃是要彰显自证自知之“内观”完全是非对象化的，这里根本就没有“能观”与“所观”的对峙。反身地体证（自观、自知）是“虚层”，它“当下即可融于此本心而只是此本心之呈现，并无真实的能所义（主客体义）”，“**此只是心之自知而已，并无何可反对处**”，“**这个‘反身的知’只是这明了活动的心之自用于其自己，结果还是那明了活动的心之自己，并不是另有一个心来知它**”。当然从语言表达来看，“反身的知”用于其自己这一说法仍然有“能所”的对峙：“反身的知”是主体，用于其自己的“自己”则是客体，但这一能所对峙实则并无“实义”，只是“名言上之意义”，“只是一个姿态”。此种看似有能所（实则只是一名言上的能所）而实无能所的反身的自知即是“反身的软圆”的意思。[①]

“观过知仁”之为逆觉体证的工夫当下即在意识流之中发生的，只是它不是顺着这个“意识流”滚下去，而是“逆回来”，“通过本心明觉之**震动**而觉照其自己”，“由于此觉照照其自己（即见其自己），即能‘自知其自己’，把能照所照之能所关系泯化而为一，即是此本心明觉之自知，自己朗显其自己，自己如此之朗显”[②]。要之，道德本心总是透过经验意念

① 《心体与性体》（三），《牟宗三先生全集》（第 7 册），第 368—369 页。

② 《康德的道德哲学》，《牟宗三先生全集》（第 15 册），第 338 页。另参：“逆觉之觉，亦不是把良知明觉摆在那里，而用一个外来的无根的另一个觉去觉它。这逆觉之觉只是那良知明觉随时呈露时之**震动，通过此震动而反照其自己**。故此逆觉之觉就是那良知明觉之自照。自己觉其自己，其根据即是此良知明觉之自身。说时有能所，实处只是通过其自己之震动而自认其自己，故最后能所消融而为一，只是其自己之真切地贞定与朗现（不滑过去）。”《从陆象山到刘蕺山》，《牟宗三先生全集》（第 8 册），第 190 页。

之流当下而起警觉（是非之心）、悱恻之痛觉（恻隐之心）、耻觉（羞恶之心）、让觉（恭敬之心）等等“不安”“不忍”之感，并由此不安、不忍感而自醒、自知、自证其自身。逆觉体证的工夫说到底即是“感到顺着官觉感性制约交引滚下去不安”，“真能感到滚下去之不安，则此不安之感即是道德本心之呈露。在此有一觉醒，当下抓住此不安之感，不要顺着物欲再滚下去。……此不安之感即自持其自己而凸现，不顺着物欲混杂在里面滚下去而成为流逝而不见。自持其自己而凸现，吾人即顺其凸现而体证肯认之，认为此即吾人之纯净本心使真正道德行为为可能者。此种体证即曰‘逆觉的体证’”。[①]

五 六点评论

第一，宋明理学对意识生活的反思与省察，是在一德性生命的实证、实修之中遭遇到的问题，它根本上不是一理论反思的结果。福柯指出古希腊哲学之中的“认识你自己”（*gnothi seauton*）本与“关心你自己”（*epimelei heautou*）联系在一起，而且后者要比前者重要（“‘认识你自己’这一法则是低于‘关心你自己’这一神谕的”）。关心你自己，（1）是一种关于自身、他人与世界的态度，一种处世的态度；（2）是一种自反方式，它将注意力由外转向内，并监督内心生活；（3）是一种自身训练的活动，通过控制自己、改变自己、净化自己而获得新生。[②]要之，关心自己是“精神性的全部条件，一整套对自身的改变，它们是人们可能达至真理的必要条件”，没有自我技术（儒家所谓的修身工夫），就无法进入真理。这种“自我技术”（阿多所称的“精神修炼”）是西方哲学由希腊直到基督教禁欲主义主体实践史的一条主线。然而在“笛卡尔时刻”，真理与自我技

① 《心体与性体》（三），《牟宗三先生全集》第7册，第372—373页。

② 福柯著，佘碧平译：《主体解释学》，第10页。福柯著，汪民安编：《自我技术》，北京大学出版社，2016年，第188—189页。

术发生了断裂："让主体进入真理的条件只是认识。……真理史上的现代是从惟有认识才达至真理的时刻开始的。……即在没有别的要求的条件下，在不需要改变其主体存在的条件下，哲学家（或智者，或只是探求真理的人）就能够通过自己的认识活动，认识到真理，并能够达至真理。"[①] 在笛卡尔之前，没有主体的修身实践，就无法进入真理。而在笛卡尔之后，认识主体这一意识的明证性的载体取代了修身实践的主体，这一变化使得现代科学的制度化成为可能。[②] 与此相对照，理学是注重变化气质的体之于身的"实学"，是睟面盎背之"自得之学"："欲知得与不得，于心气上验之。思虑有得，中心悦豫，沛然有裕者，实得也。思虑有得，心气劳耗者，实未得也，强揣度耳。"[③] 故理学论学最忌想象与揣度，朱子反复劝门人勿躐等悬想："此不要解，得那田地，自理会得。""只自家工夫到那田地，自见得。"陆象山更是以其"千虚不博一实"体现出心学一系斩断葛藤、直指当下、面向"目前实事"的"实学"精神。"做得工夫实，则所说即实事。"这充分说明宋明理学之中的"自身意识"向度乃是在理学家修身过程之中遭遇到的实践问题、工夫问题。故无论是王阳明、冯从吾抑或是牟宗三都强调良知这种自知、自有自照、自反的逆觉乃是"入圣之机"，是人人本具的通向"真己"的能力。它透过"不安""不忍"而警示、提醒吾人不能"顺着官觉感性制约交引滚下去"，不能在物欲混杂的意念大海之中飘荡。我们必须由此不安、不忍而复归心灵的"本位"。

第二，倘我们把内省的、本己的意念生活的现时的、同步的、当下的反思视为"自身意识"现象，则朱子皎如明月的"心之灵"**无时不处不"醒觉"**说，与王阳明**吾心意念之发良知未有不自知者**说，皆已触及此现象，而准确地描述这一现象则非冯从吾莫属。但朱子对"以心观心"工夫

---

① 福柯著，佘碧平译：《主体解释学》，第 15 页。

② 对福柯的修身实践与真理之关系，见何乏笔：《修养与批判：福柯主体解释学初探》，载黄瑞祺主编：《再见福柯：福柯晚期思想研究》，浙江大学出版社，2008 年，第 35—56 页。

③ 《河南程氏遗书》卷二上，程颢、程颐著，王孝鱼点校：《二程集》，第 16 页。

进路持警惕与不信任，故始终强调真正主宰意义上的本心永远无法被对象化，而与本心之“自有自照”现象失之交臂。王阳明与冯从吾对良知之于意念活动“一时并起”现象之描述，旨在指出任何意识活动的发生之**同时**都伴以“被意识”“被觉察”“被审查”这一“自知”活动。这跟胡塞尔现象学的自身意识现象（即任何意识都同时是被意识到现象）是不是同一心灵现象，实值得深究。

第三，在严格意义上，胡塞尔的自身意识现象是意识活动自身的一种当下、非对象化的自反现象，意识活动同时就是被意识到，这里没有任何多余的内容，这个“同时被意识到”完全是一种透明的、无颜色的、中立的意识，它只是“意识活动”本身的一个与生俱来的“影子”，它始终如一地、无条件地伴随着意识活动而活动，而不会干扰、搅动意识活动本身。“意识直接就同一于自身、安于自身，不存在任何的出离、分裂或差异，以及由此造成的不安。”[①] 依胡塞尔自身意识现象之描述：我起念偷书→我当下意识到起念偷书，“当下意识到起念偷书”这一自身意识对“起念偷书”不形成任何干扰。而在冯从吾描述的心灵“自有自照”现象之中：我起念偷书→我当下意识到偷书之念是恶念→我当下厌恶偷书这一恶念。在当下意识到起念偷书时，这一“意识”已经是一种不安意识（羞耻），伴随这种不安意识同时而起的是道德意志活动（“恶恶”），它反过来要取消“起念偷书”这一意识活动本身。显然这种“自身意识”不是意识活动的“影子”，而是意识活动的“审查者”。质言之，**“不安意识”所呈现的“窘迫”“耻辱”“无地自容”感说明，“不安意识”自身当下就具有一种强烈回归“安意识”的动力**。牟宗三对此不安意识、警觉意识有生动之描述：“此警觉不是本心以外之异质的物事，乃即是此本心之提起来而觉其自己。故即在此‘提起来而觉其自己’中醒悟其利欲之私、感性之杂，

---

① 朱刚：《通往自身意识的伦理之路：列维纳斯自身意识问题研究》，《世界哲学》2015年第4期，第68页。

总之所谓随躯壳起念，乃根本的堕落、陷溺、逐物之歧出，而非其本心、非其真正之自己、真正之原初之心愿。此种醒悟亦是其本心所透示之**痛切之感**，亦可以说是本心之**惊蛰、震动所振起之波浪**。由其所振起之波浪反而肯认其自己、操存其自己，亦即自觉其自己，使其**自己归于其正位以呈现其主宰之用**，此即是'求其放心'，使放失之心**复位**。……此种觉悟亦名曰逆觉。逆觉者即逆其汩没陷溺之流而警觉也。警觉是本心自己之**震动**。本心一有震动即示有一种内在不容已之力量突出来而违反那汩没陷溺之流而想将之挽回来，故警觉即曰逆觉。"[①]我们可以把这种意识理解为一种"依附意识"吗？确实它伴随着每一个意识活动而展开，但这不是影子性的"依附"，而是一种要"归位""复位"的"内在不容已之力量"。"归位""复位"即回归、回复良知之本位，从本心之歧出复归其本位。

倘立于胡塞尔自身意识现象学的立场，是不是会坚持认为一种透明的、无颜色的、中立的自身意识是"奠基性"的，无此自身意识，就根本无法当下意识到"意识活动的道德性质"？于是冯从吾所描述的心灵自有自照的现象应该补充为：我起念偷书→我当下意识到起念偷书→我当下意识到偷书之念是恶念→我当下厌恶偷书这一恶念？倘如此，这是不是意味着胡塞尔的自身意识现象与儒家的心灵自有自照的现象所描述的并不是同一心灵之实事？

第四，冯从吾对心灵"自有自照"现象之描述与耿宁对"道德自身意识"现象之描述，均强调任何"道德自身意识"都是对"意识活动"（经验意念层）本身的意识（省察），而不是对意识活动的主体（纯粹自我、真己）的意识。而将牟宗三的"逆觉体证"说与冯从吾的"自有自照"说对照，则不难看出，牟宗三对朱子"以心识心"异议之辩驳在很多方面是承继了冯从吾的看法：（1）朱子"三心递相看觑"之难是"料度罗织"（"文致料度"）、"混虚为实"之误解，这一对朱子的批评实际上与胡直、冯从

① 牟宗三：《从陆象山到刘蕺山》，《牟宗三先生全集》（第8册），第137—139页。

吾说朱子“泥文”，误“心”为“物”是高度一致的。(2)道德本心总是透过经验意念之流当下而起警觉，此一说法与冯从吾“意与知同念并起”也是高度一致的。两者都是成圣的“转机”“机括”之所在。(3)由此警觉、逆觉而自觉地“肯认之”“体证之”与“自持其自己”，与冯从吾“善念与好善之念一时并起，恶念与恶恶之念亦一时并起”也是高度一致的。两者皆是由对意念生活的善恶之警觉而进一步——此“进一步”乃是与警觉同时发生的——返回到“好善恶恶”的“心体”之自身。与冯从吾不同的是，牟宗三特别点出：(1)逆觉之觉不是对象之觉，而是能所消融之自证自觉。冯从吾固然已明确指出心非物，“观心”实是自有自照之观，非是别有一心观此心，但牟宗三出于对佛教“能-所”范畴、西方哲学主体-客体的了解而特别强调反身自知的“观心”乃是超越“能所义”“主客义”的“反身软圆的自知”。(2)与冯从吾以及耿宁不同的是，牟宗三还特别强调“知”观过之心为仁的“知”是本心之自觉自证，这说明**“反身软圆的自知”之重点不是对意念生活(具体的意识活动)本身的自知，而是对主宰(审查)意念生活的本心(真己)的自知**。此“知”当即“判开感性界与超感性界而直指超越之本心，此则决不容含糊者”[①]。因此严格说来，对于朱子的疑难(“**心**有此过”，“**别以一心**观此过”，“**又别以一心知**观此观者之为仁”)，冯从吾只回应了前一难，而牟宗三则在回应前一难的基础上，以“反身软圆的自知”有力地回应了后一难。

牟宗三“逆觉”与“反身软圆的自知”说无疑触及到现象学自身意识的一个重要理论问题：**自身意识究竟是对“意识”的意识还是对“自我”的意识？**[②] 我认为牟宗三给出了一个值得深思的答案：“自我”(真己、道

---

① 牟宗三：《从陆象山到刘蕺山》，《牟宗三先生全集》(第8册)，第104页。

② 如所周知，萨特以及《逻辑研究》第一版的胡塞尔坚持否认超越论自我的存在，自身意识只能是对意识的意识，而当代著名的现象学家扎哈维则坚持认为有一个“最小限度的自身”(“核心自身”)之存在，见扎哈维著，蔡文菁译：《主体性与自身性》，上海译文出版社，2008年，第134页。

德本心）在对意识活动的当下的“警觉”“痛觉”“耻觉”等“不安”“不忍”之中“自知”其自身。这一“虚层”的“自知”就名相而论是“虚”，而就工夫实践而言，则是“实”，它让吾人由与意念同步而起的省察活动所泛起的“警觉”“痛觉”等“不安”感受而“切实”体认到吾人真正的道德本心、真己之所在。

第五，耿宁将王阳明良知之“自知”现象称为“道德自身意识”而区别于胡塞尔的自身意识虽有一定的说服力，**但两者之间的相通性仅限于这一现象与具体的意识活动是同步的、现时的这一环节，良知之“自知”绝不是一种意识活动的“随附性”“依附性”意识，而是道德本心在意识生活中始终贞定其自身的主宰力量，故有“截断众流”而“逆觉体证”的警醒力，这种警醒力就其源头论则是出自一“实体性的觉情”，即由“仁体”的自觉而生的“觉情”**。现象学的自身意识只是一扁平化的、无颜色的、依附性的中立意识，究其功能只是为了解释我对自己在做的事情先天即具有一种自动保存的能力：我在看书之际，我的意识高度聚焦于书中的内容，此时突然有人问我，你在做什么？我会不假思索地回答：在看书！这一现象说明我在看书的同时，也“附带意识”到自己在看书这一意识行为。这个“附带意识”亦即现象学所说的“自身意识”确保意识行为有一种自动保存其自身的能力。“自知”则是良知恒照恒察、自照自察的道德力量，是良知自身之“震动”，经由此震动而返照其自身、警醒其自身、回归其自身。所谓“逆觉体证”本质上就是良知之“自我震动之警醒其自己”。[①] 它与现象学的自身意识有着本质的区别！

值得注意的是，章太炎曾一度以唯识学“自证分”比拟阳明“知是知非”之良知概念[②]，遭到熊十力的严厉驳斥：“见分缘外，不缘内心；自证

① 牟宗三：《现象与物自身》，《牟宗三先生全集》（第21册），第81—82页。

② 章太炎于1917年与吴承仕信中多次讨论阳明良知与自证分之关系，见章太炎：《与吴承仕》（十九、二十一、二十二），《章太炎全集》（十二），第410、412、413页。吴承仕本人亦撰有《王学杂论》（发表于《国故月刊》）以唯识学衡定阳明良知学，得到章太炎高度肯定。

缘见，见即内心。"此是见分与自证分之本质区别。如良知是自证分，则良知不得外缘，"吾人于应接事物时，对于是非之分辨作用，应只是见分，决定不是自证分"。这样一来，良知作为自证分，又如何能知是知非？[①] 的确，"知善知恶""好善恶恶"乃是良知第一义，此第一义即是吾人当境应物的"主宰"，故能见父知孝，见兄知弟，而在因私欲遮蔽未能见父知孝、见兄知弟时亦能当下自知其非，就此而论，良知之"自知"在本质上是良知作为主宰力量所具有的自省自察的能力。

第六，牟宗三用"不安""痛觉""警觉""耻觉"这些"负面的"情感体验词刻画儒家的本心的自觉自证现象（"自身意识"现象），强烈地暗示出在其后乃是一正面的"安""乐"之"生存基调"。[②] 人之本心与天地万物原为一体，忻合和畅，原无间隔。质言之，"天地位，万物育"，人与天地万物一气贯通，人我、人物共享宇宙广生大生、无疆无界、浑然一体之生机与活趣，此方是儒者心之安处、心之"止"处，此亦是儒家自身意识的"正面的"性质。安于此、止于此，人之心灵才能真正得到安顿，才有在家感，才生无限的静谧、平和与幸福感。阳明子曰"乐是心之本体"，圣贤之智，岂欺我哉！

---

① 熊十力：《答谢石麟》，《十力语要》卷一，《熊十力全集》（第四卷），第89页。熊十力的驳斥得到弟子牟宗三的大力支持，详见牟宗三：《读〈答谢石麟〉》，《牟宗三先生早期文集》（上），《牟宗三先生全集》（第25册），第509页。

② 笔者尝试将恻隐之心刻画为一种儒家的生存基调，见陈立胜：《恻隐之心：同感、同情与在世基调》，《哲学研究》2011年第12期。

第九章　面向"目前实事"：心学工夫论中的"当下"时刻

【本章摘要】作为为己之学的儒学其根本性质即是"实"学。自陆象山开始心学一系即着重"此地""此身"这一"实事"，阳明学更是进一步提出"见在良知"，彰显心学工夫的切身性与当下性，在泰州学派尤其罗汝芳处，其只论"目前实事"的说法则突显出心学一系工夫论述的"紧迫性"。心学工夫论中的"实事"及其"反思"（面向实事）与现象学标举的"面向实事本身"及现象学反思精神虽有共通之处，但也存在着本质差别。

一　"生命的学问"中的"实事"

儒家的学问是"生命的学问"。它不只是**关于**生命的学问，更是**在**生命中体现与证成的学问。

孔子说："知之者不如好之者，好之者不如乐之者。"又说："我欲仁斯仁至矣。"夫子之仁学未尝不可说是立足"当下"的学问。《孟子·离娄上》说："仁之实，事亲是也；义之实，从兄是也；智之实，知斯二者弗去是也。礼之实，节文斯二者是也。乐之实，乐斯二者。乐则生矣，生则恶可已也。则不知足之蹈之，手之舞之。"这种"有诸己""诚于中形于外"的"充实"之学说明崇实行、重体证是儒学一贯的精神。朱子指出孟子此段文字紧要处在五个“实”字上：“实”之一字，“有对名而言者，谓名实之实；有对理而言者，谓事实之实；有对华而言者，谓华实之实。今这实字不是名实、事实之实，正是华实之实。仁之实，本只是事亲，推广之，爱人利物，无非是仁。义之实，本只是从兄，推广之，忠君弟长，无非是义。事亲从兄，便是仁义之实；推广出去者，乃是仁义底华采”[①]。儒学作为一种“为己之学”在本质上就是一种“实学”。朱子曾以“知五谷之可食”“食而知其味”与“食而饱”来说明儒家学问是一落实于个体身心之过程。

不惟儒学如此，中西任何生命学问概莫能外。据《箭喻经》，有哲学癖好的鬘童子向世尊提出十四个诸如世界是有限的还是无限的“无记”难题，世尊避而不答。他讲了一个故事：有人中毒箭，中箭人非要弄清楚射箭者姓名是谁，是高是矮，是黑是白，是武士还是贱民，箭从何方射出，箭镞、箭弓、箭弦都是何种材料所制等等问题方可让人拔出毒箭。无疑，此种种“理论”问题与当下性命没有任何关系。“**此时此地**”紧要的是拔出“**此身**”之毒箭，这才是真正的性命问题！要言之，生命学问中的“实事”即是成就生命、安顿身心的实践活动。六祖引《净名经》曰“**即时**豁然，还得本心”（《坛经·般若品第二》），并自称“与诸人移西方于刹那间，**目前便见**”。又说：“西方**只在目前**。”（《坛经·疑问品第三》）“即时”“目前”都是立足于此时、此地、此身，端是要“此在”在“此处见”，“言下识自本心”，否则，终日口念般若，犹如说食不饱，也不得见性。陆王心学一系工夫论说中的“实事”显然与此种“目前”基调若合符节。

二　陆象山：“千虚不博一实”

陆象山论学始终聚焦于这个“**此时此地**”之“**此身**”。

---

① 《朱子语类》卷五十六，《朱子全书》（第15册），第1820—1821页。

陆象山论学语之中，“此也”一类词汇频频出现：

此天之所以予我者，非由外铄我也。思则得之，得此者也；先立乎其大者，立此者也；积善者，积此者也；集义者，集此者也；知德者，知此者也；进德者，进此者也。同此之谓同德，异此之谓异端。（《与邵叔谊》）

仁即此心也，此理也，求则得之，得此理也；先知者，知此理也；先觉者，觉此理也；爱其亲者，此理也；敬其兄者，此理也；见孺子将入井而有怵惕恻隐之心者，此理也；可羞之事则羞之，可恶之事则恶之者，此理也；是知其为是，非知其为非，此理也；宜辞而辞，宜逊而逊者，此理也；敬此理也，义亦此理也；内此理也，外亦此理也；……此吾之本心也，所谓安宅、正路者，此也；所谓广居、正位、大道者，此也。古人自得之，故有其实。言理则是实理，言事则是实事，德则实德，行则实行。（《与曾宅之》）[①]

所谓格物致知者，格此物、致此知也，故能明明德于天下。《易》之穷理，穷此理也，故能尽性至命。《孟子》之尽心，尽此心也，故能知性、知天。（《武陵县学记》）[②]

《论语》中多有无头柄的说话，如“知及之，仁不能守之”之类，不知所及、所守者何事；如“学而时习之”，不知时习者何事。非学有本领，未易读也。苟学有本领，则知之所及者，及**此**也；仁之所守者，守**此**也；时习之，习**此**也。说者说**此**，乐者乐**此**，如高屋之上建瓴水矣。学苟知本，《六经》皆我注脚。（《语录》）

心只是一个心，某之心，吾友之心，上而千百载圣贤之心，下而千百载复有一圣贤，其心亦只如此。心之体甚大，能尽我之心，便与

---

① 陆九渊：《陆象山全集》卷一，第1、3—4页。

② 陆九渊：《陆象山全集》卷十九，第152页。

天同。为学只是理会**此**。(《语录》)[①]

“此”类文本不胜枚举。杨儒宾指出，所谓“此也”乃是陆象山特殊用语习惯，它背后预设着“去语言化，直接觌面相照”的意涵，“这样的指示词必须当下体验，就像禅师‘指月’的隐喻一样，学者必须顺着此词的指示，指向所指者。‘此’、‘这个’乃是‘此心此理’语言化伤害最小的代称”。[②]不过，任何比喻都是有限制的，月亮还是一个“摆在”那儿的“现成物”，陆象山的这个“此”并不是一个摆在这儿的现成物，“这儿”“此”必须通过“自反”、通过本心的觉醒才能明确其意指。这个“此”把儒家典要之中的天道、性命、本心、天理这类“大词”统统定格在此时、此地、此身活生生体验之当下，由“此”，门弟子习以为常的名相问题遂被扭转为当下的心境、当下的生存体验问题，外向的、理论性的好奇目光亦随之被扭转为内向的、生存性的自我关注。

对于那些从“哲学教科书”中搬弄理论问题的鬖童子们，陆象山一概拒绝给出“正确答案”。有学者终日听话，忽请问曰：“如何是穷理尽性以至于命?”陆象山答曰：“吾友是泛然问，老夫却不是泛然答。”漂浮不实曰“泛”，“泛然问”即与当下自家心性没有紧密联系的、浮泛无根的名相之问，此种问题纵然是性命问题，亦不过是数人之财而实与自家真性命了无关涉。真实的修身问题必扎根于个体生存处境中才能得到解决。先圣的智慧、圣经之中的观念必与此时、此地、此身的实际理解状况、生存体验联系在一起才能真正被“激活”、被“兑现”，否则只是枝蔓芜杂，只是“空头支票”。

门人李伯敏请教陆象山，孟子之“性”“情”“心”“才”概念如何分别——此类问题无论立于传统的儒家义理学抑或今天“哲学”立场看，都

---

① 陆九渊:《陆象山全集》卷三十四、卷三十五，第251—252、288页。

② 杨儒宾:《从五经到新五经》，台大出版中心，2013年，第81—83页。

是重要的理论问题，然而陆象山对于此种纯粹的理论问题、“解字”问题，不仅不予“泛然答”，而且就直接斥之是“枝叶”，是“腾口说”，是“为人不为己”。他明确要求问者须“理会**自家实处**”：“只与理会实处，就心上理会。俗谚云‘痴人面前不得说梦。’又曰：‘狮子咬人，狂狗逐块。’以土打狮子，便径来咬人。若打狂狗，只去理会土。圣贤急于教人，故以情、以性、以心、以才说与人，如何泥得？若老兄与别人说定是说如何样是心，如何样是性、情与才，如此分明说得好，刬地不干我事。须是血脉骨髓理会实处始得。”又说，如始终在自家身心上理会，总有一天会明白。“若必欲说时，则在天者为性，在人者为心，此盖随吾友而言，其实不须如此。只是要尽去为心之累者，如吾友适意时，即今便是。”[①] 这段对话蕴含着以下几层意思：

第一，一切名相问题即便是“根本”的理论问题倘不跟自家当下的心性世界发生联系，则亦是“枝叶”问题。

第二，概念、名相问题自身有自己的系统，其间自有其相互区别与相互勾连之处，自可以辨析明白清楚（“如此分明说得好”），但这个“明白清楚”只是概念上的了别，而非自家生命世界“内在的理解”（“血脉骨髓理会实处”），所以与个人的实际心性生活毫无关系（“刬地不干我事”）。

第三，由当下的生命体验激发的生存论问题，只要始终在自家身心上用功，只要用心理会，总会得到解决。[②]

第四，问题的解决在根本上是要“尽去为心之累”，换言之是解决真实的心灵不安、焦虑一类的生存问题，其目标即在当下的心灵之安顿（“如吾友适意时，即今便是”）。经陆象山一顿棒喝，李伯敏自此学问大进，并赋诗曰：纷纷枝叶谩推寻，到底根株只此心。莫笑无弦陶靖节，个

① 陆九渊：《与刘深甫》，《陆象山全集》卷三十五，第 288 页。

② “大抵为学，但当孜孜进德修业，使此心于日用间戕贼日少，光润日著，则圣贤垂训，向以为盘根错节未可遽解者，将涣然冰释，怡然理顺，有不加思而得之者矣。”陆九渊：《与刘深甫》，《陆象山全集》卷三，第 22 页。

中三叹有遗音。[1]

陆象山认定做得工夫实，则所说就是“实事”，所指人病就是“实病”[2]，否则就是无实悟之“闲议论”“闲说话”与无实践之“意见”“儿戏”。这引起了朱子强烈不满：“某向与子静说话，子静以为意见。某曰：‘邪意见不可有，正意见不可无。’子静说：‘此是闲议论。’某曰：‘闲议论不可议论，合议论则不可不议论。’”又说，“除意见”三字“误天下学者。自尧舜相传至历代圣贤，书册上并无此三字”。[3] 朱子以“意见”“议论”本身是否合乎法度、义理而分判邪正，而不可以“虚实”分判：“见，不可谓之虚见。见无虚实，行有虚实。见只是见，见了后却有行，有不行。若不见后，只要硬做，便所成者窄狭。”[4] 陆象山则取生存论立场，“意见”“议论”只要与当下讨论人之实际生存无关（此处所说生存包括理解状态、心性气质、修身实际状况等等），即是谬悠无根之谈，即是“浮论虚说”。换言之，一切论学之话语必与自家道德性命的当下豁醒与实践联系在一起，成为“就己向实的工夫”才有其正当性。“就己向实”，所言即是“实事”，即非“议论”与“意见”：

> 古人质实，不尚智巧，言论未详，事实先著，知之为知之，不知为不知。所谓“先知觉后知，先觉觉后觉”者，**以其事实觉其事实，故言即其事，事即其言**，所谓“言顾行，行顾言”。周道之衰，文貌日胜，事实湮于意见，典训芜于辨说，揣量模写之工，依放假借之似，其条画足以自信，其习熟足以自安。[5]

通观陆象山论学之“实”，常言“实行”“实事”“实理”“实地”“实

① 陆九渊：《陆象山全集》卷三十五，第289页。
② 陆九渊：《陆象山全集》卷三十五，第298页。
③ 《朱子语类》卷一百二十四，《朱子全书》（第18册），第3880页。
④ 《朱子语类》卷九，《朱子全书》（第14册），第304页。
⑤ 陆九渊：《与曾宅之》，《陆象山全集》卷一，第4页。

处”“笃实”“朴实”“真实”，其内涵大致可概之如下：

第一，注重修身工夫之**切己性、为己性**。义理之学如不扎根于当下生命的安顿即沦为“对塔说相轮”，沦为“戏说”。“实”即是“实有诸己”，故自立、自信、自主、自得、自觉、自省、自修才是第一义。有人问工夫从何处入手，陆象山答曰：“不过**切己自反**，改过迁善。”① 陆象山引经典语曰：“诚者自诚也，而道自道也。”“君子以自昭明德。”“人之有是四端，而自谓不能者，自贼者也。”暴谓“自暴”，弃谓“自弃”，侮谓“自侮”，反谓“自反”，得谓“自得”，“祸福无不自己求之者”，**圣贤道一个“自”字煞好。**②

第二，注重修身工夫之“**根本**”。陆象山论学屡屡强调要有“根本”意识，最负盛名的说法是“学苟**知本**，《六经》皆我注脚”③。大本即是本心，“知本”即是“本心”之“自觉”。在象山看来根本工夫须是简易工夫：“学无二事，无二道，**根本**苟立，保养不替，自然日新。所谓可久可大者，不出简易而已。”④ 根本工夫亦须是所有人皆可践行的工夫：“仁义忠信，乐善不倦，此夫妇之愚不肖，可以与知能行。圣贤所以为圣贤，亦不过充此而已。学者之事，当以此为**根本**。若夫天文、地理、象数之精微，非有绝识，加以积学，未易言也。”⑤ 根本工夫也是自我作主的工夫，伯敏云：“伯敏于此心，能刚制其非，只是持之不久耳。”先生云：“只刚制于外，而不内思其**本**，涵养之功不至。**若得心下明白正当，何须刚制**？”象山又说：“存养是主人，检敛是奴仆。”“人精神在外，至死也劳攘。须收拾作主宰。收拾得精神在内时，当恻隐即恻隐，当羞恶即羞恶。谁欺得你？谁瞒得你？”⑥ 阳明心学的“根本工夫”“第一义工夫”意识显然可以溯源于此。

---

① 陆九渊：《陆象山全集》卷三十四，第 255 页。
② 陆九渊：《陆象山全集》卷三十四，第 275 页。
③ 陆九渊：《陆象山全集》卷三十四，第 252 页。
④ 陆九渊：《与高应朝》，《陆象山全集》卷五，第 41 页。
⑤ 陆九渊：《与陶赞仲》，《陆象山全集》卷十五，第 123 页。
⑥ 陆九渊：《陆象山全集》卷三十五，第 284、292、295 页。

第三，注重修身工夫之当下性。“且据**见在**，朴实头自作工夫。”[①]“**只今明白**时，便不须更推如何如何。”[②]“见在”“只今”皆强调工夫入手从当下本心的自觉开始。著名的《鹅湖和教授兄韵》一诗结尾即点出学问之真伪就在“辨只今”（“欲知自下升高处，真伪先须辨只今”[③]），“见在”“只今”其义都是“当下”。针对陆象山“合下便是”“当下便是”，朱子反驳说儒家经书并无此种教人之法，“圣人教人，皆从乎实地上做去”[④]。吴震指出：正是这句“辨只今”诗引发了朱子的强烈不满，可见“只今”与“见在”早在朱陆的时代，便已作为一项重要的思想议题而被凸显出来，成为理学与心学分庭抗礼的一个标志。[⑤]

三　朱子与象山：“实事”之异同

值得关注的是，陆象山以“实事”标榜自己为学之真实性、切己性，朱子则同样以“实事”刻画圣学工夫的基本性质：

> 圣人教人，都是教人实做，将**实事**教人。如格物、致知以至洒扫应对，无非是就实地上拈出教人。
>
> 更就**实事**上看。心不与物交，非谓太深，盖无此理。虽大圣人之心，亦不能不交物也。[⑥]

朱子还以“实事”论述儒佛之异同。儒家讲尽心养性与佛教明心见

① 陆九渊：《与陶赞仲二》，《陆象山全集》卷十五，第125页。

② 陆九渊：《陆象山全集》卷三十五，第299页。

③ 陆九渊：《陆象山全集》卷二十五，第193页。

④ 《朱子语类》卷一百二十四，《朱子全书》（第18册），第3890页。严格意义上说，“合下便是”“当下便是”或是朱子门人对象山教法的概括语，今《陆象山全集》并未见此二语。

⑤ 吴震：《阳明后学研究》（增订本），上海人民出版社，2016年，第5页。

⑥ 《朱子语类》卷二十七、卷三十一，《朱子全书》（第15册），第974、1133页。

性不同，尽心、养性不过是尽人之职责这一“实事”而已：“盖尝譬之，**命字如朝廷差除，性字如官守职业**。故伊川先生言：‘天所赋为命，物所受为性。’其理甚明。故凡**古圣贤说性命，皆是就实事上说**。如言尽性，便是尽得此君臣父子、三纲五常之道而无余；言养性，便是养得此道而不害。”[①]“儒者之言性，止是仁义礼智，皆是**实事**”，释氏之言性“只是虚见”，儒释之分，“只争**虚实**而已”。[②]

显然朱子对“实事”的理解与象山有别，朱子的实事是“实有其事”，是日常生活中待人接物之实际行动，此种种“实事”展示出不同的应对之路数（“理”），故须一一穷究（“即物穷理”）。“理”是实事之理，不是“悬空底物”：“《大学》不说穷理，只说个格物，便是要人就事物上理会，如此方见得**实体**。**所谓实体，非就事物上见不得**。且如作舟以行水，作车以行陆。今试以众人之力共推一舟于陆，必不能行，方见得舟果不能以行陆也，此之谓**实体**。”[③]针对陆象山发明本心的问学路径，朱子反复强调孟子“求放心”之说、“存心养性”之说不如孔子教人直接在实事上用功来得切实、平实与稳妥：

> 《论语》不说心，只说**实事**。《孟子》说心，后来遂有求心之病。……《孟子》言存心养性，便说得虚。至孔子教人“居处恭，执事敬，与人忠”等语，则就**实行处**做功夫，如此则存心养性自在。[④]
>
> 或问：“静时见得此心，及接物时又不见。”曰：“心如何见得？接物时只要求个是。应得是，便是心得其正；应得不是，便是心失其正，所以要穷理。且如人唱喏，须至诚还他喏。人问何处来，须据实说某处来。即此便是应物之心，如何更要见此心？浙间有一般学问，

① 《答陈卫道》，《晦庵先生朱文公文集》卷五十九，《朱子全书》（第23册），第2843页。
② 《朱子语类》卷一百二十四，《朱子全书》（第18册），第3884页。
③ 《朱子语类》卷十五，《朱子全书》（第14册），第469页。
④ 《朱子语类》卷十九，《朱子全书》（第14册），第646页。

又是得江西之绪余，只管教人合眼端坐，要见一个物事如日头相似，便谓之悟，此大可笑。**夫子所以不大段说心，只说实事**，便自无病。至孟子始说‘求放心’，然大概只要人不驰骛于外耳，其弊便有这般底出来，以此见圣人言语不可及。”①

朱子这种种对孟子心学工夫之微词实则均是对陆象山、湖湘学派以及禅宗的修行工夫不满而发。在朱子看来，孔子教人都是就日用伦常的“实事”指点，注重由“实处”行，而孟子言“存心养性”“知性知天”严格讲并不是指点工夫的话语，而是孟子本人工夫践履所得的“效验”，以之教人则有“虚泛不实”之弊。毕竟此类体验是孟子用功而得，学人未到孟子“田地”，“如何知得他滋味”，勉强行之，亦未有“入头处”。②

纵观朱子与陆象山论学过程，朱子虽对陆象山“尊德性”方面不无肯定，称其人“八字着脚”，有“精神”，亦承认其学“先于情性持守上用力”之合理性（“大抵其学于心地工夫不为无所见”），但朱子并不会认同象山所标榜的“实事”。相反，他径斥陆象山之学“**不肯就实**”③，又称：“子静底是高，只是下面空疏，无**物事**承当。”④在他看来，陆象山“实事”之“切己”“根本”与“见在”三义均大有问题。具体而言：

第一，陆象山将“切己”“反求”与讲论、博观对峙，尽废讲论、博观，而专务践履、反求，殊不知学不讲则理不明，理不明则难免认欲作理、师心自用。依朱子，圣人立言垂教，“自本至末，所以提撕诲饬于后人者无所不备。学者正当熟读其书，精求其义，考之吾心，以求其实，参之事物，以验其归，则日用之间，讽诵思存，应务接物，**无一事之不切于己**矣”⑤。既

① 《朱子语类》卷一百二十一，《朱子全书》（第18册），第3834—3835页。

② 《朱子语类》卷一百二十四，《朱子全书》（第18册），第3876页。

③ 《朱子语类》卷一百二十一，《朱子全书》（第18册），第3839页。

④ 《朱子语类》卷一百二十一，《朱子全书》（第18册），第3836页。

⑤ 《答许生中应》，《晦庵先生朱文公文集》卷六十，《朱子全书》（第23册），第2875页。标点略有改动。

曰无一事不切于己，则凡修己安人所涉之事，如天文地理、礼乐制度、军旅刑法、六艺之教等等皆是“着实有用之事业”，都是“自己本分内事”。[①]要之，朱子认定切己、内省固然重要，但不可执定而堕于一偏：“务反求者，以博观为外驰；务博观者，以内省为狭隘，堕于一偏。此皆学者之大病也。”[②]

第二，陆象山标榜的“切己”之“己”过于狭窄，忽视“己”之复杂性与动态性。象山标举“切己”与“自得”，认定学惟有“自得于己”，不为文义牵制方是“集义”，方是“实事”，不然只是“意见”“议论”“义袭”，殊不知“己”之性质不同，鲁钝者、困知勉行者之“己”虽不见得很多道理，但别人说出道理，倘能反之于心，明白其理，久之，道理与“己”合二为一，此亦是“义内”。陆象山则将“己”当作“生知安行”之“己”，不以循序渐进为阶梯，特以一超直入为究竟，于是“学知以下”一切实事皆摒弃不顾。[③]这不仅会滋生自以为是、师心自用之弊，也与以心求心的禅宗无从区别。[④]

第三，陆象山之“实事”注重“知本”“先立乎其大”，朱子则针锋相对，对门人“大本”“根本”工夫之问一概痛加贬抑。凡主张学不在简编、脱略文字而“惟统宗会元之求”、直趋本根者，在朱子看来皆难免厌繁就简、忽下趋高，而有悖于儒学“学、问、思、辨、行”之工夫阶梯，最终必沦为高蹈空虚、猖狂妄行而不自知。[⑤]有弟子问朱子：“先生教人，有何

---

① 《答谢成之》，《晦庵先生朱文公文集》卷五十八，《朱子全书》（第23册），第2755页。

② 《朱子语类》卷九，《朱子全书》（第14册），第321页。

③ 《朱子语类》卷一百二十四，《朱子全书》（第18册），第3885页。

④ 自二程开始就强调“天下无实于理者”，朱子于《中庸章句》（第二十五章）更是明确提出“天下之物，皆实理之所为”。在程朱一系看来，“性即理”命题是儒学区别于禅宗“明心见性”义理之根本所在。

⑤ 《答吕子约》，《晦庵先生朱文公文集》卷四十七，《朱子全书》（第22册），第2190页；《答颜子坚》，《晦庵先生朱文公文集》卷五十五，《朱子全书》（第23册），第2622页。又参《朱子语类》卷一百一十五，《朱子全书》（第18册），第3647页。

宗旨?"朱子答曰:"某无宗旨,寻常只是教学者随分读书。"[①] 如所周知,朱子与陆象山皆以"一贯"标榜自家学问(象山云"我说一贯,彼亦说一贯"),然而在朱子看来象山只有"一根空绳索",何贯之有?万事万物皆有其理,事事理会,才能一贯:"忠是一,恕是贯。忠只是一个真实,自家心下道理,直是真实。事事物物接于吾前,便只把这个真实应副将去。自家若有一豪虚伪,事物之来,要去措置他,便都不实,便都不合道理。若自家真实,事物之来,合小便小,合大便大,合厚便厚,合薄便薄,合轻便轻,合重便重,一一都随他面分应副将去,无一事一物不当这道理。"[②] 朱子更是反复叮咛得意弟子陈淳曰:所谓"一贯"只是"圣贤论到极处"之语,"圣贤千言万语,便只是其中**细碎条目**"。[③]

第四,针对陆象山"合下便是""当下便是"说,朱子反复指出,圣人无这般说话,经书中无此样语,圣人教人"皆从乎**实地**上做去"。[④] 对于陆氏兄弟津津乐道的"只今""在于今",朱子亦很反感。如所周知,寻孔颜乐处,是理学工夫很重要的一个话头,陆象山之兄陆复斋鹅湖寺初会诗中即有"珍重友朋勤切磋,须知至乐**在于今**"一句。门人问"与点说"一段如何,朱子答曰:"**某平生便是不爱人说此话**。"朱子始终主张学者须从万事万理中理会,舍此,只管说"与点""颜子之乐"如何,则只是"闲说"与"空想象"。[⑤] 朱子对一度从学于象山的包显道(名扬,字显道)说:"今江西人皆是要偷然自在,才读书,便要求个乐处,这便不是了。某说:若是读书寻到那**苦涩处**,方解有醒悟。"[⑥] 门人廖德明辞别,临行求一安乐

① 《朱子语类》卷一百二十一,《朱子全书》(第18册),第3811页。

② 《朱子语类》卷二十七,《朱子全书》(第15册),第967页。另参同书卷四十五,第1584—1585页;《朱子语类》卷一百一十七,《朱子全书》(第18册),第3702—3703页。

③ 《朱子语类》卷一百一十七,《朱子全书》(第18册),第3694页。

④ 《朱子语类》卷一百二十四,《朱子全书》(第18册),第3890—3891页。

⑤ 《朱子语类》卷一百一十七,《朱子全书》(第18册),第3691—3692页。

⑥ 《朱子语类》卷一百一十九,《朱子全书》(第18册),第3751页。

法，朱子答曰："**圣门无此法。**"① 另一弟子辞行，朱子叮咛说："**当从实处作工夫。**"②

朱子之所以不认可陆象山之"实事"，是因为象山将"实事"完全限定于此心当下之境况，只有与当下"己"之心相关之"事"才是根本之事、切己之事。"事"的内心化、当下化势必导致"事"的狭隘化与虚化。有鉴于此，朱子明确提出"**理无内外**"的命题：

> 既是为人，则于天地之间物理，须要都知得方可。③
>
> 圣贤教人有定本，如博学、审问、明辨、笃行是也。其人资质刚柔敏钝，不可一概论，其教则不易。……**圣贤之教无内外本末上下，今子静却要理会内，不管外面**，却无此理。④
>
> 圣人之所以教，不使学者收视反听，一以反求诸心为事，而必曰"兴于诗，立于礼，成于乐"，又曰博学、审问、谨思、明辨而力行之，何哉？盖理虽在我，而或蔽于气禀物欲之私，则不能以自见。学虽在外，然皆所以讲乎此理之实，及其浃洽贯通而自得之，则又初**无内外精粗**之间也。⑤
>
> 圣人做工夫处，**左右前后、内外本末无不周密**，所谓盛水不漏。⑥

所以在朱子那里是，"实事"涵括了内外、本末、大小、上下、精初，而有别于陆象山偏于"内""本""大""精""上"一端之"实事"。要言之，"致广大""极高明""温故"而"敦厚"为"尊德性以全其大"，"尽精微""道中

① 《朱子语类》卷一百一十三，《朱子全书》(第18册)，第3594页。
② 《朱子语类》卷一百二十一，《朱子全书》(第18册)，第3778页。
③ 《朱子语类》卷一百一十九，《朱子全书》(第18册)，第3754页。
④ 《朱子语类》卷一百二十四，《朱子全书》(第18册)，第3882页。
⑤ 《鄂州州学稽古阁记》，《晦庵先生朱文公文集》卷八十，《朱子全书》(第24册)，第3800页。
⑥ 《朱子语类》卷一百一十三，《朱子全书》(第18册)，第3599页。

庸”“知新”而“崇礼”为“道问学以尽其小”，两端“各自加功”，但又不是“判然两事”。[①] 此诚如钱穆所说：“象山重内重本，……朱子则主内外本末之相通合一，不若象山之落一边。”[②]

基于这种“无内外本末上下”的“实事”观，朱子提出了类似于明儒湛若水“随处体认天理”的为学主张：

> 只从今日为始，**随处提撕，随处收拾，随时体究，随事讨论**。但使一日之间整顿得三五次、理会得三五事，则日积月累，自然纯熟、自然光明矣。
>
> 但于日用之间，**随事随处提撕此心**，勿令放逸，而于其中**随事观理**，讲求思索，沉潜反复，庶于圣贤之教渐有相契处。[③]

需要补充的是，朱子讲“实事”虽有事事理会之意思，但却又不是不分轻重缓急泛然之理会：“格物致知，乃是就此等实事功夫上穷究，非谓舍置**即今职分之所当为**而泛然以穷事物之理，待其穷尽，而后意自诚、心自正、身自修也。”[④]《中庸》之博学、审问、慎思、明辨、笃行与《大学》之格、致、诚、正、修，虽是工夫节目、秩序，但又是“无先后，有缓急”，“不可谓博学时未暇审问，审问时未暇谨思，谨思时未暇明辨，明辨时未暇笃行”。[⑤] 朱子还强调涵养、致知与力行三事“本不可先后，又不可无先后”[⑥]。

---

① 《玉山讲义》，《晦庵先生朱文公文集》卷七十四，《朱子全书》（第24册），第3591—3592页。另参《与王龟龄书》，《晦庵先生朱文公文集》卷三十七，《朱子全书》（第21册），第1613页；《朱子语类》卷一百一十八，《朱子全书》（第18册），第3742—3743页。

② 钱穆：《朱子新学案》（第三册），九州出版社，2011年，第479页。

③ 《答周南仲》《答度周卿》，《晦庵先生朱文公文集》卷六十，《朱子全书》（第23册），第2873、2898页。

④ 《答郑子上》，《晦庵先生朱文公文集》卷五十六，《朱子全书》（第23册），第2680页。

⑤ 《朱子语类》卷一百二十一，《朱子全书》（第18册），第3839页。

⑥ 《朱子语类》卷一百一十五，《朱子全书》（第18册），第3631页。

朱子与陆象山“实事”异同折射出二人对“心”与“理”关系理解之异同，对修身工夫中“认知”“动力”与“意志”向度孰轻孰重理解之异同，以及对自我转化过程中“本质的关键”与“助缘工夫”之关系理解之异同等等一系列复杂问题，此类问题容另文讨论。就知识社会学而论，二人“实事”的异同既关乎两种不同的知识类型，亦关乎两种不同的人群类型。

在朱子时代，儒学内部基本上有三种不同的学问类型（学脉）：浙派史学（东莱学、婺学、浙学）、陆派心学（抚学、江西之学）与朱子理学（闽学）。[①] 三派皆推崇“实学”，皆标榜自家学脉是着眼于“实事”。在朱子看来，东莱“失之多”，“有尾无首”，象山“失之寡”，“有首无尾”。[②] 撇开有尾无首的浙学不论，象山学有首无尾系指其偏重尊德性而无道问学：

> 只偏在“尊德性”上去，拣那便宜多底占了，无“道问学”底许多工夫。恐只是占便宜自了之学，出门动步便有碍，做一事不得。……事变日新而无穷，安知他日之事，非吾辈之责乎？若是少间事势之来，当应也只得应。若只是自了，便待工夫做得二十分到，终日不足以应万变。……一日之间，事变无穷，小而一身有许多事，一家又有许多事，大而一国，又大而天下，事业恁地多，都要人与他做。不是人做，却教谁做？不成我只管自家？若将此样学问去应变，

---

① 永康学派的陈亮也一度是朱子批判的对象。作为事功学派的代表，陈亮同样重视“事”，屡屡称“道之在天下，无本末，无内外”，“盈宇宙者无非物，日用之间无非事”。其“**功到成处便是有德，事到济处便是有理**”的功利主义价值取向与儒家主流推崇的道义原则实有霄壤之别。顾宪成《小心斋札记》卷一曾将朱子时代与朱子学竞争的儒学概括为“有禅而儒者”（象山学）、“有霸而儒者”（永康学与永嘉学）、“有史而儒者”（浙派史学）。

② 《朱子语类》卷一百二十二、卷一百二十四，《朱子全书》（第18册），第3850、3896页。“吕伯恭向来教人云：‘《论语》皆虚言，不如论**实事**。’便要去考史。如陆子静又只说个虚静，云：‘**全无许多事**。’……”《朱子语类》卷四十五，《朱子全书》（第15册），第1585页。按今本《陆象山全集》“全无许多事”当为“初无许多事”。

如何通得许多事情，做出许多事业？[①]

此条为陈淳所记，时朱子年已七十，可谓晚年定论！显然在朱子看来，儒家工夫不应只是偏在“自我转化”“转化人”上面，而是要在此基础上将人转化为“做事的人”“事业人”。此即意味着朱子张扬的“实事”拥有一种“事业意识”。于是，看史书，考治乱，理会典章制度，探究天地阴阳事物之理，修身事亲齐家治国平天下，皆是实事；圣贤言行，古今得失，礼乐名数，食货源流，兵刑法制皆含“实理”。此实事、实理“莫非吾之度内，有不可得而精粗者”[②]，通过做如此“实事”工夫，方能培育一种参赞化育的能力、一种滋润于身心而实现于家国天下的实际工作能力：“惟德也者，得于心，充于身，刑于家而推于乡党，而达于朝廷者也。”[③]

与此相对，陆象山过于狭隘化的“实事”观只限于单纯的转化人，朱子亦坦认陆象山“精神紧峭”，“其说分明，能变化人，使人旦异而晡不同”。又说：“陆氏之学虽是偏，尚是要去做个人。”[④]然而此只限于将人转换为一个简单的好人（“为一乡之善士”），而对于传承儒学经业、对于治国平天下则不免有所限制：

江西一种学问，又自善鼓扇学者，其于圣贤精义皆不暇深考。[⑤]

包显道云：“江西之学，大要也是以行己为先。”先生曰：“如孝弟等事数件合先做底，也易晓，夫子也只略略说过。……若是后面许

① 《朱子语类》卷一百一十七，《朱子全书》（第18册），第3696—3697页。又：“天下甚么事不关自家身己。极而至于参天地，赞化育，也只是这个心，都是自家分内事。”《朱子语类》卷一百二十，《朱子全书》（第18册），第3783页。

② 《福州州学经史阁记》，《晦庵先生朱文公文集》卷八十，《朱子全书》（第24册），第3813页。

③ 《上黄端明》，《晦庵先生朱文公文集》卷三十七，《朱子全书》（第21册），第1610页。

④ 《朱子语类》卷一百二十二，《朱子全书》（第18册），第3859—3860页。

⑤ 《朱子语类》卷一百二十一，《朱子全书》（第18册），第3838页。

多合理会处，须是从讲学中来。不然，为一乡善士则可；若欲理会得为人许多事，则难。”①

陆象山论根本工夫时亦自觉强调“仁义忠信，乐善不倦”是上智下愚共同的工夫，陆象山更有“不识一个字”也可以“堂堂地做个人”的说法。他当着五六百名平民百姓听众（其中不乏文盲市井）发表演说称：“若其心正，其事善，**虽不曾识字，亦自有读书之功**。其心不正，其事不善，虽多读书，有何所用？用之不善，反增罪恶耳。”②但要不识一字之人传承儒学经业、担负治国、平天下重任显然是难乎其难的。王阳明在论及其工夫之根本性时，也同样强调上自圣贤、天子、公卿，下至童稚、愚夫愚妇、贩夫走卒乃至聋哑人均可用“致良知”工夫，“虽至愚下品，一提便省觉。若致其极，虽圣人天地不能无憾”③。就此而论，朱子与象山“实事”异同确乎会造成两种不同的社会效应，由陆王心学一系最终开出士农工商人人皆可“共学”的平民学派之泰州之学，显然与这种对修身“实事”的不同理解有关。

顾宪成于其《小心斋札记十六》中指出：朱子之教“裁捡贤知”一边人居多，陆子之教“振起愚不肖”一边人居多。其后焦循接着指出：“紫阳之学所以教天下之君子，阳明之学所以教天下之小人。……至若行其所当然，复穷其所以然，诵习乎经史之文，讲求乎性命之本，**此惟一二读书之士能之**，未可执颛愚顽梗者而强之也。良知者，良心之谓也。虽愚不肖、不能读书之人，有以感发之，无不动者。”④嵇文甫引述焦循的这一观察作为其“王学比朱学容易接近下层社会”的一个佐证⑤，余英时也说

① 《朱子语类》卷一百一十九，《朱子全书》（第18册），第3755页。

② 陆九渊：《荆门军上元设厅皇极讲义》，《陆象山全集》卷二十三，第182页。

③ 《寄邹谦之三》，王守仁撰，吴光等编校：《王阳明全集》卷六，第204页。

④ 焦循：《良知论》，《雕菰集》卷八，中华书局，1985年，第123页。

⑤ 嵇文甫对焦循之论加以引申说：“王学本极活动，本是彻上彻下的。童子至于圣人，自天子至于庶民，不管你什么程度，什么地位，什么职业，都可以随分用力。各人（转下页）

焦循的确看出了一个“真问题”，即朱子专以士为直接施教的对象，而象山与阳明常常直接面向大众传教。[①] 当然这不意味着朱子学就没有向民施教的一面[②]，更不意味着陆王心学论学不重视“士”。

在朱子的“实事”观中，天下书都是“合读”，天下事都是“合作”，不读一书就少了一书道理，不做一事就少了一事的道理，此种一切事均有当知之理的观念不仅于普罗大众自是不可实现的梦想，即便对于“一二读书之士”恐怕也是可望而不可即的任务。但朱子又说“格物”须讲“轻重缓急”之序，“入手处”自应从身边事、当务之急事始。由此我们可以设想：每个人均根据其材质与兴趣，依其轻重缓急之序，做其所当做之实事，知其所当知之实理，并分工合作，互通有无，此即意味着“朱子之言天下之物之理皆当知，即涵人在学术上当分工之义。故后之为朱子之学者，乃自然倾向于所谓专门专家之学”[③]。

四 “见在之实事”：阳明学“良知见成”四义

如上所述，陆象山始终对“意见”“议论”持贬抑态度，脱离当下的实证、实悟、实行，“意见”与“议论”只会让人依凭空言，玩弄光景，不知自反，非徒无益于身心、无补于实行，反增骛外、躐等、凌节之弊。不惟

（接上页）有各人的良知，就不妨就力之所及自致其良知。”王学的“一两圣人说”也把圣人的资格给放宽了，于是，“聋圣人，哑圣人，工圣人，农圣人，大大小小，形形色色的圣人，都该为阳明所许。于是许多下层社会分子，都有机会闯入圣人的门墙了”。嵇文甫：《晚明思想史论》，东方出版社，1996 年，第 176—177 页。

① 余英时：《中国近世宗教伦理与商人精神》，第 169—177 页。

② 束鑫恣：《论朱王两派道学大众化的异同》，张品端主编：《会通朱王：朱子与王阳明比较研究》，厦门大学出版社，2018 年，第 174—185 页。

③ 唐君毅：《中国哲学原论 · 原教篇》，第 182 页。唐君毅还进一步指出朱子学原有一种向学术上分工而发展之义，此义可统于王阳明所谓“四民异业而同道”之论。朱子陆王之学共有此“四民异业而同道”“学者异学而同道”，异学、异业是现代意义上的学术分工、职业分工，而“同道”则确保异学、异业之人不为其学、其业所囿，而能相济相成，共同优入圣域。

如此，陆象山还特别指出，学者只有两途，一者“朴实”，一者“议论”。而“意见”与“议论”是学者特有之“蔽”：“愚不肖者之蔽在于物欲，贤者、智者之蔽在于意见。高下污洁虽不同，其为蔽理溺心而不得其正，则一也。”[①]学者迷失于“意见”“议论”“辨说”的语词丛林之中，自认为理得，而实则其所谓“理”不过是“助胜崇私”“重其狷忿”而已。

在陆象山看来，夫子为己之学集中体现于一个“实”字：“道理只是**眼前道理**，虽见到圣贤田地，亦只是眼前道理。”“古人皆是明实理，做实事。”“千虚不博一实。吾平生学问无他，只是一实。”[②]“一实了，万虚皆碎。”[③]

牟宗三在描述陆象山语言风格时指出：“他的语言大抵是启发语、指点语、训诫语、遮拨语，非分解地立义语”，“他是非分解地以启发、指点、训诫、遮拨之方式继承之（指孟子——引者），此则更警策而有力，足以豁醒人。因为他一眼看到孟子所昭显者皆是**实事实理**，坦然明白，只须吾人以真生命顶上去，不落于虚见虚说，不落于文字纠缠粘牙嚼舌之闲议论，便自然能洞悟那坦然明白之实事实理而内外洞朗，进而更能真切相应地呈现之而挺立吾人之人品”。[④]可以说陆象山以“此”“即今”“只今”“眼前”等切身之词将当事者心目之视野直接面向性命实事之本身，也奠定了中国心学一系工夫论的基调。

陆象山“此”“只今”“即今”“眼前”之工夫论实含有两个不言自明的前提：（1）道德本心的呈现是一切工夫论的终极旨趣。（2）在此时、此地的“此在”处即可体验此道德本心之存在。而此两点必意味着道德本心乃是随时随地可以呈现的，此正是阳明心学一系“良知见在”说基本精神之所在。

---

① 陆九渊：《与邓文范》，《陆象山全集》卷一，第8页。
② 陆九渊：《陆象山全集》卷三十四，第251、252、254页。
③ 陆九渊：《陆象山全集》卷三十五，第291页。
④ 牟宗三：《从陆象山到刘蕺山》，《牟宗三先生全集》（第8册），第1—3页。

王阳明称：

> 只存得此心**常见在**，便是学。过去未来事，思之何益？徒放心耳！
>
> 盖良知只是一个天理，自然明白发见处，只是一个真诚恻怛，便是他本体。……良知只是一个，随他**发见流行处当下具足**，更无去求，不须假借。
>
> 良知无前后，只知得**见在的几**，便是一了百了。若有个前知的心，就是私心，就有趋避利害的意。[①]

“见在良知”其根本义在于“良知本有，可随时呈露”[②]。而此根本义涵盖以下诸义：(1)良知之存有义。良知是人人同具之本体，愚夫愚妇与圣人良知无异，此是成圣之先天根据。(2)良知可随时呈现，且是“当下具足”，此是良知之活动义，也是致良知实践动力所在。“良知见在”即强调无论现实生命如何昏蔽，良知总可当下呈现，放下屠刀立地成佛。(3)“见在良知”又称“现成良知”，显示良知是先天的心体，且其活动具有其实践上的“完整性”。[③](4)良知既是“见在”，则致良知工夫只能于“见在”“当下”入手，离开“见在”、离开“当下”，修身工夫不仅会被延宕，而且不免沦为着空不实。“簿书讼狱”“声色货利”“人情事变”皆是用功实地。故“良知见在”还具有在当下(**此时、此地、此心**)实地用功之义。

王阳明弟子辈中，王畿擅长发挥见在工夫义，他称圣学只论“见在功

---

① 《传习录上》《传习录中·答聂文蔚二》《传习录下》，王守仁撰，吴光等编校：《王阳明全集》卷一、卷二、卷三，第24、84—85、109页。

② 牟宗三：《从陆象山到刘蕺山》，《牟宗三先生全集》(第8册)，第335页。

③ 对良知见在义之阐释以及其争论详见林月惠：《良知学的转折：聂双江与罗念庵思想之研究》，台大出版中心，2005年，第278—282、499—513页；彭国翔：《良知学的展开——王龙溪与中晚明的阳明学》，生活·读书·新知三联书店，2005年，第71—72页；吴震：《阳明后学研究》(增订本)，第1—52页；张卫红：《由凡至圣：阳明心学工夫散论》，第92—149页。

夫”,《维扬晤语》记载他指出好友唐顺之致良知工夫中种种搀入现象(搀入“意见”“典要”“拟议安排”“气魄”“格套”与“能所”),就是当下指点工夫的著名例证。[①] 邹守益亦注重“见在工夫”,他于《复濮工部致昭》中指出:“过去未来之思,皆是失却见在功夫,不免借此以系此心。缘平日戒惧功疏,此心无安顿处,佛家谓之胡孙失树,更无伎俩。若是视于无形,听于无声,洞洞属属,执玉捧盈,精神见在,兢业不暇,那有闲功夫思量过去、理会未来?故憧憧往来,朋从尔思,此是将迎病症。思曰睿,睿作圣,此是**见在本体工程**,毫厘千里,更祝精察!”[②] 值得指出的是邹守益之孙邹德涵深得心学一系当下指点之神髓:

> 问:“如何是本心?”曰:“即此便是。”又问:“如何存养?”曰:“常如此便是。”
>
> 有疑于**当下便是**之说者,乃举孟子之扩充为问。先生曰:“千年万年只是一个,当下信得此个,当下便信得千个、万个。常如此际,何有不仁不义无礼无智之失?孟子所谓‘扩充’,即子思‘致中和’之‘致’,乃是无时不然,不可须臾离意思,非是从本心外要加添些子,加添些子,便非本心,恐不免有画蛇添足之病。”[③]

邹德涵这里指点本心的工夫让我们想起泰州学派的奠定者王艮。有学者问王艮放心难求,王艮呼之,问者即起而应。王艮喝曰:“**尔心见在,更何求心乎**!”[④] 王艮弟子韩贞本系一陶工,他曾与诸名公论学,时有谈论别务者,韩贞辄大吼曰:“光阴有几,乃为此闲讯语。”又有人引经书掉书袋,韩贞则又大恚曰:“**舍却当下不理会**,乃搬弄此陈言,此岂学究讲肆

---

① 吴震编校整理:《王畿集》卷一,第7—8页。
② 董平编校整理:《邹守益集》卷十一,凤凰出版社,2007年,第536页。
③ 邹德涵:《邹聚所先生语录》卷下,《四库全书存目丛书·集部一五七》,第516页。
④ 王艮撰,陈祝生等点校:《王心斋全集》,第17—18页。

耶！”诸名公咸为悚息。[①]

不过将陆象山的“此”与王阳明的“见在”“当下”熔为一炉，将心学“面向实事”这一工夫论原则发挥至极致者首推王艮再传弟子罗汝芳。

五　罗汝芳：“工夫紧要，只论目前”

罗汝芳称“**只在当下**”一语为“救世人学问无头，而驰求闻见，好为苟难者，引归平实田地，**最为进步第一义**也”[②]。“学问无头”指学问工夫没有“头脑”，“驰求闻见”指泛观博览而不知自反、切己，“好为苟难”指好高骛远而不平实。与此相对，“只在当下”工夫则是头脑工夫、切己工夫、平实工夫。通观罗汝芳工夫论述，“实事”“此时”“目前”“当下”一类字眼频频出现，一句“工夫紧要，只论目前”可涵括其工夫之当下性。

第一，“只在当下”“只论目前”意味着工夫论从过往的议论转向当下在场的身心生活，这类似于现象学悬搁，截断众流，原来的意见、原来的旧习乃至典册格套统统被搁置，而直面此时此地自家真实的体验自身。面对文字之分歧、名相之争执，罗汝芳往往不予置评，而是直接让问者回到其此时此地此身，从自家身上看道理：“吾人此身，与天下万世原是一个，其料理自身处，便是料理天下万世处。”“目前”与“当下”究其实质，就是我们的生活世界，就是端茶、饮水、侍奉父母的日用伦常生活。故工夫只需在“日用常行”“性情喜怒”上用。[③] 质言之，一切工夫均最后必落实于此心的宁静、平和、恭敬、感通、专一、清明、广大上面。

西方基督教传统中有两部圣书的说法，一部是《新旧约全书》，另一

① 《乐吾韩先生遗事》，颜钧撰，黄宣民点校：《颜钧集》，第194页。

② 方祖猷等编校整理：《罗汝芳集》，第118页。罗汝芳高足杨起元曾引北方王门张后觉话说：“天下之道，只在当下，**圣人之学，只求当下**。”见杨起元撰，谢群洋点校：《证学编》卷四，第205页。

③ 方祖猷等编校整理：《罗汝芳集》，第11页。

部是大自然之书。依照罗汝芳，儒家也有两部圣书，一部是儒家的圣书，另一部则是我们每个人自身生命之书。一友远来相见，罗汝芳问其近时工夫如何。友曰："于心犹觉有疑"，"许多书旨，尚未得明白"。罗汝芳曰："子许多书未明，却才如何吃了茶，吃了饭？今又如何在此，立谈了许久时候耶？"傍一生笑曰："**渠身上书**，一向尽在明白，但想念的书，尚未明白耳。"其生恍然有悟。[①]"身外书"只是作为典册的圣书，"身上书"才是真实的性命书。不将典册之书与身上书打通，读典册之书所得之见就是"虚见"，所得之理就是"空理"，所言典册之谈就是"闲话"。惟在自家身心的体贴、领会，纸上的"死学问"才能化作生命的"活道理"。友对《中庸》书中"天命""率性""修道""戒慎"诸义议论纷纷，罗汝芳曰："古人著书，都是**直述目前实事**。今且将书本姑置，只论吾辈相聚在此，为着甚的来？岂非讲究身心灵明，原日天地为何均赋？人物如何同体？今日身心灵明，如何方与天地相通？如何方与人物为一？精光透露，神气昭临，使身心之灵者不失其为灵，明者不失其为明。所以说'莫见乎隐，莫显乎微'，而不见不闻之地，无非戒谨恐惧之功，此无他，盖天地之灵明洞彻，则身心之敬畏自严。贤人固以是而入，圣人亦以是而纯。分位稍有不同，工夫实无二致。……"[②]显然在罗汝芳看来，作为典册的圣书究其根本也是圣书作者自身面向其自身的"实事"所观所感之"实得""实见"，故紧要的问题都是自家性命当下之问题：自家身心灵明如何与天地万物感通，这才是"目前"真实问题所在！云南大理诸生讲论《论语》颜渊问仁、司马牛问仁、樊迟问仁、子路问政、子贡问师与商也孰贤等章，郡守莫君请罗汝芳为诸生启迪。罗汝芳进令登堂环聚，顾诸生语曰："适讲说许多书，俱是敷陈世间道理。今大众聚于一堂，如此坐立，如此相问，却是**面前实事**。诸生各以方才口中谈的道理，与今身子上的行事打

---

① 方祖猷等编校整理：《罗汝芳集》，第 123—124 页。

② 方祖猷等编校整理：《罗汝芳集》，第 195 页。

个对同，果浑然相合耶？抑尚不免有所间隔也？”[①]“目前实事”与圣书所启示的“世间道理”浑然相合，圣书便成为体现于自己生命中的性命书，准确地说，圣书便成了“肉身”（incarnation）。从典册圣书转向生命这本大书，“道理”便成为根于心髓、发于形色、见于行动的“体知”。罗汝芳善于在大众中宣讲《中庸》一书宗旨，指点中庸工夫，最终众人“方晓得中庸是个人”，而不只是一部书！[②]

第二，“只在当下”“只论目前”体现出罗汝芳工夫指点之随机、随时、随事、随处性。他提出“**无非是事，则无非是心**”主张：“时俗每外事为以求心体，至求心体，则又不悟真几而落景象，更不思天体物而不违，仁体事而无不在。故流俗外事观心，则所观皆成见，所见皆着迹……盖心者，天地之生理，即心即事，生生不息。”[③]这是将象山的“实事”与朱子的“实事”绾合在一起，目视耳听，口言身动，日用饮食，出入起居，要之生活世界中待人接物都是“实事”。在随身遭遇的各种“实事”中，当下心是何心？当下是否有种种私念？在全然由当下生活场景引发的心灵实事中体验到的“道理”才有真正的“理趣”。

> 问：“今早，复如何见示？”罗子曰：“今在天日之下，正好仰观天文。”曰：“果然都在吾目中矣。”罗子曰：“如此便叫做观耶？”曰：“既说着观，便即是观了，又更有何言说？”罗子曰：“如何若是快当？”曰：“弟子心目原也明见天日，今遇师提撕，便自觉是仰观也已。”罗子曰：“吾子此语，似知**当下理趣**，但于圣训全欠顺妥。盖他文句原说：仰观天文，据汝初说都在吾目中，是精光之照察广处；次说：观即观了，是心目之感应神处；次又说：得我师提撕而然，是

① 方祖猷等编校整理：《罗汝芳集》，第 161 页。

② 方祖猷等编校整理：《罗汝芳集》，第 56 页。后来顾宪成也提出“身上的书”与“纸上的书”之别。见《志矩堂商语》，顾宪成撰，王学伟编校：《顾宪成全集》卷二十三，第 350 页。

③ 方祖猷等编校整理：《罗汝芳集》，第 362 页。

> 人己之相通无间然处。其发挥底蕴，总是观目之文，而非观天之文也。此无他，盖由平时习气已熟，开口多作浑话，**却不知圣贤精神不离当下**。其称物如衡星，分厘不至差爽，应响如空谷，洪纤互相低昂，问天便答以天，问人便答以人，念念点水滴冻，而言言掷地金声也。……”①

“今在天日之下，正好仰观天文”，此体现出罗汝芳工夫指点之随地随机性。弟子述其仰观所得，念念不忘“吾目”“心目”，本是仰观“天之文”，到头来却是内观“目之文”。在罗汝芳看来，此种离开当下实事而掺入“非显现”的理论话头就是“浑话”。这一师徒对话的场景让我们想起禅宗野鸭子飞过去的公案：百丈大师随师父马祖道一到一郊外，见一群野鸭飞过。马祖问：“是什么？”百丈云：“野鸭子。”马祖再问：“什么处去也？”百丈答：“飞过去也。”马祖回头扭住百丈的鼻子，百丈负痛失声。马祖说：“又道飞过去也。”百丈因于言下大悟。② 马祖问是什么，百丈答“野鸭子”，此是“目前实事”。马祖再问野鸭子什么去也，百丈答“飞过去了”，这看似实事，殊不知其“心”也跟着野鸭子飞过去了：此时此刻心中哪有什么野鸭子？马祖扭其鼻，百丈负痛失声，此时、此刻、此痛才是目前实事，才是“**活的当下**”。

实际上，罗汝芳也有以“**痛的当下**”指点工夫的公案。张槚（号心吾，江西新城人。嘉靖三十八年进士）访罗汝芳于从姑，别久欢饮，醉后共榻而眠。醒后，张槚自述其自幼即习王阳明致良知教，但一直未能透悟心体，并祈罗汝芳尽心指点。罗汝芳不应，只是伸臂而出：“君能信此浑身自头至足，即一毛一发，无不是此灵体贯彻否？”张槚曰：“佛家固有芥子纳须弥之说，但某质鲁，终看他不见。今翁既云一毛一发，浑是灵体

---

① 方祖猷等编校整理：《罗汝芳集》，第39页。

② 普济著，苏渊雷点校：《五灯会元》卷三，中华书局，1984年，第131页。

贯彻，**当下何以使我便能见得**？”罗汝芳趁其不觉，从其脑背力抽一发，张槚连声叫痛，手足共相颤动，罗汝芳喝曰：“君之心神微渺，一发便能通得？手足疏散，如何一发便能收得？声音寂静，如何一发便能发得？细细看来，不止一身，即床榻亦因震撼，苍头俱为怖惊，推之风云互入，霄壤相闻，而即外窥中，可见头不间足，心不间身，我不间物，天不间人，满腔一片精灵，精灵百般神妙，从前在心而为君之知，在身而为君之事，在生而为君之少而壮、壮而老，莫非此个灵体。乃一向闪瞒，莫恻底衷。譬如寄养儿童，于亲生父母偶遇人言说破，则认识欢欣，其情不可想耶！”张槚跃然有醒。[①]

第三，“只在当下”“只论目前”显示罗汝芳工夫论具有强烈的紧迫性。性命学须是“置之死地而后生”，即将自家性命抛于一雅斯贝尔斯所谓的“边缘情境”（*Grenzsituation*）中，唤起一海德格尔式“向死而在”的觉情，在此“情境”与“觉情”下，一己的“性命”完全抖落掉一切习俗的光环与套子，直接赤裸裸地面对其生存之身。此种性命学才是为己之学的性命学。牟宗三《生命的学问》中指出，王阳明悟道过程说明，人濒临生死边缘的大挫折，走到绝途，方能重生。现实的一切，都被敲碎，一无所有，然后“海底涌红轮”，一个“普遍的精神实体”始彻底呈现。罗汝芳最擅长在生死之关口当下激发性命学的真切笃实感。“人生世间，惟有此一件事，最为紧要！”然而芸芸众生，熙熙攘攘，未尝片刻休歇，却独于此“最为紧要”的一件事，宽怀放意，不肯思量。那么，性命学究竟如何思量？如何理会？罗汝芳答曰：

若知危病之家之求医乎？仓皇急遽，西走东奔，旁询其故，则曰：为**救性命**也。**夫性命二字，生死系焉**。孔子曰：“人之生也直，枉之生也幸而免。”孟子曰：“放其心而不知求，哀哉！”哀哉为言，盖

① 方祖猷等编校整理：《罗汝芳集》，第411—412页。

> 吊其虽生而已死也。今须持畏死求生之心，以去理会性命，便自精神百倍，而圣人地位，方有可望矣。故曰："吾尝终日不食，终夜不寝。"又曰："其为人也，发愤忘食，乐以忘忧，不知老之将至。"看他此段精神，方是与危病求医者，同其汲汲，所以能起死回生，而续延寿命，亘万古而长存也。不是如此恳切，而漫欲理会性命，吾知其决不可得也已。[①]

显然理会性命学、思量性命学乃是全身心地投入，心无旁骛，一切流俗价值皆不再构成"诱惑"与"牵引"，因为"此时此地"关注的焦点就如同一副巨锚深深地锚定在生命海洋的深处。

罗汝芳令太湖时，与推府、代巡一起审核临刑死囚。推府一直视罗汝芳为一迂腐道学先生，便对代巡说罗尹是道学先生。代巡遂揶揄罗汝芳说："目今看此临刑之人，这道学作如何讲？"罗汝芳敬对曰："他们平素不识学问，所以致有今日，但吾辈平素讲学，又正好不及他今日。"同僚掩口笑曰："如何不及？"罗汝芳曰："吾辈平时讲学，多为性命之谈，然亦虚虚谈过，何曾真切为着性命？试看他们临刑，往日种种所为，到此都用不着，就是有大名位，有大爵禄在前，也都没干。他们如今都不在念，只**一心要求保全性命**，这等说来，他们真为性命之心苦切不过。吾辈平日所讲的性命道理，却是泛论，那能及他们如此真切。……"代巡不觉嘉叹不已，推府亦敛容。[②]以生死关口论"当下""目前"工夫，充分体现出儒家为己之学之恳切性、紧迫性：生死都是自己之生死，每个"此在"向来都必须是自己接受自己的生死，他人不能替代，故工夫紧要，不能推诿。在此"当下定生死"的关节，不容延宕，不容拖泥带水。此时此地，惟有一个声音在"呼唤"，呼唤"此在"从流俗世情中脱身而出，而直面其"本真的能在"。"真为性命之心"、自我拯救之心就在此"边缘情境"中涌

---

① 方祖猷等编校整理：《罗汝芳集》，第 173 页。
② 方祖猷等编校整理：《罗汝芳集》，第 293 页。

出，不掺杂，最苦切！

第四，“只在当下”“只论目前”是高度个体性的、自反性的工夫指点方式，但罗汝芳却善于在广庭大众之下指点“当下”“目前”，营造出一“**共当下**”“**共目前**”的氛围，弹拨大众的“心弦”，引发“共鸣”，与听众一起共同奏出心学“生生不息”“心心相印”的华丽乐章：

> “即此时一堂上下，人将百计，其耳目心志，亦岂不有百样？却于二子所言，一句一句，无有一人不入于耳，亦无有一人不想于心者，何哉？**盖因各人于此坐立之时，一切市喧，俱不乱闻，凡百世事，俱已忘记，个个倾着耳孔，而耳孔已虚；个个开着心窍，而心窍亦虚，其虚既百人如一，故其视、听、心思，即百样人亦如一也。**……”……问：“中，为人所同有。今日之论与古圣之言，原自无异，至反而求之，不惟众人不得，即聪明才辩者，亦往往难之，何哉？”罗子曰：“学至心性，已是精微，而况中之为理，又其至者乎？故虽聪明而不能为思，虽才辩而莫可为言，以其神妙而无方尔。但自某看来，到喜得他神妙无方，乃更有端倪可求也。盖谓曰‘无方’，则精不住于精，而粗亦无不有也；微不专于微，而显亦无不在也。善于思且求者，能因其理而设心，其心亦广大周遍，而不滞于一隅；随其机而致力，其力亦活泼流动，而不拘于一切。可微也，而未尝不可以显；可精也，而未尝不可以粗。则人力、天机，和平顺适，不求中而自无不中矣。譬则，北人言其人之可用者曰‘中用’，言其物之可吃者曰‘中吃’，亦以其人与事、其物与口，恰好相当，而遂以中形容之也。”大众同声和曰：“先生论中之论，亦甚**中听**也哉！”
>
> “汝看此时环侍老少，林林总总，个个仄着足而立，倾着耳而听，睁着目而视，一段精神，果待汝去持否？岂惟人哉，两边车马之旁列，上下禽鸟之交飞，远近园花之芬馥，亦共此段精神，果待他去持否？岂惟物哉，方今高如天日之明熙，和如风气之暄煦，蔼如云霞之

霏密，亦共此段精神，果待他去持否？”……诸老幼跃然前曰：“我百姓们，此时欢忻的意思，直觉得跟鸟儿一般活动，花儿一般开发，风儿一般和畅，也不晓得要怎么去持，也不晓得怎么去放……”罗子曰：“汝诸人所言者，就是汝诸人的本心；如诸人的心，果是同着万物的心；诸人与万物的心，亦果是同着天地的心，今日风暄气暖，鸟鸣花发，宇宙之间，浑然一团和乐。……”①

这两段文字生动地展示了罗汝芳如何与在场的大众一起营造一“**共当下**”“**共目前**”的氛围。这个“**共实事**”的显现同样需要搁置、克服私己的、世情的牵连，所有的感官（耳窍、目窍）与心思（“心窍”）皆保持在“虚”的状态，而直接“通向”心性世界的“实事”，通向当下天地人互通声气的生意、生机中，共同证成“浑然一团”的“合乐”。庄子讲“**独**与天地精神相往来”，在罗汝芳“只在当下”“只论目前”的工夫指点中，最终营造出的是“**共**与天地精神相往来”。

在哲学上“共实事”如何可能？当今语言哲学家塞尔（John Searle）曾专门讨论“我们意向”（we-intention）或集体意向性（collective intentionality）现象。本来任何意向都是某个我的意向，是个体意向性（singular intentionality），“我们意向”是“个体意向性”的一种叠加性产物吗？“我意向它，也相信你也意向它，你意向它，也相信我意向它”叠加在一起就构成了“我们意向”现象吗？塞尔认为集体意向性是一种自成一类的意向性，无数多“个体意向”加在一起并不能构成“我们意向”。足球场上运动员的心领神会的默契走位、交响乐团中不同演奏位置者的配合，都是“我们意向”的例证。②“我们意向”在根本上是我们共同做某事

① 方祖猷等编校整理：《罗汝芳集》，第48—49、180—181页。

② John Searle, *The Construction of Social Reality*, The First Free Press, 1995, pp.23-26. 参陈立胜：《自我与世界：以问题为中心的现象学运动研究》，北京燕山出版社，2017年，第91—95页。

的能力，处在共同的环境下，以相同的身心姿态，共同聚焦于论说者所敞开的“论域”，“此时”“此地”（人与人之间的相互酬答），共同在场的每个人的“此身”“此心”都各自以其相同的身心之态（驻足而立，倾耳听，睁眼视，开口讲，悉心投入），向着共同的论域、共同的意义世界、共同的生机与生意敞开其自身。这是名副其实的“精神聚会”：“堂上堂下，人虽千百，而相向相通，心却浑然合成一个”；“此时此会，合堂上下，百千其心而共一忻忻爱好之情，百千其目而共一明明觌面之视，……百千其手足而共一济济不动之立站”；“满堂上下，亦庶几千红万紫”。[①]

第五，“只在当下”“只论目前”的工夫论具有一种“**启示性的问答逻辑**”结构。问者负责提出“问题”，答者给出“答案”，这是通常的问答逻辑。“启示性的问答逻辑”则将此“问者提问—答者回答”的“问答逻辑”加以彻底颠覆，转变为某种“自问—自答”，而原来的负责回答者只是一“启示”者，他开启问者的心扉，展示问者所问的“实事”，最终让问者自身给出答案。“启示性的问答逻辑”由以下几个步骤构成：（1）问者首先提出问题。（2）答者将问者的问题加以转化，将问者的浮泛之问、名相之问荡开，而直接转向目前、当下“实事”之问。（3）问者由答者所开启的实事自身而自行呈现出答案所在。于是，（4）**本是作为“工夫论”的话语问答当下即成为“工夫”本身。“问答”活动与“求理”活动泯然为一**：

> 问：“某今日用工，尽去致知力行，如何学问不见长进？”罗子曰：“子之致知，是知个甚的？力行，是行个甚的？”曰：“是要此理亲切处尔。”罗子曰：“既主意如是，便当先求此理矣。岂有此理不求而能得亲切，理不亲切而能致知力行，又能学问长进也哉？”曰：“某辈平日说理，只事物之所当然便是。”罗子曰：“汝初要求此理亲切，**今却舍了此时而言平日，便不亲切；舍了此时问答而言事物当然，又**

① 方祖猷等编校整理：《罗汝芳集》，第62、139、162—163、177页。

不亲切。”曰:“此时问答,如何是理之亲切处?”罗子曰:“**汝把问答与理,看作两件,却求理于问答之外,故不亲切。**不晓得我在言说之时,汝耳凝然听着,汝心炯然想着,则汝之耳、汝之心何等条理明白也!言未透彻,则默然不答;言才透彻,便随众欣然而是,则汝之心、汝之口,又何等条理明白也!”曰:“果是亲切。”罗子曰:“岂止道理为亲切哉?如此明辩到底,如此请教不怠,又是致知力行而亲切处矣。”众皆跃然有醒。

问:“此心每日觉有二念,而善念多为杂念所胜。又见人不如意,长生忿嫉,从容时,尚可调停,若仓卒必暴发不平,及事已,又生悔恨。不知何以对治方好也?”罗子曰:“心是活物,应感无定而出入无常,即圣贤未至纯一处,其念头亦不免互动。……况所云念头之杂、忿怒之形,亦皆是说**前日后日事**也。孔子谓:不追既往,不逆将来。**工夫紧要,只论目前。今且说此时相对,中心念头果是何如?**”曰:“若论此一时,则此已恭敬安和,只在专志听教,一毫杂念也自不生。”曰:“吾子既已见得此时心体,有如此好处,却果信得透彻否?”大众忻然起曰:“据此时心体,的确可以为圣为贤,而甚无难事也。”罗子曰:“诸君目前各各奋跃,此正是车轮转处,亦是桨势快处,更愁有甚么崎岖可以阻得你?有甚滩濑可以滞得你?”[①]

这两则对话都是将通常的“**工夫论**”的问答过程转变为“**工夫自身**”的开展过程。语言哲学家奥斯汀在其《如何以言行事》(*How to Do Things with Words*)中将言语行为划分为“以言表意的行为”(locutionary acts)、“以言行事的行为”(illocutionary acts)与“以言取效的行为”(perlocutionary acts)三种类型,在罗汝芳“启示性的问答逻辑”中,对话语言应该兼有这三种类型于一身。

---

① 方祖猷等编校整理:《罗汝芳集》,第43—44、96—97页。

“启示”(“开示”“揭示”)有一个开启、打开而展示的过程。在罗汝芳“启示性的问答逻辑”中，首先需要打开的是问者迷失于其中的名相世界(符号世界)这一层“观念之衣”，让问者直面性命学的“实事”。究其根本，则是要问者抖落身上的后天意见、积习，将自己脱胎换骨般地再次成为一“新人”——赤子：其目成为赤子之目，其耳成为赤子之耳，其身成为赤子之身，其心成为赤子之心。这个“原日之耳目”“原日之形体”“原日出生时的心”是罗汝芳**彻底还原**后的“本真自我”，这是问答者本真的耳目与身心，这是天真的耳目与身心，其目视、耳听、口啼、手足摸索与全副心思，都只在与周遭的亲人密切的互动上面。“天下最大的道理，只是仁义，殊不知仁义是个**虚名**，而孝弟乃是其名之实也。今看，人从母胎中来，百无一有，止晓得爱个母亲，过几时，止晓得爱个哥。圣贤即此个事亲的心叫他做仁，即此个从兄的心叫他做义，仁义是替孝弟安个名而已。”① 仁义礼智这些“大道理”最终安顿在赤子之耳目身心上，这是名副其实的“实事”而不再是“虚名”。

> 罗子曰：“孔孟门庭，果然风光别样。吾子以似在有无之间言之，亦善于形容矣。其实不然，我今问：子原日初生亦是赤子否？”曰：“是。”罗子曰：“初生既为赤子，难说今日此身，不是赤子长成？”曰：“今我此身，果是赤子养成而非他也。”**罗子曰：“此时我问子答，是知能之良否？”**曰：“是知能之良也。”罗子曰：“此个问答，要虑学否？”曰：“不要虑，不要学也。”罗子曰：“如此是为宗旨，尽是的确为有矣，安得犹言似有而无耶？……”②

如此，问答就成为两个赤子之间的对话，或者更准确地说是一种“应答”，

① 方祖猷等编校整理：《罗汝芳集》，第135页，又参第43页。
② 方祖猷等编校整理：《罗汝芳集》，第36页。

对话与应答表面看来是一语言交流的过程，实则更是赤子之心之自然开显之场域。这里没有引经据典的格套（“驰求闻见”），没有名相玄理的分解与思辨（“好为苟难”），这里只是两个活泼泼的心灵之间直接的相遇，没有曲折，没有拐弯抹角，有的只是率尔的你问我答、自然的你唱我和。准确讲，“我”与“你”已经悄然隐退，只是“天籁”与“天籁”、“生机”与“生机”之间的共鸣，简单，明了，率真，亲切，活泼！

六　两种实事、两种反思：心学与现象学“实事”与“反思”之异同

中国心学以回到目前“实事”标榜自身问学之切己性，很容易让人联想起现象学的基本原则“**回到实事本身**”（Zu den Sachen selbst/Back to the things themselves）。胡塞尔称“回到实事本身”是现象学“一切原则之原则”，其根本精神即回到原初给予的直观：每一种原初给予的直观都是认识的合法源泉。在直观中原初地给予我们的东西，只应按其被给予的那样，而且只在它在此被给予的限度内被接受。无论是心学的“实事”抑或现象学的“实事”都需要一番“截断众流”的工夫，将理论之书（观念）束之高阁，而直面生命之书，即当下的生命体验，就此而言现象学与王阳明为代表的中国心学都是“**一种意识的冒险**”（an adventure in consciousness）。早在上个世纪60年代郑和烈（Jung Hwa Yol）即撰文阐述王阳明心学与现象学之间的高度关联性，他特别提到王阳明“回到良知”的原则类似现象学“回到实事本身”的原则，并说胡塞尔与王阳明都是要回归原初的实事，二人都可谓是“永久的初学者”（perpetual beginner）。二人所思均为了证成普遍的人性，故皆可谓是“人类的公务员”（the civil servant of humanity）。[①]

---

① Jung Hwa Yol, “Wang Yang-ming and Existential Phenomenology,” *International Philosophical Quarterly*, Vol. 5, 1965, pp.612–636.

不过，现象学作为一种“学院哲学”与中国心学作为一种“生活哲学”（生命学问）决定了二者的“实事”并不完全是同一回事。心学一系的“实事”始终是第一序的、生存论的、当下的德性生命之觉悟与省思，而现象学一系的“实事”终究服务于一种反思意义上的，因而亦是第二序的理论旨趣。心学一系的“实事”即是德性实践的源头与开端，而现象学的“实事”则旨在建立一种本质科学、存在的科学。与此相关，心学的“反思”是“逆觉体证”，即通过对意识活动的省察而自觉其道德本心、挺立其道德本心，而且在严格意义上，它即是道德本心的自反、自思，此与现象学意义上的反思在根本旨趣上仍然存在着重要区别。

现象学家耿宁意识到中国心学的“实事”是一些“异常的精神实践与体验”，他指出这些体验并不是封闭于某个个体心灵中或某种文化圈中，而是在原则上可以为所有人通达的，而且在埃克哈特大师或约翰·陶勒尔的思想中也会见到与之相对应的“实事”。对那些涉及同一精神实事进行比较，不仅有助于对各个实事的自身理解，同时也会有助于进行“交互文化的证实”。而更为重要的是，对中国心学“实事”的现象学研究不是为了让“心学”成为一种现象学理论，而是使“现象学的明见”服务于心学实事的描述与领会的同时，让这种“实事”在我们自己的精神生活中涌现出来。[①] 毫无疑问，这不仅是欧洲现象学家的使命，而且理应也是“当下”中国心学研究者的使命。因为哲学的“本来面目”是生命的学问，远离生活世界、远离真实的生命实事的哲学，哲学只能日趋苍白无力而沦落为一种学科建制下的“概念游戏”。斯多亚哲学大师鲁弗斯（Rufus）说过，医学研究会给人带来健康，解决生理出现的问题，否则一无是处；同样，哲学研究会给人带来美德，解决心灵出现的问题，否则一无是处。医学的进步、人类平均寿命的提高，是有目共睹的事实，谁也不会质疑医学

---

① 耿宁著，倪梁康译：《人生第一等事——王阳明及其后学论“致良知”》，商务印书馆，2014年，第12—15页。

的用处。那么，哲学有无进步？人类是否因为哲学的进步其心灵生活越来越健康？这应该是让哲学家最为尴尬的一个问题吧。以“无用之大用”为哲学的存在加以辩护固然“中听”，但这“大用”只有突破“思辨”与“玄思”的层面而落实于人之真实的心灵生活并体现于日用伦常之中，方成其为“大用”。

要之，心学工夫论中的“实事”需要在学理上得到清楚、深入与系统的揭示，心学的“实事”论说不应被视为一种混沌的、不可辨析的自我转化的神秘语言，其所论之域亦不是必须对之保持沉默的神秘之域，毋宁说它具有显现与照亮各种心灵体验层次的能力，具有认知、情感与意志的向度，也正因此而具有激活、唤醒每个被“实事”抓住的人之本心之力量，“实事”中的各个向度及其关系需要得到相应的现象学生存论意义的澄清与理解；另一方面，如何在我们当下的生活世界中重新激活这一“实事”，让作为生命学问的哲学再一次成为人类的一种自觉的生活方式，成为转化自我因而也转化世界的一种精神力量，是当今时代中西哲人必须面对的共同的“实事”。

第十章　阳明学与杜维明精神人文主义主体性的建构

【本章摘要】杜维明是当代新儒家的重镇，他自其学位论文《行动中的宋明儒家思想：王阳明的青年时代（1472—1509）》起就尝试阐发一种有别于西方哲学的“主体性”原理，在《中庸洞见》中他提出儒学是一种“整全的人文主义理念”，近十多年来杜维明正式提出“精神人文主义”，将“个人”“社群”“自然”“天道”四个存在的向度作为其“道德主体性”存有论的基本架构。这一精神人文主义主体性与阳明学良知的多维度意蕴有着千丝万缕的联系。

杜维明先生是当代新儒家最著名的代表人物。他早期着重诠释儒家经典与义理，关注儒家“为己之学”及其现代意义，后复积极开拓儒学通向世界的学术路径，创辟儒学第三期发展、文化中国、文明对话与对话文明、启蒙反思、宗教性理解、儒家个人知识与体知、儒商文化等诸多极富启发性意义的论域，为儒学的创造性转化、为世界各大文明之间的沟通做出了卓越贡献。他最近十余年来正式提出个人—社群—自然—天道四位一体的精神人文主义哲学建构体系，在学界引起了广泛的影响。

回溯杜维明精神人文主义主张提出的历程，我们发现早在其学位论文《行动中的宋明儒家思想：王阳明的青年时代（1472—1509）》中，就有一种创发“主体性原理”的抱负。该书借鉴埃里克森（Erikson）心理社会发展理论，尤其人格发展八阶段说中的青春期的人格认同危机论，选定王阳明的青年时段（1472—1509），生动细致地阐述了王阳明的身世，早期生命成长所遭遇的挫折、困惑及其艰难抉择做出之过程，进而从外在机缘到内在心路历程等诸面向立体性地刻画了龙场悟道这一阳明个性发展中的突破性事件（当然也是中国思想中“一个划时代的事件”）。在此基础上，作者对王阳明龙场悟道时期所形成的知行合一观念、格物新说所包含的“**主体性原理**”进行了义理上的诠释。其后杜维明对儒学“为己之学”性质的刻画、对儒学宗教性向度的阐发、对启蒙心态的深度反思、对儒家个人知识与体知的论述都从不同面向推进了“主体性原理”的思考，并最终提出一种“精神人文主义”的主体性存有论。实际上将儒学刻画为一种有别于西方世俗人文主义的“儒家式人文主义”是牟宗三、唐君毅与徐复观一代新儒家共同的主张，杜维明的精神人文主义正是承接上一代新儒家的这一“话语”，而冠以“精神”一词，将儒家式人文主义论述推向一个崭新的阶段。

本章首先勾勒传统西方人文主义的谱系，刻画20世纪西方思想家对世俗人文主义的反思路径，然后简要地展示牟宗三、唐君毅、徐复观三人“儒家式人文主义”的开展脉络，在此基础上阐发杜维明精神人文主义主体性存有论的基本架构，并进而揭示这一理论架构中的阳明学因子，以此管窥阳明学在当代新儒家“主体性原理”建构中所发挥的作用。

一　西方人文主义的精神与反思

何谓人文主义？“对于‘人文主义’一词，没有人能够做出使别人也满意的定义。即使在人文主义的发源地西方，这个名词也含义多变，在不同的时代和不同的地方，不同的人会对它作出不同的理解。甚至在素有权威之称的各种版本的大百科全书里，它的定义也不完全一致。”[①] 因此，人文主义不是一种具体思想流派、哲学学说，而是“一种宽泛的倾向”，一个跨越不同的时代与国度（文艺复兴时期意大利的人文主义、启蒙运动时期法国与德国的人文主义以及 19 世纪英国、美国的人文主义）的“思想和信仰的维度”。尽管人文主义是一个十分宽泛的概念，但布洛克认为人文主义是西方“天人关系”三种模式——超自然的神学模式、人文主义模式、自然或科学模式——中的一种，前者以上帝为中心，人是上帝创造物中的一部分，后者以自然为中心，人是自然秩序的一部分，而人文主义则以人为中心，一切从人的经验出发，以人的经验作为理解自己、上帝与自然的出发点，故人文主义仍有一些基本内核：第一，关注人，而非神、自然。第二，关注人的尊严、自由、创造与个性。第三，关注人的理性思维。这三点大致涵盖了传统人文主义的“精神”。

不过，在现代各种反思人文主义的思潮之中，这种人文主义尤其是启蒙运动以降的人文主义一直被认为缺乏某种“**精神**”。雅克·马里坦（Jacques Maritain，1882—1973）在 20 世纪 30 年代就开始倡导一种“真正的人文主义”。他认定文艺复兴与宗教改革所酝酿的人文主义是一种“人类中心主义的人文主义”（anthropocentric humanism），这种人文主义是由路德、笛卡尔与卢梭联袂造就的：路德将信仰与理性对峙，把福音归结为个人的内心体验，激发出现代反理性主义的主观主义；笛卡尔不仅将信仰与理性对峙，更进一步将理性与感觉、思维与身体对峙，人类的认知遂跟“天使”的认知一样；卢梭则依靠个体心灵内部的情感来衡量意志与善。这种以人为中心的人文主义将人类带到了“文明的黄昏时分”。而“完整的人文主义”“宗教人文主义”则以神为中心，它要在“超越的主体

---

① 布洛克著，董乐山译：《西方人文主义传统》，生活·读书·新知三联书店，1997 年，第 1 页。人文主义的内涵还可参白璧德著，张沛等译：《文学与美国的大学》，北京大学出版社，2011 年；威廉斯著，刘建基译：《关键词：文化与社会的词汇》，生活·读书·新知三联书店，2005 年，第 208—213 页。

性”之中重新发现真正的人性。[①]

针对萨特存在主义是一种人文主义的说法，海德格尔在其《论人文主义的信》（1946年）中对人文主义进行了激烈批判。[②]古今人文主义的本质在于对人的本质的理性主义的规定。现代人文主义起源于文艺复兴，而文艺复兴所复兴的乃是西方第一个人文主义即罗马的人文主义。罗马的人文主义的基础在于希腊的教化（*paideia*）观念。希腊哲学认为人的本质在于人的理性，而这一本质只有通过“教化”才能得以实现。罗马人把希腊人的“教化”理解为使人合乎其本质、使人变成具有理想人性的“人性”（*humanitas*）概念，这就是罗马的人文主义。而在海德格尔看来，“理性的动物”对人的本质的规定与“形而上学—技术”的世界图景联系在一起，其最终的结局是将人拖入一种无所不在的宰制性、控制性的“座架”这一“存在的命运”之中，而架空了人的本质，使整个人类走向无家可归的末路。所以，海德格尔认定“对人的本质的一切最高度的人文主义的规定都还不知人的本真的尊严”，他反对人文主义乃是因为“那人文主义把人的人文放得不够高”。汉斯·约纳斯在《生命的现象》一书中同样对现代人文主义的最新版本存在主义进行了深刻的反思，他指出现代人文主义、现代性背后乃是一“虚无主义的深渊”，人与整个宇宙的断裂乃是“虚无主义根本”，“人与自然（*physis*）的二元论乃是虚无主义处境的形而上学背景”，人的尊严的高扬，是以孤独感、疏离感、陌生感、脆弱感为代价，故现代人文主义貌似高扬人之尊严，实则将人置入“变化无常、无聊、不安”乃至“虚无”的困境之中。[③]

---

① 马里坦对基督教人文主义精神的阐述见其 *The Range of Reason*（New York: Charles Scriber's Sons, 1952）一书，对马里坦完整的人文主义思想的讨论见利文斯顿著，何光沪译：《现代基督教思想》，四川人民出版社，1992年，第786—790页。

② 萨特《存在主义是一种人道主义》与海德格尔《论人道主义的信》的中译本均将humanism译为人道主义，为统一译名见，此处均一律改称“人文主义”。

③ Hans Jonas, *The Phenomenon of Life: Toward a Philosophical Biology*, Chicago: The University of Chicago Press, 1982, p.219.

埃伦费尔德（David Ehrenfeld）在其《人文主义的僭越》（*The Arrogance of Humanism*, Oxford University Press, 1981）一书中则批判一切人文主义所共同具有的对人类理性、人类控制力、主宰自己命运的能力过度的信任，并指出绝对相信我们有能力控制自己的命运，乃是一种危险的谬误。[①]

可以说，马里坦、海德格尔、约纳斯等对人文主义的反思从不同的角度逼近同一致思的方向：近代以降的人文主义是没有“精神的”，人文主义的“人文”、“人道”、人的尊严都还未达到真正人的高度。

宗教现象学家伊利亚德指出，近代欧洲文化一直囿于西方中心的视野而落入“文化地方主义”（cultural provincialism）的危险之中。欧洲与欧洲之外文明的接触与交流，必须以“对话的方式”进行，而真实的对话就必须深入文化的核心价值及其宗教源头，文明的遭遇在根本上是“灵性”“宗教”的遭遇。只有在西方文明与东方文明之间的宗教资源展开对话，从而完整地把握“宗教人”的生存结构，一种“世界性的新人文主义”才会产生。[②] 白璧德（Irving Babbitt，1865—1933）则指出，近代人文主义之中的知性的扩张（以培根为代表）与情感的扩张（以卢梭为代表）已经将内敛的、克制的人文主义拖入无节制的、无限制的泛滥的科学人道主义、感伤的人道主义（humanitarianism）与自然主义的泥沼之中。而要克服这种人文主义的偏执与片面则需要一种“真正世界性的智慧”，这种智慧来自“远东的道德经验”：“我们可通过两个人——孔子和佛的教育与影响来概括远东的道德经验。”[③] 这两位才是真正的人文主义原则的代表。

---

① 埃伦费尔德著，李云龙译：《人道主义的僭妄》，国际文化出版公司，1988 年。

② Eliade, *The Quest: History and Meaning in Religion*, Chicago and London: The University of Chicago Press, 1969, pp.1-11; *Myths, Dreams, and Mysteries: The Encounter between Contemporary Faith and Archaic Realities*, New York: Harper & Brothers, 1960, pp.7-12.

③ 白璧德著，孙学宜译：《卢梭与浪漫主义》，河北教育出版社，2003 年，第 8 页。关于白璧德人文主义的内涵可参梁实秋《白璧德及其人文主义》（《现代》1934 年第 6 期）与 T. S. 艾略特《欧文·白璧德的人文主义》（李赋宁译）两文。两文收入段怀清编：《新人文主义思潮：白璧德在中国》，江西高校出版社，2009 年，第 97—102、208—215 页。

白璧德尝试将耶稣基督、亚里士多德与孔子、释迦牟尼东西方智慧融通为一种真正的世界性的智慧、一种真正的人文主义。

二 “儒家式人文主义”之开展

“人文主义”一词在中国近代流行的历史大致与中国对西方近代历史的认识、对西方现代性的认识以及对中国文化的精神的自我理解紧密联系在一起。[①]

就新儒家而论，1950年，徐复观翻译了日本哲学家三木清（Miki Kiyoshi，1897—1945）的《西洋人文主义的发展》一文（刊于《理想与文化》第九期）。其后，唐君毅、牟宗三、徐复观三位先生撰文反思西方人文主义的得失，并阐述中国人文主义精神重建之方向。牟宗三撰写了《人文主义的基本精神》《人文主义的完成》和《人文主义与宗教》等系列文章，唐君毅撰写了《人文精神之重建》《中国人文精神之发展》《中华人文与当今世界》等著作，徐复观撰写了《中国古代人文精神之成长》《一个中国人文主义者所了解的当前宗教（基督教）问题》以及其代表作《中国人性论史·先秦篇》。

徐复观指出，中国文化既不是以神为中心而展开的，也不是以自然为中心而展开的，最早便是以人自身为中心而完成其发展。故中国文化不妨“似乎”称为人文主义的文化。[②] 但中国文化之中的“人文”实则与“天文”“地文”并置。[③] 人作为“参赞化育”的一极（“人极”）与天地一道

① 章可：《中国“人文主义”的概念史（1901—1932）》，复旦大学出版社，2015年。

② 黎汉基、李明辉编：《徐复观杂文补编》（第1册），“中央研究院”中国文哲研究所，2001年修订二版，第142页。

③ 《周易·贲卦·彖传》：“贲，亨，柔来而文刚，故亨；分刚上而文柔，故小利有攸往。刚柔交错，天文也；文明以止，人文也。关乎天文，以察时变；观乎人文，以化成天下。”《谦卦·彖传》中则出现了天道、地道、鬼神、人道并置的提法。刘昼《新论·慎言》则明确将天文、地文、人文并列而称：“日月者，天之文也；山川者，地之文也；言语者，人之文（转下页）

成为“共同的创造者”（co-creator）。这当然有别于西方文化将天人、人物对峙的种种“主义”（ism）中的二元思维定向。在儒者民胞物与万物一体的情怀之中，在尽心、知心、知天的心路历程之中，“天道”（“天文”）、“地道”（“地文”）、“人道”（“人文”）实则是三位一体之大道之有机环节。通天地人曰儒，故儒家之人文主义天然地即与宗教精神、自然精神不成对峙之势。徐复观对以人文主义称儒家思想表现出某种谨慎性，称中国文化为人文精神的文化，在以人为中心这一点上与西方人文主义相同，“但在内容上，却相同的很少，而不可轻相比附”。徐复观这一观察无疑有其合理性，但他认定中国的人文精神在历史中已经“取代了”宗教意识，并将儒学之中的具有宗教性的观念与思想统统视为“历史的残余”或思想的“歧出”，则不免折射出某种二元对峙思维的定向。[①]

唐、牟认定人文主义的精神是一种文化意识，它反对“物化”、刍狗人、“视人纯为一物质的机器”的唯物主义、僵化的理智一元论与科学一层论。但西方人文主义没有一“本原上健康的传统”。在西方学术文化传统中，偏于自然主义与理性主义之希腊思想（“物本”），与信超自然主义重启示信仰，而以神为本之希伯来主义、中古思想（“神本”），构成一根本的对立。西方文化的精神在“物本”与“神本”之间倾注摇摆。二本夹逼，“人本”无法出头，主体之门（“人本”）无法打开。存在主义虽旨在开“人极”，这在西方文化中是“一个新的方向”，但始终未能在根本上

（接上页）也。”牟宗三于20世纪50年代在台北发起人文友会，在首次聚会上便开宗明义提出儒家成为“人文教”的主张，并称儒家“人文教”与耶教（基督宗教）不同：“照儒教义理言，应天地并立，不独上达天德，还要下开地德。”“下开地德”就是开出“人文世界”。详见牟宗三：《人文讲习录》，《牟宗三先生全集》（第28册），第4页。黄俊杰先生则将“自然”与“人文”的“同步感”拟之为荣格（Carl Jung）所说的“共时性原理”，它与因果性原理不同，它强调时空中事件之间的相应性。黄俊杰先生进而指出这是儒家人文精神的一项重要内涵。见黄俊杰：《东亚儒家人文精神》，台大出版中心，2016年，第14—15页。

① 对徐复观宗教与人文主义关系的看法之考察见李明辉：《徐复观论儒家与宗教》，载冯天瑜编：《人文论丛：2006年卷》，武汉大学出版社，2007年，第402—412页。

"全部彻底透出"。[①] 不难看出，这一对近代人文主义的批判跟马里坦、海德格尔、白璧德等对人文主义的反思有诸多合辙处。实际上，牟宗三就明确将排挤宗教性的人文主义称为"**寡头的人文主义**"，而唐君毅则径引马里坦的看法："近代人之人文主义之大病，则在文艺复兴时代之人文主义之与宗教隔离、与神隔离，而人欲以其自己为世界中心。然由人之对神傲慢，欲自为世界中心之结果，则使人日益堕落而物化，而在近代文明之各种病态中，自失其尊严。此由近代人文主义者之欲专尊人，而终于使人失去其可尊之处。"[②]

唐、牟"**儒家式人文主义**"（牟宗三《道德理想主义》语）的共同取向即在于以儒家"立人极"的方式在现代文明中重新打开"主体门"。[③] **这个主体既不是近代人文主义张扬理智一元论与科学一层论的宰制性、控制性的"物化主体"（在这一点上新儒家与海德格尔是同路人），亦不是流于激情荡越的浪漫主义的"生命主体"（在这一点上新儒家与白璧德是同路人）。儒家式人文主义念兹在兹的是宏大而辟、深闳而肆的"道德的精神主体"**。在唐、牟看来，惟有中国文化才能彻底透出此"道德的精神主体"。这个"人本"的彻底的透出实又是对"物本"与"神本"的超克而完成的：它将"科学"（"非人文"）系于"思想主体"（"知性"）而"统摄消融"，从而接续上"科学的传统"而又不为之限囿；它将"宗教"（"超人文"）的"向里收敛与向上超越"的精神纳入"道德主体"而"综摄消融"，以宗教精神之中的超越性、崇高性提升人文主义的"人文"，以"人文主义"的"人文"消除、克服宗教的偏执。[④] 人之各种精神追求皆在此主体

① 牟宗三：《实存哲学的人文价值》，《牟宗三先生全集》（第 27 册），第 21 页。唐君毅：《中国人文精神之发展》，台湾学生书局，1984 年，第 85 页。

② 唐君毅：《中国人文精神之发展》，第 70 页。

③ 对牟宗山儒家式人文主义内涵的阐发见黄慧英：《道德理性与人文关怀：牟宗山先生论人文主义》，《儒家伦理：体与用》，上海三联书店，2005 年，第 273—294 页。王兴国：《哲学地建立中国哲学：牟宗山哲学论集》，中国社会科学出版社，2022 年，第 471—482 页。

④ "任何伟大的宗教精神，亦将在人文主义的提挈消融中，渐渐消除其偏执，（转下页）

之门中调适上遂，畅尽其趣，范围天地，曲成万物，人文主义遂成为领导全幅文化生命的最高原则。显然，牟先生“三统”重建说即是此“儒家式人文主义”的基本架构：将儒家的德性生活融摄西方之“超人文”即宗教的超越向度而进一步上提，塑造为一种具有宗教性的道德宗教（内在超越），此即“道统之重建”；在此基础上形成日常生活的“文制”化（即由道统所设立的人道之尊具体落实于日常生活、社会生活），而进一步（通过“良知的坎陷”）开出民主与科学，此即“政统”（“政治生活的文制”）与“学统”之重建。这一设想同样也见于唐君毅的人文主义论述之中：发展中国人文精神与宗教思想相融通，以重建吾人之道德生活，“以此思想，融解中国重德性之人文思想，与西方重个人自由、重国家、重社会组织之各种之政治思想之冲突，而使中国人今后之努力于民主建国之事，为成就中国人文精神之发展之事”，同时“谋中国人文思想与宗教之融通，而发展中国人文思想，以与超人文境界接触”。[①]

三　精神人文主义提出之过程

早在《“仁”与“礼”之间的创造性张力》（1968年）一文中，杜维明先生就自觉承继了唐、牟一代“儒家式人文主义”理念，通过揭示“仁”与“礼”之间的张力，将“仁”阐述为一种“宇宙精神”（“形而上学的实在”）的创造性力量，它既内在于人之心灵之中，又体现于此世的伦常生活实

（接上页）使其逐步反省其自己以充分调整开拓通达其自己。”牟宗三：《道德理想主义》，《牟宗三先生全集》（第9册），第236—237页。唐君毅也指出：世俗流行的宗教精神之意义，或是指一种坚执不舍，一往直前的意志。或是指一种绝对的信仰、绝对的希望。或是指一种人对于其所信仰所希望实现的目标之达到，有一定的保障之感。此三义可相连，统可如詹姆斯之名之为“信仰的意志”。而真正的宗教精神，是一种深切地肯定人生之苦罪的存在，并自觉自己去除苦罪之能力有限，而发生忏悔心，化出悲悯心；由此忏悔心悲悯心，以接受呈现一超越的精神力量，便去从事道德文化实践之精神。见唐君毅：《人文精神之重建》，台湾学生书局，1974年，第25页。

① 唐君毅：《中国人文精神之发展》，第2页。

践里面。这篇论文虽未直接点出儒家式人文主义主体性这一主题，由于受论题的限制也没有专门讨论“自然”的向度，但它对“仁”的讨论始终基于唐、牟一代的“儒家式人文主义”这一理论架构。四十多年后，杜维明先生基于同一主题对“克己复礼”命题进行了重新解读。这一新解读信息量很大。一方面，杜维明先生对何炳棣当初的质疑进行了重新反驳[①]，何炳棣对“克己复礼”的解释被归结为“凡俗人文主义”（实则也是“历史主义”），它既放弃了宗教的“超越性”向度，也放弃了内在的“主体性”向度。另一方面，针对芬格莱特（Herbert Fingarette）的解读，杜维明先生也提出了深刻的批评，芬格莱特的解释被归结为“外在的人文主义”，它从一种“外在的神圣性”出发，对孔子的思想进行了一套社会伦理的解释，减煞乃至取消了人性的“自主性”（“内在主体性”）。[②] 由此定位回头看《“仁”与“礼”之间的创造性张力》一文，其问题意识便更加清晰了，杜维明先生后来的精神人文主义的构思确实可以上溯至此文。[③]

《主体性和本体论的真实：王阳明思维模式论》（“Subjectivity and Ontological Reality: An Interpretation of Wang Yang-ming's Mode of Thinking”，刊发于《东西方哲学》杂志第 23 卷，1973 年第 1—2 期）一文明确提出王阳明“**主体性原理**”议题。该文首先刻画了王阳明身心之学的基本结构：“圣性”是人内在的“实在”，它植根于人心灵之中，这是一本体论的实事；“圣性”又是一永远不能完全实现的“潜能”。这就意味着每个人都能够成圣，这是自我实现的先天根据（“本体结构”），每个人的成圣过程又是无止境的，这是自我实现的具体过程（“蜕变过程”）。知行合一则是阳明身心之学展开的过程，即追求自我实现的过程。杜维明先生指出知行

---

① 围绕《“仁”与“礼”之间的创造性张力》一文所发生的争执见何卓恩、柳恒：《思想史的“史”与“思”：从何炳棣与新儒家关于“克己复礼”真诠之争说起》，《深圳大学学报》2016 年第 6 期。

② 杜维明：《建构精神性人文主义：从克己复礼为仁的现代解读出发》，《探索与争鸣》2014 年第 2 期。

③ 感谢邱楚媛博士向我指出了这一点。

合一这个阳明早期的命题具有“主体性原理”的卓见：它将人的主体性实现变成一种真实的经验，而非抽象的过程；它将焦点集中于思想与实践的内在连接，并注重在任何处境中都保持道德意识的警醒、保持道德意志的定向性。那么，这一“主体性原理”如何与“主观主义”区别开来？杜维明从“内在性”与“普遍性”两个向度揭示了阳明学主体性的哲学内涵。内在性系指良知作为心之本体，具有“智的直觉”（认知、洞察力，此是承牟宗三术语）与包容整个宇宙的无所不入的感通力（“人类宇宙性情感”，牟宗山称为“存在论的觉情”），它是个人最深的、永恒的“实在”。这种“内在性”并不是“主观主义”，因为良知还具有“普遍性”，王阳明的《大学问》正是以人能够无限地扩展其良知，以人与宇宙存有间一系列“共同感之沟通”来界定人的主体性。质言之：“人和宇宙中所有存有的原始统一既不是一个成就的境界，也不是一个可欲求的理想。它本质上是一个体验到的和经历到的实在。这就是人的存有论存在状态。……人之所以能与宇宙间的所有存有产生精神上的沟通，是因为在本体论上他是与天、地和万物形成一个有机的统一体。”[①]这种主体性（良知）与本体论实在（天理）的同一是王阳明的思维模式的基本特征，因此王阳明的“主体性原理”根本不同于主观主义，它具有多重存有意蕴：第一，作为内在的“圣性”与真己，主体性是真正的人性之所在。第二，虽然在现实存在层面，这种主体性会被遮蔽、掩盖，但在本体论上它是永存、自存的实在。第三，它具有深刻的原动力与创造性。第四，它实现其自身的历程即是实现与天地万有共在的过程。第五，作为本体论实在的天理是心之本体，而作为纯粹主体性的心之本体又必须自我实现，以呈现天理。[②]可以说杜维明先生对王阳明“主体性原理”的阐释中已经明显地预示了其以后的精神人文主义主体性存有论的四个向度。

---

① 杜维明：《仁与修身》，郭齐勇、郑文龙编：《杜维明文集》（第四卷），第146页。
② 杜维明：《仁与修身》，郭齐勇、郑文龙编：《杜维明文集》（第四卷），第148页。

在1976年出版的学位论文《行动中的宋明儒家思想：王阳明的青年时代（1472—1509）》中，杜维明先生也专门阐发王阳明思想中的“修身的结构”与“主体性原理”。论文原名为《自我实现的探索：王阳明成长期研究》（*The Quest of Self-Realization: A Study of Wang Yang-ming's Formative Years*），完成于1968年，这也是《“仁”与“礼”之间的创造性张力》一文发表的时间，这再次说明杜先生从其治学开始就聚焦于儒家式主体性原理的创发。

在1976年出版的《中庸洞见》第一版序言中，杜维明先生更是自觉地把《中庸》作为一种**人文主义构想**的展开、作为“一个精神传统的中心文本”加以研究，并表示他的研究目的就是揭示其“深层次的和完整的结构”。在该书第二版序言中，杜维明先生又说：“我们能够在《中庸》中清楚地看到一种**整全的人文主义理念**的展开。……如果我们把儒家之道规定为人文主义，则这种道所象征的便是一种兼容的而非排他的人文主义。”而在中文版代序中（1999年），杜维明先生提出儒家人文精神的宗教性议题，他指出《中庸》极高明而道中庸的人文精神是一种“**涵盖性和包容性的人文精神**”，它和现代西方启蒙心态所代表的世俗的人文主义形成鲜明对比。可见杜维明先生很早就自觉地承接牟、唐、徐一代人文主义的话题，并着重强调儒家的人文主义是富含宗教性向度的人文主义而有别于世俗的人文主义。

《中庸洞见》一书还完整地描述了人格—社会—宗教三位一体的结构，在这个结构中人格即是“君子向度”“主体性向度”，杜维明先生又称之为“君子主体性”，社会即是“政”的向度、“信赖社群”向度，而宗教则是“道德形上学”的向度、“诚”的向度。在“**君子主体性**”向度，杜维明先生对儒家的道德主体的刻画，充分撑开了主体性的“高度”（所有人都被赋予自我实现的内在力量，能够达到与天合一的高度）、“厚度”（这种主体性是扎根于存有的连续性之中）、“深度”（这种主体性又是内在于人之心灵的深处）与“广度”（它贯通、实现于社群与天地万物之中）。在

“**信赖社群**”向度，杜维明先生揭示了父子关系作为“最原初的纽带”所具有的“伦理宗教的象征意义”，他指出儒家的“孝”观念体现了对“人类共同起源具有特殊关切的一种表现”，起到维系族群认同与社会团结的作用。他从“五达道”“三达德”与“九经”三个面向阐述了人际关系的可信赖性乃是奠定于仁义礼智信这些儒家根本价值上面，社群之间的真正联系是一种“道德伦理的联合”（人际中的对偶关系全都受恕道的支配）。而在“**道德形上学**”向度，杜维明先生指出天道的实然与人道的应然是人性、天性合一的本体论基础。“诚”是人的德性最本真的体现，也是天所赋予人性的真理与实在。作为“人之道”的“诚”是向着“君子的主体性”不断前进的过程（“成己”），同时又不断地在“信赖社群”中敞开自身、展开自身（“成物”）。

由上可见，杜维明先生在上个世纪70年代对王阳明与《中庸》文本的创造性研究中已经明确将儒家的学问确立为一种拥有宗教性向度的人文主义，而有别于世俗的人文主义，也明确地从“本体”—“实存”的先天性与过程性，从存有论的结构刻画儒学的“主体性原理”。

在上个世纪90年代出版的《道・学・政》一书中，杜维明对心学一系的刘宗周思想中的“哲学人类学的主体性”进行了深入阐发。该文是由其早先的王阳明哲学中的主体性与本体论实在密不可分的论题延伸而来，他指出刘宗周的“慎独”哲学从个人最内在的精神向度入手转化其自我，从而形成与天地密不可分的“三位一体”、一种“真正的主体性”。在这种主体性中，宇宙之“体”在经过个人修身所敞开的透明性、自发性与开放性中得以全面地呈现。在同一时代杜维明先生还发表了一系列儒学的超越性与人文主义的演讲，讨论的主题都是如何由世俗的人文主义走向有宗教向度的人文主义。在启蒙反思论域最重要的一篇论文《儒家传统的启蒙精神》（1997年）的结尾，杜维明先生表达了他一直持有的“深刻信念”：“具有生命力和创造力的文化传统，必然是开放的、发展的、深具自我批判机制的，并且能以平等互惠、结合古今、贯通中西的气度，面向未来的长江大河。在多元文化的背景中，我们必须建立一个具有群体性而且具有批判性的自我意识。这种自我意识，应当既高明而道中庸；涵盖面非常宽广，甚至可以说是涵盖天地但又必须落实到日常生活。**儒家所体现的正是这种结合个人、社会、自然与天道四个层面的人文精神。**”[①]在1998年发表的《儒家人文精神与宗教研究》演讲中，杜维明先生提出了“儒家人文精神的宗教含义”议题，并指出儒家的人文精神有别于西方启蒙心态的人类中心主义，它由四个面向构成，第一个是个人的问题，第二个是社群的问题、公共领域的问题，第三个是自然的问题，第四个则是天道的问题。“个人”“社群”“自然”与“天道”四个向度通过个人与社群健康互动、人类与自然永久和谐以及人与天道合一合德这三个基本坐标得以落实。[②]可见“精神人文主义”主体性存有论的四个向度这一主题贯穿于杜维明先生长期的致思过程中。

2001年，杜维明先生在*Daedalus*杂志上发表了《新儒家人文主义的生态转向对中国和世界的启发》(“The Ecological Turn in New Confucian Humanism: Implications for China and the World”)一文。[③]该文第二节的标题是“**神圣的儒家人文主义**”，所谓神圣的儒家人文主义即是从整体宇宙的背景看待人类的处境，人类的“家”观念超越了地域共同体的界限，民胞物与，天下一家，“人”则是宇宙进程的积极参与者，肩负着关怀环境的宇宙论责任。这种古典的神圣人文主义在近现代中国被贬低为可有可无的陈腐旧说。儒学价值只有符合西方定义下的“现代化”才能得到肯定，“现代主义转向”把儒家人文主义改造成为一种“世俗的人文主义”。而在现代新儒家中，钱穆、唐君毅与冯友兰提供了一个“新的视野”，重

---

① 该文收入中华文化国际学术研讨会论文集《中华文化：发展与变迁》(马来西亚，1997年)，见郭齐勇、郑文龙编：《杜维明文集》(第五卷)，第291页。

② 郭齐勇、郑文龙编：《杜维明文集》(第四卷)，第568—574页。

③ 杜维明著，陈静译：《新儒家人文主义的生态转向对中国和世界的启发》，《中国哲学史研究》2002年第2期。

申天地人之间的相互贯通，地球不仅仅是我们的居住地，更是我们的家园，天地万物不再仅仅只是“客体的集合体”，而是“主体的共同体”。这种新视野超越了具有宰制与征服特性的人类中心主义与工具主义，克服了精神与物质、心灵与形貌、神圣与世俗、主体与客体等一系列二元对立的现代意识与“非此即彼”的思维范式，从而将人文主义提升为“中和着仁爱之心和同情共感的宇宙人文主义”。宇宙人文主义认为由人类的同情共感的仁爱之心而证成的“与万物为一体”是对“全球共同体”发出的“道德命令”。王阳明的《大学问》阐发的就是这样一种“**宇宙人文主义**”。王阳明以怵惕恻隐之心、不忍之心、怜悯之心、顾惜之心描述我们与同类、动物、草木、瓦石一体相关的联系，这说明万物一体并不是虚幻的想象，而是植根于我们天性之中的无限感通的能力。大地、身体、家庭和社群作为存在的链条，具有内在的价值与神圣性，个体也只有在这一无限的感通之中才能实现其自身的所有潜能。杜先生指出这种儒家宇宙人文主义的“生态转向”能够拓宽启蒙方案的视域，使之容纳宗教精神与生态智慧，进而激发出一套新的家庭价值、社会伦理、政治原则与环境意识，培育一种“全球的责任意识”。接着杜维明先生将这种“生态转向”的宇宙人文主义命名为“**儒家天人合一的人文主义**”（这一命名源自陈荣捷《中国哲学资料选》一书），并从自身、社群、自然和天道四个不可分割的层面对之加以阐述：第一，自身与社群之间富有成效的相互作用。儒家天人合一的人文主义的仁爱之心是一个由己及人、及物的无限过程：由自身出发扩展到家庭，由家庭扩展到社群，由社群扩展到国家，由国家扩展到全人类乃至地球生命共同体，从而不断地超越自我主义、裙带关系、地方主义、种族主义与大国沙文主义以及人类中心主义。第二，人类与自然之间可持续的和谐关系。儒家天人合一的人文主义超越了世俗人文主义对自然的宰制性心态与工具主义取向，它把人类的发展与福祉跟天地万物的繁荣联系在一起。第三，人心与天道的互动。儒家天人合一的人文主义充分认识到我们植根于大地、身体、家庭和社群之中，这个天人合一的“大身体”具有神圣性，人需要对之保持足够的敬畏。第四，知性、修身以达到三才同德。儒家天人合一的人文主义的自我实现最终有赖于知天和事天，有赖于人文精神的培育。自我实现最终必是天、地、人三才同德，人自身成为一“完全的宇宙存在”。《新儒家人文主义的生态转向对中国和世界的启发》一文在杜维明先生精神人文主义思想路线图中具有重要的意义，它不仅阐述了新儒家人文主义的思想脉络，刻画了儒家天人合一的人文主义的四个向度，而且还对商业主义、利润主义和国际竞争成为“当前中国精神的特征”这一现象进行了严厉的批判。杜先生指出能否超越“一味追求富强的单一发展模式”，超越日益盛行的世俗人文主义，进而以一种具有引领性、前瞻性的正面力量参与世界新秩序的重建，决定了“中国崛起”的世界意义。为此杜先生呼吁知识界扩展“参照系”，彻底放弃社会达尔文主义，把包括印度在内的非西方的经验纳入现代化的方案中，充分挖掘本土资源，重新激活大乘佛教、道教与天人合一的儒家人文主义精神，建构一种具有层次分明、能够接受多元性、容纳“他者”的精神景观。要之，“新儒家生态转向对于**中国精神的自我认同**具有重大意义，因为它敦促中国转身回家，重新发现自己的灵魂”。如此，崛起的中国就会“在相互依存日益加深的多元世界中找到自己的位置，而不是局限在直线进步的狭隘轨道上”。杜先生的这番“盛世危言”至今仍然具有振聋发聩的时代意义。

2008年杜先生应联合国教科文组织的邀请撰写了《文化多元、文化间对话与和谐：一种儒家视角》（万骏译，《中外法学》2010年第3期）一文，在该文中杜先生明确指出他发明了一个新术语“*anthropocosmic*”（天人合一）来指示一种以对宗教敏感、接受自然为前提的“综合人文主义”（见上述2001年发表的《新儒家人文主义的生态转向对中国和世界的启发》一文），这种人文主义有别于世俗人文主义，它既本于自然，又有灵性灌注于其中。而印度著名哲学家R. Balasubramanian将之恰当地定义为“精神人文主义”（spiritual humanism）。在2011年6月11日与查尔斯·泰勒的对话中，杜先生再次强调儒家人文主义绝对不是一种世俗的人文主义，而是一种“整全的、综合的人文主义”，一位杰出的印度哲学家 R. Balasubramanian 撰写的《印度与中国关于知识、智慧和精神性的哲学洞见》一文非常有说服力地论证了儒家是一种“精神人文主义”。[①]可见早在 2008 年左右杜先生就明确认同了 R. Balasubramanian“儒家精神人文主义”的说法。但他尚未自觉地将自己所倡导的整全的、综合的人文主义称之为“精神人文主义”。故在 2010 年 7 月 16 日“心学的文化与政治含义——杜维明思想研讨会”上，杜先生仍然将他全面阐发的容摄个人、社会、自然与宗教四个向度的人文主义称为“全面而且整合的人文精神”。[②]

综上，自上个世纪 60 年代治学伊始，杜维明先生就将阐述儒家式主体性原理视为自己的学术使命，并在不同时期将这种主体性原理称为“整全的人文主义理念”“君子主体性”“涵盖性和包容性的人文精神”“神圣的儒家人文主义”“宇宙人文主义”“儒家天人合一的人文主义”“整全的、综合的人文主义”等等。

2014 年 2 月，杜维明先生在《探索与争鸣》上发表了《建构精神性人文主义：从克己复礼为仁的现代解读出发》一文，该文明确提出一种有别于“外在人文主义”与“世俗人文主义”的“精神人文主义”主张。这是目前见到杜维明先生自觉将其所建构的儒家人文主义称为“精神人文主义”最早的一篇文献。

2014 年 5 月 19 日，杜维明先生应罗斯柴尔德爵士的邀请，于伦敦皇家艺术学院为庆祝基辛格博士 90 寿辰所做的主题演讲中，进一步提出了自己关于“精神人文主义”的理论构想。[③]

---

① 杜维明、查尔斯·泰勒著，邱楚媛译：《世俗时代的精神图景》，《哲学动态》2022 年第 12 期。

② 杜维明：《心学的文化与政治含义》，《社会科学战线》2012 年第 4 期，第 214—222 页。

③ 王建宝：《从精神人文主义看儒家生态伦理》，《船山学刊》2017 年第 3 期，第 104 页。

四 精神人文主义的“精神”

精神人文主义是对“儒家式人文主义”的“主体门”的深化与拓展。毫无疑问，杜先生的问题意识和理论视野与第二代新儒家相比发生了很大变化。面对全球化时代下的文明冲突问题、全球生态问题以及伴随现代性现象而生的意义丧失、认同危机的种种问题（查尔斯·泰勒所说的“现代性的隐忧”），如何通过重新挖掘中国文化中的人文主义传统，掘地及泉，有力地回应这些世界性的问题，这大致是精神人文主义的致思宗旨。

就人文精神之打开的“主体门”而论，杜先生精神人文主义的突破在于，它明确地提出一种道德主体性的存在论（ontology），即精神人文主义的四个向度：第一个向度是自我本身的内在关系，杜先生用“身、心、灵、神的统一”刻画这一内在关系；第二个向度是个人与他者的关系，人与人之间如何通过家庭、社会、国家和世界形成一种健康的互动关系、一种“信赖社群”（fiduciary communities）；第三个向度是人与自然的关系，人类与自然需要达成一种持久的和谐；第四个向度是人心与天道相辅相成的关系。这四个向度构成了人之为人的基本存在向度。这个主体性存在论的四个向度构成了人之为人的不可分割的整体结构：将任何一个向度孤立化，人便陷入“单向度”的偏执。这一精神人文主义的“主体性”既是一种自尊、自立、自主、身心一如的主体性，同时又是向他者敞开、扎根于“大地”、容身于相互信赖的“社群”之中的“互为主体性”。[①] 对

① 早在《中庸洞见》一书中，杜维明就指出：“生命力的内在共鸣如此有力，致使人体中最精致细微的气所构成的心，与自然万物不断产生一种交感的和合。这种‘感应’功能赋予自然以‘太和’的特色，并使心也具有此特色。心……对自然的审美欣赏，既不是主体对客体的占用，也不是主体强加于客体，而是通过转化和参与，把自我融入扩展着的实有。”“人道既不是神中心的，也不是人类中心的。毋宁说，它指向了天人之间的一种互动性。由于坚持天人之间的互动，人道一方面要求必须使人的存在具有一种超越的依据，另一方面也要求天的过程得到一种内在的确认。”杜维明：《论儒学的宗教性》，郭齐勇、郑文龙编：《杜维明文集》（第三卷），第235、379页。

“天”的敬畏、对大地的依托、对他人的尊重与对“自我的关注”是一体不可分的。与唐、牟“融摄”“物本”和“神本”而成就一种“儒家式人文主义”相比，唐、牟融摄“物本”旨在开出“学统”，而精神人文主义对“物”的思考更注重人与自然的亲和，展现“大地”厚载万物的德性及人与万物同体的能力；唐、牟融摄“神本”旨在开出“道统”，而精神人文主义对“神”的思考更注重为一种“对话文明”植根：“它超越各种不同宗教的要求——不仅超越，而且可以协助一个有强烈精神人文主义关怀的人，成为一个更好的基督徒、伊斯兰教徒、犹太教徒、佛教徒或印度教徒等”，不仅如此，对自我的关注、对信赖社群的委身、对“大地”的信赖，亦可以让“基督徒、伊斯兰教徒、犹太教徒、佛教徒或印度教徒等”成为一个更好的人文主义者。

以“精神”二字来刻画、标榜这种人文主义更能彰显儒家人文主义的“普适性”与“圆融性”。“精神”在不同的文明中其原意即是“呼吸”“气息”，后具有圣灵、灵性的意思。① 在今天的西方文化中“精神性”一词大致可以刻画为以下几点：（1）精神性是普遍的、普世的；（2）精神性是一种人性，是人与生俱来的自然潜力；（3）精神性的内核是对神圣者的渴求，是对生命的赞美；（4）精神性是我们对超自然的对象做出反应的能力；（5）精神性是一种创造力，一种生命力；（6）精神性是一种同情，是对他者的爱。② 这些精神性的意涵与中国古典文献之中“精神”二字有很多重叠之处。“精神”者何谓也？“精”是“精气”“灵气”，“神”是“精”之妙用。故“精神”不是一种意识现象，而是天地生生不息的力量，精神的源头在天，乾元即是一生生不息的力量。用《庄子·刻意》的话说，它“四达并流，无所不极，上际于天，下蟠于地”。故“存有的连续”实则即

---

① “圣灵”（Holy Spirit）在希伯来语里面即是“呼吸”“气息”（*ruach*）的意思，希腊文的灵魂（*Pneuma*）、拉丁文中的精神（*Spiritus*）以及印度教的阿特曼（*Atman*），其本义都跟气息、呼吸相关。

② 埃尔金斯（David N. Elkins）著，顾肃等译：《超越宗教》，上海人民出版社，2007 年。

是一精神力量之连续，此是“精神”的宇宙论内涵，就此而论，天地万物皆有其“精神”。这跟西方灵知主义将“灵”与“物”完全对峙的二元论全然不同，后者导致的最严重的后果是将大自然、人的身体视为是“无精神的”、黑暗的存在。科学一层论、技术主义、虚无主义是“无精神的”自然主义的必然结局。人是这一天地精神的“发窍处”，天地“聚精会神”而成人，人是天地的心，身体是天地精神之舍（“精舍”），“心之精神是谓圣”（“心之良知是谓圣”），仁的自觉即是天地精神在人心（良知）这里得到豁醒、觉悟。在人这里豁醒的“精神性”无疑是一种有深度的、创造性的、情感饱满的、有智慧的爱之力量。人在宇宙中之所以能占有“天生人成”的参赞化育（co-creator）的地位，其根本的原因在于此天地精神之豁醒（仁的自觉），此为**精神的心性论内涵**。人通过“自我转化”可以与天地精神相往来：人我、人天、人物之间的精神感通，此为精神的工夫论内涵、体知内涵。精神的力量是“无限的”，这些精神性力量，恰恰就是在个人的心身灵神的生活、艺术生活、社群生活以及与自然、天道的互动之中得到体现的。杜维明在讨论宋明儒学的宗教性时指出，儒学虽然缺乏西方“全然他者”的观念，但其“自我转化”的承诺却必然包含着超越的层面，“它是由人的主体性的不断深化和人的感受性连续扩展的双重过程构成的”，它对天的敬畏、对“大人”与“圣人之言”的敬畏与基督宗教对“超越者”的敬畏心态是一致的。对主体性的深化需要不断地超越自我中心、裙带主义、种族主义与沙文主义，最终摆脱人类中心主义而与天地万物为一体。儒学的精神性与宗教性力量就内在于当下的日常生活之中（“即凡即圣”）。

唐君毅、牟宗三这一代新儒家已经注重儒学“精神生活”之宗教性一面。早在1954年牟宗三就尝试将儒学转变为“人文教”（见《人文讲习录》第一讲），1960年他在台南神学院发表《作为宗教的儒教》演讲，提出儒教应该跟基督教一样发挥两种作用，一种是“日常生活轨道”的作用，基督教的祈祷、礼拜与婚丧礼节是西方文化中日常生活的轨道，儒教中的礼乐与伦常则是中国文化中日常生活的轨道。另一种则是指导“精神生活之途径”的作用，这体现在个人人格的创造（“成圣、成贤、成佛、成基督徒”）与历史文化的创造两个方面。而就“精神生活途径”而论，儒家启发人精神向上之机即在于“性”与“天道”两个基本观念。“仁”作为宇宙万物的本体其根本属性就是“精神的”，而非“物质的”。“仁”即是“创造性自身”“生命之真几”，即是一“健行不息”的“精神实体”，它通过本心之“悱恻之感”得到“觉”，而能觉此、体此“创造性自身”即是人之“性”，这是人之本体，也是创造性自身落实之处；而从宇宙大化流行看，此创造性自身就是天道。也就是说儒家的创造性从人讲是仁、是性，从天地万物讲是天道。人对“创造性自身”在主观方面有其“呼求之情”，由此在客观方面就转为人格神意义上的上帝。但儒家与基督教不同，没有将心思全幅贯注于“客观的天道之转为上帝”上，亦未在主观方面将呼求之情在“形式”上转化为“祈祷”，而是聚精会神于“人如何体现天道”上，因而儒教是“全部以道德意识道德实践贯注于其中所谓宗教意识宗教精神”。[1]与牟宗三的看法相呼应，唐君毅亦在其著作反复阐明儒家之教包含宗教精神于其内，它“既承天道以极高明，而归极于立人道，以致广大，道中庸之人文精神所自生”。故谓儒家“儒家骨髓”，实是一“人文宗教”。[2]杜先生精神人文主义将“精神”向度展示为个人—社群—自然—天道四位一体的存有连续体，在每个“位相”（“向度”）中，人皆可以“体知”宇宙本体的“创造性自身”（“生生不息”的“精神”）。这种“存有”的精神化（“客观方面”）与“玩心神明，上下同流”的主体的精神化（“主观方面”）无疑深化了唐、牟一代新儒家的儒学“精神生活化”论述。

另外，“精神人文主义”也有助于我们扩展与加深对人类存在的宗教性向度的理解。唐、牟一代新儒家重在揭示儒家作为“道德宗教”的宗教

---

① 牟宗三:《中国哲学的特质》,《牟宗三先生全集》（第28册），第101—107页。

② 唐君毅:《中国文化之精神价值》,《唐君毅全集》（卷四），第65页。

精神，尤其对儒家礼教如“三祭”所富含的宗教精神进行了如理、如实的呈现：祭天地即是祭“宇宙生命之始”，祭祖先即是祭“个体生命之始”，祭圣贤即是祭“文化生命之始”，“三祭”所体现的是人以一种宗教性的敬畏的态度与天地精神、祖先精神、文化精神相感通。宗教生活固然表现于“报本反始”的庄严肃穆的礼仪中，但担柴挑水，无非妙道，日常生活自有其神圣性一面。如果回顾西方20世纪60年代的“人的潜力运动”、80年代的“新时代运动”以及90年代的“朝向精神性的运动”，确实可以设想一种更加广泛的精神生活（灵性生活），“迄今还没有一个宗教组织在教会建筑的围墙之内把上帝或神圣者守住”。上个世纪50年代以后，不少美国人越来越认同所谓“我是精神化而不是宗教化”的想法。[①] 后现代宗教哲学的提倡者库比特（Don Cupitt）讥讽官方教会神学已是一个“死亡的学科”：“它是一种‘遗产’学科，它完美地维持我们的宗教传统，却毫无生命。”这一说法难免有偏颇不实处，但他进而观察到一个值得注意的现象：在最近四五十年的公共话语中，人们原先用来表达人类与上帝关系的大量词汇被转移到现世的生活领域，“随着死后个人拯救的希望不再那么清晰，宗教关注和宗教情感的中心转向现世生活，……在这个新的宗教世界里，你的个人快乐、你对拯救的希望和你的完满不是依赖于对不可见事物的信仰，而是依赖于你的生活态度。……如今似乎没有人知道热爱上帝是什么或者曾经是什么，但是似乎人人都能理解热爱生活是什么。在公共话语和媒体中，我们几乎天天听到，所有生命都是神圣的；我们听到关于生命的神圣性、敬畏或敬重生命的谈论”[②]。实际上即便在神学家中，上帝也越来越成为“生命的上帝”，当我们不再热爱生命，当我们对他者的生命漠不关心，上帝就离我们远去了，因为“上帝是赐生命的上帝，侵犯生命就是侵犯上帝，凡不爱惜生命的人也不爱上帝。

---

① Robert Fuller, *Spiritual, But Not Religious: Understanding Unchurched America*, New York: Oxford University Press, 2001, pp.5–7.

② 库比特著，王志成、朱彩虹译：《宗教研究新方法》，第5、90—91页。

上帝是我们整个生命的上帝，是每个不同生命的上帝，是所有生命的上帝”[①]。莫尔特曼在《创造中的上帝》中译本前言中还特别指出，他所揭示的上帝在万有中的临在，就是自然生命共同体中的“精神”（圣灵），“这种关于**不是在彼岸，而是在万物中的圣灵即‘气’**的观点，要求我们像史怀哲（Albert Schweitzer）所说的那样，把对任何生物的生命的尊重添加到对上帝的尊崇中，并且，反过来，尊崇上帝在万物中的临在”[②]。将哲学视为一种生活方式、一种精神修炼之道的阿多指出，我们人类有两种领会世界的方式，一种是科学的方式，一种是自然、朴素的知觉方式。当我们跳出实用的、量化的、控制性的科学方式而直观世界万物，“世界就会涌现在我们眼前”，我们就会在一粒沙石中见到世界，在一朵野花中见到天空，这是一种精神修炼的直观、观看、知觉，在这种对世界的知觉中，我们自身就浸润在一种与万物融为一体的氛围中，一种“宇宙意识”、一种“海洋般的情感”中。[③]库比特、莫尔特曼与阿多从不同的角度揭示了同一现象，即只要“用心”就能够在当下的周遭世界中、在天地万物中感受到一种精神性的向度与氛围。唐君毅也说“以精神的眼光看世界，则一切物质皆表现宇宙之生命精神”[④]。儒者的精神世界关注的焦点是当下的、现世的生活，宋明理学所说的观天地生物气象（“自然”）、观圣贤气象（“人格”）、观未发前气象（“心灵”）等等，即已是一种于自然—人间—心灵中开展的精神性、灵性的工夫。至于建筑、艺术、音乐、绘画、文学等等，其中所深蕴的“精神”向度，吾人只要游于其中，无不可以成为心灵生活“藏修息游”之所在。[⑤]而中国传统之节气，不仅展示了农耕文明

① 莫尔特曼著，曾念粤译：《俗世中的上帝》，中国人民大学出版社，2003年，第20页。

② 莫尔特曼著，安希孟译：《创造中的上帝：生态的创造论》，生活·读书·新知三联书店，2002年，第22页。

③ 阿多著，姜丹丹译：《作为生活方式的哲学》，第116—117页。

④ 唐君毅：《人文精神之重建》，《唐君毅全集》（卷五），第517—518页。

⑤ 对中国艺术、文学等精神之阐发见唐君毅：《中国文化之精神价值》，《唐君毅全集》（卷四）第十与十一章。

的生活节奏，更体现了人类对“大造生意”及其“宇宙节律”深切著明之感受。[①]“数点梅花天地心”，在日常生活之中，在我们的心灵生活、我们的人际交往、我们的人物交流、我们的人天交通之中，培养、增进我们对“精神”（灵性）的敏锐的感受力、虔敬意识、欣赏意识、尊重意识，实际上就是尊崇与荣耀上帝在万有中的“临在”。这或许是在对儒家宗教建制性想象之外，对儒家宗教性想象的更加合理、更能切入时代的一种路径吧。

五 精神人文主义主体性中的阳明学因子

如上所述，杜维明先生于上个世纪六七十年代对王阳明的创造性研究已经预示了精神人文主义的基本架构，在某种意义上可以说，精神人文主义就是“良知人文主义”，“良知”范畴本身与“精神”具有同等的地位。阳明在论述其“良知”概念时曾明确指出“心之良知是谓圣”，此命题系由《孔丛子》“心之精神是谓圣”转手而来。在首先提出“内圣外王”一语的《庄子·天下》中，庄子以“独与天地精神相往来，而不敖倪于万物”自许（这应该也是“精神”一词最早的出处），可见“圣”之为“圣”本来就有沟通天地人的德性。“心之精神是谓圣”，这个“精神”跟天地精神当为同一精神。王阳明说人的良知就是草木瓦石的良知，又称良知即是“道”，这跟庄子所说的“天地精神”也是遥相契合的。另外阳明称“无声无臭独知时，此是乾坤万有基”跟庄子的“见独”亦有异曲同工之妙。

就精神人文主义所打开的“道德主体性”存有论的“个人”“社群”“自然”“天道”四个向度而论，此四个向度正是王阳明《大学问》一文着力描述的：阳明将“明德”与“良知”等同，均是天之所赋，故有其超越性，阳

① 陈立胜：《刘蕺山“喜怒哀乐”与“春夏秋冬”比配说申辩》，《中国现象学与哲学评论》第16辑，上海译文出版社，2015年。

明又称良知即是“天道”，是“乾坤万有基”；良知又内在于每个心灵的深处，“个个人心有仲尼”，故良知是每个人的“真己”“本来面目”；良知见孺子入井而有怵惕恻隐之心，见鸟兽哀鸣觳觫而有不忍之心，见草木摧折而有悯恤之心，见瓦石毁坏而有顾惜之心，此即是说良知乃由“个人”之本心发出，与“社群”（他人）、“自然”万物之存在浑然一体、共感共振。可见，阳明良知概念是一“厚概念”，它不只是现代意义上的“良心”现象，良心现象只是一“意识”现象。良知当然具有“知是知非”“知善知恶”的判断能力，具有“是是非非”“好善恶恶”的意志能力，具有真诚恻怛的感通能力，这些能力都属于现代哲学中的“主体性”范畴。但是良知还是“天道”，这一“天道”通过人心“一点灵明”而遍润于社群与自然之存有连续体之中。显然杜维明先生的道德主体性的存有论以一种中西共享的哲学范畴将阳明学的良知概念进行了“创造性的转换”。

阳明学的良知概念还是沟通儒道佛的一个“桥梁”。他将儒家的良知与道教的“精气神”“元神”，佛教的“本来面目”相提并论，并提出三教一家的主张。他的弟子王畿则进一步指出“良知”二字是“范围三教之宗”[①]，是“万劫不坏之元神，范围三教之大总持”[②]。在王阳明、王畿师徒看来，“良知”可以成为沟通乃至融摄三教的一个“平台”。[③]而杜维明先生之所以用“精神人文主义”取代“儒家式人文主义”，其用意正是以“精神”二字来沟通世界各大宗教。无论在印度宗教抑或在基督宗教中，“精神”一词既有“气息”又有“灵”的意蕴，在这种意义上，我们未

---

① 《龙溪会语·东游问答》，吴震编校整理：《王畿集·附录二》，第718页。

② 《与魏水洲》《与潘笠江》，吴震编校整理：《王畿集》卷九，第202、215页。

③ 值得注意的是，唐君毅先生也曾一度以“良知”作为判断宗教信仰之“标准”：依良知为标准，我们可说一切高级宗教中之超越信仰，皆出自人之求至善至真完满无限永恒之生命之要求，求拔除一切罪恶与苦痛之要求，赏善罚恶以实现永恒的正义之要求，因而是人所当有的。我们不能说此要求是人心所不当有。依良知之标准，我们可说一切高级宗教中所讲之上帝、阿拉、梵天，在究竟义上都不能与人之良知为二，而相隔离。如为二，则此二亦必须通过良知之肯定。此肯定即已通二为一，或使二者之关系成不离之相保合的关系。见唐君毅：《人文精神之重建》，《唐君毅全集》（卷五），第590页。

尝不可说“精神”二字是“范围五教之宗”“范围五教之大总持”。[①]在杜维明先生看来，基督教、伊斯兰教、佛教三大宗教都是涵盖性的，但儒家的涵盖性是多元的。故有儒家的佛教徒、儒家的基督徒（耶儒）、儒家的回教徒（回儒）一类说法。实际上只要肯定人间性、现世性的正面意义，肯定人伦与天地万物的内在价值者皆可被视为“匿名的儒者”（anonymous Confucians）。也正是基于此，杜维明先生自信地宣称“儒家的”这一修饰词具有跨文化、超时代的性质，“精神人文主义”作为一种面向未来、实现人类持续繁荣与昌盛的渠道，将有助于各种思想、宗教、文化传统发展出真正的公共意识。这种公共意识会有助于解决整个世界和人类所面对的困境，也有助于世界各个国家和民族之间的融通、互信与了解。

另外，如所周知，阳明学良知概念所蕴含的自由、独立、理性、平等、尊严向度在中国由“传统”向“现代”转进的“过渡时代”中孕育着几代先知先觉者行动的“精神动力”与“秩序想象”，这是阳明学内具的“现代性因子”在新时代枯木逢春、柳暗花明之必然展现。而在杜维明先生对启蒙心态的反思中，在其阐述的精神人文主义的价值谱系中，他特别强调儒家传统所体现的人文精神是象山所说的“十字打开”的人文精神，是既具有广度又具有厚度的人文精神。这种人文精神在“自由”之外也注重正义，在“独立”之外也强调“合作”，在“理性”之外也凸显“同情”，在“平等”之外也倡导“礼让”，在“权利”之外也彰显“责任”，在“尊严”之外也不忘“谦卑”，究其实这些价值都扎根于阳明良知之万物一体的实感，扎根于阳明所谓的“怵惕恻隐之心”“不忍之心”“悯恤之心”“顾惜之心”之无限的感通能力。换言之，杜维明先生将阳明学中的“超现代性”的、永恒性的一面与现代性所推崇的种种价值，以一种互补、互济、匹配

① 彭国翔指出：杜维明先生晚近在代表儒家传统与基督教传统对话时提出的“儒家式的基督徒”如何可能问题，其实不妨视为阳明学者多元宗教观与多元宗教参与经验在当代的进一步扩展。彭国翔：《儒家传统：宗教与人文主义之间》，北京大学出版社，2007 年，第 299—300 页。

的方式勾连在一起，让精神人文主义的“德目表”具有中西合璧、古今融通的跨文化、超古今的性质。杜维明先生自觉地将此种“价值重塑”努力称为“以良知理性重建价值”。[①] 汉斯·迈耶（Hans Mayer）对现代世界精神气质曾有一幅漫画式的描述：当现代世界诞生时，有三位善良的神仙带来了他们的祝福。第一位祝福这个小孩个体主义的自由，第二位祝福社会公义，第三位祝福富裕。可是有一天晚上来了一位邪恶的神仙，他说：“这三个祝福中只有两个可以实现。”因此，西方的现代社会选择了个体主义的自由和富裕，东方的现代社会选择了社会公义和富裕。莫尔特曼在引述这个故事之后加以补充说：哲学家与神学家为他们的理想社会选择了个体主义的自由和社会公义，因此永远无法达到富裕的境界。[②] 倘我们将第三位神仙祝福的“富裕”替换为包括人在内的天地万物的福祉（地球生命共同体的福祉），那么我们可以说精神人文主义提供了一幅个体主义的自由和社会公义与天地万物的福祉三位一体的德目表。

值得注意的是，杜维明先生始终强调儒家传统只有接受西方民主自由洗礼之后，才能发挥其应有的作用。质言之，儒家的仁、义、礼、智、信等价值不应与民主、自由、法治、科学等等现代理念相冲突，此即意味着传统的儒学价值必须经过深刻的批判与诠释，才能继续散发其活力。所谓的批判与诠释，无非是要辨明传统价值中的“前现代”因素，诠释其现代与超现代的精神内涵。要之，传统儒学（当然也包括阳明学）之“超现代”的意义之实现必须以“现代性”的实现为前提条件。[③] 在阳明学再度成为“显学”的当今时代中，这一警示仍然具有重要的现实意义。

---

① 杜维明：《以良知理性重建价值》，《道德与文明》2016 年第 2 期，第 5—7 页。

② 莫尔特曼著，曾念粤译：《俗世中的上帝》，第 2 页。

③ 郭齐勇、郑文龙编：《杜维明文集》（第四卷），第 577 页。

参考文献

古代典籍

C

晁迥撰:《法藏碎金录》,《景印文渊阁四库全书》(第 1052 册),台湾商务印书馆,2008 年。

陈文蔚撰:《克斋集》,《景印文渊阁四库全书》(第 1171 册),台湾商务印书馆,2008 年。

陈献章撰,黎业明点校:《陈献章全集》,上海古籍出版社,2019 年。

程颢、程颐撰,王孝鱼点校:《二程集》,中华书局,2004 年第 2 版。

D

邓豁渠撰、邓红校注:《南询录校注》,武汉理工大学出版社,2008 年。

F

方凤撰:《改亭奏草》,《四库全书存目丛书·史部六〇》,齐鲁书社,1997 年。

方鹏撰:《矫亭存稿》,《四库全书存目从书·集部六一》,齐鲁书社,1997 年。

冯从吾撰:《少墟集》,《景印文渊阁四库全书》(第 1293 册),台湾商务印书馆,1986 年。

G

耿定向撰:《耿天台先生文集》,《四库全书存目丛书·集部一三一》,齐鲁书社,1997 年。

顾大韶撰:《炳烛斋稿》,《四库禁毁书丛刊·集部》(第104册),北京出版社,1997年。

顾鼎臣撰:《顾文康公集》,《四库全书存目从书·集部五五》,齐鲁书社,1997年。

顾潜撰:《静观堂集》,《四库全书存目丛书·集部四八》,齐鲁书社,1997年。

顾宪成撰,王学伟编校:《顾宪成全集》,上海古籍出版社,2022年。

顾炎武撰,顾宏义等点校:《天下郡国利病书》,上海古籍出版社,2012年。

管志道撰:《续问辨牍》,《四库全书存目丛书·子部八八》,齐鲁书社,1995年。

H

郝经撰:《陵川集》,《景印文渊阁四库全书》(第1192册),台湾商务印书馆,1986年。

何心隐撰,容肇祖整理:《何心隐集》,中华书局,1960年。

洪迈撰:《容斋随笔》,上海古籍出版社,1978年。

胡直撰,张昭炜编校:《胡直集》,上海古籍出版社,2015年。

黄绾撰,张宏敏编校:《黄绾集》卷十八,上海古籍出版社,2014年。

黄绾撰:《明道编》,中华书局,1959年。

J

季本撰:《说理会编》,《续修四库全书·子部·儒家类》(第938册),上海古籍出版社,2002年。

焦循撰:《雕菰集》,商务印书馆,1926年。

焦循撰,沈文倬点校:《孟子正义》,中华书局,1987年。

L

劳乃宣撰:《桐乡劳先生遗稿》,丁卯冬日桐乡卢氏校刊本。

李贽撰,张建业主编:《李贽文集》,社会科学文献出版社,2000年。

李奭学、林熙强主编:《晚明天主教翻译文学笺注》,“中央研究院”中国文哲研究所,2014年。

李诩撰,魏连科点校:《戒庵老人漫笔》,中华书局,1982年。

李颙撰,陈俊民点校:《二曲集》,中华书局,1996年。

刘光贲撰:《大学古义》,《续修四库全书·一五九·经部·四书类》,上海古籍出版社，2002 年。

刘宗周撰，吴光主编:《刘宗周全集》，浙江古籍出版社，2007 年。

陆九渊撰:《陆象山全集》，中国书店，1992 年。

罗洪先撰，徐儒宗编校整理:《罗洪先集》，凤凰出版社，2007 年。

罗汝芳撰，方祖猷等编校整理:《罗汝芳集》，凤凰出版社，2007 年。

N

聂豹撰，吴可为编校整理:《聂豹集》，凤凰出版社，2007 年。

P

普济撰，苏渊雷点校:《五灯会元》，中华书局，1984 年。

S

邵宝撰:《容春堂后集》,《景印文渊阁四库全书》(第 1258 册)，台湾商务印书馆，1986 年。

沈垚撰:《落帆楼文集》,《续修四库全书·一五二五·集部·别集类》，上海古籍出版社，2002 年。

W

王栋撰:《一庵王先生遗集》,《四库全书存目丛书·子部一〇》，齐鲁书社，1997 年。

王艮撰，陈祝生等校点:《王心斋全集》，江苏教育出版社，2001 年。

王畿撰，吴震编校整理:《王畿集》，凤凰出版社，2007 年。

王时槐撰，钱明、程海霞编校:《王时槐集》，上海古籍出版社，2015 年。

王守仁撰，吴光等编校:《王阳明全集》，上海古籍出版社，1992 年。

王守仁撰，吴光等编校:《王阳明全集》(新编本)，浙江古籍出版社，2010 年。

X

徐爱等撰，钱明编校整理:《徐爱 钱德洪 董沄集》，凤凰出版社，2007 年。

徐芳撰:《悬榻编》,《四库禁毁书丛刊·集部》(第 86 册)，北京出版社，1997 年。

许衡撰，王成儒点校:《许衡集》，东方出版社，2007 年。

薛侃撰，陈椰编校:《薛侃集》，上海古籍出版社，2014 年。

Y

颜钧撰、黄宣民点校:《颜钧集》,中国社会科学出版社,1996 年。

杨起元撰、谢群洋点校:《证学编》,上海古籍出版社,2016 年。

袁宏道撰、钱伯城笺校:《袁宏道集笺校》,上海古籍出版社,1981 年。

Z

查铎撰:《查先生阐道集》,《四库未收书辑刊·七辑·十六册》,北京出版社,1997 年。

张衮撰:《张水南集》,《四库全书存目丛书·集部七六》,齐鲁书社,1997 年。

周汝登撰:《周海门先生文录》,《四库全书存目丛书·集部一六五》,齐鲁书社,1997 年。

周玺撰:《垂光集》,《景印文渊阁四库全书》(第 429 册),台湾商务印书馆,1986 年。

朱熹、吕祖谦纂,张京华辑校:《近思录集释》,岳麓书社,2010 年。

朱杰人等主编:《朱子全书》,上海古籍出版社、安徽教育出版社,2002 年。

邹德涵撰:《邹聚所先生语录》,《四库全书存目丛书·集部一五七》,齐鲁书社,1997 年。

邹元标撰:《愿学集》,《景印文渊阁四库全书》(第 1294 册),台湾商务印书馆,1986 年。

中文文献

C

蔡仁厚:《新儒家的精神方向》,学生书局,1982 年。

蔡淑闵:《圣学的追寻与传播:阳明学派游学活动研究》,《中国学术思想研究辑刊·八编·第十八册》,台北花木兰出版社,2010 年。

蔡元培:《蔡元培文录》,商务印书馆,2019 年。

陈斌编校:《周顺昌研究资料汇编》,苏州大学出版社,2013 年。

陈大齐:《孟子待解录》,台湾商务印书馆,1980 年。

陈焕章著,韩华译:《孔门理财学》,商务印书馆,2015 年。

陈来:《现代儒家哲学研究》,北京大学出版社,2018 年。

陈乔见:《公私辨:历史衍化与现代诠释》,生活·读书·新知三联书店,

2013 年。

陈弱水:《公共意识与中国文化》,新星出版社,2006 年。

陈正焱、林其锬:《中国古代大同思想研究》,中华书局香港分局,1988 年。

D

邓红:《日本的阳明学与中国研究》,广西师范大学出版社,2018 年。

董平:《王阳明的生活世界》,中国人民大学出版社,2009 年。

杜维明著,郭齐勇、郑文龙编:《杜维明文集》,武汉出版社,2002 年。

杜维明:《文明对话中的“儒家”》,北京大学出版社,2016 年。

段怀清编:《新人文主义思潮:白璧德在中国》,江西高校出版社,2009 年。

F

费孝通:《乡土中国》,上海人民出版社,2006 年。

冯友兰:《贞元六书》,《冯友兰文集》(第五卷),长春出版社,2017 年。

冯友兰:《三松堂全集》(第 4 卷),河南人民出版社,2000 年。

G

甘阳:《将错就错》,三联书店,2002 年。

高瑞泉:《中国现代精神传统——中国的现代性观念谱系》(增补本),上海古籍出版社,2005 年。

高瑞泉:《平等观念史论略》,上海人民出版社,2018 年。

葛懋春等编:《无政府主义思想资料选》(上),北京大学出版社,1984 年。

葛兆光:《中国思想史》,复旦大学出版社,2001 年。

龚鹏程:《游的精神文化史论》,河北教育出版社,2001 年。

郭沫若:《郭沫若全集·历史编》,人民出版社,1984 年。

郭沫若:《郭沫若佚文集》,四川大学出版社,1988 年。

H

何炳棣著,徐泓译注:《明清社会史论》,中华书局,2019 年。

贺麟:《当代中国哲学》,胜利出版公司,1947 年。

贺麟:《五十年来的中国哲学》,商务印书馆,2002 年。

何显明、雍涛:《毛泽东哲学与中国文化精神》,广西人民出版社,1993 年。

侯外庐等主编:《宋明理学史》,人民出版社,1997 年。

黄慧英:《儒家伦理:体与用》,上海三联书店,2005年。

黄俊杰:《东亚儒家人文精神》,台大出版中心,2016年。

黄俊杰:《儒家思想与中国历史思维》,台大出版中心,2014年。

黄俊杰、江宜桦编:《公私领域新探:东亚与西方观点之比较》,台大出版中心,2005年。

黄克武:《近代中国的思潮与人物》(修订版),九州出版社,2016年。

黄敏浩:《刘宗周及其慎独哲学》,台湾学生书局,2001年。

黄瑞祺主编:《再见福柯:福柯晚期思想研究》,浙江大学出版社,2008年。

黄勇:《全球化时代的政治》,台大出版中心,2011年。

J

嵇文甫:《晚明思想史论》,东方出版社,1996年。

蒋海怒:《晚清政治与佛学》,上海古籍出版社,2012年。

蒋介石编:《王阳明平赣录》,青年与战争社,1933年。

金观涛、刘青峰:《中国现代思想的起源:超稳定结构与中国政治文化的演变》(第一卷),法律出版社,2011年。

金耀基:《金耀基自选集》,上海教育出版社,2002年。

K

康有为:《康有为全集》,中国人民大学出版社,2007年。

L

李大钊:《李大钊全集》,河北教育出版社,1999年。

李建中、高文强主编:《文化关键词研究》第1辑,武汉大学出版社,2014年。

李明辉:《儒家视野下的政治思想》,台湾大学出版中心,2005年。

李旭:《心之德业:阳明心学的本体学研究》,上海文艺出版社,2021年。

梁启超:《梁启超全集》,北京出版社,1999年。

梁启超:《清代学术概论》,上海古籍出版社,2005年。

梁启超:《梁启超论儒家哲学》,商务印书馆,2012年。

梁漱溟:《东西文化及其哲学》,商务印书馆,2018年。

梁漱溟:《梁漱溟全集》,山东人民出版社,2005年。

林月惠:《诠释与工夫:宋明理学的超越蕲向与内在超越》,"中央研究院"中国文哲研究所,2008年。

刘健清编:《中国法西斯主义资料选编》(一),中国人民大学中共党史系,1985年。

刘小枫:《现代性社会理论绪论》,上海三联书店,1998年。

罗梦册:《中国论》,商务印书馆,1943年。

罗志田:《道出于二:过渡时代的新旧之争》,北京师范大学出版社,2014年。

吕妙芬:《阳明学士人社群:历史、思想与实践》,北京师范大学出版社,2017年。

M

马一浮著,马镜泉等点校:《马一浮集》,浙江古籍出版社、浙江教育出版社,2013年。

毛泽东著,中共中央文献研究室、中共湖南省委《毛泽东早期文稿》编辑组编:《毛泽东早期文稿1912·6—1920·11》,湖南人民出版社,1990年。

牟宗三:《牟宗三先生全集》,联经出版公司,2003年。

N

倪梁康:《胡塞尔现象学概念通释》(增补版),商务印书馆,2016年。

倪梁康:《自识与反思》,商务印书馆,2002年。

牛建强:《明代社会研究》,上海人民出版社,2018年。

P

彭国翔:《儒家传统:宗教与人文主义之间》,北京大学出版社,2007年。

Q

钱穆:《中国历史研究法》,《钱宾四先生全集》,联经出版公司,1998年。

钱穆:《现代中国学术论衡》,生活·读书·新知三联书店,2001年。

钱锺书:《管锥编》(第一册),中华书局,1986年。

R

任文利:《治道的历史之维:明代政治世界中的儒家》,中央编译出版社,2014年。

容肇祖:《容肇祖集》,齐鲁书社,1989年。

S

束景南:《阳明佚文辑考编年》,上海古籍出版社,2012年。

束景南:《王阳明年谱长编》,上海古籍出版社,2017年。

束景南:《阳明大传:“心”的救赎之路》,复旦大学出版社,2020年。

孙向晨:《论家:个体与亲亲》,华东师范大学出版社,2019年。

孙中山:《孙中山全集》(第5卷),中华书局,2006年。

T

谭嗣同:《谭嗣同全集》,中华书局,1981年。

唐才常:《唐才常集》,中华书局,1980年。

唐君毅:《中国哲学原论·原教篇》,中国社会科学出版社,2006年。

唐君毅:《人文精神之重建》,台湾学生书局,1988年。

唐君毅:《中国人文精神之发展》,台湾学生书局,1984年。

唐文明:《彝伦攸斁——中西古今张力中的儒家思想》,中国社会科学出版社,2019年。

W

王汎森:《中国近代思想与学术的系谱》,河北教育出版社,2001年。

王汎森:《中国近代思想与学术的系谱》,上海三联书店,2018年。

王汎森著,王晓冰译:《傅斯年:中国近代历史与政治中的个体生命》,生活·读书·新知三联书店,2012年。

王俊:《作为道路的现象学》,中国社会科学出版社,2021年。

王兴国:《哲学地建立中国哲学:牟宗山哲学论集》,中国社会科学出版社,2022年。

吴雁南主编:《心学与中国社会》,中央民族大学出版社,1994年。

吴雁南:《阳明学与近世中国》,贵州教育出版社,1996年。

吴震:《明代知识界讲学活动系年:1522—1602》,学林出版社,2003年。

吴震:《泰州学派研究》,中国人民大学出版社,2009年。

吴震:《东亚儒学问题新探》,北京大学出版社,2018年。

吴震:《朱子学与阳明学》,北京大学出版社,2022年。

X

熊十力著,萧萐父主编:《熊十力全集》,湖北教育出版社,2001年。

徐复观:《中国人性论史·先秦篇》,上海三联书店,2001年。

徐复观:《中国思想史论集续篇》,上海书店出版社,2004 年。

徐复观著,黎汉基、李明辉编:《徐复观杂文补编》(第 1 册),“中央研究院”中国文哲研究所,2001 年修订二版。

徐永斌:《明清江南文士治生研究》,中华书局,2019 年。

Y

杨昌济著,王兴国编校:《杨昌济集》,民主与建设出版社,2016 年。

杨度著,刘晴波主编:《杨度集》,湖南人民出版社,1986 年。

杨儒宾:《多少蓬莱旧事》,联经出版公司,2022 年。

杨儒宾:《从五经到新五经》,台大出版中心,2013 年。

杨天石:《王阳明》,中华书局,1972 年。

印顺:《我的宗教观》,台北正闻出版社,1992 年修订一版。

余英时:《现代儒学的回顾与展望》,生活·读书·新知三联书店,2004 年。

余英时:《中国文化史通释》,生活·读书·新知三联书店,2011 年。

余英时:《中国近世宗教伦理与商人精神》,安徽教育出版社,2001 年。

Z

张灏著,崔志海、葛夫平译:《梁启超与中国思想的过渡(1890—1907)》,江苏人民出版社,1995 年。

张君劢:《比较中日阳明学》,中央文物公论社,1955 年。

章可:《中国“人文主义”的概念史(1901—1932)》,复旦大学出版社,2015 年。

张崑将:《阳明学在东亚:诠释、交流与行动》,台大出版中心,2011 年。

张崑将:《德川日本“忠”“孝”概念的形成与发展》,台大出版中心,2004 年。

张任之:《质料先天与人格生成:对舍勒现象学的质料价值伦理学的重构》,商务印书馆,2014 年。

章太炎著,徐复点校:《太炎文录初编》,上海人民出版社,2014 年。

章太炎:《章太炎全集》(十),上海人民出版社,2014 年。

张祥龙:《中西印哲学导论》,北京大学出版社,2022 年。

郑宗义:《儒学、哲学与现代世界》,河北人民出版社,2010 年。

周伟驰:《太平天国与启示录》(修订版),中国社会科学出版社,2016 年。

朱鸿林:《中国近世儒学实质的思辨与习学》,北京大学出版社,2005 年。

论文

陈来:《何心隐的社会活动与思想特质》,《文史》2012 年第 3 辑。

陈立胜:《"新民"与"亲民":从传统到现代》,《华东师范大学学报》2010 年第 3 期。

陈立胜:《刘蕺山"喜怒哀乐"与"春夏秋冬"比配说申辩》,《中国现象学与哲学评论》第 16 辑,上海译文出版社,2015 年。

陈立胜:《中国文化中的宗教宽容精神的四个结构性因素:道、心、圣人与圣经》,《世界宗教研究》2017 年第 2 期。

陈铁健、黄道炫:《王学及其现代命运》,《历史研究》1994 年第 4 期。

岛田虔次:《王阳明与王龙溪——主观唯心论的高潮》,《日本学者论中国哲学史》,骆驼出版社,1987 年。

杜维明、查尔斯·泰勒著,邱楚媛译:《世俗时代的精神图景》,《哲学动态》2022 年第 12 期。

杜维明:《以良知理性重建价值》,《道德与文明》2016 年第 2 期。

杜维明:《建构精神性人文主义:从克己复礼为仁的现代解读出发》,《探索与争鸣》2014 年第 2 期。

杜维明:《心学的文化与政治含义》,《社会科学战线》2012 年第 4 期。

杜维明著,万骏译:《文化多元、文化间对话与和谐:一种儒家视角》,《中外法学》2010 年第 3 期。

杜维明著,陈静译:《新儒家人文主义的生态转向对中国和世界的启发》,《中国哲学史研究》2002 年第 2 期。

方旭东:《儒学史上的"治生论"——兼与余英时先生商榷》,《学术月刊》2006 年第 6 期。

何世明:《基督教与阳明学说》,刘小枫主编:《道与言——华夏文化与基督教文化相遇》,上海三联书店,1995 年。

何卓恩、柳恒:《思想史的"史"与"思":从何炳棣与新儒家 关于"克己复礼"真诠之争说起》,《深圳大学学报》2016 年第 6 期。

黄克武:《蒋介石与阳明学:以清末调适传统为背景之分析》,黄自进主编:《蒋中正与近代中日关系》,台北稻香出版社,2006年。

李明辉:《徐复观论儒家与宗教》,载冯天瑜编:《人文论丛:2006年卷》,武汉大学出版社,2007年。

梁治平:《"天下"的观念,从古代到现代》,《清华法学》2016年第5期。

罗志田:《重访家庭革命:流通中的虚构与破坏中的建设》,《社会科学战线》2010年第1期。

罗志田:《走向世界的近代中国》,《文化纵横》2010年第3期。

吕妙芬:《女子与小人可谈道:杨甲仁性命之学的日用场景》,《新史学》2010年第2期。

孟真:《万恶之原(一)》,《新潮》1919年第一卷第一号。

彭国翔:《王畿的良知信仰论》,《中国哲学史》2002年第3期。

全汉昇:《明清间美洲输入中国白银的估计》,《"中央研究院"历史语言研究所辑刊》1995年第六十六本第三分。

三浦秀一:《朱得之的生平与思想》,《王学研究》2015年第2期。

商传:《晚明社会商品化与纵欲思潮》,《明史研究》(第4辑),黄山书社,1994年。

施路赫特著,李康译:《信念与责任:马克斯·韦伯论伦理》,李猛编:《思想与社会(第一辑)·韦伯:法律与价值》,上海人民出版社,2001年。

万明:《明代白银货币化研究20年》,《中国经济史研究》2019年第6期。

万明:《明代货币白银化与制度变迁》,《暨南史学》(第二辑),暨南大学出版社,2003年。

王建宝:《从精神人文主义看儒家生态伦理》,《船山学刊》2017年第3期。

王淑琴:《何心隐友朋思想论析》,《管子学刊》2016年第4期。

杨祖汉:《从刘蕺山对王阳明的批评看蕺山学的特色》, 钟彩钧主编:《刘蕺山学术思想论集》,“中央研究院”中国文哲研究所, 1998 年。

张灏:《五四与中共革命: 中国现代思想史上的激化》,《“中央研究院”近代史研究所集刊》2012 年第 77 期。

张祥龙:《21 世纪的儒学》,《杭州师范大学学报》2011 年第 1 期。

张志强:《“良知”的发现是具有文明史意义的事件——“晚明”时代、中国的“近代”与阳明学的文化理想》,《文化纵横》2017 年第 4 期。

赵金刚:《何心隐“友伦”诠释的哲学维度及其现代意义》,《哲学动态》2022 年第 4 期。

赵妍杰:《为国破家: 近代中国家庭革命反思》,《近代史研究》2018 年第 3 期。

赵妍杰:《去国去家: 家庭在重构社会伦理中的地位》,《清华大学学报》2020 年第 2 期。

衷鑫恣:《论朱王两派道学大众化的异同》, 张品端主编:《会通朱王: 朱子与王阳明比较研究》, 厦门大学出版社, 2018 年。

朱刚:《通往自身意识的伦理之路: 列维纳斯自身意识问题研究》,《世界哲学》2015 年第 4 期。

英文与译著

阿明(Amin)著, 任友琼等译:《世界一体化的挑战》, 社会科学文献出版社, 2003 年。

荒木见悟(Araki Kengo)著, 焦堃等译:《阳明学的位相》, 江苏人民出版社, 2022 年。

亚里士多德(Aristotle)著, 吴寿彭译:《政治学》, 商务印书馆, 1965 年。

欧迈安(Aumann)著, 宋兰友译:《天主教灵修学史》, 香港公教真理学会, 1991 年。

白璧德(Babbitt)著, 张沛等译:《文学与美国的大学》, 北京大学出版社, 2011 年。

白璧德著, 孙学宜译:《卢梭与浪漫主义》, 河北教育出版社, 2003 年。

鲍吾刚(Bauer, Wolfgang)著, 严蓓雯等译:《中国人的幸福观》, 江苏人民出版社，2004年。

鲍曼（Bauman）著，范祥涛译：《个体化社会》，上海三联书店，2002年。

鲍曼著，郇建立译：《被包围的社会》，江苏人民出版社，2006年。

鲍曼著，郭国良、徐建华译：《全球化：人类的后果》，商务印书馆，2013年。

彼彻姆（Beauchamp）著，雷克勤等译：《哲学的伦理学》，中国社会科学出版社，1990年。

贝拉（Bellah）等著，翟宏彪等译：《心灵的习性：美国人生活中的个人主义和公共责任》，生活·读书·新知三联书店，1991年。

别尔嘉耶夫（Berdyaev）著，王志耕、李春青译：《亘古不灭之光——观察与思辨》，云南人民出版社，1999年。

裴化行（Bernard）著，管震湖译：《利玛窦传》，商务印书馆，1993年。

朋霍费尔（Bonhoeffer）著，安希孟译：《作门徒的代价》，四川人民出版社，2000年。

朋霍费尔著，高师宁译：《狱中书简》，四川人民出版社，1992年。

卜正民（Brook）著，方骏等译：《纵乐的困惑：明代的商业与文化》，生活·读书·新知三联书店，2004年。

布洛克（Bullock）著，董乐山译：《西方人文主义传统》，生活·读书·新知三联书店，1997年。

坎贝尔（Campbell）著，李中宁译：《神话的智慧——时空变迁中的神话》，台北立绪文化，1996年。

卡森（Carson）著，李晋、马丽译：《宽容的不宽容》，团结出版社，2012年。

西塞罗（Cicero）著，徐奕春译：《论老年　论友谊　论责任》，商务印书馆，1998年。

克利马科斯（Climacus）著，许列民译：《神圣攀登的天梯》，香港道风书社，2012年。

柯文（Cohen）著，林同奇译：《在中国发现历史》，中华书局，2005年增订版。

崔在穆著，朴姬福、靳煜译：《东亚阳明学》，中国人民大学出版社，2009年。

柯毅霖（Criveller）著，王志成等译：《晚明基督论》，四川人民出版社，1999年。

库比特（Cupitt）著，王志成、朱彩虹译：《宗教研究新方法》，宗教文化出版社，2008年。

埃伦费尔德（Ehrenfeld）著，李云龙译：《人道主义的僭妄》，国际文化出版公司，1988年。

埃尔金斯（Elkins）著，顾肃等译：《超越宗教》，上海人民出版社，2007年。

弗兰克（Frank）著，刘北成译：《白银资本——重视经济全球化中的东方》，中央编译出版社，2000年。

弗林斯（Frings）著，张志平、张伟译：《舍勒的心灵》，上海三联书店，2006年。

福山（Fukuyama）著，刘榜离等译：《大分裂：人类本性与社会秩序的重建》，中国社会科学出版社，2002年。

吉登斯（Giddens）著，赵旭东、方文译：《现代性与自我认同》，生活·读书·新知三联书店，1998年。

吉登斯著，田禾译：《现代性的后果》，译林出版社，2000年。

哈贝马斯（Habermas）著，曹卫东译：《现代性的哲学话语》，译林出版社，2004年。

阿多（Hadot）著，姜丹丹译：《作为生活方式的哲学》，上海译文出版社，2014年。

希克（Hick）著，王志成、思竹译：《信仰的彩虹：与宗教多元主义批评者的对话》，江苏人民出版社，1999年。

希克著，王志成、思竹译：《第五维度》，四川人民出版社，2000年。

希克著，陈志平、王志成译：《理性与信仰：宗教多元论诸问题》，四川人民出版社，2003年。

亨廷顿（Huntington）著，周琪等译：《文明的冲突与世界秩序的重建》，新华出版社，1998年。

胡塞尔（Husserl）著，倪梁康译：《内时间意识现象学》，商务印书馆，2009年。

依纳爵（Ignatius）著，刚斯（Ganss）注释，郑兆沅译：《神操新译本》，台北光启文化事业，2011年。

约纳斯（Jonas）著，方秋明译：《责任原理：现代技术文明伦理学的尝试》，世纪出版，2013年。

约纳斯著，张荣译：《技术、医学与伦理学：责任原理的实践》，上海译文出版社，2008年。

康德（Kant）著，李明辉译：《康德历史哲学论文集》，联经出版公司，2002年。

耿宁（Kern）著，倪梁康编：《心的现象——耿宁心性现象学研究文集》，商务印书馆，2012年。

耿宁著，倪梁康译：《人生第一等事——王阳明及其后学论“致良知”》，商务印书馆，2014年。

尼特（Knitter）著，王志成译：《宗教对话模式》，中国人民大学出版社，2004年。

科斯洛夫斯基（Koslowsky）著，王彤译：《资本主义的伦理学》，中国社会科学出版社，1996年。

柄谷行人（Kojin Karatani）著，赵京华译：《世界的构造》，中央编译出版社，2012年。

汉思昆（Kung）著，周艺译：《世界伦理构想》，生活·读书·新知三联书店，2002年。

列文森（Levenson）著，郑大华译：《儒教及其现代命运》，中国社会科学出版社，2000年。

利文斯顿（Livingston）著，何光沪译：《现代基督教思想》，四川人民出版社，1992年。

麦金太尔（MacIntyre）著，宋继杰译：《追寻美德》，译林出版社，2011年第2版。

麦奎利（Macquarrie）著，何光沪译：《基督教神学原理》，汉语基督教文化研究所，1998年。

马克思(Marx)：《哲学的贫困：答蒲鲁东先生的“贫困的哲学”》，人民出版社，1961年。

马克思、恩格斯：《德意志意识形态》，《马克思恩格斯全集》(第三卷)，人民出版社，1960年。

麦格夫(McGrath)著，赵崇明译：《基督教灵修学》，香港基道出版社，2004年。

墨子刻(Metzger)著，颜世安等译：《摆脱困境：新儒学与中国政治文化的演进》，江苏人民出版社，1995年。

沟口雄三(Mizoguchi Yuzo)著，孙军悦、李晓东译：《李卓吾·两种阳明学》，生活·读书·新知三联书店，2014年。

沟口雄三著，王瑞根译：《中国的冲击》，生活·读书·新知三联书店，2011年。

沟口雄三著，陈耀文译：《中国前近代思想之曲折与展开》，上海人民出版社，1997年。

莫尔特曼(Moltmann)著，曾念粤译：《俗世中的上帝》，中国人民大学出版社，2003年。

莫尔特曼著，安希孟译：《创造中的上帝：生态的创造论》，生活·读书·新知三联书店，2002年。

冈田武彦(Okada)著，吴光等译：《王阳明与明末儒学》，重庆出版社，2016年。

帕斯卡尔(Pascal)著，何兆武译：《思想录》，商务印书馆，1997年。

潘尼卡(Panikkar)著，王志成、思竹译：《宗教内对话》，宗教文化出版社，2001年。

普契卡(Puzicha)著，杜海龙译：《本笃会规评注》，上海三联书店，2015年。

罗萨(Rosa)著，郑作彧译：《新异化的诞生：社会加速批判理论大纲》，上海人民出版社，2019年。

罗素(Russell)著，秦悦译：《中国问题》，学林出版社，1996年。

舍勒(Scheler):《爱与永生》，刘小枫编:《舍勒选集》，上海三联书店，1999年。

舍勒著，李伯杰译:《人在宇宙中的地位》，贵州人民出版社，1990年。

施密特(Schmidt)著，沈雁冰译:《政治的概念》，上海人民出版社，2015年。

史怀哲(Schweitzer)著，常暄译:《中国思想史》，社会科学文献出版社，2009年。

史怀哲著，梁祥美译:《史怀哲自传：我的生活和思想》，台北志文出版社，2004年再版。

森(Sen)著，李风华等译:《身份与暴力：命运的幻象》，中国人民大学出版社，2009年。

岛田虔次(Shimada Kenji)著，邓红译:《中国思想史研究》，上海古籍出版社，2009年。

岛田虔次著，甘万萍译:《中国近代思维的转折》，江苏人民出版社，2017年。

佐藤慎一(Shinichi Sato)著，刘岳兵译:《近代中国的知识分子与文明》，江苏人民出版社，2006年。

桑巴特(Sombart)著，王燕平、侯小河译:《奢侈与资本主义》，上海人民出版社，2000年。

索罗金(Sorokin)著，陈雪飞译:《爱之道与爱之力：道德转变的类型、因素与技术》，上海三联书店，2011年。

铃木大拙(Suzuki)著，陶刚译:《禅与日本文化》，生活·读书·新知三联书店，1989年。

什托姆普卡(Sztompka)著，程胜利译:《信任：一种社会理论》，中华书局，2005年。

泰勒(Taylor)著，韩震等译:《自我的根源：现代认同的形成》，译林出版社，2001年。

泰勒著，程炼译:《现代性之隐忧》，中央编译出版社，2001年。

廷德(Tinder)著，王宁坤译:《政治的思考：一些永久性的问题》，世界图书出版公司，2010年。

图海纳(Touraine)著，狄玉明、李平沤译:《我们能否共同生存？——既彼此平等又互有差异》，商务印书馆，2005年。

余蓓荷(Übelhör)著，邱黄海、李明辉译:《王艮及其学说》，“中央研究院”中国文哲研究所，2018年。

沃格林(Voegelin)著，段保良译:《政治观念史稿》，华东师范大学出版社，2019年。

韦伯(Weber)著，王荣芬译:《儒教与道教》，商务印书馆，1995年。

威廉斯(Williams)著，刘建基译:《关键词：文化与社会的词汇》，生活·读书·新知三联书店，2005年。

Berger, Peter L., *Pyramids of Sacrifice: Political Ethics and Social Change*, New York: Basic Books, 1975.

Carson, Don A., *The Gagging of God: Christianity Confronts Pluralism*, Grand Rapids: Zondervan Academic, 1996.

Dimberg, G.: The Sage and Society: The Life and Thought of Ho Hsin-Yin, *Monographs of the Society for Asian and Comparative Philosophy*, No.1, Honolulu: University Press of Hawaii, 1974.

Eliade, M., *Myths, Dreams and Mysteries*, New York: Harper & Brothers, 1960.

Eliade, M., *The Quest: History and Meaning in Religion*, Chicago and London: The University of Chicago Press, 1969.

Fuller, Robert, *Spiritual, But Not Religious: Understanding Unchurched America*, NewYork: Oxford University Press, 2001.

Hick, John, *Disputed Questions in Theology and Philosophy of Religion*, New Haven: Yale University Press,1993.

Jonas, Hans, *The Phenomenon of Life: Toward a Philosophical Biology*, Chicago:

The University of Chicago Press, 1982.

Kristensen, W. Brede: *The Meaning of Religion: Lectures in the Phenomenology of Religion*, translated by John B. Carman, Martinus Nijhoff, 1960.

Lovejoy, Arthur O., *The Great Chain of Being: A Study of the History of An Idea*, Harvard University Press, 1964.

McGrath, Alister E., *Christian Theology: An Introduction*, Blackwell Publishers Ltd, Second Edition, 1999.

Ogyu Shigehiro, The Construction of "Modern Y ō meigaku" in Meiji Japan and its Impact in China, *East Asian History* 20 (2000).

Plantinga, Alvin, "Plururalism: A Defense of Religious Exclusivism," in Thomas D. Senor (ed.), *The Rationality of Belief and the Plurality of Faith*, Syracus: Conell University Press,1995.

Ricoeur, Paul, *Figuring the Sacred: Religion, Narrative, and Imagination*, Minneapolis: Fortress Press, 1995.

Searle, John, *The Construction of Social Reality*, The First Free Press, 1995.

Stalnaker, Robert C., *Inquiry*, Cambridge: MIT Press, 1984.

Taylor, Charles, *The Ethics of Authenticity*, Harvard University Press, 1992.

Wach, Joachim, *Introduction to the History of Religions*, edited by Joseph M. Kitagawa and Gregory D. Alles, New York: Macmillan Publishing Company, 1988.

后 记

550年前，王阳明先生诞生于中国浙江余姚瑞云楼。他于37岁时在贵州龙场悟道，随即提出了“心即理”“心外无物”“知行合一”等心学主张。至迟于49岁在江右正式揭橥“致良知”之教。晚年居越期间，专心发明“万物同体”“明德亲民”之学。临行两广之际口授门人《大学问》，又于天泉桥上，以“无善无恶心之体，有善有恶意之动，知善知恶是良知，为善去恶是格物”谆谆叮嘱钱德洪、王畿二高足“以后再不可更此四句宗旨”。阳明殁后，其思想迅即传遍华宇，并传入朝鲜、日本、越南，对东亚儒家文化圈产生了重要影响。

以50年或100年作为时间单位纪念某个伟大的思想家，应该是一种“现代现象”，是西方作为计时单位的“世纪”概念引入中国后才开始流行的。王阳明诞辰100周年、200周年等等，在传统中国并未见有什么纪念活动。50年前，也就是1972年，适值阳明诞辰500周年，按道理，应该好好纪念一下王阳明。确实这一年在中国台湾、日本东京、美国夏威夷等等都有隆重的纪念活动，但大陆包括阳明先生的诞生地余姚却是寻寻觅觅，冷冷清清。中华书局倒是出版了《王阳明》一书，印数超过了30万册。在这本书中，王阳明被定性为“明代封建地主阶级的代表人物”，“既是刽子手，又是牧师”。他的一生是“刽子手和牧师相结合的一生”。这当然不是对王阳明的真正的“纪念”，或者说这是对王阳明诞辰500周年的另类的纪念。

何谓真正的“纪念”？只有这个思想家已经**不再属于我们的生活世界**而成为“过去”，甚至成为离我们比较遥远的“过去”，在某种意义上却**又与当下的我们密切相关**，我们才会举办纪念活动。纪念不仅仅只是“记念”“记住”，更是“认同”与“继承”，我们“所纪念的”是构成我们之为我们的一个“前我们”的“精神”或“事业”。

王阳明离开我们已经近五百年了，在今天的中国却有一系列的纪念活动，他一定与今天的我们具有重要的、密切的相关性。在这种意义上，王阳明仍然与我们“**同在**”。当然这儿的“王阳明”是一个符号、一个象征，而且是中国文化中不可替代的、具有丰富意蕴的精神符号。要问的是，这个符号通过何种方式与我们“同在”？

王阳明作为一位历史人物，其事功见于史书，他平定朱宸濠之叛等一系列事功虽然对明代政治产生了重要影响，但很难说王阳明的这些政治事功与我们“同在”，尽管我们不能否认这些事功通过某种隐秘的因果链条或者说以一种“蝴蝶效应”的方式参与营造了我们今天的处境。邵雍在论及思想家与政治家的影响时说过一句话：“天子以四海为土，仲尼以万世为土。”又赋诗说：“庖羲可作三才主，孔子当为万世师。”政治人物的影响是一时一地的，而伟大的思想家的影响是永恒的、普遍的。与我们“同在的”王阳明，是“王阳明”三个字所承载的伟大人格与思想。提到王阳明，我们就会联想到一些中国思想史中重要的事件与命题，如龙场悟道、知行合一、致良知、南镇观花、心外无物、万物一体、天泉证道等等，也会想到王阳明言行所展示出的圣贤人格。只有伟大的人格与伟大的思想才具有穿越时空隧道而与每个时代中的人发生关联的精神力量。上个世纪80年代随着改革开放的深入，对传统思想的研究开始逐渐摆脱意识形态的影响，当时学界就开始有人提出王阳明思想的二重性，即王阳明思想既有传统的一面，又有突破传统的一面。传统的一面是“前现代”的，突破传统的一面是“现代”的。在一定意义上这是对王阳明思想的肯定。但今天看来，这个提法仍然存在问题，它将传统与现代二元对立化了。在我看来，王阳明的思想既具有前现代的因素，也带有现代的因素，更具有超时代的、永恒的因素，惟有超时代的、永恒的思想才可以流传久远，才可以与每一个时代中的人、每个地方的人发生一种生存论的关联（“同在”），才具有无远弗届的普世性与恒久性。

王阳明的言行生动与具体地展示了仁者不忧（大爱）、智者不惑（大智）、勇者不惧（大勇）的伟大人格。这一人格已经构成一种人生“典范”（“榜样”“范式”“原型”）。我们每个人都要处己、待人、接物，都会面对自己的得失荣辱、人事情变、喜怒哀乐与生老病死，王阳明这一“典范”为我们指示了一条可以效法的路径，但“学习阳明好榜样”不是一种外向性的、模仿式的学习——倘只是此，则难免落入王阳明本人所讥讽的“扮戏”，而是内向性的自我觉醒，王阳明作为一种人生“典范”不过是向我们“启示”出每个人内在的“真己”。在推崇“本真伦理”（authentic ethics）的现代文化中，如何找到一个“本真的自我”（真己），王阳明作为“典范”仍然具有重要的启示意义。因此，王阳明既是余姚的王阳明，绍兴的王阳明，中国人的王阳明，也是全人类的王阳明。他讲的是汉语，或许还带着余姚、绍兴一带的口音，但他的伟大人格、他所论说的道理则具有普遍与永恒的意义。今天我们纪念王阳明，在本质上是纪念他的伟大人格所展示的“典范”，以“觉醒”我们每个人内在的真己；是与他的伟大思想进行对话，重新激活其生命力，最终激活我们每个人内在的良知。

谨以此书**纪念**王阳明先生诞辰550周年。

本书各章出处如下：

第一章《从“天下”到“世界”：阳明学视界的近代转换及其反思》发表于《中国哲学与文化》（第19辑），上海古籍出版社，2021年。

第二章《“大抵心安即是家”：阳明学“家”哲学及其现代影响》发表于《开放时代》2022年第6期。（《社会科学文摘》2023年第2期摘录；收

入林远泽主编:《危机时代的儒学思考》,台湾政治大学出版社,2022年)

第三章《如何与天地万物成“一家之亲”:王阳明亲民说的历史效应》发表于《孔学堂杂志》2022年第2期(人大复印资料《中国哲学》2022年第12期全文转载)。

第四章《王阳明“四民异业而同道”新论》发表于《哲学研究》2021年第3期。

第五章《“王阳明模式”:一种新的宗教对话模式之提出》发表于《哲学动态》2020年第2期。

第六章《全球化时代下的阳明学的意义》发表于《孔学堂杂志》2021年第4期(收入黄俊杰主编:《儒家思想与21世纪的对话》,台湾大学人文社会高等研究院,2022年)。

第七章《良知是一“呈现”:在现象学意义上如何理解“良知”》发表于《哲学分析》2014年第4期。

第八章《“以心求心”“自身意识”与“反身的逆觉体证”:阳明学通向“真己”之路的哲学反思》发表于《哲学研究》2019年第1期。

第九章《面向“目前实事”:心学工夫论中的“当下”时刻》发表于《中国心学》第3辑,商务印书馆,2023年。

第十章《阳明学与杜维明精神人文主义主体性的建构》收入陈来主编:《儒学第三期的人文精神》,人民出版社,2019年。

第二章与第三章是我参加台湾大学资深教授黄俊杰先生主持的中华教育文化基金会资助的“儒家思想的21世纪新意义”三年研究计划所撰写的成果,第十章系为杜维明先生八十寿庆所撰。全书各章得到“贵州省哲学社会科学规划国学单列课题”(2018年)的资助。2022年秋季学期我应邀担任澳门大学人文学院访问教授。澳大地处海琴岛一隅,人迹罕至,隔江相望就是流光溢彩、灯红酒绿的氹仔赌城。堤岸的红树林栖息着万千白鹭,它们宛若都市的“精灵”,或独立于寒江之畔,或归依于绿树之巅。在白鹭秋水青天的濠江边,我躲过了放开后的第一波新冠疫情，遂收拾身心，对书中各章从题目到内容进行了修订。故该书亦可算为澳大访学的一份成果，在此谨向王庆节教授致以衷心的谢意。

2022 年 12 月 28 日澳门大学聚贤楼 320 房

补记：

本书纳入《复旦哲学·中国哲学丛书》，端赖主编吴震教授的邀约。自 2021 年来我被聘为福建江夏学院闽江学者讲座教授，并忝列为阳明研究院学术委员会主任，研究院负责人王永年研究员心无旁骛，多年来致力于推动阳明学在闽地的传播，令人感佩，该书第四、六、九章系提交给东南阳明学高峰论坛的论文。商务印书馆上海分馆的编辑认真负责的态度，让本书避免了不少疏漏，盛情厚意，一并致谢！

2023 年 7 月 14 日广州南石头寓所

“复旦哲学·中国哲学丛书”出版书目

《宋明理学新视野》（全二册）	吴　震 主编
《东亚朱子学新探：中日韩朱子学的传承与创新》（全二册）	吴　震 主编
《美德伦理学：从宋明儒的观点看》	黄　勇 著
《儒家功夫哲学论》	倪培民 著
《道德与政治之维》	杨国荣 著
《“逆觉体证”与“理一分殊”：论现代新儒学之内在发展》	张子立 著
《阳明学与中国现代性问题》	陈立胜 著
《阳明学再读》	吴　震 著